Matthias Scherbaum

„Prüft alles und behaltet das Gute“

Ecclesia & Synagoga am Bamberger Fürstenportal

Vergleichende Untersuchungen zu einem mittelalterlichen Bildprogramm

Inhaltsverzeichnis

Grusswort des em. Erzbischofs von Bamberg, Dr. Ludwig Schick

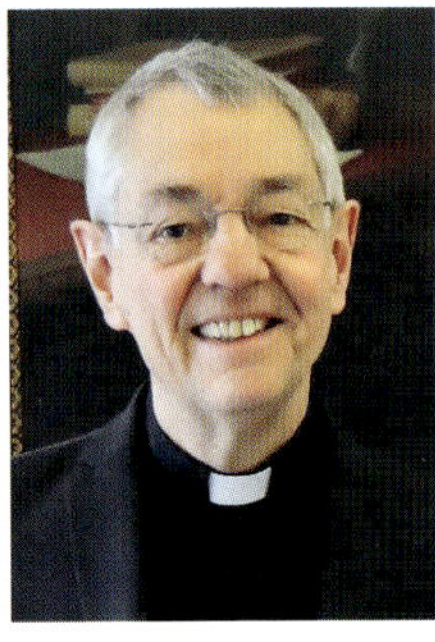

Für jede sachlich-kritische Befassung mit der Geschichte müssen wir dankbar sein! Wir leben in einer weitgehend geschichtsvergessenen, ganz und nur vom Tagesgeschehen bestimmten Zeit. Die Geschichte lebt aber trotzdem weiter und ist wirkmächtig in unseren Einstellungen und unserem Verhalten. Man spricht diesbezüglich vom „kollektiven Gewissen“. Es wird offenbar, wenn zum Beispiel Antisemitismus oder auch Nationalismus, gepaart mit rassistischem Gedankengut, das viele für längst überwunden halten, derzeit wieder Zulauf bekommen.

Sich mit der Vergangenheit ‚seines Kollektivs‘ zu befassen, ist für die Gegenwart und Zukunft bedeutsam. Es kann versteckte Verbildungen des Gewissens aufdecken und so Gefahren vermeiden.

Die Figuren Ecclesia und Synagoga am und im Bamberger Dom sind, anders als antijüdische Darstellungen verschiedener Kathedralen und Kirchen in Deutschland, weniger derb und verletzend. Aber dennoch: Auch sie werten das Judentum ab, woraus Antisemitismus und Judenfeindlichkeit entstanden sind und wieder entstehen können. Sachlich-kritisch betrachtet und gewertet können sie bei jedem Dombesuch und jeder Touristenführung dazu beitragen, den Antisemitismus, der aus christlicher Lehre hervorgegangen ist, zu beleuchten, um ihn nicht wieder aufkommen zu lassen.

Die beiden Kunstwerke sollen bleiben als Aufforderung, immer wieder neu darüber nachzudenken, wie Christen Juden und ihre Religion herabgewürdigt haben, was nie wieder geschehen darf. Juden und Christen sind miteinander verbunden, sie sollen sich wertschätzen und dankbar füreinander sein. Das soll zum „kollektiven Gewissen* werden!

Das Buch von Dr. Matthias Scherbaum über die Bamberger Ecclesia und Synagoga kann diese notwendige sachlich-kritische Befassung mit der jüdisch-christlichen Geschichte fördern. Dafür wünsche ich dem Buch viel Erfolg und eine gute Aufnahme in der Öffentlichkeit. Dem Autor sage ich Anerkennung und Dank.

Dr. Ludwig Schick
em. Erzbischof von Bamberg

Grusswort der Hauptabteilungsleiterin Kunst und Kultur im Erzbistum Bamberg, Dr. Birgit Kastner

Mit dem vorliegenden Buch ist ein weiterer wichtiger und wesentlicher Schritt in der Erforschung und inhaltlichen Hinterfragung des Programms des Bamberger Fürstenportals getan – und damit auch der Figuren von Ecclesia und Synagoga. Zwar sind die mittelalterlichen Bamberger Domskulpturen seit dem ausgehenden 19. Jahrhundert Gegenstand zahlreicher Untersuchungen, doch eben vorwiegend kunsthistorisch-denkmalwissenschaftlicher Art. Zwangsweise drängt sich die herausragende Qualität und Schönheit der Figuren bei der Betrachtung in den Vordergrund; ein beeindruckend umgesetzter Bilderkosmos, viele Elemente scheinen auf den ersten Blick lesbar.

Das theologisch hoch komplexe Bildprogramm des Bamberger Fürstenportals übersteigt jedoch die probaten Analysemethoden der christlichen Ikonografie und schon gar die „Lese"-Kompetenz eines Betrachters des 21. Jahrhunderts. Das hier anzutreffende vielschichtige Aussagegeflecht zur christlichen Heilsgeschichte war die Schöpfung der geistlichen Auftraggeberschaft und gebildeter Hütten- bzw. Werkmeister im frühen 13. Jahrhundert. Zum Verständnis ist eine intensive theologische, religionsgeschichtliche Auseinandersetzung, die gleichzeitig die Entwicklung der Bildtraditionen der „Concordia" des Alten und Neuen Testamentes im Blick behält, unumgänglich. Genau dies ist Matthias Scherbaum gelungen. In einem breit angelegten interdisziplinären Ansatz geht er auch auf politisch-rechtliche Dimensionen der Legitimation des frühen bis mittelalterlichen Christentums gegenüber dem Judentum ein, auf christliche „Ordo" und letztlich auch auf psychologische Bedeutungsschichten.

Gerade in der jetzigen Zeit der kritischen gesellschaftlichen Auseinandersetzung mit antijüdischen Bildwerken an christlichen Kirchen ist es enorm wichtig, den ursprünglichen, entstehungszeitlichen Bedeutungshorizont zu eruieren und dabei - insbesondere im Fall der Ecclesia und Synagoga in Bamberg – darauf zu insistieren, dass diese Figuren nicht isoliert betrachtet werden können: Weder isoliert aus ihrem Bildprogramm am Fürstenportal noch isoliert aus dem europaweiten Darstellungskontext der Ecclesia-Synagoga-Gruppen als Personifikationen des Christentums und des Judentums an europäischen Kathedralen und Kirchen, wie der Autor es exemplarisch für Straßburg, Reims, Magdeburg, Trier, Worms, Erfurt und Freiburg aufzeigt.

Die herausragenden Monumentalfiguren von Ecclesia und Synagoga in Bamberg sind vor allem eines nicht: eindeutig auszudeuten oder eindimensional zu beurteilen. Den Bamberger Figuren ist eine „Vieldeutigkeit, eine semantische Polyvalenz eingeschrieben", je nachdem ob horizontale oder vertikale Zusammenhänge am Fürstenportal in Betracht gezogen werden, je nachdem welcher Alttestamentliche Prophet in der kopflos erhaltenen Bamberger Variante gesehen wird, je nachdem ob der Betrachter den theologischen, den politischen oder den künstlerischen Gehalt in den Fokus nimmt.

Die geneigte Leserschaft des 21. Jahrhunderts wird gewahr werden, dass hier keine einfachen Antworten zu geben sind und dass eine sich immer wandelnde Kirche die Geschichte ihres Verhältnisses zum Judentum und den Umgang mit diesem Erbe stets neu zu hinterfragen hat. Für die hier vorliegenden Ansätze und Fragen gebührt dem Autor höchster Dank!

Dr. Birgit Kastner
Hauptabteilungsleiterin Kunst und Kultur im Erzbistum Bamberg

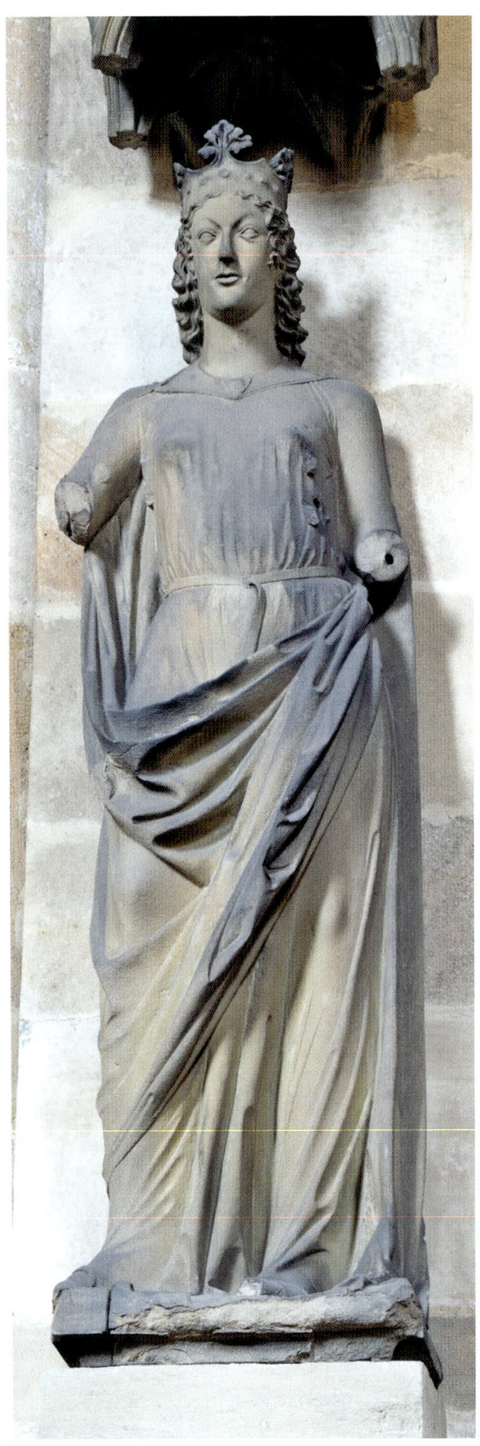

Abb. 1: Original der Bamberger Ecclesia an den südlichen Schranken des Ostchors im Inneren des Bamberger Doms.

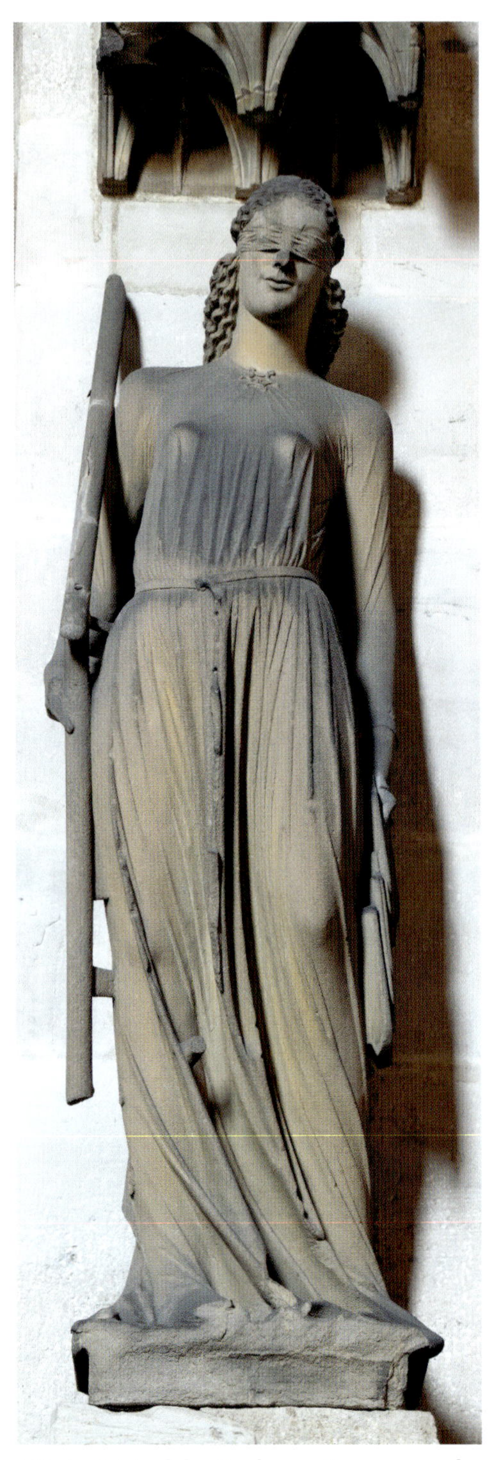

Abb. 2: Original der Bamberger Synagoga an den südlichen Schranken des Ostchors im Inneren des Bamberger Doms.

Vorwort

Das Thema von Ecclesia und Synagoga ist generell wie auch und v. a. in specie das Bamberger Beispiel betreffend so umfangreich, differenziert und komplex, dass dieses Sujet eine eigene Studie verlangt. Aus diesem Grund fließen in die Untersuchung auch *einige verschiedene* wissenschaftliche Zugangsweisen ein: Neben *kunsthistorischen* und *theologischen* Überlegungen, die für dieses Thema unmittelbar auf der Hand liegen, kommen ebenfalls *politisch-staatliche*, *psychologische* und *philosophische* Reflexionen zu dem Genre von Ecclesia und Synagoga in Anschlag, um einen möglichst weitgreifenden, der hohen Komplexität des Themas gerecht werdenden Zugang zu eröffnen.

Die Erforschung des Sujets von Ecclesia und Synagoga erfordert es zwingend, immer wieder *Biblische Passagen* anzuführen. Diese werden grundsätzlich in der deutschen *Einheitsübersetzung* wiedergegeben. In manchen Fällen, wenn es tatsächlich um Wortbedeutungen und philologische Belange geht, werden zudem (in den dazugehörigen Fußnoten) die *hebräischen bzw. griechischen Originaltexte* angegeben, mitunter wird auch die *lateinische Bibelübersetzung*, die *Biblia Sacra* des Hieronymus bemüht, die zur Zeit des Mittelalters die maßgeblich rezipierte Bibel im Abendland war.

Vorliegendes Buch ist die ausführliche Version eines kleineren Aufsatzes des Autors, der unter dem Titel „Ecclesia und Synagoga. Reflexionen zu einem in die Kritik geratenen Kunstwerk am Fürstenportal des Bamberger Doms“ in *Berichte des Historischen Vereins Bamberg/2022* erschien. Sowohl die wesentlich umfangreicheren inhaltlichen Ausführungen anbelangend, v. a. aber die reiche Bebilderung unterscheiden den gegenwärtigen Band weitgehend vom erwähnten Aufsatz.

Dieses Buch verdankt sein Entstehen der freundlichen Hilfe verschiedener Personen und Institutionen. In erster Linie sei an dieser Stelle der Erzdiözese Bamberg und ihren verschiedenen Abteilungen gedankt, die dieses Buch, nicht zuletzt durch sachliche Unterstützung, ermöglicht hat. *Dr. Birgit Kastner*, Hauptabteilungsleiterin Kunst und Kultur im Erzbistum Bamberg, sowie *Dr. Erhard Schraudolph*, KEB in der Stadt Bamberg e. V., seien hiermit pars pro toto genannt. Die KEB in der Stadt Bamberg e. V. hat dieses Buch mit einem sehr großzügigen Druckkostenzuschuss gefördert. Dem Bamberger Heinrichsverlag mit der Geschäftsführerin Birgit Erhardt, der die Realisierung dieser Untersuchung in Form vorliegender Publikation besorgt hat, gebührt nicht weniger großer Dank. Den Dombauhütten Bamberg, Magdeburg und Freiburg danke ich sehr für die Zurverfügungstellung relevanter Fotos, ebenso ARTFINDING Katrin & Tilo Hofmann GbR/Weidenhain, *Dr. Anke Napp*/Bildarchiv des Kunsthistorischen Seminars der Universität Hamburg, *Michael Sußmann*/Magdeburg, *Sabine Hölscher*/Bamberg, *Dr. Holger Kempkens*/Paderborn, *Andreas Reuss*/Bamberg sowie auch *Dr. Ludmila Kvapilová-Klüsner*, die das Fotoarchiv der Erzdiözese Bamberg verwaltet und diese Studie mit zahlreichem Bildmaterial unterstützt hat. Allen anderen, die zum Gelingen des Buches beigetragen haben und hier nicht namentlich genannt werden, sei ebenfalls sehr herzlich gedankt.

Gemeinfreies Bildmaterial, das aus dem Internet entnommen wurde, ist in den jeweiligen Bildnachweisen kenntlich gemacht, wobei die jeweiligen Urheberrechte im Fall von Bildern aus der Wikipedia anhand der angeführten Weblinks ersichtlich werden. (Abb. 1 und 2)

Einleitung

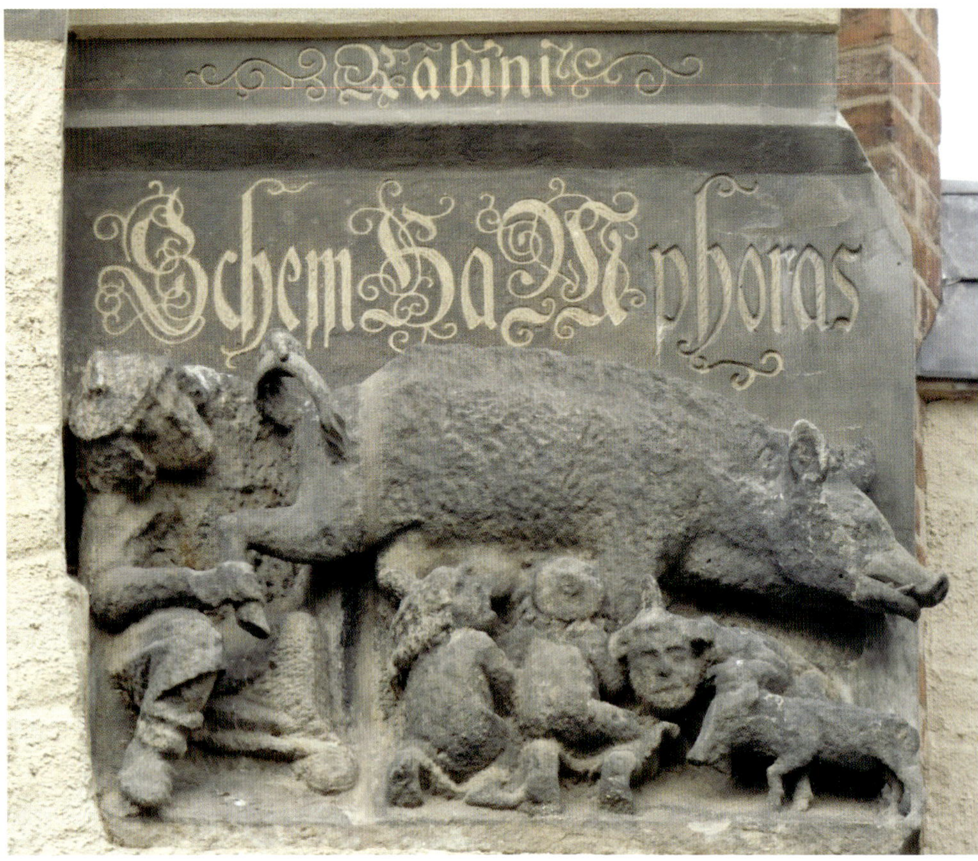

Abb. 3: Judensau an der Wittenberger Stadtkirche, ca. 1290.

Im Mai 2018 hatte die Presse über einen aufsehenerregenden Vorgang in Lutherstadt Wittenberg berichtet, bei dem es darum ging, die Darstellung der „Judensau“ am Gebäude der Wittenberger Stadtkirche, die zu den bekanntesten Beispielen dieser Art im deutschsprachigen Raum gehören dürfte, zu entfernen (Abb. 3). Initial hierfür war ein entsprechender Antrag, den ein älterer Herr vor Gericht[1] eingereicht hatte und diese Forderung formulierte. Bis heute (Stand August 2022) wird dieser Casus noch weiter juristisch verhandelt, teils sehr kontrovers und emotional diskutiert, vom Spiegel über die SZ, die Frankfurter Rundschau, den Tagesspiegel oder auch den MDR wie Deutschlandfunk pp. haben die Medien ausführlich hierüber berichtet. Seit diesen Ereignissen ist nicht nur das Thema der „Judensau“ als künstlerische Darstellung an oder in christlichen Kirchen in den Fokus des Interesses gerückt, auch damit verwandte Themen, wie dies etwa für das Sujet von *Ecclesia und Synagoga* zutrifft, werden in der Öffentlichkeit diskutiert und haben eine große politische Dimension angenommen.

Dies ist in mehrfacher Hinsicht begrüßenswert, denn die Thematik von Judenfeindlichkeit – von der das Motiv der „Judensau“ ein drastisches Beispiel abgibt – durchzieht seit grob gesagt 3.000

Jahren die Geschichte und markiert fraglos einen Tiefpunkt menschlicher Kultur und Zivilisation. Entsprechend wurde in Lutherstadt Wittenberg noch in der Spätphase der DDR (1988) eine Gedenkplatte unterhalb des „Judensau“-Reliefs, das wohl um 1290 entstanden sein dürfte (und später, 1596, auch in Form von Einblattdrucken weiter Verbreitung fand) angebracht, auf der folgende Umschrift zu lesen ist: „Gottes eigentlicher Name, der geschmähte Schem-Ha-Mphoras, den die Juden vor den Christen fast unsagbar heilig hielten, starb in sechs Millionen Juden unter einem Kreuzeszeichen.“ Die Gedenkplatte ist quadratisch gestaltet, an allen vier Seiten ist der wiedergegebene deutsche Text zu lesen, an zwei gegenüberliegenden auch auf Hebräisch.

Damit stellt jene Wittenberger Gedenkplatte des Künstlers *Wieland Schmiedel* in ihrer Umschrift, die in ihrer nicht unmittelbar einfachen Lesart eine lyrisch-poetische Qualität aufweist, einen expliziten Zusammenhang zwischen der Reliefdarstellung „Judensau“ und dem nationalsozialistischen Holocaust her (Abb. 4). Diese Lesart, die Verbindung mittelalterlicher antijüdischer Schmähdarstellungen mit Ausschwitz, der Schoah und Mord an 6.000.000 Juden liegt sachlich nahe, bedarf aber einer Präzisierung, denn allein aus historischen Gründen kann man im Mittelalter nicht von *Antisemitismus* bezüglich solcher herabwürdigender Schmähdarstellungen sprechen, sondern von *Antijudaismus*. Beides ist zwar faktisch ein antijüdischer Affekt, hat aber andere Wurzeln: Während der Antisemitismus des 19., 20. und 21. Jahrhunderts auf *biologischen*, *rassistischen* Ausgrenzungsmechanismen beruht, ist Antijudaismus *religiös* motiviert: Die Juden als auserwähltes Volk des Alten Bundes haben den Messias nicht erkannt, bleiben dem Neuen Bund gegenüber merkwürdig verstockt, wollen die neue Religion des Christentums nicht annehmen und stellen damit ein Ärgernis dar, das seitens der christlichen Welt von der Antike bis zur Aufklärung in Europa immer wieder zu Übergriffen führte, die teilweise exzessive Dimensionen annahmen. Somit kann für die Zeit des

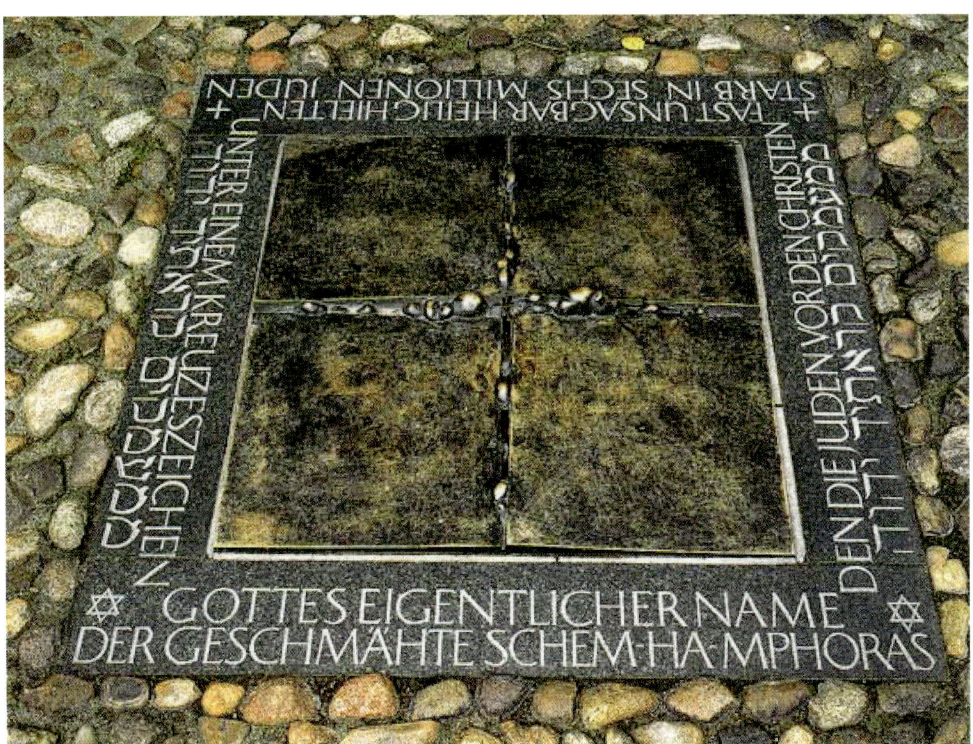

Abb. 4: Gedenkplatte von Wieland Schmiedel zur Wittenberger Judensau, 1988.

Mittelalters, in die das hier interessierende Thema von Ecclesia und Synagoga fällt, wenn es um antijüdische Momente geht, nur von Antijudaismus gesprochen werden, Antisemitismus wäre an dieser Stelle ein sachlicher Anachronismus.[2]

Weswegen an dieser Stelle Erläuterungen zur Wittenberger „Judensau" und der damit zugehörigen Gedenkplatte vorgebracht werden, liegt an dem Umstand, dass dieses Wittenberger Beispiel eine nicht geringe Bedeutung in vielerlei Hinsicht auch für das Bamberger Skulpturenpaar der Ecclesia und Synagoga hat. Zumal damit (erneut) eine öffentliche wie auch wissenschaftliche Diskussion entfacht wurde, die das Verhältnis zwischen Juden- und Christentum in Geschichte und Gegenwart, Kunst und Politik, Kirche und Synagoge etc. betrifft. In diesem Kontext wurde – hierbei spielt zweifellos auch das Jubiläum 2021 „1700 Jahre Judentum auf deutschem Boden" eine ausschlaggebende Rolle – das Bamberger Skulpturenpaar Ecclesia und Synagoga am Fürstenportal des Doms als Veranschaulichung eines möglicherweise problematischen Verhältnisses zwischen Juden- und Christentum im Rahmen der christlichen Kunst des europäischen Mittelalters in den Fokus des Interesses gerückt.

In diesem Buch geht es um das Bamberger Doppelkunstwerk von Ecclesia und Synagoga am Fürstenportal des Bamberger Doms. Da natürlich das Bamberger Beispiel, das etwa auf die Zeit 1220/1230 datiert wird, nicht im luftleeren Raum, sondern im Gegenteil in einem reichen, alten und sehr komplexen Kontext steht, der sowohl kunsthistorisch, theologisch, aber auch politisch und psychologisch von Relevanz ist, wird sich die Untersuchung auch entsprechend mit diesen Themenfeldern von Kunstgeschichte, Theologie, Politik (gemeint ist hierbei in erster Linie die mittelalterliche Herrschaftslegitimation) und Psychologie beschäftigen, um eine möglichst breite und differenzierte Basis zu erarbeiten und dieses Kunstwerk, das seit einiger Zeit dem Verdacht des Antisemitismus ausgesetzt ist – was nicht zuletzt eine direkte Parallele zu den verschiedenen „Judensau"-Darstellungen bedeutet – und damit verständlicherweise in verschiedentliche Kritik geriet, angemessener verstehen zu können.

Der erfreuliche Nebeneffekt ist der Umstand, dass ausgehend von der eingehenden Betrachtung des Bamberger Beispiels auch viele weitere Skulpturen von Ecclesia und Synagoga zur Sprache kommen und die Befunde, die sich anlässlich der Betrachtung des Bamberger Paares ergeben, sich bis zu einem gewissen Grad auch auf die anderen Vertreter dieses Sujets übertragen lassen. Damit kann die vorliegende Studie als Beitrag zu dem Thema von Ecclesia und Synagoga auch im weitergehenden Sinne verstanden werden, wobei allerdings – dies gilt es zu betonen – Akzent und Ausrichtung klar auf die beiden Bamberger Plastiken in ihrem ikonografischen Gesamtverbund am Fürstenportal fokussiert sind.

Aufgrund einiger aktueller Anlässe, die um das immer wieder schwierige Verhältnis von Juden- und Christentum in Geschichte, Theologie und Kunst kreisen, kam es auch zu mehreren Publikationen speziell zum Thema von Ecclesia und Synagoga. So erschien etwa 2021 der Band „Ecclesia und Synagoga und der Mönchengladbacher Tragaltar. Judentum und Christentum in Kunst und Kirche" von *Wolfgang Bußler*,[3] bereits Anfang der Neunzigerjahre wurde ein Ausstellungskatalog zu unserem Thema von *Herbert Jochum* publiziert.[4] *Nina Rowe* stellte 2011 der Öffentlichkeit ihre diesbezüglichen umfänglichen Reflexionen zur Verfügung,[5] ebenso tat dies *Régis Labourdette* bereits im Jahr 1994 mit explizitem Blick auf die beiden Straßburger Skulpturen.[6] Eine ebenfalls umfänglichere wie ältere, nichtsdestotrotz aber immer noch lesenswerte Arbeit hat 1983 *Hans Liebesschütz* vorgestellt, der primär theologisch das Verhältnis von Ecclesia und Synagoga im Mittelalter beleuchtet.[7] Mit spezieller Rücksicht auf das Bamberger Paar hat jüngst Dr. *Birgit Kastner*, einen englischsprachigen Artikel zum Thema vorgelegt: Should the sculpture of Synagoga at Bamberg Cathedral be removed? Considerations and approaches to the problem of anti-Jewish images in a Christian church, in: Foster, Elisa/Kittler, Teresa/Marchand, Eckart/Payne, Emma (Hrsgg.): Sculpture Journal, Volume 32, Liverpool 2022.

Im deutschsprachigen Raum dürfte die wohl älteste wissenschaftliche Schrift, die sich explizit mit dem Sujet von Ecclesia und Synagoga in einem wissenschaftlichen, hier spezifisch kunsthistori-

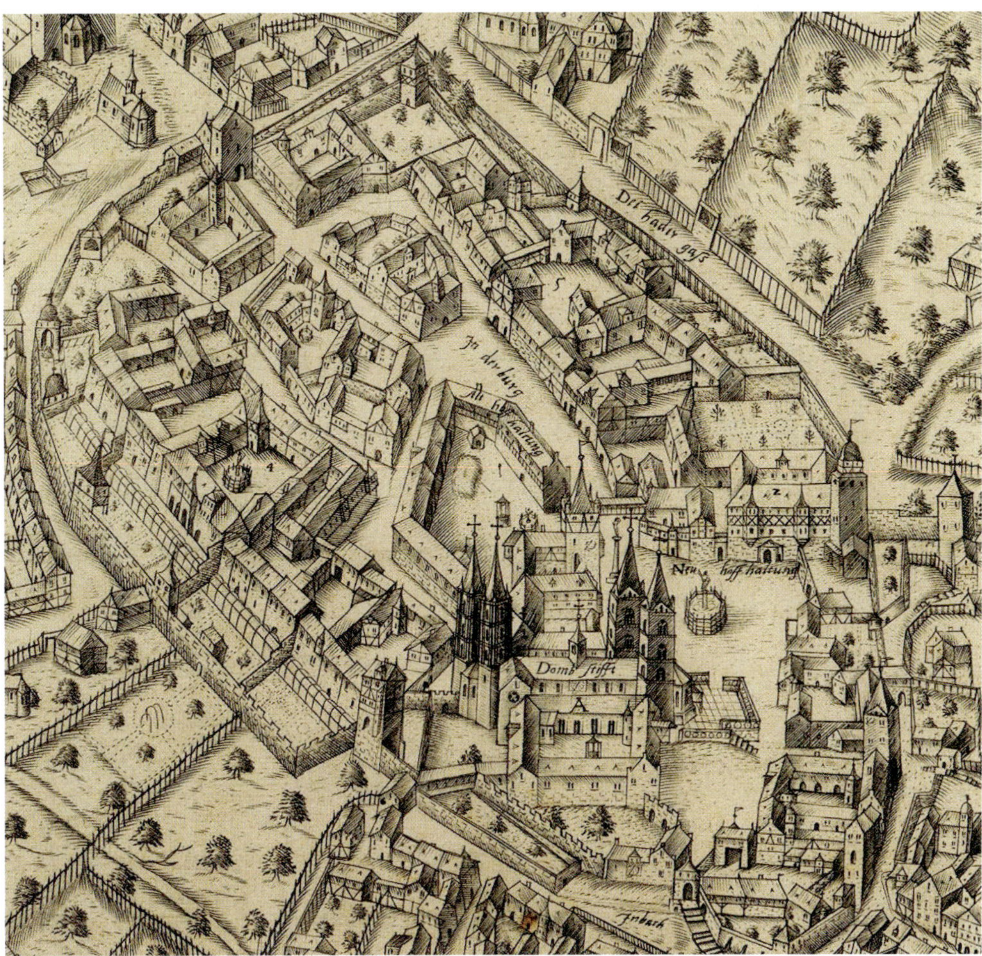

Abb. 5: Ausschnitt aus dem sogenannten „Zweidlerplan“ von 1602, in dem der Bamberger Dom innerhalb einer großen, umfassenden Domburg mit Wehrmauern und Wehrtürmen erkennbar ist. Das Fürstenportal und die Skulpturen von Ecclesia und Synagoga sind auf der vom Betrachter nicht erkennbaren, „hinteren“ Seite des Doms Richtung Alte Hofhaltung zu verorten.

schen Zusammenhang beschäftigt, die 1894 erschienene Dissertation von *Paul Weber* sein, die den Titel trägt: „Geistliches Schauspiel und kirchliche Kunst in ihrem Verhältnis erläutert an einer Ikonographie der Kirche und Synagoge. Eine kunsthistorische Studie“.[8] Im 20. Jahrhundert hat *Heinz Schreckenberger* mit seinen zahlreichen Publikationen zum Thema Juden- und Christentum die diesbezüglichen Kenntnisse und damit auch die wissenschaftlichen Progressionen maßgeblich befördert, wobei aus spezifisch kunsthistorischer Perspektive sein fast als enzyklopädisch zu bezeichnendes Werk „Die Juden in der Kunst Europas. Ein historischer Bildatlas“ [9] sowie seine Studie „Christliche Adversus-Judaeos-Bilder. Das Alte und Neue Testament im Spiegel der christlichen Kunst“[10] besonders zu erwähnen sind. Zahlreiche weitere Publikationen zum Thema werden in Kürze erscheinen bzw. befinden sich aktuell in Vorbereitung.

Die gegenwärtige Arbeit versteht sich vorrangig als ein *wissenschaftlicher Beitrag* zum Thema von „Ecclesia und Synagoga“, so wie sich die beiden Figuren als weibliche Personifizierungen von

Christentum (*Ecclesia*) und *Judentum* (*Synagoga*), kunsthistorisch sehr bedeutsame *Großskulpturen* der Stauferzeit (etwa aus der Zeit von 1220/1230), an den oberen östlichen und westlichen Flanken des Fürstenportals am Bamberger Dom zeigen. Der *kunsthistorische* Aspekt dieses Themas steht hierbei zunächst im Vordergrund und ist auch der primäre Zugangsmodus zu diesem Sujet. Da nun die künstlerische Darstellung von Ecclesia und Synagoga am Fürstenportal des Bamberger Doms als Personifizierungen des *Juden- wie Christentums* ästhetische Wirklichkeit wurde, versteht es sich, dass die *theologische Dimension*, als deren Ausdruck die künstlerische Umsetzung zu verstehen ist, ebenfalls einen sehr hohen Stellenwert in vorliegender Studie hat. Denn in diesem Feld als dem konzeptionellen Hintergrund dieser Kunstwerke liegen die maßgeblichen Ideen, die semantischen Zusammenhänge und auch die vorrangigen Adressaten beider Plastiken (bzw. des gesamten Fürstenportals): Aufgrund des Umstandes, dass das gesamte Mittelalter über der Bamberger Dom in einer großen und nicht ohne Weiteres für Laien zugänglichen *Domburg* eingebettet war (wie dies der „Zweidlerplan“[11] gut ersichtlich macht, Abb. 5), kamen als Betrachter der beiden Plastiken sowie letztlich aller bildlichen bzw. figürlichen Darstellungen im und am Bamberger Dom in erster Linie *Kleriker* in Frage, also in der Regel (mehr oder weniger) gelehrte Theologen.[12]

Somit erweist sich der theologische Hintergrund bei der Aufarbeitung dieses Themas als zentral: Es wird sich nämlich zeigen, dass der theologische Hintergrund, der für die Bamberger Ecclesia und Synagoga nachgewiesen werden kann, wohl weit umfangreicher und tiefergehend ist, als bei allen anderen dem Autor bekannten Umsetzungen dieses Genres, er ist sehr gelehrt, durchaus originell und in bestimmten Aspekten bringt er offenbar auch Neues in diesem Zusammenhang zur Ansicht. Der große theologische Zusammenhang, der hier eine Rolle spielt, erschließt sich allerdings erst dann, wenn man Synagoga und Ecclesia nicht isoliert, *sondern im Gesamtverbund des Bamberger Fürstenportals*, wo auch ihr konzeptioneller Standort liegt, betrachtet (Abb. 6).

Im Kontext der Eruierung der theologischen Belange im Zusammenhang von Ecclesia und Synagoga, in Bamberg wie generell, tut sich letztlich organisch aus sich selbst ein weiterer, vordergründig vielleicht etwas entfernter, genauer betrachtet aber wesentlicher Schlüssel zum Verständnis des Themas von Judentum und Christentum (und damit eo ipso auch für das Skulpturenpaar von Ecclesia und Synagoga) überhaupt auf: *staatliche, politisch-rechtliche*, damit auch *gesellschaftliche* Aspekte des hier interessierenden Themas – wie ist das zu verstehen?

Neben zahlreichen und grundlegenden Beziehungen zwischen Religion und Politik in der Bibel[13] als sozusagen ideeller Vorlage wird das Thema, zumindest das ehemalige römische Westreich anbelangend, also das in dieser Untersuchung vorrangig interessierende mittelalterliche Territorium, seit *Karl dem Großen* und der *translatio imperii*[14] sowie all den damit zusammenhängenden Belangen in einen *Legitimationszusammenhang* gestellt, der, für Karl und seine Zeit fast nicht anders vorstellbar, maßgeblich auf *Grundlage der Heiligen Schrift* stattfindet. Ausschlaggebend hierfür ist (Parallelen hierzu gibt es bemerkenswerterweise in so gut wie allen großen Religionen[15], wenn auch in konkret anderer Form) das biblisch bezeugte *Salbungsritual* der Könige durch Propheten. Der Umstand, dass dieses Legitimationsmodell der mittelalterlichen Könige und Kaiser – zumal derjenigen des (Heiligen) Römischen Reiches – damit zwangsläufig auf Vorlagen und Vorgaben aus dem *Alten Testament* zurückgreifen musste, hat erwartbare Konsequenzen für das Verhältnis der mittelalterlich-christlichen Herrscher zu Altem Testament und Judentum. Einerseits muss man sich auf diese Alttestamentlichen Vorlagen in systematischer Hinsicht beziehen, kann aber natürlich – da es sich ja nicht um jüdisch-hebräische, sondern eben christliche Herrscher handelt – nicht diese Vorlagen aus dem Alten Testament eins zu eins rezipieren, sondern findet sich genötigt, dieselben im christlichen Sinne entsprechend zu transformieren. Es lässt sich absehen, dass diese Konstellation nicht ohne Auswirkung auf das Verhältnis von Juden und Christen im Mittelalter bleiben konnte, was sich, wie unten ausgeführt werden wird, auch in den Beispielen von Ecclesia und Synagoga wiederfindet. Möglicherweise ist diese politische, staatlich-rechtliche Dimension von Ecclesia und

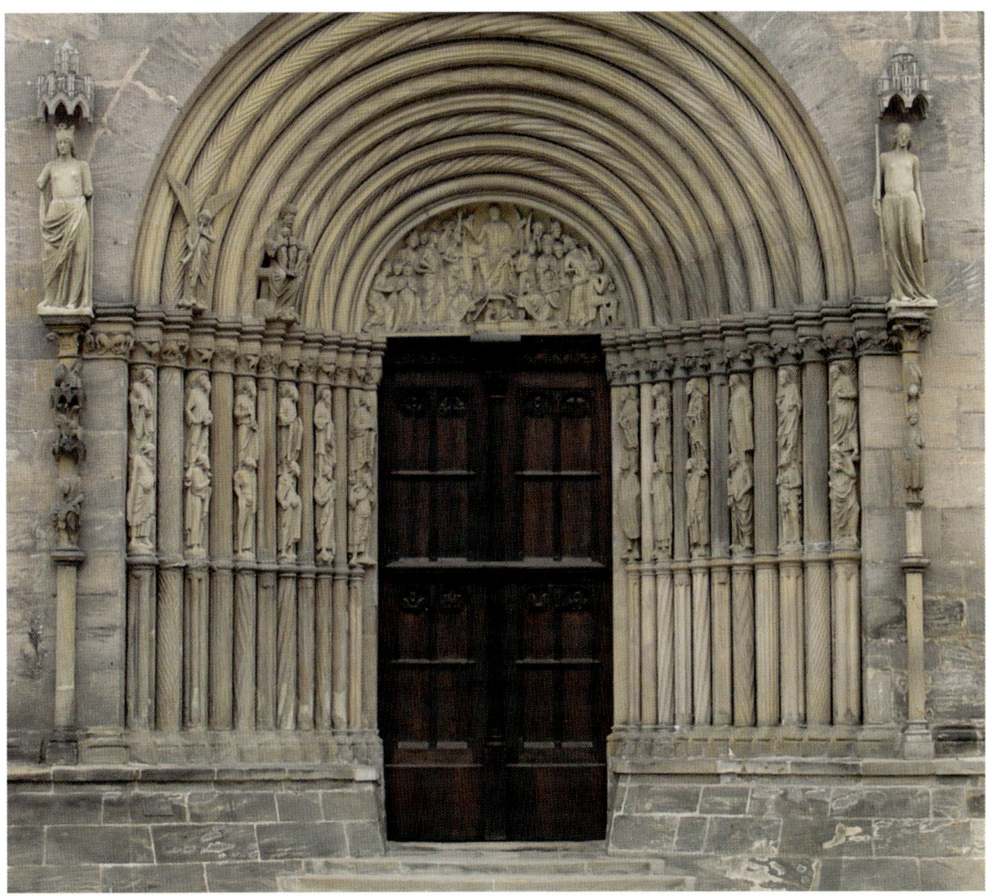

Abb. 6: Gesamtansicht des Fürstenportals am Bamberger Dom mit den beiden Skulpturen von Ecclesia und Synagoga als Kopie an den Flanken des Tympanons.

Synagoga bislang in den einschlägigen Untersuchungen etwas unterrepräsentiert geblieben, weswegen das betreffende Kapitel in vorliegender Untersuchung etwas detaillierter bearbeitet wird.

Nach erfolgter Bestandsaufnahme und Materialsammlung soll nun das *in specie Bamberger Paar von Ecclesia und Synagoga* genauer in den Blick genommen werden. Es wird sich schnell zeigen, dass von allen bekannten und erhaltenen Portalplastiken das Beispiel von Ecclesia und Synagoga am Fürstenportal des Bamberger Doms das aufwändigste, komplexeste, implikationsreichste und möglicherweise auch innovativste ist. Zumal der konzeptionell-theologische Gehalt des Gesamtensembles – denn nur im Gesamtverbund des Fürstenportals sind an diesem Portal Ecclesia und Synagoga sinnvoll und zutreffend verstehbar – sehr hoch ist, man könnte im kunsthistorischen Vergleich vielleicht tatsächlich sagen beispiellos hoch, was man aber nicht erkennen kann, wenn man diese Exempel von Ecclesia und Synagoga isoliert betrachtet und diskutiert. Die Spezifika des Bamberger Paares sollen demnach in diesem Kapitel so detailliert und umfassend als möglich herausgearbeitet werden.

Anhand dieser Überlegungen zeigt sich in einem weiteren Schritt, dass es offenbar eine spezifische *ästhetische Handschrift* der Jüngeren Bildhauerwerkstatt als Schöpfer der Bamberger Ecclesia und Synagoga gibt, die unabhängig vom konzeptionell-theologischen Hintergrund nochmals auf eigene Weise diese besondere Stellung in kulturgeschichtlicher Hinsicht des Bamberger Paares verdeutlicht. Mithilfe zahlreicher, mitunter etwas in die Tiefe gehender Beobachtungen und Überlegungen, die nun wieder in erster Linie kunsthistorischer Natur sind, thematisiert dieser Abschnitt der Untersuchung eigens diese sehr spezielle (und auch vermutlich singuläre) Dimension der Bamberger Ecclesia und Synagoga. Es zeigt sich hierbei, und dies ist als Interpretament für die Bamberger Ecclesia und Synagoga von einiger Relevanz, dass die Bildhauer, offenbar programmatisch, ihren bildhauerischen Werken – und somit auch Ecclesia und Synagoga – eine *Vieldeutigkeit, semantische Polyvalenz* eingeschrieben haben, die ein *Changieren und Oszillieren* dieser Kunstwerke auf mehrerlei Ebenen hervorruft. Es lässt sich erahnen, dass Letzteres eine eindeutige, lineare und konventionelle Deutung der Bamberger Domskulpturen nicht eben erleichtert, was sich insbesondere für Ecclesia und Synagoga als bedeutsam erweist.[16]

Aus vielen, teils bereits schon erwähnten Gründen und natürlich aus der Bekanntschaft mit der abendländischen Geschichte ist es offenbar, dass das Verhältnis von Juden und Christen in Europa oftmals und weitgehend ein angespanntes, mitunter auch ein (sehr) gewalttätiges war. Diese historisch gut greifbaren Tatsachen sind aber selbstredend nicht nur äußere Ereignisse, sondern sie korrelieren so gut wie immer mit inneren Belangen, Überzeugungen, Emotionen, Befindlichkeiten oder wie man auch immer die innere Dimension, das Innenleben des Menschen bezeichnen will. Möglicherweise besteht hier nicht nur eine *Korrelation* zwischen menschlichem Innenleben und feststellbaren historischen Tatsachen – sofern man menschliche Freiheit als real und bedenkenswert in solchen Zusammenhängen verstehen mag–[17], sondern auch ein entsprechendes *Kausalverhältnis*: Menschliche Handlungen sind zumeist aus einem *psychologischen* Hintergrund heraus verstehbar. Dass es in der Regel so gut wie unmöglich ist, bei konkreten Personen die konkreten inneren, psychologischen Motivationen bzw. Bestimmungen von außen wirklich zutreffend erkennen geschweige denn beurteilen zu können, stellt ein in der Psychologie bekanntes Phänomen dar und wird als *Black Box* bezeichnet.[18] Dass man aber bei entsprechender Ehrlichkeit und etwas Gespür zumindest die eigenen psychologischen Strukturen, Zusammenhänge, Motivationen usw. durchaus kennt – zumindest als Faktum, wie es in letztlich ganz simplen alltäglichen Situationen wie etwa dem Rotwerden oder Schwitzen bei peinlichen oder angsteinflößenden Situationen auftritt –, lässt sich ebenfalls nur schwerlich leugnen. Wenn man eine kultivierte, explizite und eventuell auch methodische Form der untersuchenden Introspektion bezüglich der eigenen Person durchführt, kann man vermutlich tatsächlich bis zu einem gewissen Grad die eigene Psyche in ihren charakteristischen Funktionsweisen und Beschaffenheiten besser kennenlernen (Abb. 7).

Unter Umständen kann es als legitim verstanden werden, diese Einsichten psychologischer Natur, die aus einer entsprechenden Selbstbeobachtung gewonnen wurden, bis zu einem gewissen Grad auch auf andere Personen zu übertragen. Denn, um bei diesen anspruchslosen Beispielen zu bleiben, das Phänomen des Rotwerdens oder Angstschweißes kennt man ja nicht nur von sich selbst, sondern ebenfalls von anderen Menschen, und wenn sich die Möglichkeit ergibt, später dann mit der betreffenden Person darüber zu sprechen, wird sich in der Regel schnell herausstellen, dass beim Gegenüber ein peinliches oder ängstliches Gefühl Auslöser für das Auftreten von fazialer Schamesröte oder Transpiration war. Es ist klar, dass man die eigene Person nicht in Gänze wahrheitsgemäß und zutreffend entschlüsseln und analysieren kann, was in gesteigertem Maß selbstredend für die Übertragung psychologischer Zusammenhänge, die aus der Beobachtung der eigenen Person gewonnen wurden, auf andere Personen gilt, aber zumindest die Grundzüge, wenn man so will basale psychologische Mechanismen bzw. Funktionsweisen lassen sich vermutlich durchaus erkennen, sowohl hinsichtlich der eigenen wie auch anderer Personen.

Wenigstens hat die Psychologie etwa in dieser Weise seit annähernd dem 19. Jahrhundert begonnen, sich zu entwickeln und sukzessive eine wissenschaftliche Disziplin zu werden, was mit den Namen von Arthur Schopenhauer[19], Fjodor Michailowitsch Dostojewski[20], Friedrich Nietzsche[21], später dann auch Wilhelm Wundt[22], Johann

Friedrich Herbart[23], Sigmund Freud[24], Carl Gustav Jung[25] usw. verbunden ist.[26] Da es außer Frage steht, dass es durchgängig *menschliche Personen* waren, die die Bibel aufgeschrieben haben,[27] nach eigener Auffassung zwar durch Gott inspiriert,[28] aber unbenommen eben menschliche Personen, liegt es auf der Hand, dass hierbei auch (zumeist vermutlich unbewusste) Momente bei der Verfertigung der Bibel eingeflossen sind, die möglicherweise ein psychologisches Gepräge aufweisen können. Und da selbstredend die Personen in der hier vorrangig interessierenden Zeit des Mittelalters, Künstler, Theologen, Kleriker usw., als Menschen ebenfalls unter bestimmten psychologischen Bestimmungen, Funktionsweisen pp. stehen, wie man das für das Menschengeschlecht in genere behaupten kann, schlagen sich mit ziemlicher Sicherheit auch in den künstlerischen Umsetzungen von Ecclesia und Synagoga bestimmte psychologische, psychologisch transparente Aspekte nieder.

Um an dieser Stelle keine Missverständnisse aufkommen zu lassen: Das V. Kapitel, das sich einer mutmaßlich nachweisbaren psychologischen Dimension von Ecclesia und Synagoga widmet, will keineswegs, wie dies in solchen Fällen immer wieder zu konstatieren ist,[29] als eine Art der Kritik, gar Destruktion von Bibel, Religion oder religiöser Kunst in Erscheinung treten, sondern Sinn und Zweck dieses Kapitels besteht darin, den Gesamtkomplex des in sich sehr differenzierten und implikationsreichen Sujets von Ecclesia und Synagoga mithilfe dieser Sichtweise noch etwas besser als bislang verstehen zu können. Der psychologische Blick auf die ganze Thematik will schlicht ein interpretatorischer Mosaikstein sein, in der Hoffnung, aus dieser Warte etwas Belastbares und Konstruktives nicht nur hinsichtlich der Kunstwerke samt deren erwähnten *konzeptionellen Implikationen*, sondern vielleicht auch in Bezug auf die *aktuellen Diskussionen* in diesem Feld beitragen zu können.

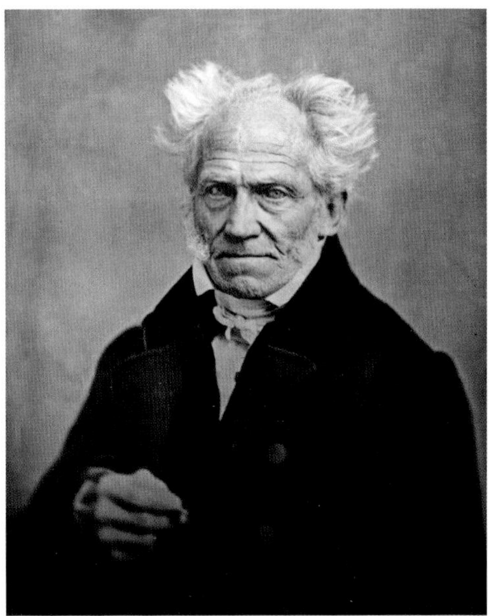

Abb. 7: Der Philosoph Arthur Schopenhauer in seinem 67. Lebensjahr, frühe Fotografie von Johann Schäfer.

1 Teilweise wurde das Landgericht, teilweise auch und bis heute das Oberlandesgericht Naumburg damit betraut, sich diesem Fall zu widmen.

2 Warum hier der Unterschied von Antijudaismus und Antisemitismus in Bezug auf Kunstwerke wie Ecclesia und Synagoga betont wird, liegt in dem Umstand begründet, dass ein Antisemitismus grundsätzlich ein unabänderlicher Tatbestand ist, der jede Diskussion unterbindet, da es sich hier der Idee nach um biologische Faktizitäten handelt, während ein Antijudaismus eine konfessionelle Angelegenheit darstellt, die damit (wenigstens prinzipiell) größere Freiräume für Diskussion pp. aufweist. Selbstredend sind beide Formen Modi von Antijudaismus und damit per se ein Problem, aber man kann beide sachlich gesehen nicht in einen Topf werfen und ist gut beraten, diese Differenzierungen hierbei bewusst zu machen.

3 Bußler, Wolfgang: Ecclesia und Synagoga und der Mönchengladbacher Tragaltar. Judentum und Christentum in Kunst und Kirche, Mainz 2021.

4 Jochum, Herbert: Ecclesia und Synagoga. Das Judentum in der christlichen Kunst, Ottweiler 1993.

5 Rowe, Nina: The Jew, the Cathedral and the Medieval City. Synagoga and Ecclesia in the Thirteenth Century, Cambridge 2011. Auf den Seiten 140-190 dieses Werkes wird unter der leitenden Fragestellung das Beispiel „Bamberg" relativ ausführlich diskutiert. Bereits 5 Jahre früher hatte genannte Autorin bereits das Thema der Synagoga in einem Beitrag aufgegriffen – Rowe, Nina: Synagoga Tumbles, a Rider Triumphs. Clerical Viewers and the Fürstenportal of Bamberg Cathedral, in: Gesta 45 (2006), Nr. 1, S. 15-42.

6 Labourdette, Régis: L'empreinte de la grâce dans l'Église et la Synagogue de Strasbourg, in: Bulletin de l'Association Guillaume Budé. Lettres d'humanité, n°53, décembre 1994, S. 425-452.

7 Liebesschütz, Hans: Synagoge und Ecclesia. Religionsgeschichtliche Studien über die Auseinandersetzung der Kirche mit dem Judentum im Hochmittelalter, Heidelberg 1983.

8 Weber, Paul: Geistliches Schauspiel und kirchliche Kunst in ihrem Verhältnis erläutert an einer Ikonographie der Kirche und Synagoge. Eine kunsthistorische Studie. Mit 10 Abbildungen in Lichtdruck und 18 Text-Bildern, Stuttgart 1894.

9 Schreckenberg, Heinz: Die Juden in der Kunst Europas. Ein historischer Bildatlas, Göttingen 1996. Hier v. a. von Interesse das Kapitel III: „Ecclesia gegen Synagoga. Streit und Versöhnung der beiden allegorischen Personifikationen" auf S. 31-78. Sein vielleicht wichtigstes, wenn auch nicht kunstgeschichtlich orientiertes Werk zum Thema Juden- und Christentum in seinen problematischen Aspekten ist das umfangreiche Werk: Schreckenberg, Heinz: Die christlichen Adversus-Judaeos-Texte und ihr literarisches und historisches Umfeld (1.-11. Jh.), Frankfurt am Main 1982.

10 Schreckenberg, Heinz: Christliche Adversus-Judaeos-Bilder. Das Alte und Neue Testament im Spiegel der christlichen Kunst, Frankfurt am Main 1999.

11 Der nach Petrus Zweidler benannte „Zweidlerplan" von 1602 ist die erste Gesamtansicht von Bamberg in einer nennenswerten Detailgenauigkeit. Er gilt als die früheste verlässliche Quelle zur Stadtbebauung Bambergs.

12 Vgl. hierzu auch Rowe, Nina: Synagoga Tumbles, a Rider Triumphs. Clerical Viewers and the Fürstenportal of Bamberg Cathedral, in: Gesta, Vol. 45, Nr. 1 (2006), S. 15-42.

13 Vgl. hierzu v. a. die Alttestamentlichen Bücher Exodus, Levitikus, Numeri, Deuteronomium, Chronik sowie Könige und Richter, in denen es über weite Strecken um gottgegebene, gottgewollte bzw. von Gott wegen verschiedener Verfehlungen sanktionierte Relationen pp. zwischen Religion und Politik geht.

14 Vgl. hierzu etwa Goez, Werner: Translatio Imperii. Ein Beitrag zur Geschichte des Geschichtsdenkens und der politischen Theorien im Mittelalter und in der frühen Neuzeit, Tübingen 1958.

15 Vgl. hierzu exemplarisch Barta, Winfried: Untersuchungen zur Göttlichkeit des regierenden Königs. Ritus und Sakralkönigtum in Altägypten nach Zeugnissen der Frühzeit und des Alten Reiches, München/Berlin 1975.

16 Dieser Aspekt der Bamberger Domskulpturen, der bislang noch nicht hinreichend erörtert und transparent gemacht wurde, soll aufgrund der großen Komplexität und Relevanz desselben in einem eigenen Beitrag in seinen verschiedenen Gesichtspunkten, Tendenzen und Dimensionen thematisiert werden.

17 Vgl. hierzu etwa Berlin, Isaiah: Freiheit. Vier Versuche, Frankfurt am Main 2000; ebenso Mill, John Stuart: Über die Freiheit, Stuttgart 2013; ebenso Taylor, Charles: Negative Freiheit? Zur Kritik des neuzeitlichen Individualismus, Frankfurt am Main 1999.

18 Auch wenn dieses psychologische Konzept in erster Linie vom Behaviorismus entwickelt und verbreitet wurde, stellt es doch aufs Ganze gesehen eine tragfähige und in ihren Grundzügen schwer zu bezweifelnde Theorie der menschlichen Psyche dar, vgl. hierzu etwa Mind as a Black Box: The Behaviorist Approach, in: Friedenberg, Jay/Silverman, Gordon: Cognitive Science. An Introduction to the Study of Mind, Thousend Oaks 2006, S. 85-88; ebenso Geitz, Eckhard/Vater, Christian/Zimmer-Merkle, Silke: Black Boxes. Bausteine und Werkzeuge zu ihrer Analyse. Einleitung, in: Geitz, Eckhard/Vater, Christian/Zimmer-Merkle, Silke (Hrsgg.): Black Boxes – Versiegelungskontexte und Öffnungsversuche. Interdisziplinäre Perspektiven, Berlin 2020.

19 Vgl. hierzu etwa Safranski, Rüdiger: Schopenhauer und die wilden Jahre der Philosophie, München 1987.

20 Vgl. hierzu etwa Riester, Jutta. Die Menschen Dostojewskis. Tiefenpsychologische und anthropologische Aspekte, Göttingen 2012.

21 Vgl. hierzu etwa Kaufmann, Walter Arnold: Nietzsche. Philosoph – Psychologe – Antichrist, Darmstadt 1988.

22 Vgl. hierzu etwa Araujo, Saulo de Freitas: Wundt and the Philosophical Foundations of Psychology. A Reappraisal, New York 2016.

23 Ballauf, Friedrich: Die psychologische Grundlage von Herbarts praktischer Philosophie, Aurich 1893.

24 Vgl. hierzu etwa Alt, Peter-André: Sigmund Freud. Der Arzt der Moderne. Eine Biographie, München 2016.

25 Vgl. hierzu etwa Roth, Wolfgang: C. G. Jung verstehen. Grundlagen der Analytischen Psychologie, Düsseldorf 2009.

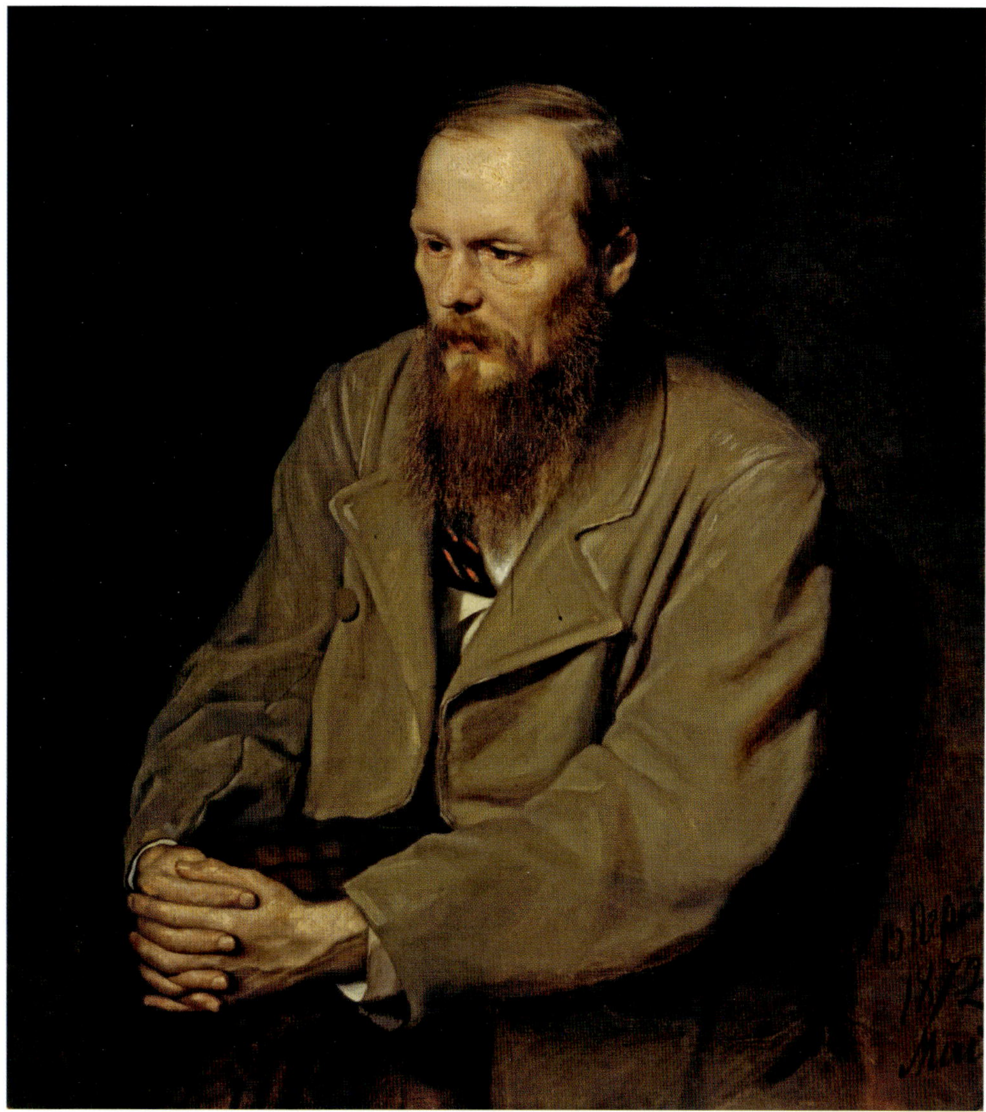

Abb. 7a: Dostojewski, Porträt von Wassili Perow aus dem Jahr 1872.

26 Vgl. hierzu auch Lück, Helmut E.: Geschichte der Psychologie, Stuttgart 19962; ebenso Schönpflug, Wolfgang: Geschichte und Systematik der Psychologie, Weinheim 20042; ebenso Sprung, Lothar/Sprung, Helga: Eine kurze Geschichte der Psychologie und ihrer Methoden, München 2010.

27 Vgl. hierzu etwa Schmid, Konrad/Schröter, Jens: Die Entstehung der Bibel. Von den ersten Texten zu den heiligen Schriften, München 2019.

28 Vgl. hierzu Schnabel, Eckhard: Inspiration und Offenbarung. Die Lehre vom Ursprung und Wesen der Bibel, Wuppertal 1997.

29 Besonders Nietzsche wurde bekannt dafür, auf Basis psychologischer Überlegungen den Geltungsanspruch von Moral und Religion auszuheben. Vgl. hierzu Kapitel VI.

I. Die kunsthistorische Entwicklung des Genres von Ecclesia und Synagoga

Das Thema von Ecclesia und Synagoga ist, seinem feststellbaren, phänomenalen Auftreten nach, *primär ein ästhetisch-kunsthistorisches*: *Buchmalereien, Steinmetzarbeiten, Holzschnitzereien, Fresken* usw. sind die wahrnehmbaren Realisierungsmodi, in denen uns dieses Sujet entgegentritt. Diese nicht besonders originelle Erkenntnis hat aber doch eine große Relevanz für die Gesamtbeurteilung der verschiedenen Beispiele von Ecclesia und Synagoga, denn Kunst gibt in den wenigsten Fällen eindeutige, lineare Antworten mit einer objektiv klar benennbaren Semantik, sondern Kunst, zumal qualitativ hochwertige Kunst[30], ist meistens *mehrdeutig*. Kunst changiert und regt damit in hohem Maße zum Nachdenken an, ohne dass es dabei häufig gelingt, eine abschließende Antwort bzw. Deutung der Kunstwerke präsentieren zu können. Dies gilt es im Besonderen bei einem Genre wie Ecclesia und Synagoga, das immer wieder – vor allem in der Gegenwart – Anlass zu Kritik liefert, zu berücksichtigen, denn in aller Regel sind die mittelalterlichen Kunstwerke, die diese Personi-

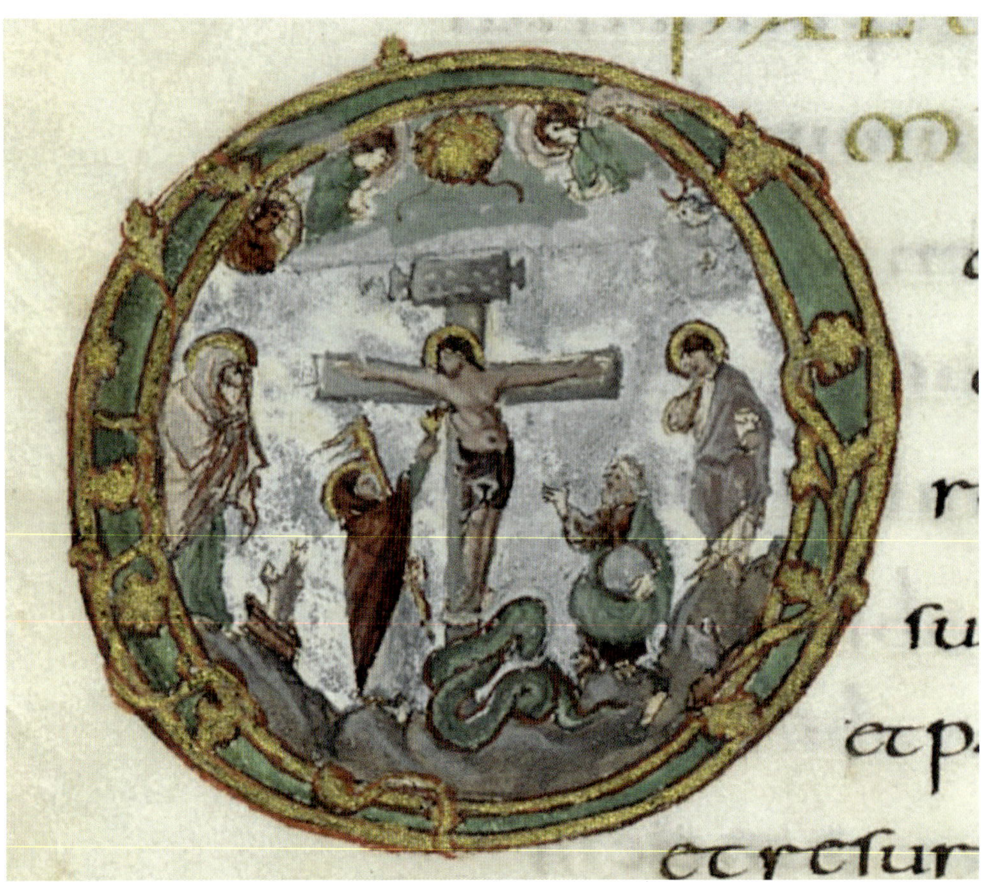

Abb. 8: Große O-Initiale des Drogo-Sakramentars mit szenischer Darstellung einer Kreuzigung samt Prophet und Personifizierung der Kirche, der Ecclesia.

fizierungen des Alten und Neuen Bundes zeigen, recht differenziert und bedienen sich einer oftmals nicht mehr geläufigen Symbolsprache und müssen somit eigens aufgeschlüsselt werden.
Auch die kunsthistorische Entwicklung dessen, was man heute in der Regel undifferenziert als Ecclesia und Synagoga bezeichnet, zumindest soweit man sie nachzeichnen kann, verdeutlicht mehrere Stadien der Realisierung, an dessen Beginn bemerkenswerterweise gar keine Synagoga, sondern offenbar ein *Prophet aus dem Alten Testament* steht.[31] Erst im Laufe der Jahrhunderte hat sich das Thema von Ecclesia und Synagoga in unserer heute geläufigen Form herausgebildet, was für die Deutung der verschiedenen Paare der beiden Frauenfiguren von Bedeutung ist – denn es offenbaren sich hierbei verschiedene theologische Akzentsetzungen bezüglich dieses Themas, die diachron wie synchron oftmals sehr verschieden sein können.

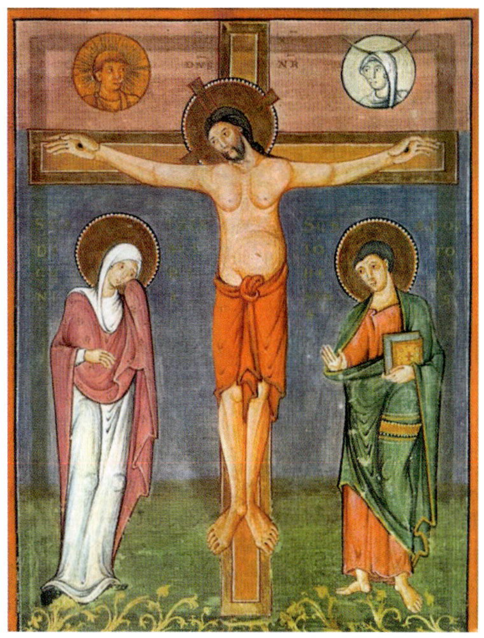

Abb. 9: Lorscher Sakramentar um das Jahr 1000 mit Kreuzigungsdarstellung und Abbildungen von Sonne (links) und Mond (rechts).

Ecclesia und Synagoga im Drogo-Sakramentar um 850

Eines der wohl ältesten überlieferten Beispiele für das, was dann kurze Zeit später als Ecclesia und Synagoga kunstgeschichtlich greifbar wird, ist eine Illumination aus dem sogenannten *Drogo-Sakramentar*, das vermutlich um das Jahr 850 in oder in der Gegend von Metz entstanden sein dürfte. Der Metzer Bischof Drogo, Sohn Karls des Großen, gab das Sakramentar[32] zu jener Zeit in Auftrag, was die starke Affinität dieses Buches und seiner Illuminationen zur karolingischen Hofkunst, zur Hofschule Karls des Großen erklärt. Auf 130 Seiten sind 43 Initialen bzw. großformatige Zierbuchstaben überliefert, die meist figürliche Ornamentierungen unterschiedlicher Art aufweisen. Für unser Thema relevant ist eine große O-Initiale, in deren Innerem ein komplexeres Geschehen wiedergebgeben wird (Abb. 8).
Gut erkennbar ist in der Mitte der Initiale eine Kreuzigungsszene: Im Zentrum der Darstellung wird ein Kruzifixus abgebildet; der Gekreuzigte ist an einem gräulichen Kreuz befestigt und nur mit einem Lendentuch bekleidet, wendet seinen Kopf vom Betrachter aus gesehen zur linken Seite und hat einen goldenen Heiligenschein. Unten am Kreuzstamm windet sich eine grünliche, sehr große Schlange, was man wohl als den durch Jesu Christi Kreuzestod bewerkstelligten Sieg über Tod und Satan verstehen kann.[33] Im oberen Bereich der Illumination erscheinen himmlische Wesen, die das Ereignis betrachten, zugleich aber auch einen symbolischen Aussagewert haben, denn neben vermutlichen Engelsgestalten (erkennbar an ihren noch leicht sichtbaren Flügeln), die direkt über dem Kreuzigungsgeschehen positioniert sind, erkennt man auch links und rechts dieser beiden Engelsfiguren je zwei Köpfe, deren Ikonografie bzw. Attribute auf *Sonne und Mond* hinweisen. Bereits in der Antike waren Sonne und Mond (*Sol* und *Luna* bzw. *Ἥλιος* [Helios] und *Σελήνη* [Selene]) Herrschaftssymbole gewesen, was im Christentum für die universale Herrschermacht Christi übernommen wurde und dann auch für weltliche wie geistige Herrschervollmacht stehen kann, wie dies im 9./10. Jahrhundert bevorzugt bei Kreuzigungsdarstellungen auch eine Rolle spielt (vgl. Abb. 9).
Ganz oben in der Mitte zwischen den beiden Engelsfiguren ist ein rundliches goldenes Gebilde

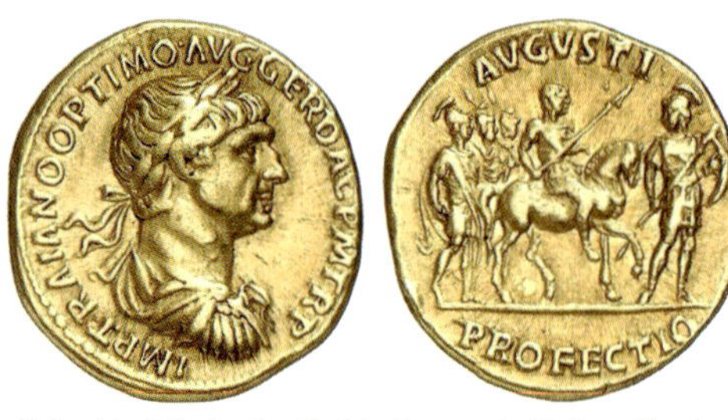

Abb. 10: Römische Goldmünze mit Kaiser Traian, der einen mit Bändern zusammengehaltenen Lorbeerkranz trägt.

angebracht, das möglicherweise einen Siegeskranz – den Siegeskranz Christi, den er durch seinen Tod am Kreuz und der damit einhergehenden Überwindung des Todes und des Satans errungen hat – darstellt. Hierfür könnten zwei kleine Bänder sprechen, die unten links und rechts aus diesem Siegeskranz herauslaufen und an eine Art stilisierten gewundenen *Lorbeerkranz* (evtl. auch eine goldene Dornenkrone als Element der *arma Christi*?) mit Bändern erinnern, wie man dies in der Antike verwendet hatte (vgl. hierzu Abb. 10). Direkt links und rechts des Kruzifixus erscheinen zwei menschliche Personen, auf die es hier ankommt und die gleich eigens thematisiert werden; hinter diesen beiden Figuren ist jeweils noch eine weitere positioniert: Ganz links in der Initiale ist Maria Muttergottes dargestellt und analog hierzu ganz rechts Jesu Lieblingsjünger Johannes Evangelista. Farblich fügen sich die beiden Darstellungen in die Gesamtanlage, Maria trägt ein grünes Untergewand, das mit dem Rahmen der O-Initiale korrespondiert, mit der gewundenen Schlange am Kreuzstamm und dem Obergewand der Figur rechts vor Johannes Evangelista, das graue Obergewand von diesem weist Parallelen zum Kreuz Christi auf, zum felsigen Untergrund und einer kleinen Figur auf der linken Seite zwischen Maria und der vor ihr befindlichen Person: Hier handelt es sich ganz offenbar um einen von den Toten Auferstehenden. Ein bräunlicher, quer stehender Sarg ist auf dem grauen Felsuntergrund gestellt, aus dem, die Arme nach oben Richtung Himmel reckend, eine menschliche Figur steigt, die in ein ebenfalls graues Gewand gehüllt und dem Gekreuzigten zugewandt ist, was ihre beinahe ekstatische Gebärde möglicherweise als eine Art flehentlicher Anrufung (beim Jüngsten Gericht hoffentlich zu den Erlösten gehören zu dürfen) verständlich macht. Interessant ist die hierbei getätigte theologische Aussage, denn diese Initiale verbindet den Kreuzestod Christi, der nach christlichem Verständnis wesentlich als Opfertod für die Sünde der Welt, die hierdurch getilgt ist („qui tollis peccata mundi"), verstanden wird, weswegen auch erwähnte Überwindung des Todes (und des Satans, symbolisiert als gewundene Schlange am unteren Kreuzende) eine zentrale Rolle an dieser Stelle spielt – mit der

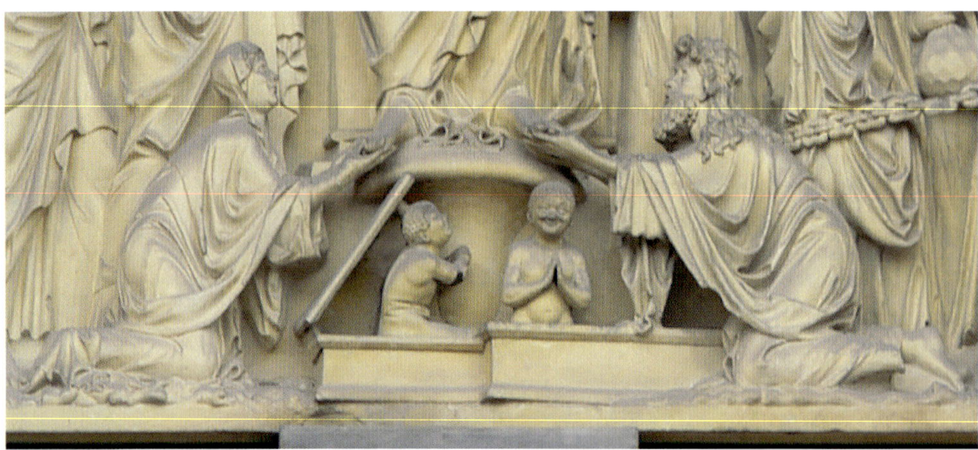

Abb. 11: Detail im Tympanon des Bamberger Fürstenportals: Deesis-Gruppe mit Auferstehenden und Maria sowie Johannes Baptista zu Füßen Christi als Weltenrichter.

allgemeinen Totenauferstehung am Ende der Zeit, wie es in der Bibel immer wieder betont wird.[34] Somit verzahnt diese kleine Abbildung eines Auferstehenden den Kreuzes- und Opfertod Christi theologisch stimmig mit der Auferstehung der Toten, womit die *soteriologischen Folgen* dieses geschichtlichen Ereignisses künstlerisch antizipiert und ikonografisch versinnbildlicht werden. Randbemerkung: Es kann als nicht nur zufällig verstanden werden, dass im Tympanon des Bamberger Fürstenportals, an dessen Flanken die Skulpturen von Ecclesia und Synagoga angebracht sind, eine *Totenauferstehung* (im Sinne einer Deesis-Gruppe zu Füßen des thronenden Christus als Weltenrichter mit Maria und Johannes Baptista) sowie links und rechts von Christus ein *Jüngstes Gericht* zu sehen ist (Abb. 11). Im Laufe der mittelalterlichen Kunstgeschichte hat sich in bestimmten Fällen, wie hier in Bamberg, die Kreuzigungsdarstellung in konkreter Form zu einer Betonung der heilsgeschichtlichen Folgen des Kreuzestodes transformiert, eben Jüngstes Gericht, Totenauferstehung und Ewiges Leben für die Erlösten.

Wenden wir uns nun endlich den beiden eigentlich in diesem Rahmen interessierenden Figuren in der O-Initiale des Drogo-Sakramentars zu, den beiden Personen, die direkt links und rechts des Kruzifixus stehen. Die vom Betrachter aus gesehene linke Person lässt sich aufgrund ihrer Attribute relativ einfach bestimmen: Es ist *Ecclesia*, die Personifizierung bzw. Versinnbildlichung der *christlichen Kirche*, die in ihrer rechten Hand einen goldenen Kelch hält, mit dem sie das Blut aus Christi Seitenwunde auffängt. In ihrer linken Hand trägt sie eine Lanze, ebenfalls golden gestaltet, an deren oberen Ende Fahnen oder Wimpel erkennbar sind – es handelt sich hierbei um das *Vexillum*[35], das Siegesbanner der römischen Legionen, die dies als Zeichen ihres militärischen Triumphes und Ruhms mit sich führten und das aus diesem kulturellen Zusammenhang dann auch auf das Christentum übertragen wurde bzw. das das Christentum gemäß eigenem Selbstverständnis für sich beanspruchte (Abb. 12).

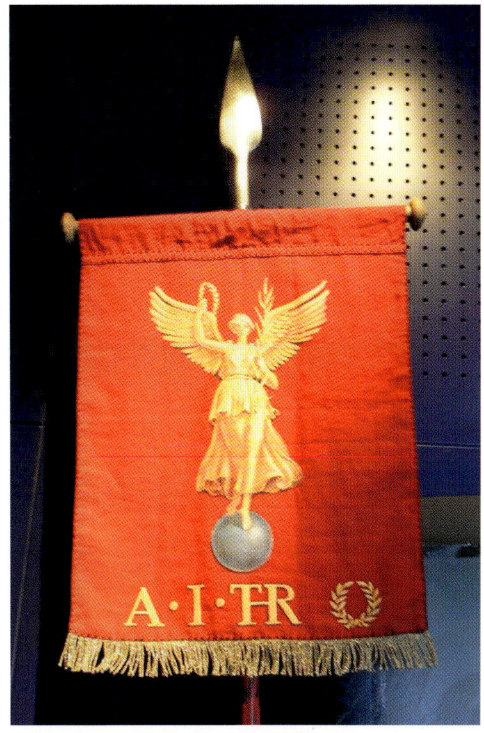

Abb. 12: Moderne Rekonstruktion eines römischen Vexillums. Gut erkennbar die mit einer metallenen Speerspitze versehene hölzerne Lanze, an deren oberem Ende ein Banner angebracht ist, das mit Lorbeerkränzen und der geflügelten Siegesgöttin Victoria/Νίκη (Nike) versehen die Attribute von Sieg und Triumph unterstreicht.

Sie trägt ein hellgraues Unter- und ein rotbraunes Obergewand mit Kapuze (die Brauntöne dieser Initiale sind vermutlich ursprünglich keine Brauntöne gewesen, sondern sind im Laufe der Jahrhunderte nachgedunkelt, denn zur Entstehungszeit hat es sich hierbei wahrscheinlich um rote Farbflächen gehandelt), unter dem beim rechten Arm, der mit dem Kelch zur Seitenwunde Christi emporgehalten ist, noch ein grüner Ärmel hervorblitzt.

Aufgrund der konkreten künstlerischen, ikonografischen Darstellung wird Ecclesia hier als *Zeugin und Bewahrerin* des Heilsgeschehens und der hieraus erwachsenden Sakramente dargestellt – sie fängt in ihrem Kelch, den man dann im weiteren und spezifisch liturgischen Sinne umstandslos als Abendmahls- bzw. Messkelch verstehen kann, das qua Opfertod sündentilgende Blut des Heilands auf, welches sie in ihrem amtlichen Walten in Form der Eucharistie an die Gläubigen weitergibt.[36] Wie auch Maria und Johannes umgibt sie

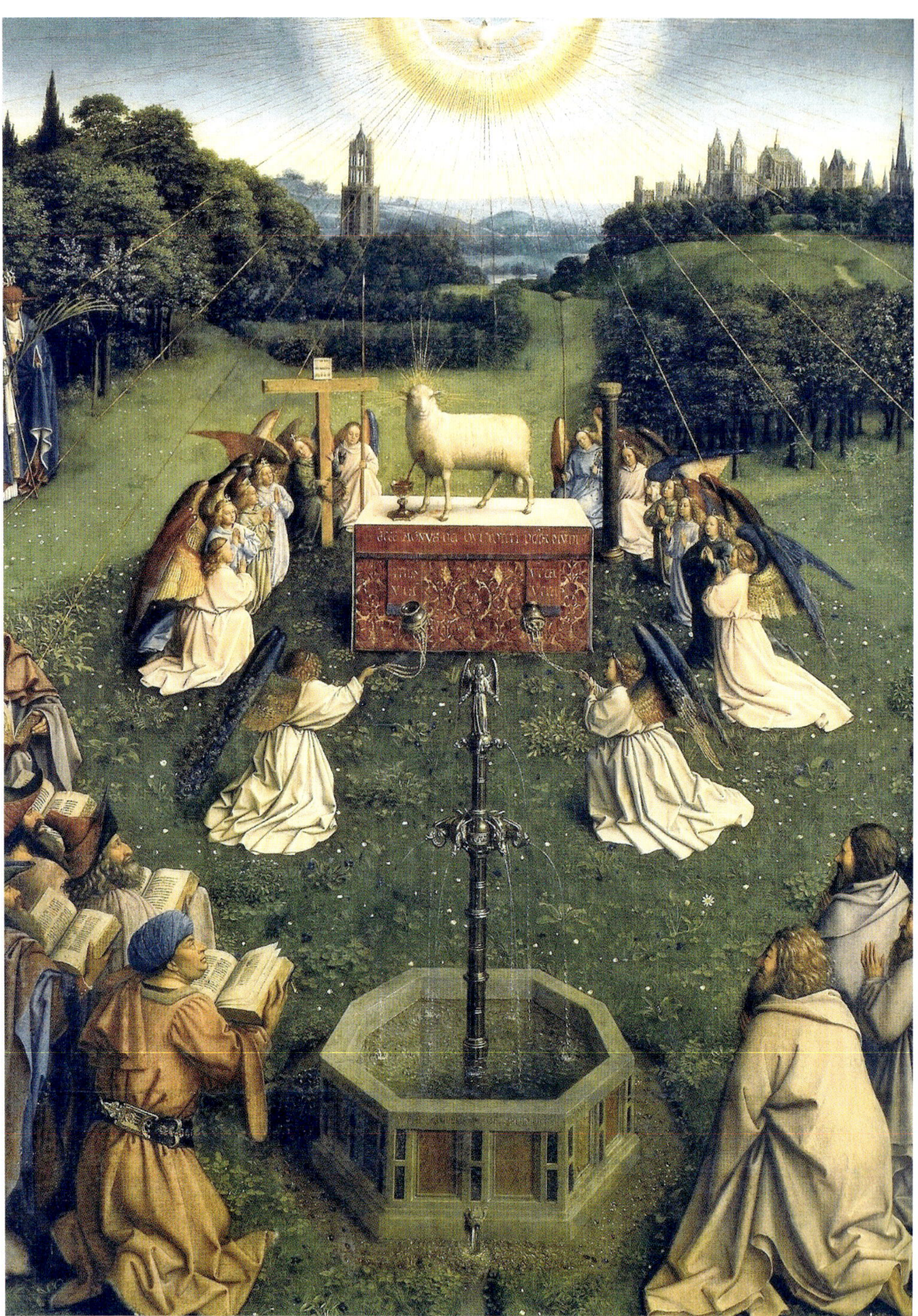

Abb. 13: Ausschnitt aus dem Genter Altar des Jan van Eyck. In der Mitte das Lamm Gottes auf einem Altar stehend, das mit seinem Opferblut die Sünde der Welt tilgt. Einige der Engel, die um den Altar mit dem Lamm stehen, tragen Leidenswerkzeuge Christi (arma Christi), womit auf den Opfertod am Kreuz verwiesen wird, der die unmittelbare Ursache für die Sündenvergebung darstellt.

ein goldener Nimbus, der sie als eine von Gottes Heiligem Geist hervorgehobene Figur ausweist.

Vom Betrachter aus auf der rechten Seite des Kreuzes steht eine ältere männliche Person. Sie hat graue Haare und einen grauen Bart, trägt in der linken Hand und an den Körper gedrückt eine größere runde Scheibe, die hellgrau mit einem rötlichen dünnen Rand erscheint. Mit der rechten geöffneten Hand weist die Figur, die ebenso wie Ecclesia dem Gekreuzigten zugewandt ist, auf denselben, was einen als deiktisch zu bezeichnenden Eindruck macht. Die Frage, um wen es sich bei dieser Figur handeln könnte, lässt sich nicht unmittelbar beantworten. Dass es hierbei nicht um eine Synagoga-Darstellung geht, ist augenscheinlich, aber vermutlich – dies legt die gesamte Komposition nahe – hat sie wohl einen direkten Bezug zum Judentum. Jochum deutet diese Figur als den Alttestamentlichen Propheten *Hosea*: „Der Ecclesia gegenüber sitzt ein Greis mit weißem Haar. Er ist vom Kreuz etwas abgerückt, erhebt seine Rechte und trägt ein Herrschaftszeichen in der Linken. Im Vergleich mit der entschiedenen Hinwendung der Ecclesia wirkt seine Gestik passiv und kraftlos. In ihm ist wohl eine Gestalt des Judentums gemeint, möglicherweise der Prophet Hosea, von dem sich Christus abwendet, um der Ecclesia mit seinem Blut die Nachfolge zu übertragen."[37]

Ob diese Darstellung distinkt den Propheten Hosea meint, lässt sich gewiss nicht abschließend klären, dass aber hier eine Alttestamentliche Figur, aller Wahrscheinlichkeit nach ein Prophet des Alten Testaments, zu sehen ist, kann begründetermaßen angenommen werden, und somit sind Alter wie Neuer Bund unter dem Kreuz als dem Skopus des christlichen Heilsgeschehens versammelt. Die Vermutung, dass hier der Prophet Hosea[38] zu sehen ist, speist sich vornehmlich aus Hos 13,14, was thematisch zu dieser Kreuzigungsszene und der christlichen Erlösungsdogmatik sehr gut passt: „Aber ich will sie erlösen aus der Hölle und vom Tod erretten. Tod, ich will dir ein Gift sein; Hölle ich will dir eine Pestilenz sein. Doch ist der Trost vor meinen Augen verborgen"[39] – eine Passage, die in der lateinischen Version in der mittelalterlichen Liturgie auch als Antiphon Verwendung fand und somit integraler Bestandteil der christlichen Sakralpraxis und also sicherlich Klerikern, Mönchen und Gebildeten gut bekannt war. Sachlich korrespondiert dieser Vers mit der christlich-theologischen Auffassung, dass durch den Tod Jesu Christi am Kreuz Tod, Sünde und Hölle prinzipiell als überwunden verstanden werden können, was, es wurde oben bereits kurz erwähnt, in der bekannten Wendung aus dem *Agnus Dei* „qui tollis peccta mundi" – „der du hinwegnimmst die Sünde der Welt" – zum Ausdruck kommt (Abb. 13). So gesehen hat diese Deutung Jochums einiges für sich, gerade wenn man sich erwähnte Passagen aus diesem Propheten und den sachlichen Bezug des Opfertodes Christi am Kreuz und die damit einhergehende Sündenvergebung vergegenwärtigt.

Der in die Szene als Protagonist hineingenommene Prophet des Alten Testaments hält nun in seiner linken Hand eine große hellgraue Scheibe – Jochum interpretiert diese wohl nicht unzutreffend als das *Tympanon*[40] (Abb. 14/Abb. 15), den Erdkreis oder die Himmelsscheibe und damit als

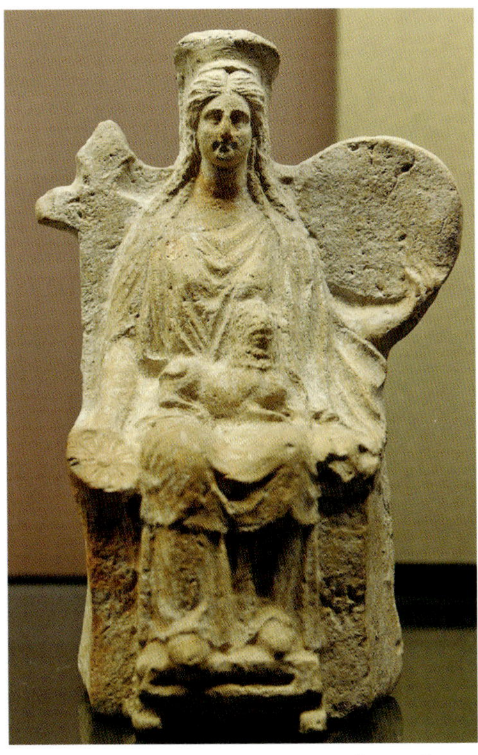

Abb. 14: Kybele mit dem Tympanon als Handtrommel, Terracotta-Figurine um 350. v. Chr., möglicherweise aus Attika.

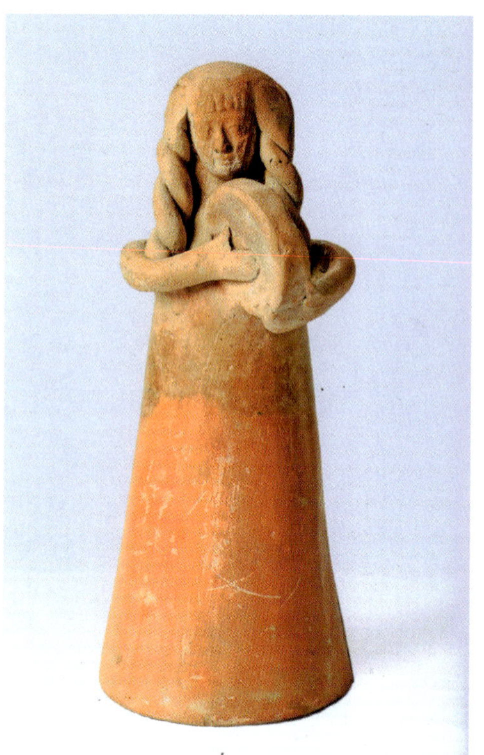

Abb. 15: Weibliche Terrakotta-Figurine aus Tel Shikmona ein Tympanon spielend, vermutlich 8. vorchristliches Jahrhundert, Nationales israelisches maritimes Museum.

ein Herrschaftszeichen, das einen umfänglichen bzw. universalen, allumfassenden Herrschaftsradius umschreibt.[41] Der Prophet ist auffälligerweise ohne goldenen Nimbus abgebildet, und auch ihm wird der Rücken gestärkt und freigehalten von einer weiteren menschlichen Figur, in diesem Fall durch den *Lieblingsjünger Johannes* (Maria und Johannes Baptista werden später die Akteure der *Deesis*[42] sein), der in einem grauen Über- und hellen Untergewand samt goldenem Nimbus die Szene in diese Richtung abschließt (Abb. 16/Abb. 17). Diese Konstellation stellt einen Vertreter des Judentums in Person eines Propheten des Alten Testaments zusammen mit der Kirche als symbolische Figur am Stamm des gekreuzigten Heilands dar, wie es im christlichen Kontext der damaligen Zeit wohl zwar relativ neu, aber aufgrund der verwendeten Ikonografie für die (gelehrten) Zeitgenossen sicherlich umstandslos verständlich gewesen war: Alter und Neuer Bund ergänzen sich und verhalten sich komplementär hinsichtlich der Erfüllung der prophezeiten Heilsgeschichte der Bibel in Altem und Neuem Testament, was auch durch die mutmaßliche Identität des älteren weißhaarigen Mannes als Alttestamentlicher Prophet Hosea deutlich wird.

Die *Farbsymbolik* – zumal das Grün und das Rot, das mittlerweile eine bräunliche Note bekommen

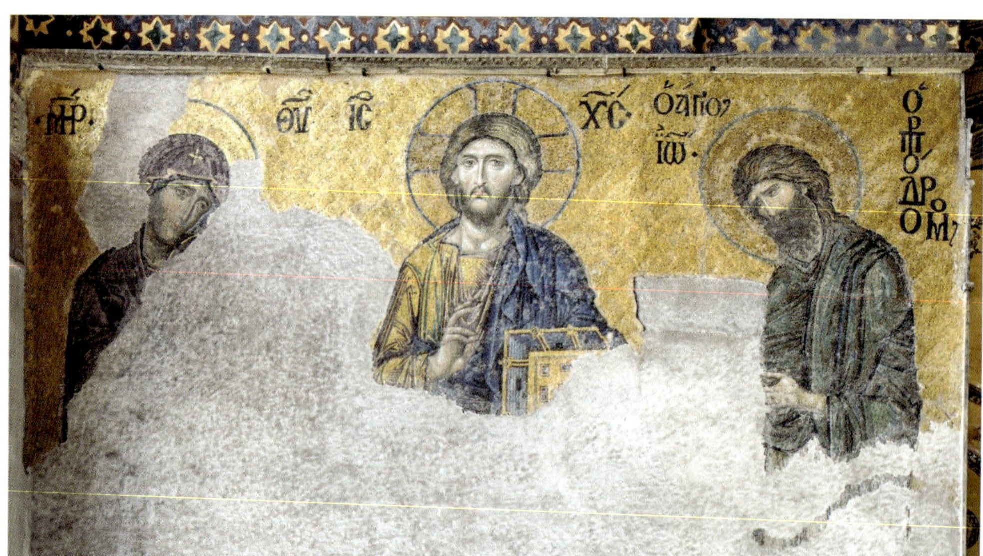

Abb. 16: Deesis-Gruppe in der Hagia Sofia, fragmentarisches Mosaik aus dem 13. Jahrhundert.

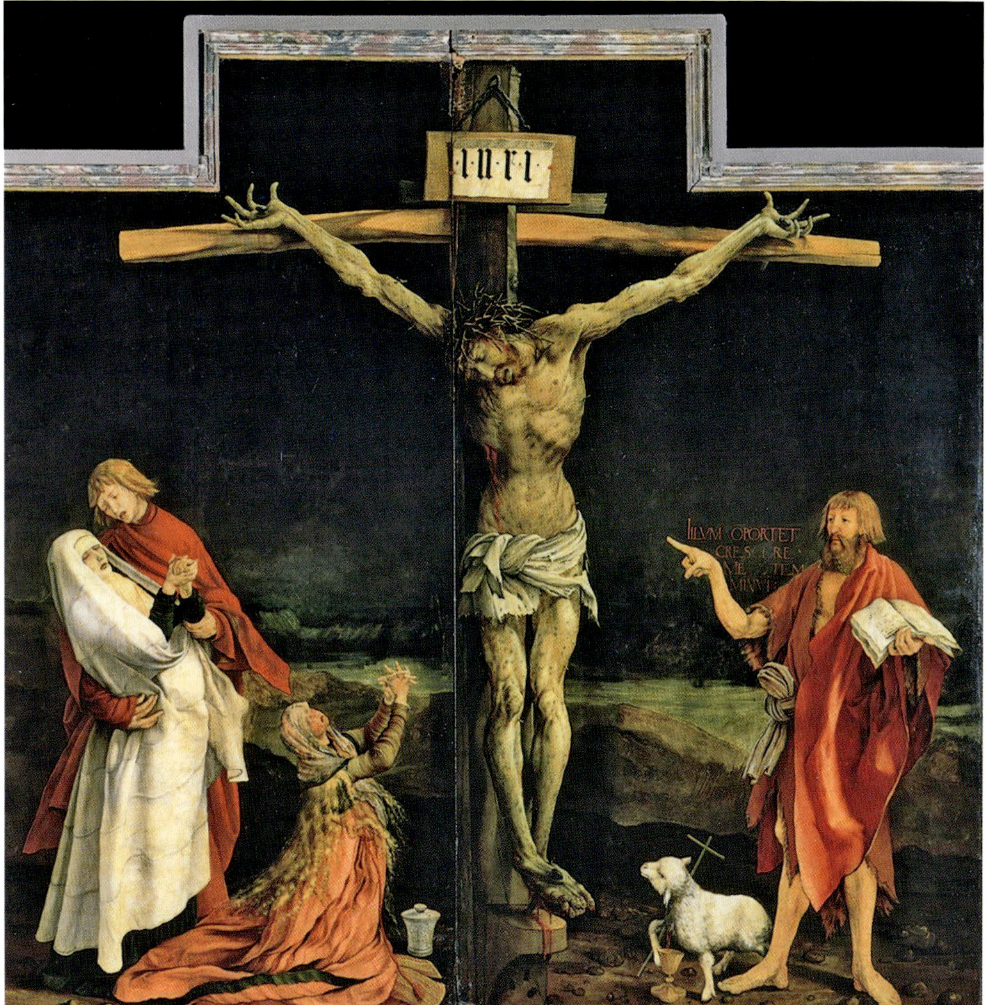

Abb. 17: Deesis-Gruppe am Retabel des Ersten Wandlungsbildes des Isenheimer Altars, Matthias Grünewald, 1512/1516. Interessant hierbei ist der Umstand, dass nicht nur Maria Muttergottes und Johannes Baptista an den beiden Flanken des Kreuzes stehen, sondern hier, vielleicht eine alte Tradition der Kreuzigungsdarstellungen modifizierend aufgreifend, auch Johannes Evangelista dargestellt ist (vgl. hierzu etwa das gegenwärtig thematisierte Drogo-Sakramentar), in dessen Arme die niedersinkende Maria Muttergottes fällt. Kniend an der linken unteren Kreuzseite Maria Magdalena.

hat – weist auf eine Verbindung aller dargestellten Figuren hin, was einen homogenen Eindruck macht und keine erkennbaren Anzeichen eines hierarchischen Gefälles aufzuweisen scheint. Dieser Umstand könnte allein daraus verständlich werden, sofern es sich bei der dargestellten Alttestamentlichen Figur tatsächlich um den Propheten Hosea handeln sollte, dass hier alle sichtbaren Figuren in der ein oder anderen Weise das Erlösungswerk Jesu Christi am Kreuz unterstreichen und symbolisch versinnbildlichen.

Die relative Homogenität der beteiligten Personen in dieser Szene und weitgehend polemikfreie Umsetzung dieser Darstellung von Judentum und Christentum lässt sich vermutlich nur von daher verstehen, dass die Propheten des Alten Testaments

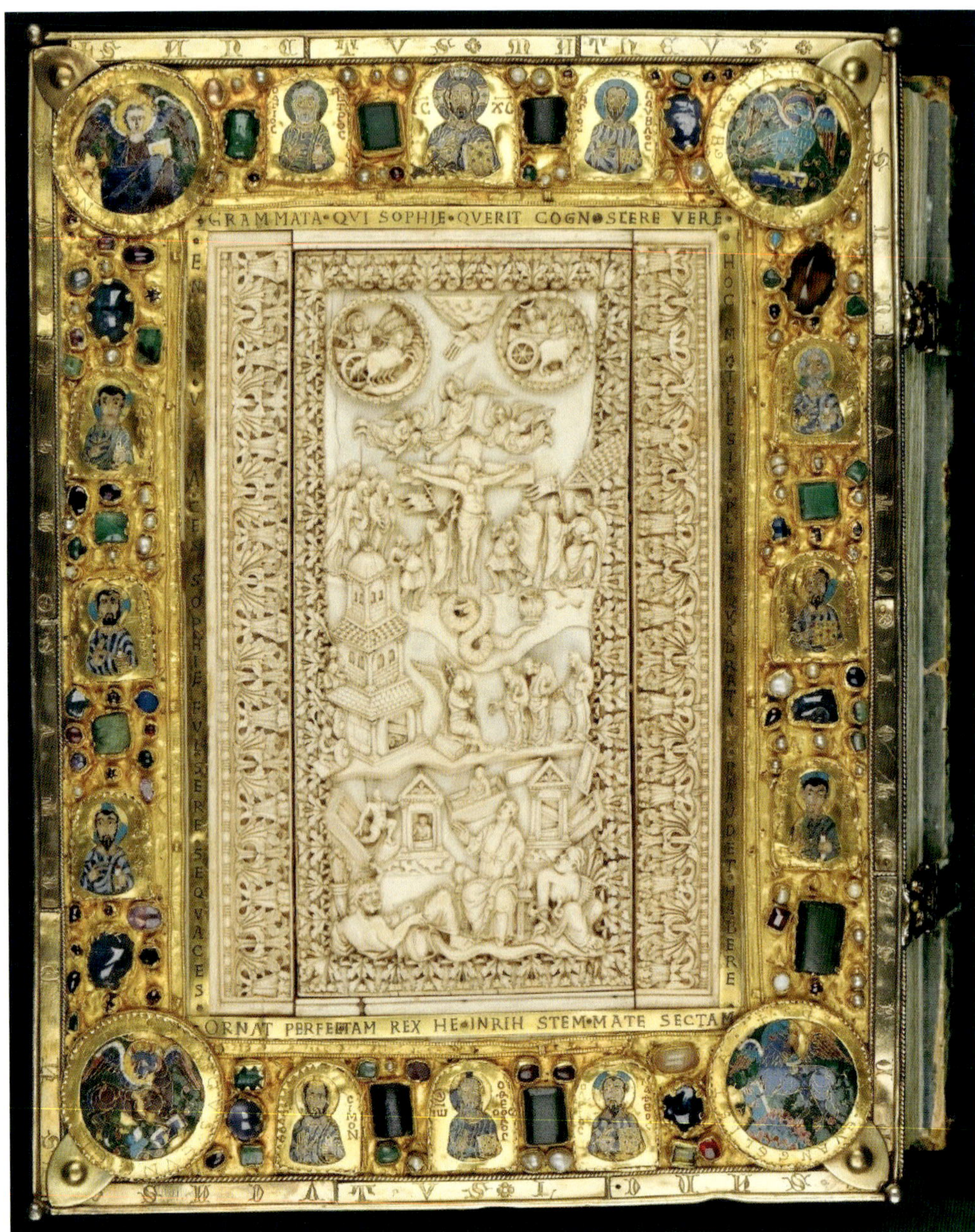

Abb. 18: Evangeliar Kaiser Heinrich II., ehemals Bamberg, mittlerweile im Besitz der Staatsbibliothek München. Die hochrechteckige Elfenbeinplatte in der Mitte der sehr aufwändig gestalteten Vorderseite dieses Buches zeigt in Schnitzarbeit in der oberen Hälfte eine komplexe Darstellung von Ecclesia und Synagoga, möglicherweise eine der ältesten erhaltenen Beispiele in diesem Darstellungsmodus.

von christlicher Seite aus selbstredend immer positiv gesehen wurden, haben sie doch, zumindest im Verständnis von Antike und Mittelalter,[43] bereits zur Zeit des Alten Bundes auf den Neuen Bund hingewiesen und gelten dem Christentum daher als Gewährsmänner dieser religiösen Progression. Ob

Hosea oder ein anderer Alttestamentlicher Prophet – als Prophet ist eine solche Person als Vertreter und Repräsentant des Judentums in dieser Lesart frei von negativen Konnotationen. Dass sich dies dann mit der Transformation der *Symbolisierung des Alten Testaments* in *Person eines Propheten* hin zur *Symbolisierung des Judentums* in *Person der Synagoga* merklich ändert, ist ein erwähnenswerter Wechsel im Kontext der christlichen Ikonografie und Kunstgeschichte, dessen Weichenstellungen möglicherweise noch nicht suffizient eruiert sind. Jedenfalls kann es in diesem Zusammenhang als bezeichnend gelten, dass das Bamberger Beispiel von Ecclesia und Synagoga am Fürstenportal beide Aspekte (wieder) miteinander vereint: Propheten (und Apostel) im Gewände, Ecclesia und Synagoga als lebensgroße Freifiguren auf der Höhe des Tympanons mit der Darstellung des Jüngsten Gerichts, doch dazu mehr und genauer weiter unten.

Die Ausführlichkeit, mit der hier das Drogo-Sakramentar hinsichtlich der Thematik von Ecclesia und Synagoga dargestellt wurde, kann aus verschiedenen Gründen im Weiteren nicht fortgesetzt werden, da der Umfang des Bandes hierbei gesprengt würde und eine Disproportionalität hinsichtlich des thematischen Schwerpunktes dieser Studie damit einherginge. Deswegen kann diese Besprechung des Drogo-Sakramentars zu Ecclesia und Synagoga vielleicht als mögliches Exempel und Blaupause verstanden werden, in welcher Weise, in welche Richtungen, mit welcher Fokussierung usw. man hierbei eventuell selbstständig weiterdenken könnte, um die entsprechenden Kunstwerke tiefer als hier faktisch ausgeführt zu erfassen.

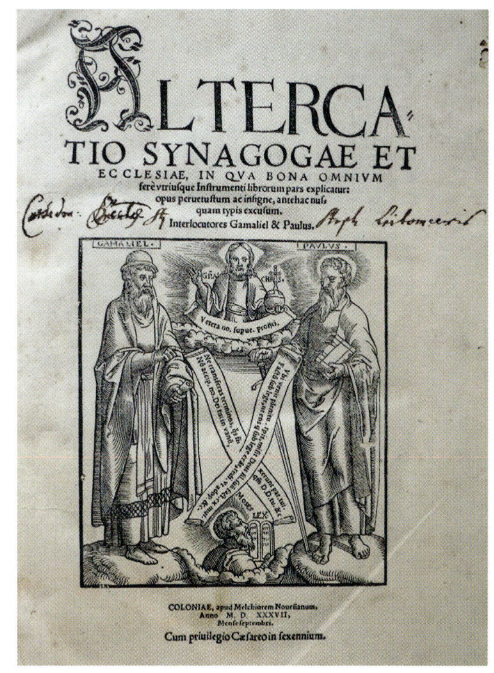
ALTERCATIO SYNAGOGAE ET ECCLESIAE, IN QVA BONA OMNIVM
ferè vtriusque Instrumenti librorum pars explicatur:
opus peruetustum ac insigne, antehac nusquam typis excusum.
Interlocutores Gamaliel & Paulus.

COLONIAE, apud Melchiorem Nouesianum.
Anno M. D. XXXVII.
Mense septembri.
Cum priuilegio Cæsareo in sexennium.

Abb. 19: Ausgabe der Altercatio aus dem Jahr 1537, erschienen in Köln bei Melchior Neuss. Es ist dies zwar nicht das Titelbild der klassischen „Altercatio Ecclesiae et Synagogae", sondern der einer Adaption dieses Werkes aus dem 16. Jahrhundert, was bereits der leicht modifizierte Titel „Altercatio Synagogae et Ecclesiae" andeutet. Dadurch aber um so interessanter ist, da in dieser Schrift das Streitgespräch bzw. der interreligiöse Dialog nicht zwischen den eigentlich im Titel genannten Damen stattfindet, sondern zunächst zwischen dem Apostel Paulus und seinem (mutmaßlichen) Lehrer Gamaliel, was dann in abstrakterer Weise seine Fortsetzung in einem Gespräch zwischen einem Lehrer (magister) und Schüler (discipulus) findet.

Das Evangeliar Kaiser Heinrichs II. bezüglich des Motives von Ecclesia und Synagoga

In den gegenwärtigen Kontext gehört auch das *Evangeliar Kaiser Heinrichs II.* (Abb. 18), auf dessen Vorderseite eine karolingische Elfenbeinplatte (ca. 850) angebracht ist, auf der ein explizites Ecclesia- und Synagoga-Motiv verarbeitet ist. In dieser sehr komplexen und ausgesprochen kunstvollen Arbeit ist die obere Bildhälfte für unser Thema von Belang: eine Kreuzigungsdarstellung mit der ab dieser Zeit langsam zu einem ikonografischen Standard werdenden Darstellung von nunmehr konkret Ecclesia und Synagoga. Theologisch-historischer Hintergrund hierfür ist die Pseudo-Augustinische Schrift *Altercatio* (Abb. 19), ein Text, dessen voller Titel „Altercatio Ecclesiae et Synagogae" – zu Deutsch: „Streitgespräch zwischen der Kirche und der Synagoge" – lautet.

In der Altercatio geht es verkürzt gesagt um die Begründung der Überlegenheit der christlichen Kirche gegenüber der jüdischen Synagoge, wobei immer wieder und bevorzugt Passagen aus dem Alten Testament herangezogen werden, die man als prophetische Hinweise auf die Verworfenheit des Judentums gedeutet hat, wie etwa Gen 25,23.[44]
Sehen wir uns also diese für gegenwärtiges Thema wichtige Schrift etwas genauer an, weil mit der Altercatio eine schriftliche Quelle auf den Plan tritt, die in nennenswerter Weise die Behandlung des Themas von Ecclesia und Synagoga zumal im künstlerischen Bereich über einen längeren Zeitraum in vielen Fällen maßgeblich geprägt hat. Damit kommt der Altercatio in der Tat eine Schlüsselstellung zum kunstgeschichtlichen Verständnis von Ecclesia und Synagoga in vielen Fällen zu.
Nachdem diese Schrift[45] in exponierender Weise beginnt, die Verdienste der Synagoga vorzubringen,[46] die auch von Ecclesia nicht geleugnet werden können,[47] stellen sich aber bald schon gewisse Spitzen und Animositäten im Gespräch ein, die immer stärker auf ein Konkurrenzverhältnis beider Frauen (bzw. Positionen) hinauslaufen,[48] um dann schließlich in die Phase einzumünden, in der eine klare Siegerin und Verliererin dieses theologischen Streitgesprächs feststeht, wenn Ecclesia zu Synagoga spricht: „Lies, was Rebecca gesagt wurde, als sie Zwillinge gebar: *Zwei Stämme sind in deinem Leib und zwei Völker aus deinem Bauch werden sich trennen, und ein Volk wird das andere besiegen, und das ältere wird dem jüngeren dienen*. Du hast doch gerade gesagt, du, die ältere, habest geherrscht, triumphiert, das Zepter innegehabt, den Purpur besessen, ich, die jüngere, habe mich einst in Tälern verborgen oder in Wäldern, einst auch in felsigen Hügeln gehaust; du habest gestrahlt vor Gold, Zierde, Batist, Seide, Edelsteinen, ich, die jüngere, habe mich von der Milch meiner Tiere genährt. Ich besaß Schafe und Vieh, du Soldaten. Daraus folgt, daß ich zwar die kleinere und ärmere war, daß du aber, obwohl die größere und reiche, mir unterworfen bist und dazu herabsinkst, dem jüngeren Volk zu dienen."[49] Dieser Duktus geht dann noch in der Form weiter, dass Ecclesia der Synagoga auseinandersetzt, wie und inwiefern sie, die Jüngere, über die ältere Synagoga, den Alten Bund, triumphiert, wobei sie bevorzugt, wie soeben gesehen, Belege aus dem Alten Testament für ihre Ausführungen beibringt,[50] womit die Idee Gestalt gewinnt, dass das Alte Testament als Prophezeiung des Neuen Testamentes auf dasselbe hin seinem Inhalt nach geschrieben ist.[51]
So endet denn auch die Altercatio mit diesem martialischen Schlusswort der Ecclesia an Synagoga: „Und deshalb wisse, daß du durch dein eigenes Schwert verurteilt bist, von deinem eigenen Testament geschlagen, durch das Urteil deiner eigenen Propheten, d.h. aller Juden. Ich habe bis jetzt das Entscheidende noch gar nicht vorgebracht, da ich gezeigt habe, daß die Evangelien und die Apostel nur für mich und die meinen bestimmt sind. Wenn du diese gelesen hättest, so würdest du noch lauter stöhnen. Freut euch, ihr Völker, freut euch, ihr Christen, die Unfruchtbare hat geboren und die, welche Söhne hatte, ist zuvor zusammen mit ihren Söhnen zunichte geworden."[52]
Als ausgesprochen interessant und in mehrerlei Hinsicht Licht auf die grundsätzliche Auffassung und Ausrichtung der Altercatio werfend kann der Umstand gesehen werden, dass der Text eigentlich weniger einen gelehrten Disput, eine intellektuelle Auseinandersetzung des Alten und Neuen Bundes darstellt – sondern dass die Altercatio als eine *Gerichtssitzung*, als ein *rechtliches Verfahren* gestaltet wird, bei dem ein *Richter* schlussendlich sein *Urteil* über diese *Causa* fällen wird.[53] Zumal der *rechtliche*, damit auch *staatliche* und *politische* Aspekt, der unzweifelhaft diesem Text eignet, in dieser Arbeit nochmals explizit in den Blick kommt, denn diese Sphäre ist, wie noch zu zeigen sein wird, insgesamt für das bessere Verständnis des Themas Ecclesia und Synagoga von großer Bedeutung.
Mit dieser Schrift als Hintergrund wird nun ab dem 9. Jahrhundert – die karolingische Elfenbeinplatte auf dem Evangeliar Kaiser Heinrichs II. gehört damit zu den frühesten Zeugnissen dieses Sujets – im Kontext der Buchmalerei/Elfenbeinschnitzerei das Thema Ecclesia und Synagoga, so wie es auch in dieser ikonografischen Tradition am Bamberger Fürstenportal zu sehen ist, künstlerisch greifbar. In der Mitte der Gekreuzigte, links davon Ecclesia, in der einen Hand das Vexillum, in der anderen den Kelch, den sie an die geöffnete Wunde hält, aus der das Blut Christi in denselben fließt, hinter ihr der

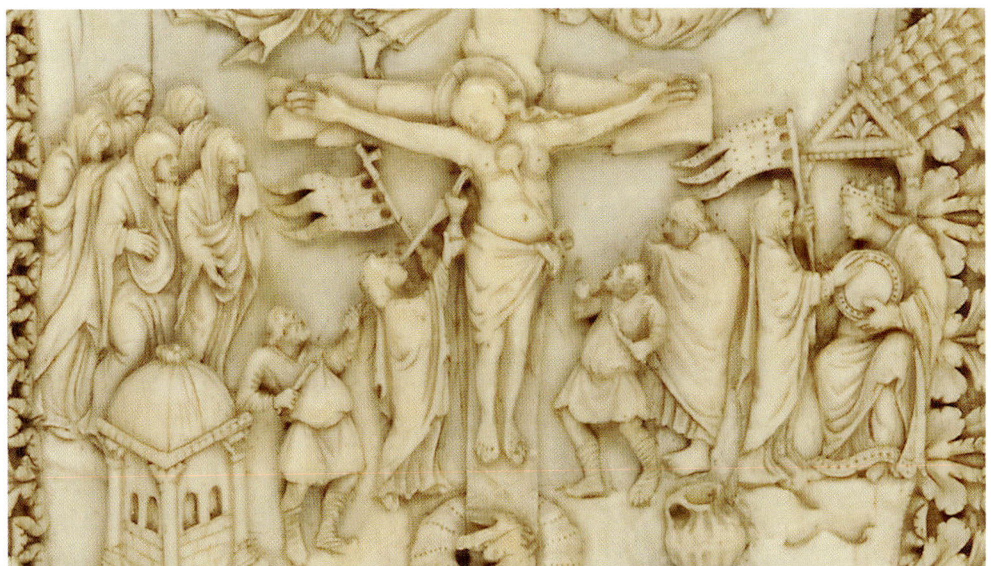

Abb. 20: Detail der Elfenbeinplatte des Evangeliars Heinrichs II., auf dem die Doppelszene von Ecclesia unter dem Kreuz sowie Ecclesia und Synagoga vor dem stilisierten Jerusalemer Tempel erkennbar ist. Gut zu sehen: Synagoga, die mit Krone versehen und vermutlich auf einem Thron sitzend das Tympanon hält und fest an sich drückt, das die Ecclesia offenbar gerade im Begriff ist, nun ihrerseits an sich zu nehmen.

„Lanzenknecht" (laut Überlieferung der römische Legionär Longinus), der die Seitenwunde Christi öffnet, hinter ihm eine Schar von fünf Personen, die den Tod Christi am Kreuz betrauern (Abb. 20). Rechts zunächst der Knecht, der Jesus den Essigschwamm auf einer Stange zum Mund führt (laut Überlieferung der römische Soldat Stephaton), hinter ihm der Lieblingsjünger Johannes und dann hinter ihm eine größere Szene, die es eigens zu erläutern gilt. Offenbar ist erneut Ecclesia dargestellt – gut erkennbar am Vexillum und ihrer Kleidung –, die mit einer Person vor einem länglichen Gebäude interagiert. Jochum deutet diese Sequenz wie folgt: „Ecclesia erscheint zweimal: zuerst mit dem Kelch in der Unio mystica unter dem Kreuz, dann im Streitgespräch [vgl. hierzu die *Altercatio*] mit Synagoga, die – noch größer und gewichtiger – ganz als Königin mit Mantel und Krone vor einer Abbreviatur des Jerusalemer Tempels sitzt. Ecclesia mit der Flammula [= Vexillum] als Siegeszeichen tritt vor sie hin und entreißt ihr den Tympanon [vgl. hierzu auch die Darstellung im Drogo-Sakramentar], das Zeichen der Herrschaft über den Erdkreis."[54]

Eine solche Deutung der Szene der beiden Personen vor dem stilisierten Gebäude durch Jochum hat einiges für sich, und man kann sie als sachliche Interpretation des Dargestellten auch so stehen lassen. Jochums Akzent liegt dabei zu Recht auf einer Überordnung der Ecclesia gegenüber der Synagoga, wobei man nicht außer Acht lassen darf, dass es sich hierbei um die Darstellung einer *Transformation* handelt: Die spezifische *qualitas* der Synagoga – primär die göttliche *Auserwähltheit* und damit auch eine nicht zu unterschätzende sekundäre (irdisch-weltliche) *Herrscher- bzw. Herrschaftsgewalt* – wird übertragen auf die Ecclesia. Objekt dieser Transformation ist das Symbol des *Tympanons*, der Erdkreis bzw. das Himmelsrund, die Himmelsscheibe als Zeichen der Sphäre entsprechender Machtausübung, der Herrschergewalt über idealiter gesagt den *orbis terrarum*. Beachtenswert und sichtbar ist zudem auch der Umstand, dass Synagoga eine Krone trägt, ihrer Haltung nach auf einem Thron sitzt und ein sehr nobles Kleid trägt, was Herrscherwürde anzeigt.

Das Vexillum in der Hand der Ecclesia macht die Aussage dieser kleinen Binnenszene letztlich klar:

Krone, Herrschaft, Macht, Würde, Tympanon und sonstige Insignien von Amt, Würde und Offizialität gehen über von der Synagoga in die Hände der Ecclesia. Und dies offenbar deswegen – das Vexillum ist wie gesehen ein Siegeszeichen der römischen Legionen –, weil die Ecclesia aus dem Streitgespräch zwischen ihr und der Synagoga, wie es die Altercatio verschriftlicht hat, als Siegerin hervorgeht. Deswegen gehen die Herrschaftsattribute, Würdezeichen – Tympanon und Vexillum – in die Hände der Ecclesia, die man auf diese Weise symbolisch als Rechtsnachfolgerin der Synagoga verstehen kann. Diese Darstellung (wie auch bereits das Drogo-Sakramentar) betont nicht nur eine *Heilssukzession*, eine theologische Nachfolge im Sinne des Alten Bundes, dessen *Auserwähltheit*

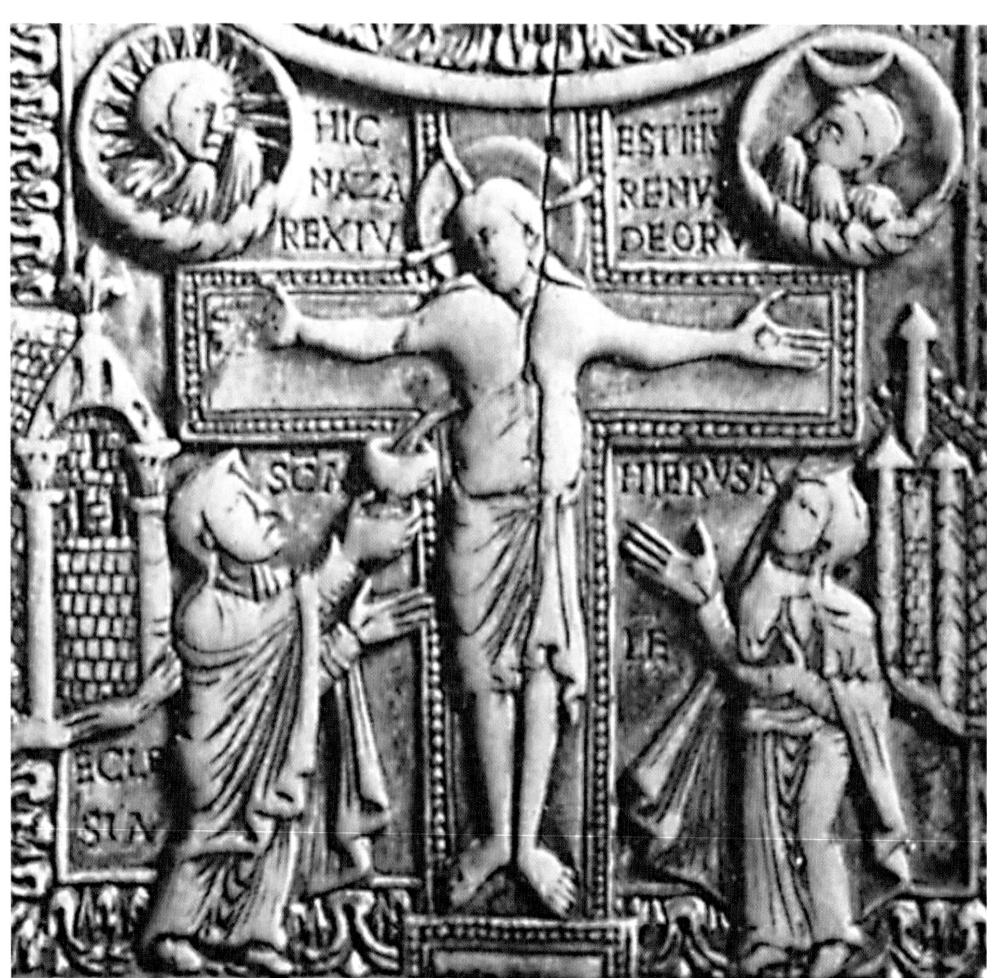

Abb. 21: Vordertafel des Nicasius-Diptychons aus dem Kathedralschatz von Tournai, Elfenbeinplatte um 900. Gut erkennbar links unter dem Kreuz Ecclesia mit der (abbreviierten) Inschrift „Sancta Ecclesia" („Heilige Ecclesia/Kirche"), rechts unter dem Kreuz eine Vorform bzw. Variante der Synagoga mit der (ebenfalls abbreviierten) Inschrift „Hierusalem" („Jerusalem"). In den Zwickeln oberhalb des Kreuzbalken – wo wieder (ähnlich dem Drogo-Sakramentar) Sonne und Mond zu sehen sind – liest man folgende (abbreviierte) Inschrift: „Hic est Iesus Nazarenus, rex Iudeorum" („Hier ist Jesus von Nazareth, der König der Juden"). Die beiden Personifizierungen von Judentum und Christentum lassen auf dieser Elfenbeintafel kein hierarchisches Gefälle erkennen.

(wie v. a. bei Paulus zu lesen ist)[55] mit dem Auftreten und Heilswirken Jesu Christi auf die Christen als dem Neuen Bund übergeht, sondern es ist hier auch, vielleicht sogar besonders akzentuiert, eine *Rechtsnachfolge* impliziert: Das Tympanon stellt ein Herrschaftszeichen dar, das die Macht und die rechtliche Verfügungsgewalt über den Erdkreis anzeigt. Damit wird zusammen mit der theologischen Dimension zugleich auch eine *politische, herrschaftliche* evoziert: Der eine und einzige Gott der Bibel, der *höchste König*[56], hat seine Auserwählten mit einer dezidierten Vorrangstellung in der Welt versehen, was aus der Vollmacht dieses Gottes so gesehen absoluten Charakter aufweist, womit auch eine irdische Herrschaft über den Weltkreis einhergeht. Dieses „Erstgeborenenrecht" wurde nun auf den „Zweitgeborenen", mit thematischen Anspielungen auf die Erzählung von Jakob und Esau[57], wie dies betont in der Altercatio geschieht,[58] also vom Alten auf den Neuen Bund übertragen, und zwar dem Verständnis der Zeit gemäß, *von Gott selbst übertragen*. Diese Sequenz ist auf der oberen Bildhälfte der Elfenbeinplatte des Evangeliars Kaiser Heinrichs II. bildlich umgesetzt.

Weitere Darstellungen von Ecclesia und Synagoga

Ebenfalls frühe Darstellungen des Themas von Ecclesia und Synagoga findet man auf dem *Nikasius-Diptycon* (um 900) sowie auf einer *Elfenbeinplatte aus Köln*, die um 1050 entstanden sein dürfte,[59] auf denen keine auffällige Herabwürdigung der Synagoga zu erkennen ist (Abb. 21). Es sind letztlich Variationen des Themas „Alter und

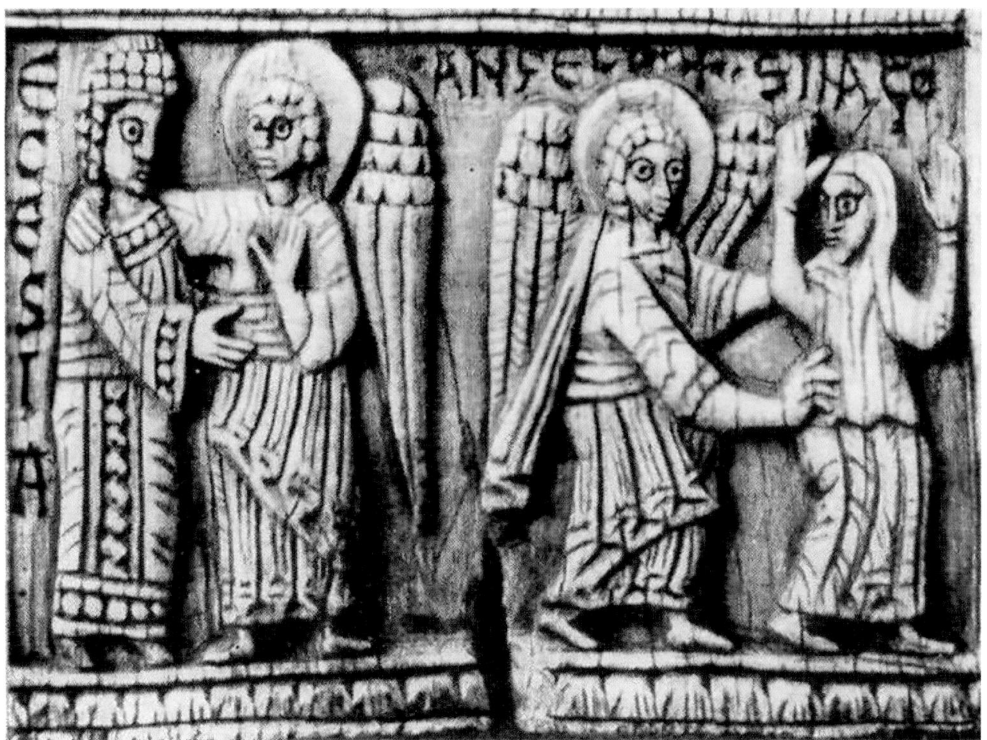

Abb. 22: Elfenbeintafel, Unteritalien, vermutlich 11. Jahrhundert. Gut erkennbar auf der linken Seite Ecclesia in herrschaftlicher Gewandung und Krone, die von einem Engel vertraulich mit einem Arm umfangen wird, wohingegen Synagoga auf der rechten Seite von einem Engel, offenbar protestierend, aus dem Bildrahmen geschoben wird. Synagoga ist im Unterschied zu Ecclesia ärmlich gekleidet und wirkt ihrem Äußeren nach etwas verwahrlost.

Neuer Bund", auf denen zwar ein Gefälle beider vorhanden, aber eine explizite Abwertung oder Diffamierung der Synagoga bei diesen Beispielen nicht sichtbar ist. Dies ändert sich allerdings dann im Laufe der Zeit, bzw. es gab auch zeitgleich zu den oben genannten, eher neutralen Darstellungen von Ecclesia und Synagoga solche, die eine klare Abwertung, eine negative Sicht auf Synagoga spezifisch im Vergleich mit Ecclesia bezeugen, so etwa eine Elfenbeintafel, die im *Museo Nazionale del Bargello* aufbewahrt wird und um 900 entstanden ist: Dort wendet sich die Synagoga vom Kreuz ab und verlässt die Szene nach rechts außen, womit wohl die Bedeutungslosigkeit der Synagoga für das Heilsgeschehen thematisch wird. Besonders drastisch ist eine *Elfenbeintafel aus Unteritalien* (11. Jahrhundert), die in den *Staatlichen Museen Preußischer Kulturbesitz Berlin-Dahlem* zu sehen ist (Abb. 22); dort wird die Synagoga – offenbar unter Protest oder sonstigen Unmutsbekundungen – von einem Engel aus dem Geschehen hinausgedrängt, was letztlich einer *Verstoßung* der Synagoga gleichkommt. So finden sich in den folgenden Jahrhunderten im Kontext der Buchmalerei zahlreiche Darstellungen von Ecclesia und Synagoga, die zunehmend eine abwertende Sicht auf die Synagoga offenbaren.

Etwa um 1200 geschieht eine bemerkenswerte künstlerische Veränderung des Sujets von Ecclesia und Synagoga, und zwar wandern die beiden Figuren aus dem Pergament bzw. Elfenbein ins Gestein: Sie werden nun auch als *Plastiken* realisiert, genauer gesagt zumeist als *Portalplastiken*. Es handelt sich dabei wohl mehr oder weniger um eine theologische, konzeptionelle Neuformulierung des Programms von „Ecclesia und Synagoga" im Rahmen der christlichen Kunst des Mittelalters, denn hiermit findet so gut wie in jeder Hinsicht eine qualitative Neuorientierung und neue Denkweise hinsichtlich der künstlerischen Umsetzung in diesem Bereich statt. Die christliche Skulpturkunst um 1200 – schon früh greifbar in *Chartres* (Abb. 23), auf das Niveau klassischer Kunst erhoben in *Reims* (Abb. 24), daran unmittelbar anknüpfend in *Bamberg* (Abb. 25, *Mainz* (Abb. 26 und 27), *Naumburg* (Abb. 28) und *Magdeburg* (Abb. 29) – zeigt nämlich ästhetisch, kunsthistorisch eine der vielleicht bemerkenswertesten Leistungen dieser Zeit. So gesehen ist die Transformation von „Ecclesia und Synagoga" aus dem Zusammenhang der Buchkunst in die plastische Umsetzung wesentlich mehr als nur eine Modifikation vom Zwei- ins Dreidimensionale, als bei dieser neuen Positionierung der beiden Figuren ein umfangreicherer *theologischer* wie *ikonografischer* Zusammenhang hergestellt wird, in vielen Fällen sehr bemerkenswert, was gerade bei dem hier interessierenden Bamberger Beispiel gut ersichtlich wird.

Mit dem Aufkommen der großen Portalplastiken, die immer wieder, so auch am Bamberger Fürstenportal, das Thema von Ecclesia und Synagoga verarbeiten, endet selbstredend nicht die ästhetische Umsetzung desselben im Rahmen der Buchkunst, sie geht bis zum Ende des Mittelalters (und auch darüber hinaus) ungebrochen weiter, auch in der Glasmalerei, in Chorgestühlen oder Wandmalereien kommt diese ästhetische Auseinandersetzung immer wieder vor.

Mittelalterlich-gotische Kirchenportale aus dieser Zeit und später sind prinzipiell konzipiert als *„porta coeli"*, als „Himmelspforte"[60], was das Thema von Ecclesia und Synagoga aus der bisherigen thematischen Einordnung in das konkrete Kreuzigungsgeschehen löst, wie es im Kontext der Buchkunst ersichtlich wurde. Das heißt konkret, dass dieses theologisch-künstlerische Sujet aus dem Kontext des entscheidenden Ereignisses des christlichen Heilsgeschehens herausgenommen und in einen primär *apokalyptisch-endzeitlichen* Sachzusammenhang gebracht wird. Denn da die Idee des gotischen Kirchenbaus das Gebäude als das *Neue*, als das *Himmlische Jerusalem*[61] (Abb. 30) zu realisieren versucht, ist das Portal, durch das man in den Kirchenbau, also in das Innere des Neuen Himmlischen Jerusalems eintritt, im symbolisch-realen Sinne als „Himmelspforte" zu verstehen.

Es kann als bemerkenswert gelten, dass in vielen Fällen, in denen Ecclesia und Synagoga an einem Portal als *porta coeli* angebracht sind, eine *eigene thematische Schwerpunktsetzung* erfolgt.[62] Dieser Befund soll im Folgenden kurz illustriert und erläutert werden.[63]

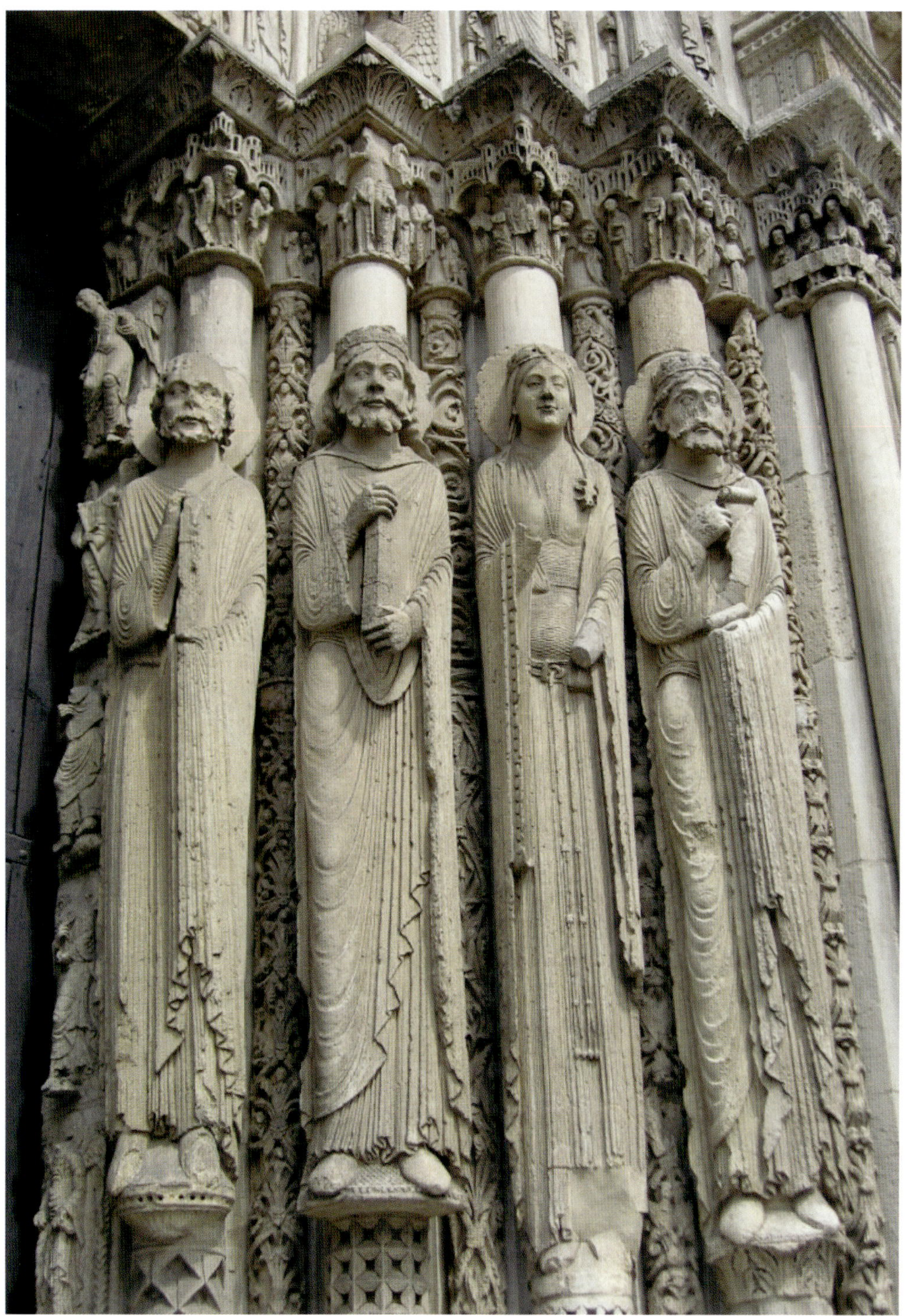

Abb. 23: Großskulpturen am mittleren Westportal der Kathedrale von Chartres, auch „Königsportal" genannt, entstanden etwa um 1200 oder etwas früher. Vermutlich hier zu sehen: Ezechiel oder Samuel, David, die Königin von Saba und Salomon.

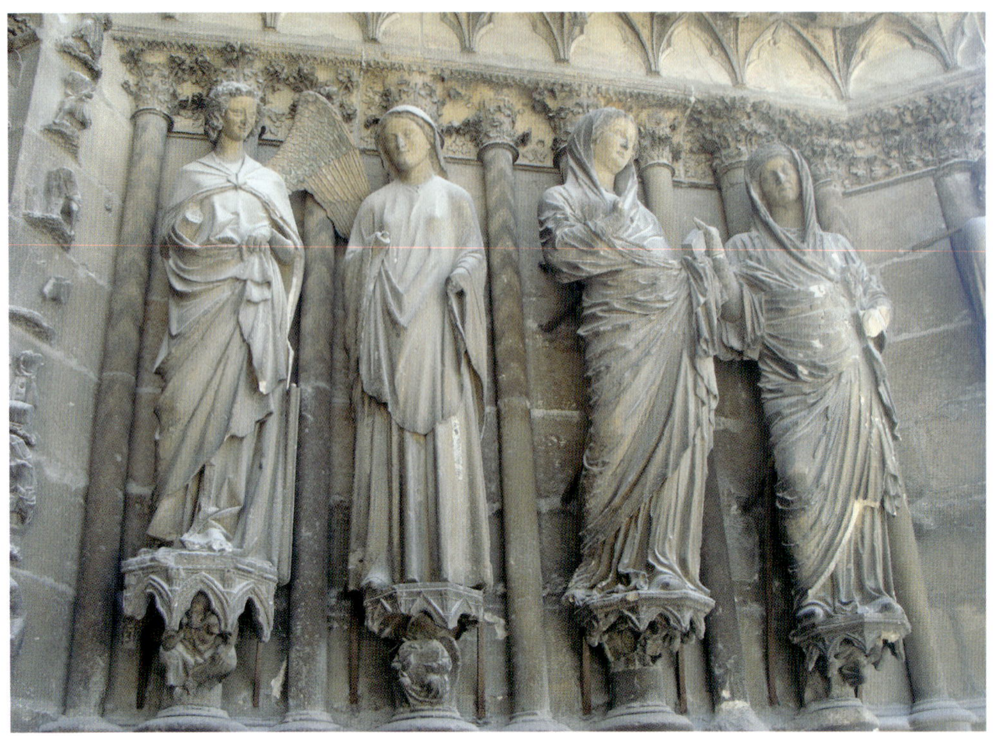

Abb. 24: Die neue ästhetische und technisch-handwerkliche Maßstäbe setzenden, überlebensgroßen Skulpturen an der Westfassade der Kathedrale von Reims, ca. 1210/1220. Links eine Verkündigungs-, rechts eine Heimsuchungsgruppe am nördlichen Westportal.

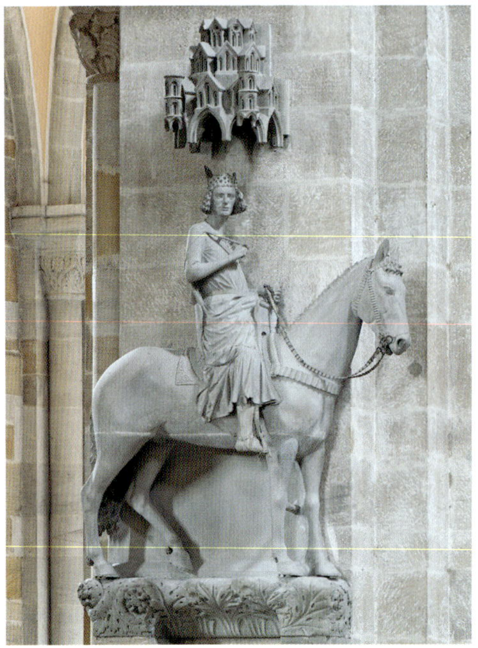

Abb. 25: Wahrscheinlich die berühmteste, bekannteste Plastik des Bamberger Doms, der Bamberger Reiter, um 1220 / 1230. Identität des abgebildeten Königs bis heute fraglich.

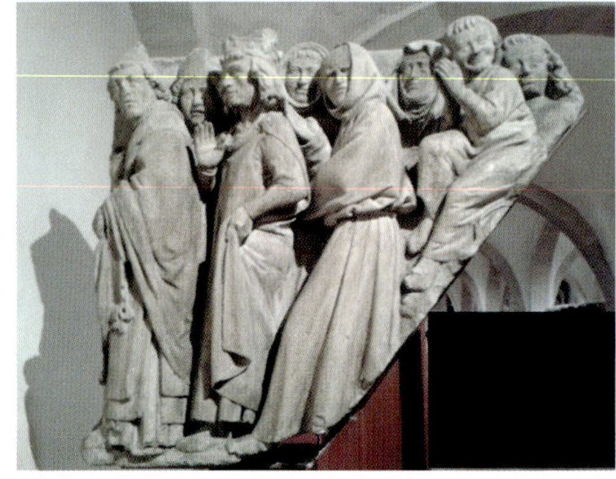

Abb. 26: Der abgegangene Mainzer Lettner, mittlerweile im Diözesanmuseum Mainz, etwa 1240, die Erlösten am Jüngsten Gericht.

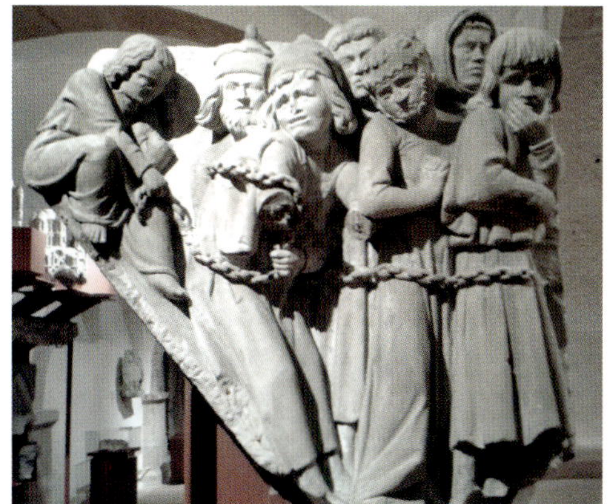

Abb. 27: Der abgegangene Mainzer Lettner, mittlerweile im Diözesanmuseum Mainz, etwa 1240, die in Ketten gelegten Verdammten am Jüngsten Gericht.

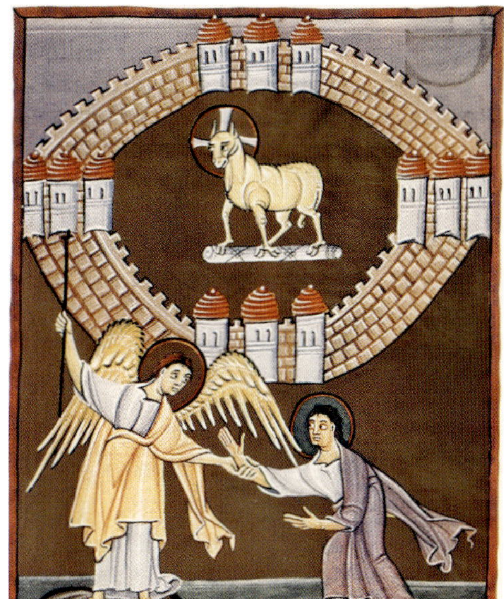

Abb. 28: Abbildung des „Neuen Jerusalems" aus der Bamberger Apokalypse, Folio 55 recto, um das Jahr 1000 entstanden, Staatsbibliothek Bamberg MS A. II. 42. Gut zu erkennen der Seher Johannes, der vom Engel an der Hand genommen und auf einen Berg gebracht wird, von wo aus er das Neue Jerusalem in einer Vision erkennt, in dessen Mitte das Lamm Gottes positioniert ist. Wie im Text der Offenbarung sind hier an allen vier Himmelsrichtungen des Neuen Jerusalems jeweils drei Tore angebracht.

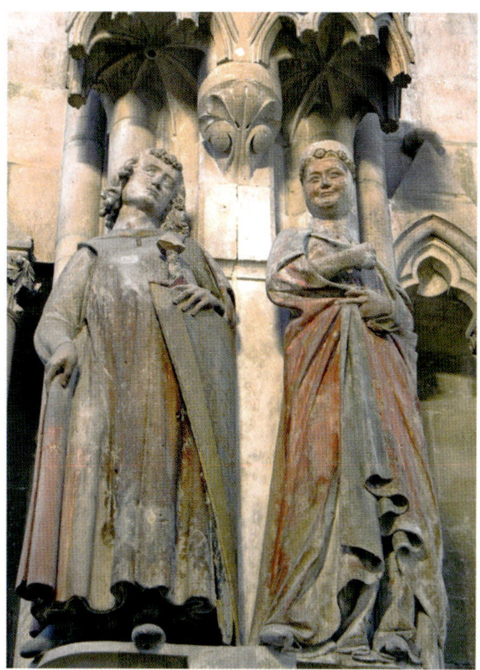

Abb. 29: Stifterpaar aus dem Naumburger Dom: Herrmann und Reglindis, etwa von 1240/1250.

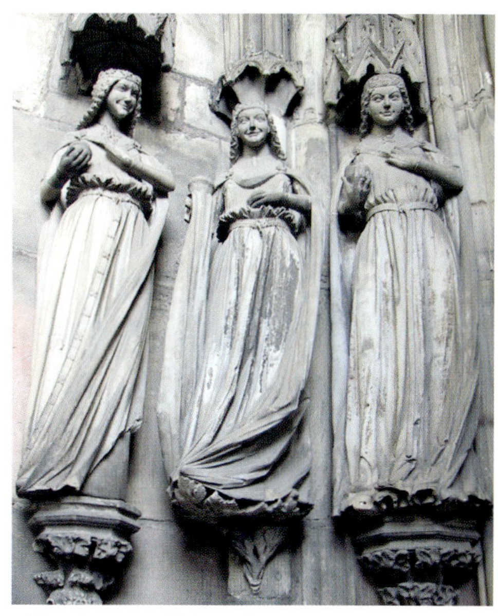

Abb. 30: Auswahl der Klugen Jungfrauen im „Paradies" des Magdeburger Doms, wo auch, wie weiter unten zu sehen sein wird, eine Ecclesia- und Synagoga-Darstellung angebracht ist, entstanden wohl um 1240/1250.

Die Portalplastik von Ecclesia und Synagoga am Strassburger Münster

Am *Straßburger Münster* (Abb. 31), das wohl eines der bekanntesten mittelalterlichen Paare einer Ecclesia und Synagoga-Portalplastik am Südquerhaus aufweist, scheint die leitende konzeptionelle Idee – apokalyptisch-eschatologisch – die *Gerichtsthematik* zu sein: Das Doppelportal wird von einem Mittelpfeiler dominiert, an dem sitzend *König Salomon* mit Richtschwert thront, über dem als Büste *Jesus Christus* mit Globus in der linken Hand platziert wurde, was man vielleicht als Doppeldarstellung von (unten) *weltlichem* und (oben)

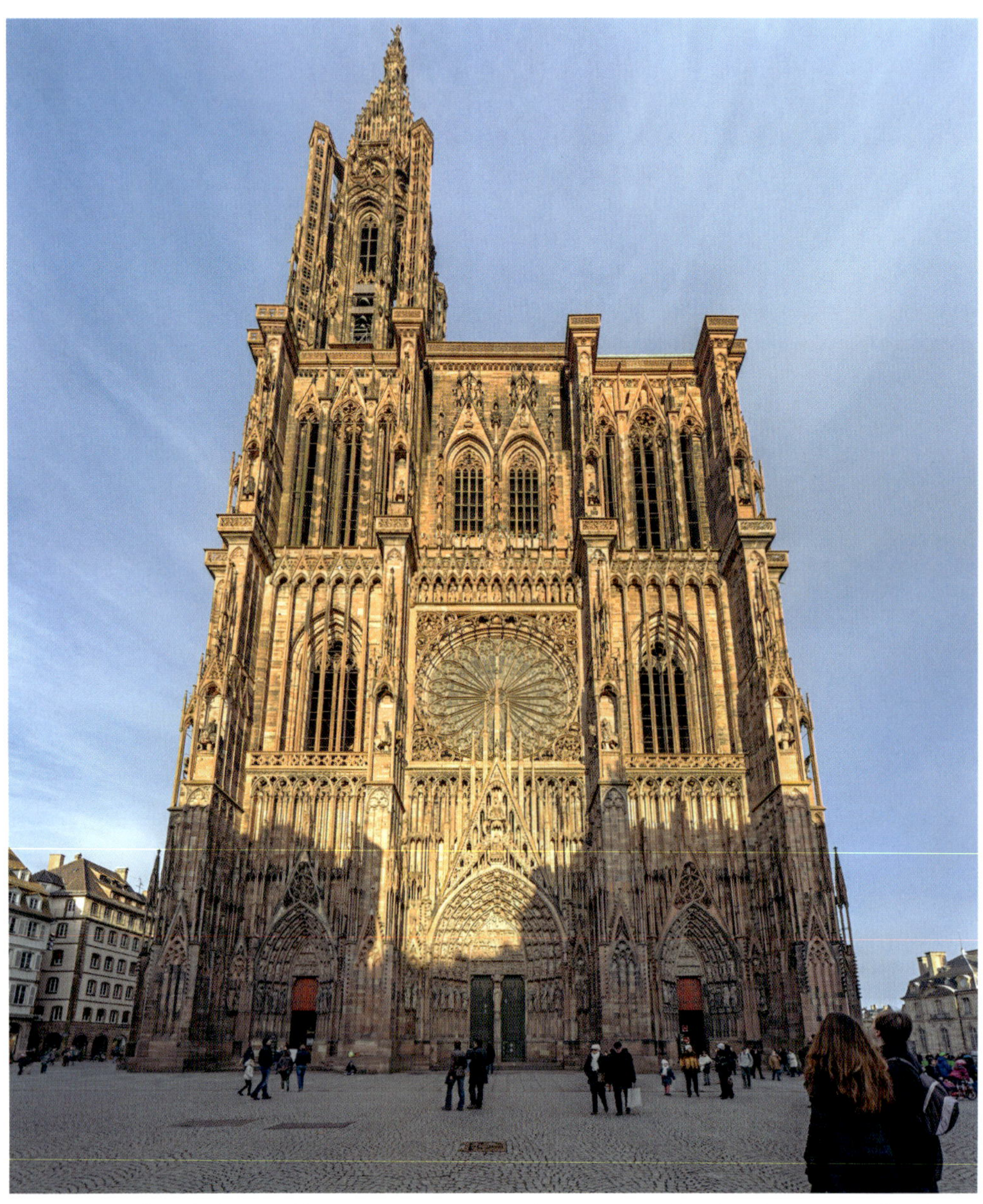

Abb. 31: Westfassade des Straßburger Münsters, etwa ab 1275. Gut erkennbar das feine Maßwerk, mit dem die Fassade überzogen ist, was ihr auch den Namen einer „Harfe aus Stein“ eingebracht hat.

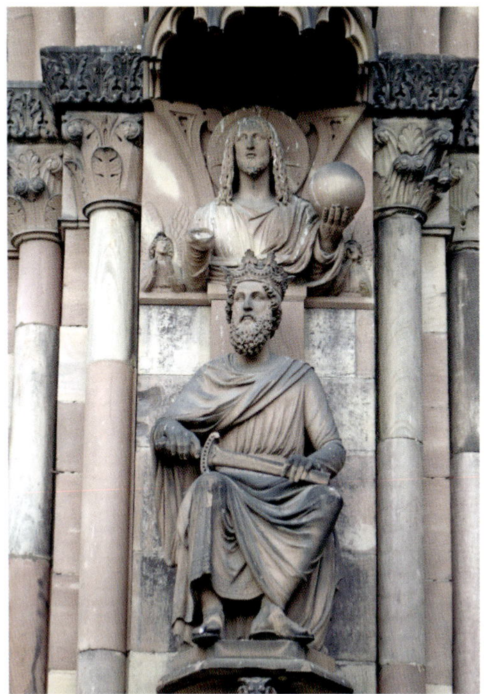

Abb. 32: Ecclesia und Synagoga am Südportal des Straßburger Münsters, möglicherweise die bekannteste aller plastischen Darstellungen dieses Sujets.

göttlichem Richter verstehen kann (Abb. 32). Über den beiden relativ kleinen Portalen sind hochwertige Reliefdarstellungen angebracht, die das Marienthema veranschaulichen[64] (das Straßburger Münster ist eine Liebfrauenkirche), und an den beiden Außenpfeilern der beiden Portale finden sich Ecclesia und Synagoga von etwa 1220/1230, vermutlich etwas früher als Bamberg. Ecclesia ist hier mit Kelch und fahnenbewehrtem Kreuzstab (als Augmentierung des vorgängigen Vexillums), den beiden Richterfiguren zugewandt, abgebildet (Abb. 33), Synagoga, den Kopf nach rechts abgewandt und die Augen mit einer Binde geblendet dargestellt. In der Rechten hält sie einen mehrfach gebrochenen Speer (in älteren Darstellungen der Buchmalerei hatte auch Synagoga ein Vexillum als ursprüngliches Herrschaftszeichen des Alten Bundes, worauf hier Bezug genommen wird), in ihrer Linken die Gesetzestafeln. Im Rahmen der generellen Gerichtsthematik an diesem Portal lassen

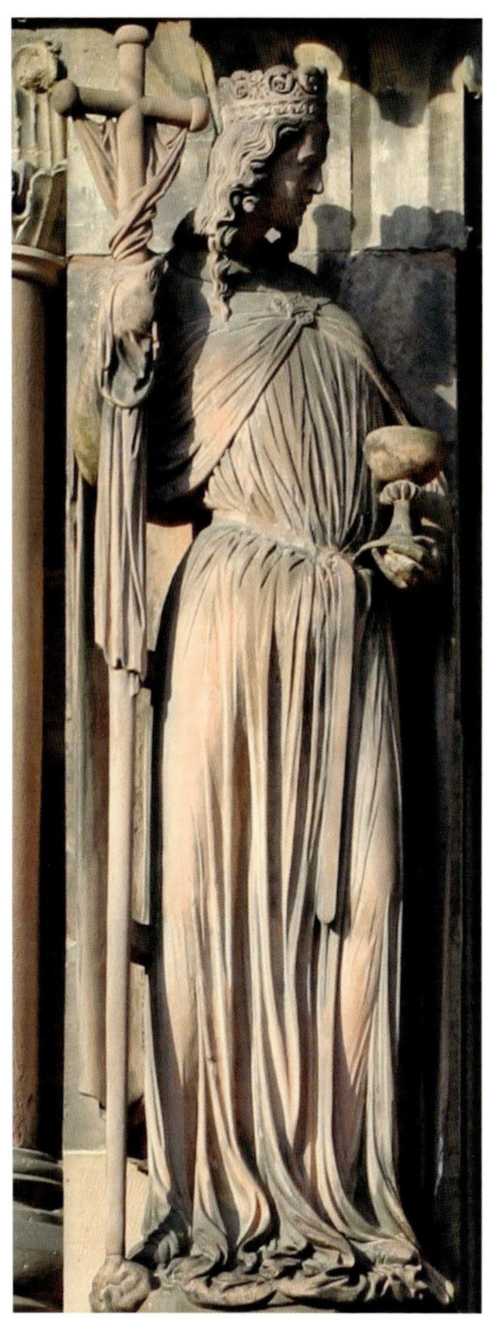

Abb. 33: Replik der Ecclesia am südlichen Querhaus des Straßburger Münsters.

sich beide Figuren möglicherweise als Personifizierungen bzw. Allegorien eines gut oder schlecht gelaufenen Jüngsten Gerichts verstehen resp. ein

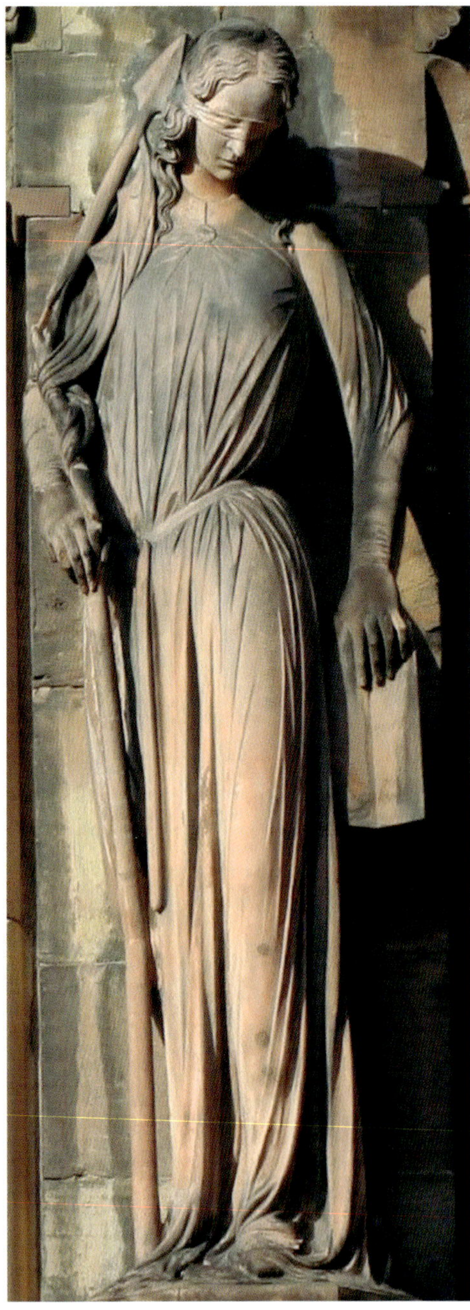

Abb. 34: Replik der Synagoga am südlichen Querhaus des Straßburger Münsters.

entsprechendes prospektives Memento oder auch als korrespondierende Zuordnung des Alten und Neuen Bundes zu dieser Thematik (Abb. 34).

Das soeben Gesagte bezieht sich auf den faktischen Bestand am Südquerhaus von Straßburg, wie es sich dem heutigen Betrachter zeigt, wo die Gerichtsthematik tatsächlich ins Auge sticht und damit als das zentrale Interpretament nicht nur des Portals als solchem, sondern auch des Paares von Ecclesia und Synagoga an diesem Portal angesprochen werden darf. Allerdings könnte sich dies aufs Ganze und v. a. historisch betrachtet auch anders verhalten haben, denn: „Nicht alle Skulpturen vom Südportal des Straßburger Münsters sind erhalten. Ein Stich von Isaac Brunn zeigt, dass in den Gewänden des Doppelportals Apostelfiguren standen, und zwar Vollplastiken auf Sockeln, die über Säulen angebracht waren. Stilistisch unterschieden sich diese Skulpturen wohl von denen in den Bogenfeldern wie auch von der Ecclesia und Synagoge. Darauf lassen manche im Musée de l'Œuvre Notre-Dame erhaltenen Skulpturen schließen und einige Forscher vergleichen sie mit den Skulpturen ‚im burgundischen Stil', die in Besançon erhalten sind.“[65]

Dies stellt, ähnlich wie in Trier auch (vgl. hierzu S. 40 ff.), für die umfängliche Interpretation von Ecclesia und Synagoga in Straßburg ein Problem dar, das sich nicht mehr lösen lässt, denn die abgegangenen Gewändefiguren bleiben Konjektur. Somit ist die Interpretation auf den Status quo, wie er sich dem heutigen Betrachter darbietet, angewiesen und muss versuchen, von dieser Basis aus die Deutung zu entwickeln. Es kann als wahrscheinlich gelten, dass die verlorenen Gewändefiguren die Gesamtanlage im Sinne eines Gerichtportals der Straßburger Südfassade nicht vollständig konterkariert haben würden, aber ebenso wahrscheinlich ist es, dass durch die mittlerweile fehlenden Plastiken weitere, vermutlich differenzierende Aspekte hinzugekommen wären. Bedauerlich in jedem Fall, dass die Straßburger Gewändefiguren verloren sind und somit der Originalzustand offenbleiben muss, doch für die Deutung von Ecclesia und Synagoga dürfte Letzteres zweitrangig sein, da die erhaltene Ikonografie am Straßburger Südquerhaus eine hinlängliche Bestimmtheit aufweist. Auch wenn an diesem Portal ein klares Gefälle zwischen Ecclesia und Synagoga erkennbar ist, so sind doch beide Gestalten sehr edel und würdevoll dargestellt: „An dem Doppelportal der Südseite des Straßburger Münsters waren Ecclesia und Synagoga, zwei Gestalten von edler Herkunft, dem am Mittelpfeiler thronenden Salomo mit dem Richtschwert, der aufgrund des salomonischen Urteils als Präfiguration des Weltenrichters gilt und diesen vertritt, zugeordnet. Ecclesia und Synagoga, die eine erhobene, ernsten und stolzen Blickes, ihres neuen und großen Weltauftrages bewußt, das Kreuzesbanner als kirchliches Zeichen göttlicher Vollmacht in der Hand, in der anderen den Kelch, Zeichen der Berufung, mit Krone und königlichem Mantel um die Schultern gelegt, die andere, Synagoga, ohne Krone, ohne Königsmantel, den Stab mehrfach gebrochen, die Gesetzestafeln ihren Händen entgleitend, mit dem Schleier über den Augen, gesenkten Hauptes, doch der anderen an Hoheit ebenbürtig.“[66]

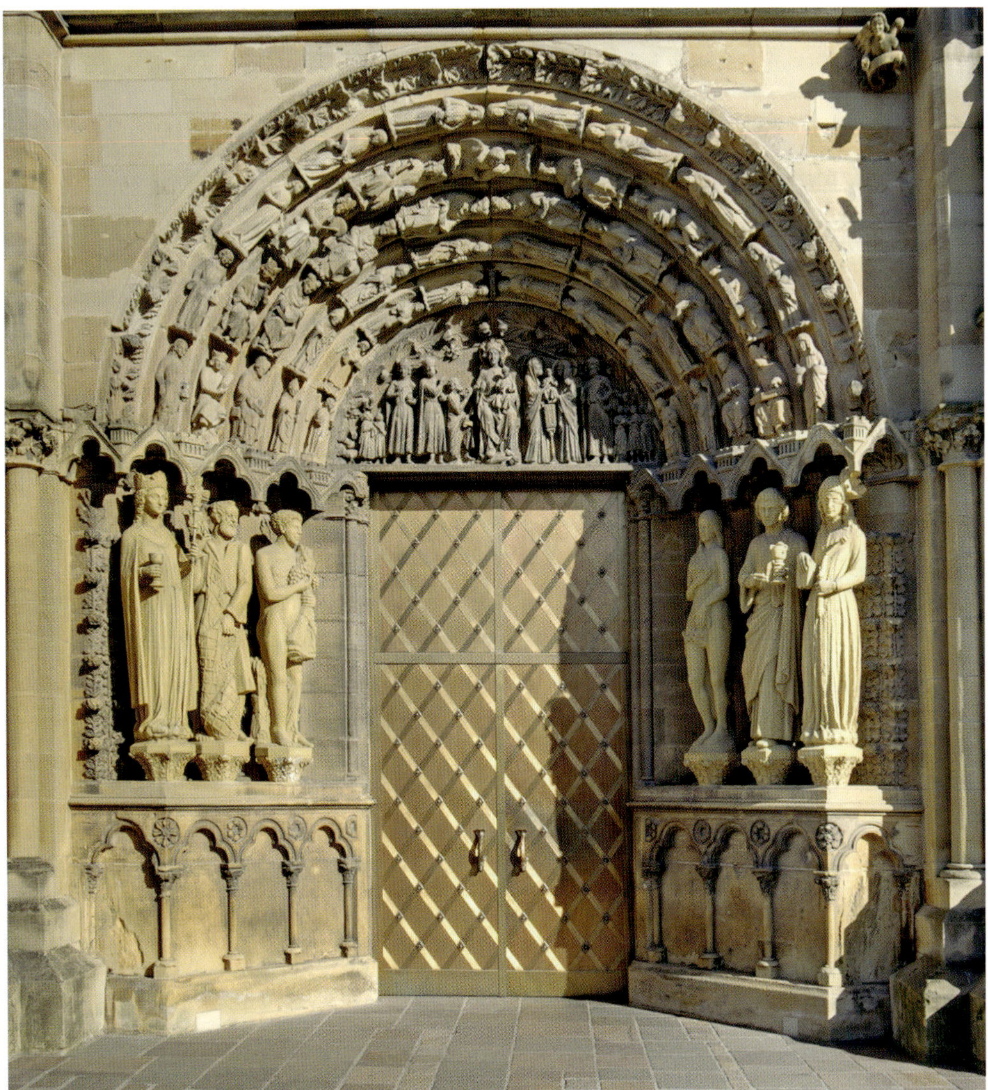

Abb. 35: Westportal der Trierer Liebfrauenkirche mit Repliken der ursprünglichen und horizontal angeordneten Gewändefiguren. Links von innen nach außen: Adam, Petrus und Ecclesia; rechts von innen nach außen: Eva, Johannes Evangelista und Synagoga. Originale etwa um 1250.

Die Trierer Liebfrauenkirche und die Ecclesia und Synagoga-Darstellung

Die *Trierer Liebfrauenkirche* weist am Haupt- bzw. Westportal ebenfalls eine in einen größeren Zusammenhang eingebundene Darstellung von Ecclesia und Synagoga (wohl Mitte des 13. Jahrhunderts) auf (Abb. 35). Bedauerlicherweise besteht ein grundlegendes und wohl nicht auflösbares Problem bei der Interpretation des Trierer Beispiels, was einen historischen Hintergrund hat: „Drei Figuren vom Portal wurden 1794 im Gefol-

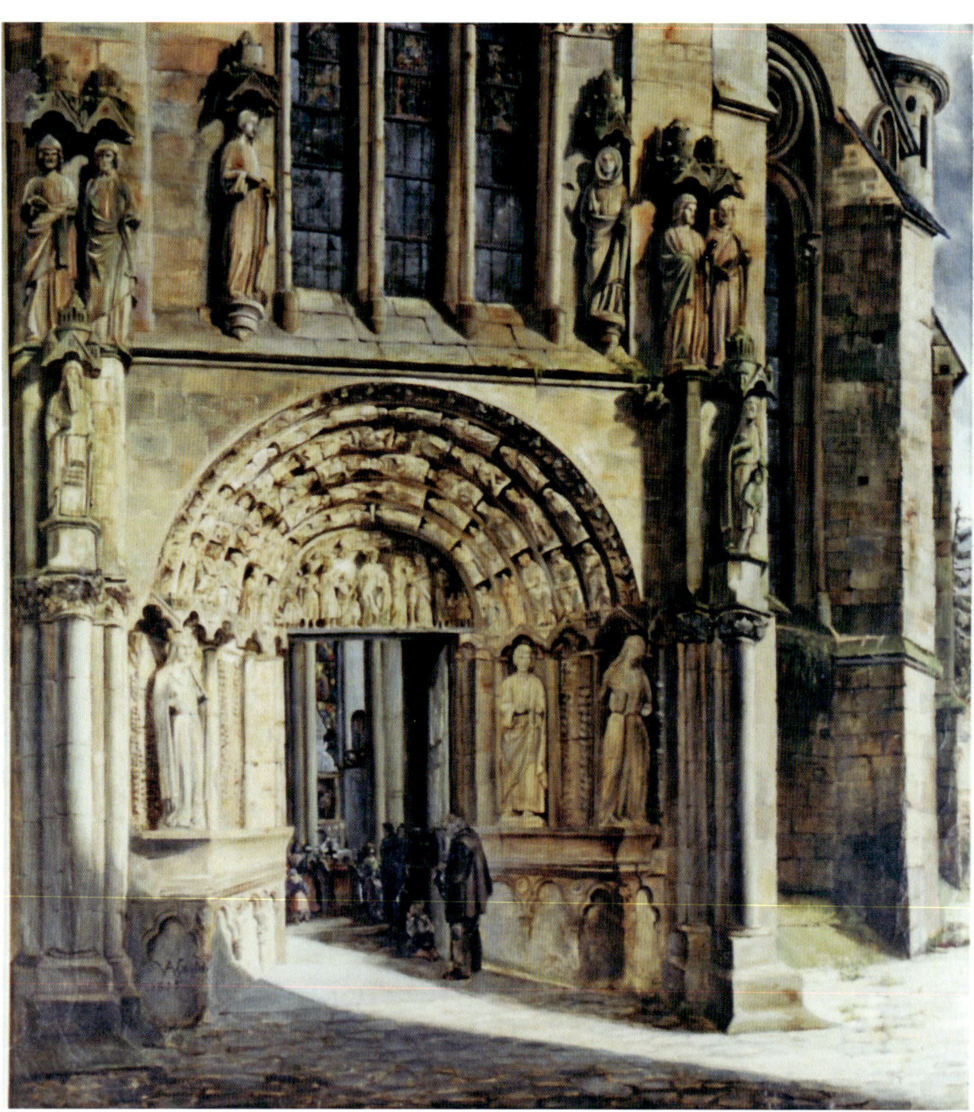

Abb. 36: Gemälde von Friedrich Anton Wyttenbach, das die Westseite der Trierer Liebfrauenkirche in ihrem Zustand im Jahr 1835 zeigt. Ecclesia und Synagoga sind als jeweils äußerste Figuren gut erkennbar, ebenso Johannes auf der rechten Seite. Die heutigen Plastiken von Adam und Eva sowie Petrus, die in ihrer Ikonografie reine Mutmaßungen in Form von Neuschöpfungen sind, kamen erst im späten 20. Jahrhundert hinzu. Was ursprünglich als lebensgroße Gewändefiguren im Westportal stand, entzieht sich der Kenntnis.

ge der Französischen Revolution zerstört; sogar ihre ikonographischen Benennungen gingen verloren. Alle übrigen Großfiguren – außer der monumentalen Kreuzigungsgruppe im Giebel – wurden in der Folge des Kaiserbesuches von 1913 an das Berliner Museum gegeben und durch Kopien oder zeitgenössische Neuschöpfungen ersetzt. Erst nach Protesten aus der Bevölkerung kam ein Teil der Figuren nach Trier zurück; sie befinden sich im bischöflichen Dom- und Diözesanmuseum. Die Figuren der vier großen Propheten stehen heute noch in Berlin (Bode-Museum). Durch den Bombenkrieg wurden die Figuren in Trier zerstört. – In jüngerer Zeit konnten die fehlenden Figuren mit der Hilfe einer initiativen und finanziellen Bürgervereinigung durch Abgüsse und Neuschöpfungen ersetzt werden. Die Abgüsse wurden im Trierer Landesmuseum, zum Teil nach den Abgüssen der Staatlichen Gipsformerei Berlin, angefertigt. – Die seit der Revolutionszerstörung fehlenden (und im Thema unbekannten Figuren) wurden parallel zur Anfertigung der Abgüsse von heutigen Bildhauern hergestellt. In Analogie zu vergleichbaren Portalzyklen (etwa in Mont-devant-Sassey an der Maas, Lothringen) wurden folgende Figuren neu hergestellt: Adam (vom Bildhauer Elmar Hillebrand, Köln), Eva (Guy Charlier, Trier), Petrus (Theo Heiermann, Sürth).“[67]

Das bedeutet also, dass drei von sechs Figuren, die im unmittelbaren ikonografischen wie topografischen Zusammenhang von Ecclesia und Synagoga, die als Originale erhalten blieben, am Trierer Westportal aufgestellt waren, unwiederbringlich verloren sind und die heutigen Ergänzungen letztlich bloße Mutmaßungen darstellen. Auf einem Gemälde von *Friedrich Anton Wyttenbach* aus dem Jahr *1835* lassen sich die drei im Zuge der Französischen Revolution zerstörten Großskulpturen aus dem Jahr in Form von Lücken in den Portalgewänden sowie die Großskulpturen im ersten Geschoß der Fassade gut erkennen (Abb. 36). Dieser Umstand macht eine sinnvolle Interpretation der historischen Ikonografie am Westportal und damit die theologisch-konzeptionelle Einbettung von Ecclesia und Synagoga in diesem Fall leider unmöglich. Aus diesem Grund bezieht sich die folgende Deutung auf den faktischen Status quo an der Trierer Liebfrauenkirche, der sich, wie aus obigem Zitat deutlich wurde, auf historische Beispiele bezieht, somit also theologisch sicherlich nicht aus der Luft gegriffen ist, dennoch die einzige Möglichkeit darstellt, die Trierer Ecclesia und Synagoga etwas umfassender zu interpretieren, immer eingedenk dessen, dass wir es hier zur Hälfte mit zeitgenössischen Neuschöpfungen zu tun haben.

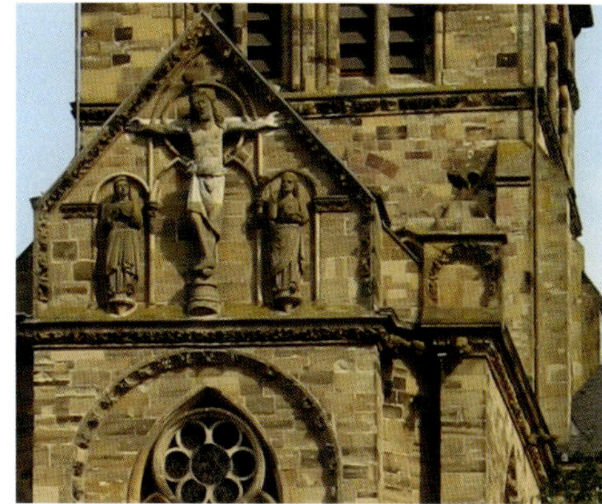

Abb. 37: Westgiebel der Trierer Liebfrauenkirche mit einer Kreuzigungsdarstellung – der Gekreuzigte sowie Maria und Johannes Evangelista –, was man bei einer historisch authentischen Interpretation des Skulpturenprogramms der Westfassade sowie des Westportals mit Ecclesia und Synagoga mit einbeziehen müsste, aber durch die verlorenen mittelalterlichen Plastiken in den Gewänden des Westportals so gesehen bedauerlicherweise obsolet geworden ist.

Eigentlich wären zu einer befriedigenden Gesamtdeutung von Ecclesia und Synagoga an der Trierer Liebfrauenkirche auch noch die Großskulpturen im ersten Geschoß der Westfassade sowie die Kreuzigungsdarstellung im Giebel (Abb. 37) zu berücksichtigen; da aber die drei Gewändeplastiken des Westportals verloren gegangen sind, ist eine Deutung mit Anspruch auf historische Authentizität eo ipso ausgeschlossen.

Das ikonografische Programm in Trier, wie es sich mittlerweile am Westportal und der Westfassade zeigt, wurde in seiner aktuellen Gestaltung mit einem Akzent auf die *Schöpfung* konzipiert. Im Portal-Kontext einer eschatologisch gedachten *porta coeli* des Himmlischen Jerusalems könnte das als eine „Neue Schöpfung“ verstanden werden, glei-

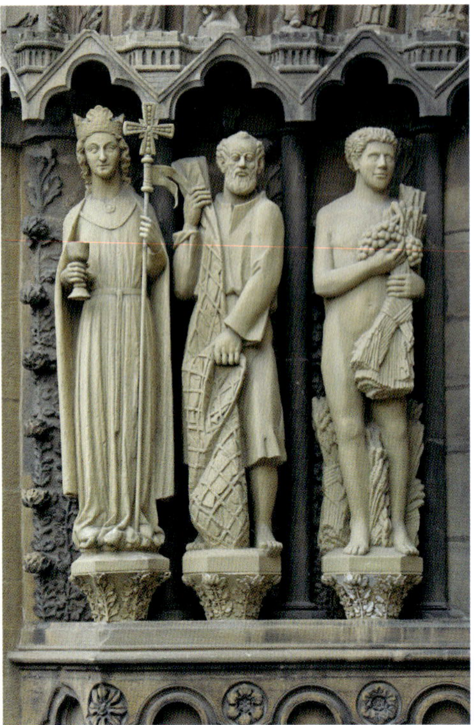

Abb. 38: Nördliche Flanke des Westportals der Trierer Liebfrauenkirche mit den Repliken der Originalskulpturen.

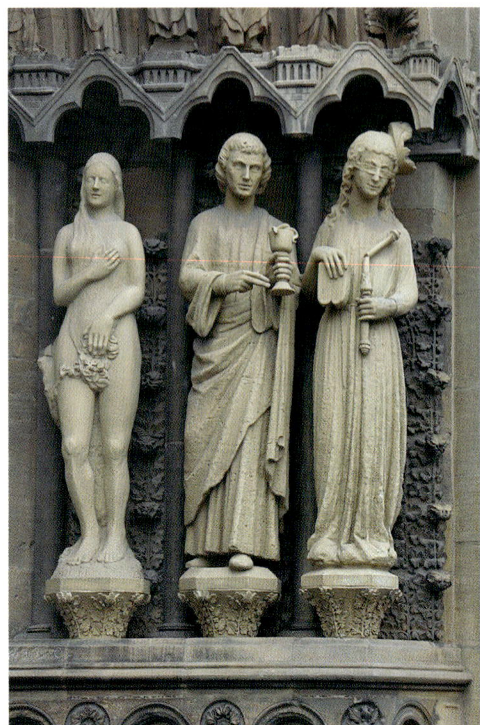

Abb. 39: Südliche Flanke des Westportals der Trierer Liebfrauenkirche.

chermaßen mag man hier an ein *Memento* denken, insofern als dieses Portal einen daran erinnert, die eigene (sündige) Geschöpflichkeit hinter sich zu lassen, wenn man ins Himmlische Jerusalem eintreten will, wobei die Skulpturen als Visualisierung dieser Idee verstanden werden können.

In den Gewänden ist links von innen nach außen Adam, Petrus (mit Netz als „Menschenfischer“) und Ecclesia zu sehen (Abb. 38), rechts von innen nach außen Eva, Johannes Evangelista und Synagoga (Abb. 39). Synagoga wird hier mit gebrochenem Stab (evtl. zu verstehen als Hinweis auf ihre gebrochene Richter- und Staatsgewalt), Augenbinde, stürzender Krone und den Gesetzestafeln dargestellt, wohingegen Ecclesia wie in Straßburg Kelch und Kreuzstab-Vexillum trägt. Die kompositorische Anordnung der Skulpturen wurde grundsätzlich parallel bzw. spiegelsymmetrisch gestaltet (Adam – Eva; Petrus – Johannes; Ecclesia – Synagoga), wobei eine klare Zuordnung von positiv – negativ, gut – böse nicht recht greifen will, denn gerade Johannes Evangelista, der Lieblingsjünger Jesu Christi, durchkreuzt die „negative, böse“ rechte Seite sehr stark, was eine schlicht polarisierende Deutung dieser sechs Figuren erschwert.

Die Westfassade der Liebfrauenkirche ist, was die Skulpturen anbelangt, noch interessanter als bisher angedeutet. Denn das *originale Tympanon* und die *Archivoltenfiguren* (Abb. 40) können beim Verständnis des ikonografischen Programms in Liebfrauen durchaus hilfreich sein. Die rekonstruierten Archivolten weisen einen inneren Bezug zum Thema Ecclesia und Synagoga auf, denn die äußere fünfte Bahn derselben zeigt das Motiv der *Klugen* und *Törichten Jungfrauen*, was (vgl. hierzu etwa S. 55-56) einen konzeptionellen Bezug zur Thematik von Ecclesia und Synagoga hat.[68]

Wie der Befund an dieser Stelle zu deuten sei, lässt sich hier weitgehend mit Verweis auf die späteren ikonografischen Vergleichsbeispiele (wie etwa in Magdeburg, Erfurt oder Freiburg, vgl. hierzu

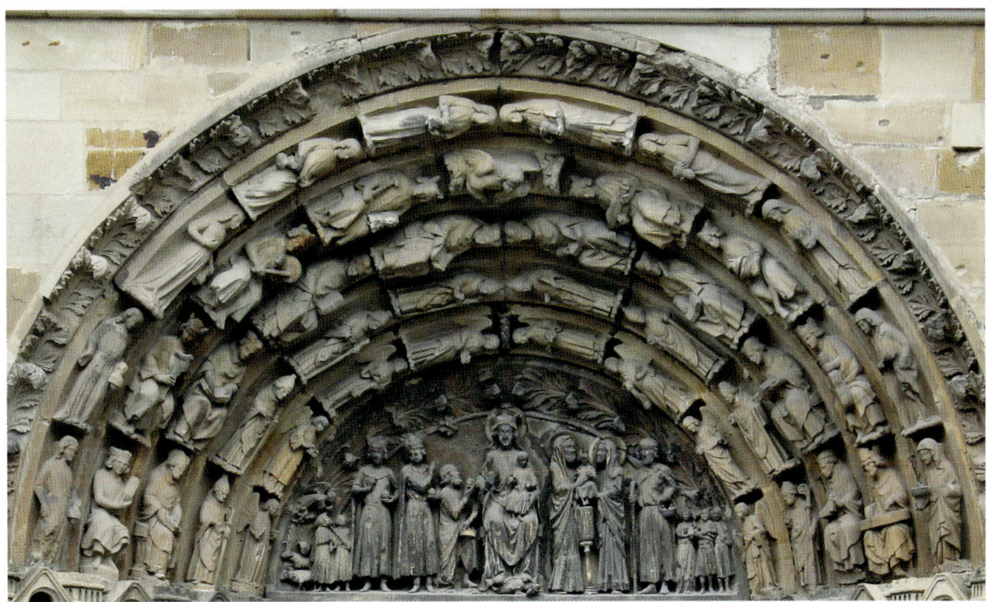

Abb. 40: Tympanon und Archivolten der Westfassade von Liebfrauen in Trier, etwa 1250 oder etwas später. Gut erkennbar das Programm des Tympanons: Mittig Maria als Madonna mit dem Christuskind, links und rechts davon Abbildungen der Biblischen Erzählungen um dieses Thema, etwa die vom Engel gerufenen Hirten mit ihren Schafen, die Heiligen Drei Könige, die Darstellung Jesu im Tempel usw. In den Archivolten sind in fünf Bahnen von innen nach außen Engel, Äbte, Kirchenfürsten, Könige sowie die Klugen und Törichten Jungfrauen zu sehen.

S. 49-60) beantworten. Problematischer verhält es sich mit der Offenheit einer tragfähigen Interpretation von Johannes Evangelista im Gewände, der an seinem Posten die theologisch-konzeptionell bemerkenswerte Position zwischen Eva und Synagoga bekleidet, und – das ist ein Moment, das in diesem Kontext von Interesse sein könnte – in seinem, dem Betrachter präsentierten, Kelch ein gleichsam obergäriges Gewürm zur Schau stellt, das einer Schlange nicht unähnlich sieht (Abb. 41). Angesichts des Umstandes, dass es sich hier um eine moderne Konjektur eines verlorenen Originals handelt, lässt sich dazu nichts Historisch-Authentisches sagen. Aber die moderne Idee ist durchaus geistreich und mag Johannes als differenzierten Mittler zwischen Ursünde und Judentum verstehen, der die Alte Schlange im Blut Christi neutralisiert und mit seiner Handbewegung auf Synagoga als der „entsündigten“ Nachfolgerin und Erbin der Schöpfung hinweist – oder es könnte auch das direkte Gegenteil bedeuten, dass trotz Christi Opfertod am Kreuz und seinem vergossenen Blut die Alte Schlange wie Gischt und Abschaum weiterschwimmt und auf diese Weise – die Handbewegung des Johannes könnte man auch in dieser Weise deuten – in der Synagoga weiterlebt und ihren Giftzahn entfaltet. Die interpretatorische Offenheit dieses Moments

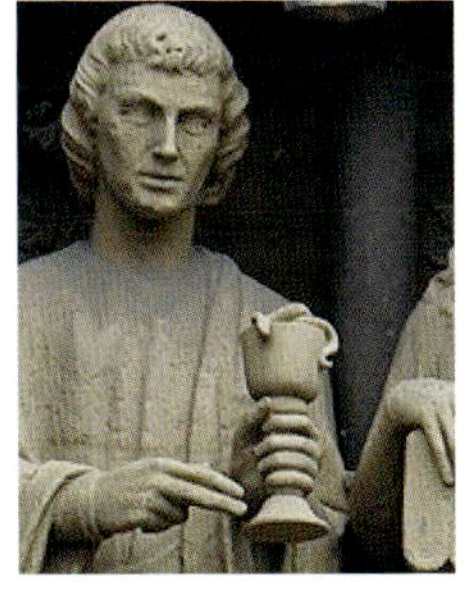

Abb. 41: Johannes mit Geschlängel in seinem Kelch, möglicherweise ein Hinweis auf das durch Christi Blut gebannte und unschädlich gemachte Böse, möglicherweise aber auch eine moderne Darstellung der Konterkarierung der traditionellen Erlösungslehre. Eine abschließende Deutung hierzu muss vmtl. offenbleiben.

weckt in mehrerlei Hinsicht Interesse und eröffnet eine vertiefte Reflexion.

Abschließend noch ein Wort zu dem Paar von Ecclesia und Synagoga als solchem. Da diese beiden Plastiken erfreulicherweise als mittelalterliche Originale erhalten sind, lässt sich hierzu etwas Fundiertes sagen. Ecclesia ist klassisch dargestellt, mit Krone, Umhang, Vexillum und Kelch. Die Spitze des Vexillums krönt ein großes Kreuz, und ihre Erscheinung ist aufrecht und majestätisch. Synagoga zeigt sich mit Augenbinde, stürzender Krone, zur Seite geneigtem Kopf, gebrochenem Stab und den Gesetzestafeln. Sie trägt ein einfaches Kleid und hat genau besehen eine leichte körperliche Schieflage. Sie ist eindeutig als Verliererin, als unterlegene Person gestaltet. Mittlerweile ist die Portalgruppe von sechs Plastiken in einen *Schöpfungszusammenhang* eingebettet (was vornehmlich aus den Figuren Adam und Eva ersichtlich wird), welch semantischer Kontext bei den beiden Figuren ursprünglich zu sehen war, lässt sich nicht mehr feststellen. Allerdings legen es die restlichen Plastiken an der Westfassade – erstes Geschoß und Giebel – nahe, dass es sich hierbei im Wesentlichen um die Versinnbildlichung Biblischer Ereignisse bzw. der Heilsgeschichte handelt. „Die szenischen Bilder erzählen – den ‚normal-gebildeten' Menschen – unmittelbar und anschaulich das biblische Geschehen. Dagegen rufen die statuarischen Einzelfiguren die Namen von Personen auf und verweisen damit auf Einzelgeschehnisse und auf Worte, die mit diesen Personen verbunden sind. So hilft die figürliche Bauskulptur auf diese Weise mit, die biblische Botschaft in Erinnerung zu rufen und das Kirchengebäude – als Träger heilsgeschichtlicher Darstellungen – in seiner Bedeutung, Zeichenhaftigkeit und Schönheit tiefer zu verstehen."[69] Für sich betrachtet, und viel mehr bleibt der Deutung aufgrund der faktischen Situation der Liebfrauenkirche nicht übrig, ist die Synagoga zwar wie erwähnt als unterlegene Figur gestaltet, was aber, ähnlich wie in Straßburg, nicht unmittelbar mit einer Herabwürdigung oder Schmähung der Synagoga einhergeht. Die Heilsgeschichte wird aus der Neutestamentlich-Christlichen Warte gezeigt: „Die in ihrer Sensibilität wohl ansprechendste Gestalt ist die der Synagoga. Sie ist – wie verschiedentlich an den Kathedralen der Gotik – (im Gegensatz zu manchen triumphal überwundenen Gestalten) in vornehmer und zurückhaltender Traurigkeit dargestellt."[70]

Eine ungewöhnliche Darstellung von Ecclesia und Synagoga am Wormser Dom

Der *Wormser Dom*, eines der bedeutendsten Beispiele romanischer Baukunst aus der Zeit des 12. Jahrhunderts (Abb. 42), dessen *Südportal* einen gotischen Anbau aus der Zeit um 1300 zeigt, der in mehrfacher Hinsicht kunsthistorisch bedeutsam ist,[71] weist dort ein bemerkenswertes Beispiel von Ecclesia und Synagoga auf.

Die Darstellung von Ecclesia und Synagoga am Wormser Dom kann aus verschiedenen Gründen als ungewöhnlich bezeichnet werden. Zum einen sind die beiden relevanten Protagonistinnen räumlich so weit voneinander entfernt, dass man sich fragen kann, ob sie konzeptionell, sprich theologisch-ästhetisch überhaupt als aufeinander bezogen, komplementär im Sinne von Typus-Antitypus gemeint sind. Ecclesia sitzt auf ihrem tetramorphen Reittier[72] sehr weit oben und faktisch solitär im Wimperg des Südportals (Abb. 43), Synagoga ist auf einem Strebepfeiler angebracht, der architektonisch eigentlich nicht mehr zum Portal als solchem, sondern einer angrenzenden, der Annenkapelle, gehört. Zum anderen handelt es sich hierbei um eines der überschaubaren Beispiele der großformatigen Portalplastiken[73], bei denen Synagoga nicht nur als Überwundene und Unterlegene umgesetzt, sondern explizit als herabwürdigende Schmähdarstellung gearbeitet wurde, was auch die Begleitplastiken um Synagoga an diesem Strebepfeiler verdeutlichen (Abb. 44).[74] Möglicherweise gibt es historisch benennbare Gründe für diese auffällig negative Darstellung der Synagoga am Südportal des Wormser Doms, die Keilmann in einem Beitrag wie folgt ausführt: „Auch in einem anderen Bereich finden sich für die Wende vom 13. zum 14. Jh. Spuren für den Versuch einer neuen Intensivierung bischöflicher Herrschaft. Die Wormser Judengemeinde hatte nach den schweren Verwüstungen der Kreuzzugszeit (ab 1096) zwischen 1174 und 1213 einen mit dem staufischen

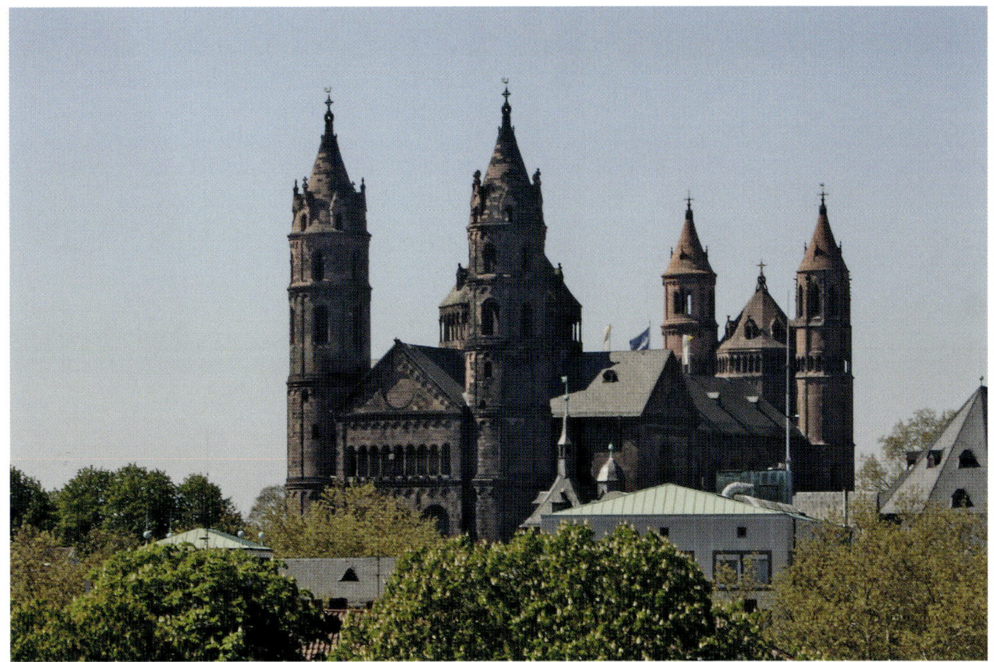

Abb. 42: Der Wormser Dom St. Peter mit Blick auf den Ostabschluss, Vierungsturm und den nördlichen Querarm des Gebäudes im Vordergrund.

Dom verwandten romanischen Synagogenkomplex errichtet, der ein deutliches Zeugnis für die Bedeutung und Finanzkraft seiner Erbauer ablegte. Ihr Wohlstand erweckte Begehrlichkeiten. Die ‚Schutzherrschaft' über die angefeindeten Juden bildete immer wieder eine begehrte Einnahmequelle für deren Inhaber, den König als allgemeinen Schutzherren, den bischöflichen Stadtherrn und seit der Entstehung der Ratsverfassung auch den Wormser Stadtrat. Häufig wurden die Juden während des 13. Jh. von ihnen zu finanziellen Leistungen herangezogen. Zwar mußte Ihnen Bischof Simon 1283 vor seiner Huldigung ausdrücklich ihr Bürgerrecht bestätigen, doch nahmen die Schikanen gegen Wormser Juden zu. Schon 1294 untersagte ihnen König Adolf und Bischof Emicho künftig Haus und Hof im Pfarrbezirk von St. Martin zu erwerben. Die Verfügung lässt die soziale Diskriminierung der Judenheit und ihre einsetzende Abdrängung in einem von den übrigen von der übrigen Stadt abgeschlossenes Getto deutlich spürbar werden. […] Danach stand der Gemeinde in Worms ein durch die Juden gewählter und vom König ernannter Judenbischof (episcopus Iudaeorum) vor, der durch einen Judenrat unterstützt wurde. Beide Instanzen sind offenbar der städtischen

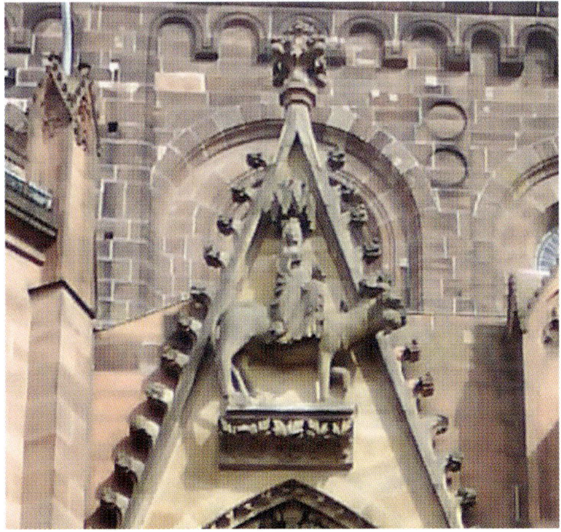

Abb. 43: Ecclesia im Wimperg des Südportals des Wormser Doms, hier reitend auf dem Tetramorph dargestellt.

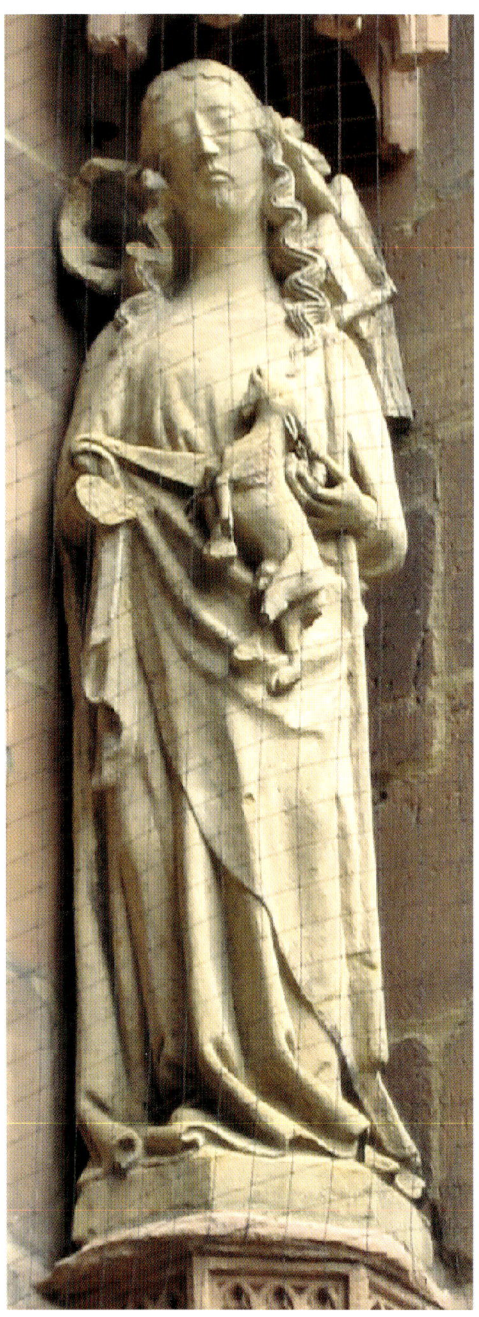

Abb. 44: Synagoga am Südportal des Wormser Doms.

Gemeinde nachgebildet. Ein Versuch des Bischofs, Einfluss auf der Einsetzung des Judenbischofs zu nehmen, führte am Beginn des 14. Jh. zu einem Streit zwischen ihm und dem Domkapitel auf der einen, den Wormser Juden auf der anderen Seite. Er endete 1312 durch einen Vergleich."[75]

Dass diese historischen Umstände tatsächlich Einfluss auf die auffallend abwertende Darstellung der Wormser Synagoga hatten, erwähnt auch Sebald: „Zudem steht [die Wormser Synagoga] neben einem der schlimmsten Laster [‚Frau Welt' als Inbegriff der *luxuria*], so daß ihre negative Charakterisierung gesteigert ist. Der Aspekt sollte angesichts der Tatsache, daß in Worms eine der bedeutendsten jüdischen Gemeinschaften des Deutschen Reichs ansässig war, und im Hinblick auf die Ereignisse um das Jahr 1300 nicht unbeachtet bleiben."[76]

Wenden wir uns der genaueren Betrachtung dieser plastischen Schmähfigur zu. Synagoga steht umrahmt von Figuren weit entfernt von Ecclesia am östlichen Strebepfeiler des Südportals am Wormser Dom, sie hält einen Ziegenbock vor ihren Körper, die Krone fällt gerade – und wie es aussieht unwiederbringlich – vom Kopf, die Augen sind verbunden und eine Vexillum-Lanze ist so multipel gebrochen, dass man kaum das Original assoziiert. Weit abgerückt von der im Wimperg reitenden und mit allen und sehr deutlich zur Schau gestellten Heils- und Herrschaftsattributen versehenen Ecclesia hat Synagoga hier kaum erkennbare konzeptionell-theologische Attribute, die sie in das künstlerisch umgesetzte Geschehen mit einbinden würde (Abb. 45).

Das entscheidende Moment, das diese Synagoga-Darstellung als Schmähdarstellung ausweist, lässt sich in erwähntem Ziegenbock greifen. Obwohl der Ziegenbock im Alten Testament zu den reinen Tieren gehört (vgl. hierzu etwa Lev 11,3 sowie Dtn 14,4), wurde er bei den Israeliten im Rahmen des Versöhnungstages Jom Kippur als *Sündenbock* in die Wüste geschickt, womit symbolisch die Sünden des Volkes auf diese Weise getilgt werden sollten (vgl. Lev 16,8-21). Grundsätzlich aber hatte der Ziegenbock im Alten Testament eine positive Konnotation. Im Neuen Testament lassen sich keine belastbaren Belege feststellen, aus denen etwas vom Verhältnis der Christen zu diesem Tier deutlich würde, allerdings ändert sich das dann im aufkommenden Mittelalter und der gesteigerten *Volksfrömmigkeit*:[77] Der Ziegenbock wird *Teufelssymbol* bzw. der Teufel wird mit ex-

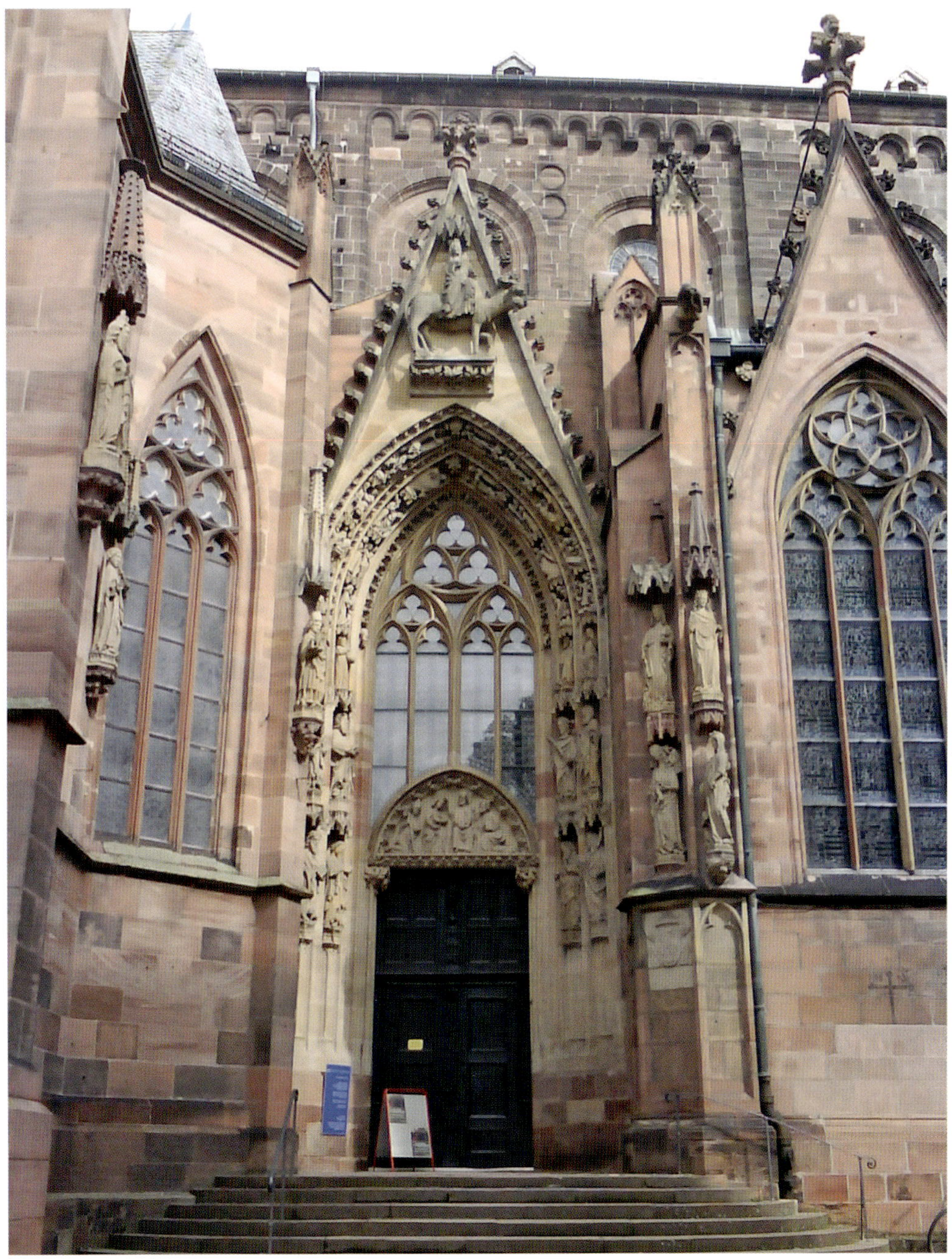

Abb. 45: Südportal des Wormser Doms mit reichem Skulpturenschmuck, am rechten Strebepfeiler unten links ist Synagoga dargestellt, hinter ihr die „Dame Welt".

pliziten Ziegenbockmerkmalen ausgestattet, er gilt als Verkörperung der Sünde aufgrund seiner ungehemmten Sexualität, was ihn als Sinnbild der *luxuria* ausweist.[78] Im ausgehenden Mittelalter finden sich immer wieder Darstellungen, bei denen Hexen auf Ziegenböcken (durch die Luft) reiten, was die stark pejorative Konnotation dieses Tieres unterstreicht.[79]

Wenn die Wormser Synagoga mit diesem Tier in der Zeit um 1300 dargestellt wird, dann verdeutlicht dies eine sehr abwertende, diffamierende, beleidigende Intention bei der Verfertigung dieses Bildwerkes. Hinzu kommt Folgendes: Auch wenn Ecclesia räumlich-topografisch relativ weit entfernt von Synagoga platziert ist, so ist sie doch (im Unterschied zur den Tetramorph reitenden Ecclesia im großen Wimperg des Portals) in ein symbolisch-ikonografisches Ensemble an ihrem Strebepfeiler eingefügt, denn neben ihr ist die „Dame Welt" positioniert (Abb. 46), wenn man so will das weibliche Pendant zum „Herrn der Welt" – allegorische Darstellungen von Sünde, Irdischem und Teufel, die ein paränetisch-pädagogisches Element der mittelalterlichen Sakralkunst verkörpern. Über

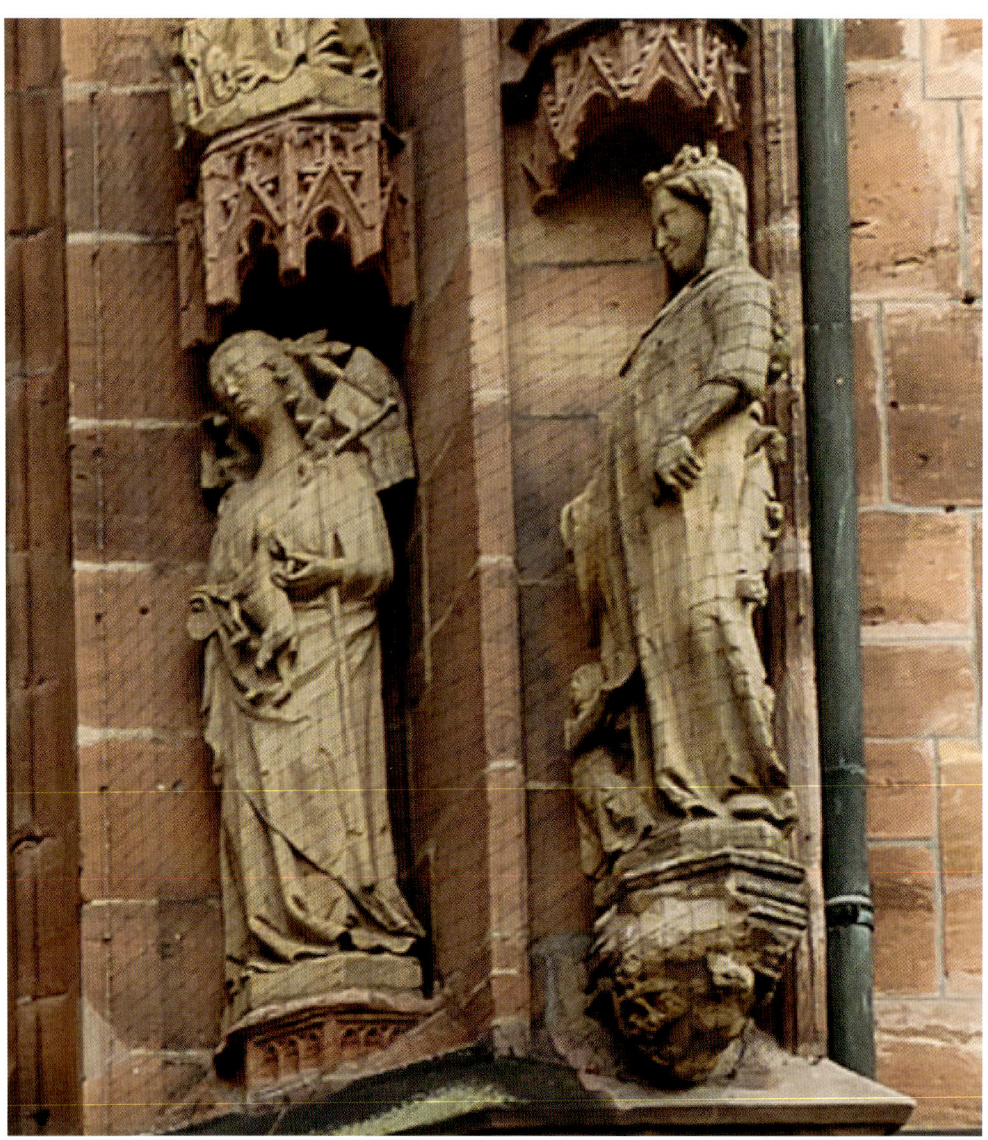

Abb. 46: Detail des rechten Strebepfeilers am Südportal des Wormser Doms mit Synagoga und „Dame Welt".

diesen beiden Frauenfiguren sind gewissermaßen die positiven Varianten oder Alternativen zu diesen negativen Personifizierungen abgebildet – *Caritas* (Nächstenliebe) und *Fides* (Glaube):[80] „Links unten steht Synagoge. Sie neigt ihren Kopf nach rechts, so dass die Krone vom Kopf zu rutschen scheint. Im rechten Arm hält sie eine zweifach geknickte Lanze mit Fahne, in der Hand einen kleinen Bock. Das Gesicht ist durch herabgezogene Mundwinkel negativ charakterisiert. Die Augenbinde steht für ihre Blindheit gegenüber Christus. Auffällig ist, dass die Verkörperung des Judentums, wie die Ecclesia des Wimpergs, aus dem Gegensatzpaar Ecclesia/Synagoge herausgelöst ist. Zudem ist das Paar bereits in den Archivolten dargestellt. Die vierte Frauenfigur unten rechts, die dem Betrachter die Seitenansicht bietet, folglich zum Portal schaut, ist ‚Frau Welt'. Das Gesicht der in höfischer Eleganz gewandeten Frau erstrahlt in verführerischem Lächeln. Mit der rechten Hand reicht sie einem zu ihren Füßen knienden, in der Größe reduzierten Ritter den Schild. Durch die Drehung der Figur wird aber die von Schlangen und Kröten zerfressene, hässliche Rückseite sichtbar."[81] (vgl. dazu auch Abb. 141)

Man kann diese Synagoga-Darstellung demnach fraglos als eine Schmähdarstellung bezeichnen, wobei das Motiv des Ziegenbocks tendenziell auf die Volksfrömmigkeit weist, in deren Fluidum ohnehin die schlimmsten Entgleisungen bzgl. Diffamierung und Schmähung bis hin zu Verfolgung und Mord gegenüber den mittelalterlichen Juden stattgefunden haben.[82] Zu diesem Kontext passt auch sachlich der Umstand, dass man die Wormser Portalplastiken von Ecclesia und v. a. Synagoga – im Unterschied etwa wie gesehen zu Straßburg oder Trier, oder wie wir noch sehen werden auch im dezidierten Unterschied zu Bamberg – nicht in ein großes, leitendes thematisches Programm mit theologischen Aussagen, nicht in eine leitende programmatisch-theologische Idee einordnen kann – die beiden Figuren stehen letztlich zusammenhangslos an ihrer jeweiligen Stelle des Portals.

Die konzeptionelle und optische, letztlich systematische Trennung von Ecclesia und Synagoga am Wormser Dom stellt aufs Ganze gesehen eine faktische Ausnahme in der künstlerischen Umsetzung des Themas im Rahmen des Mittelalters dar. Man fragt sich, weshalb dieser Topos von Ecclesia und Synagoga, der um 1300, als das Südportal an den bestehenden Dom angebaut wurde, in seiner Ikonografie etabliert und standardisiert war, am Wormser Dom so augenscheinlich ausbricht. Möglicherweise kann hierfür tatsächlich die spezielle Wormser Stadtgeschichte namhaft gemacht werden.[83]

Das Skulpturenensemble in der Vorhalle des Freiburger Münsters

In der Eingangshalle am Westportal des Freiburger Münsters befindet sich ein nennenswert großes und polychromes Skulpturenensemble, das u. a. auch die Darstellung einer Ecclesia und Synagoga präsentiert (Abb. 47/Abb. 48/Abb. 49). Ecclesia und Synagoga sind am Freiburger Münster in einen der quantitativ gesehen umfänglichsten und reichhaltigsten Skulpturenkontext, der sich erhalten hat, eingebunden.

In den relativ ausführlichen Bildunterschriften zu den Freiburger Abbildungen gegenwärtiger Studie wird erkennbar, welch thematischer Umfang in der Freiburger Vorhalle in Form von Skulpturen umgesetzt wurde, von biblischen, über theologische bis hin zu zeitgenössisch-profanen Momenten ist hier so gut wie alles vertreten. Jene Einbindung legt es nahe, dass der Fokus in diesem Fall des Skulpturenprogramms gar nicht in besonderem Maße neben anderen auf Ecclesia und Synagoga als solche gerichtet ist, wie es sich hingegen etwa in Straßburg, Trier, Magdeburg oder auch Bamberg verhält, sondern diese beiden Figuren sind eines von zahlreichen Elementen in einem Bildensemble, das just von einer überschäumenden Fülle an Motiven, Ideen und Zusammenhängen lebt, wodurch die Figuren von Ecclesia und Synagoga dabei in konzeptioneller, programmatischer Hinsicht fast ein wenig in den Hintergrund treten, eben weil sie in diesem Groß-Zusammenhang keine besondere Rolle spielen. Man hat beinahe den Eindruck, als wären Ecclesia und Synagoga hier vorrangig aus konventionellen Gründen, der mittlerweile fast standardisierten Anbringung dieses Sujets an ein wichtiges Kirchenportal zufolge, in Freiburg realisiert worden.

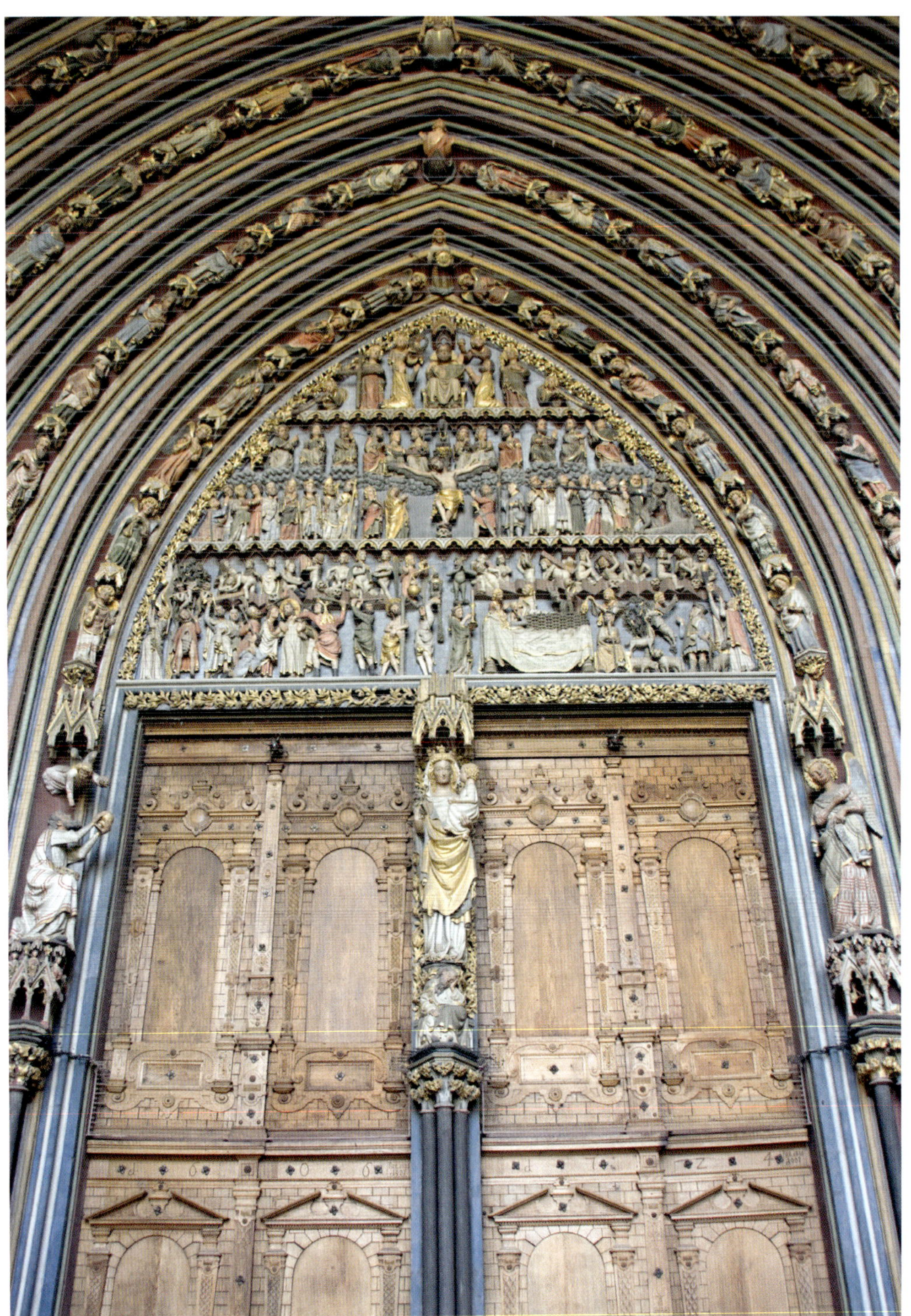

Abb. 47: Portalvorhalle des Freiburger Münsters mit guter Sicht auf das große und reich mit Bildhauerarbeiten verzierte Tympanon über dem hölzernen Portal, an dessen Trumeau eine Madonnenfigur angebracht ist. Links und rechts der Madonna einer der Heiligen Drei Könige sowie der Verkündigungsengel.

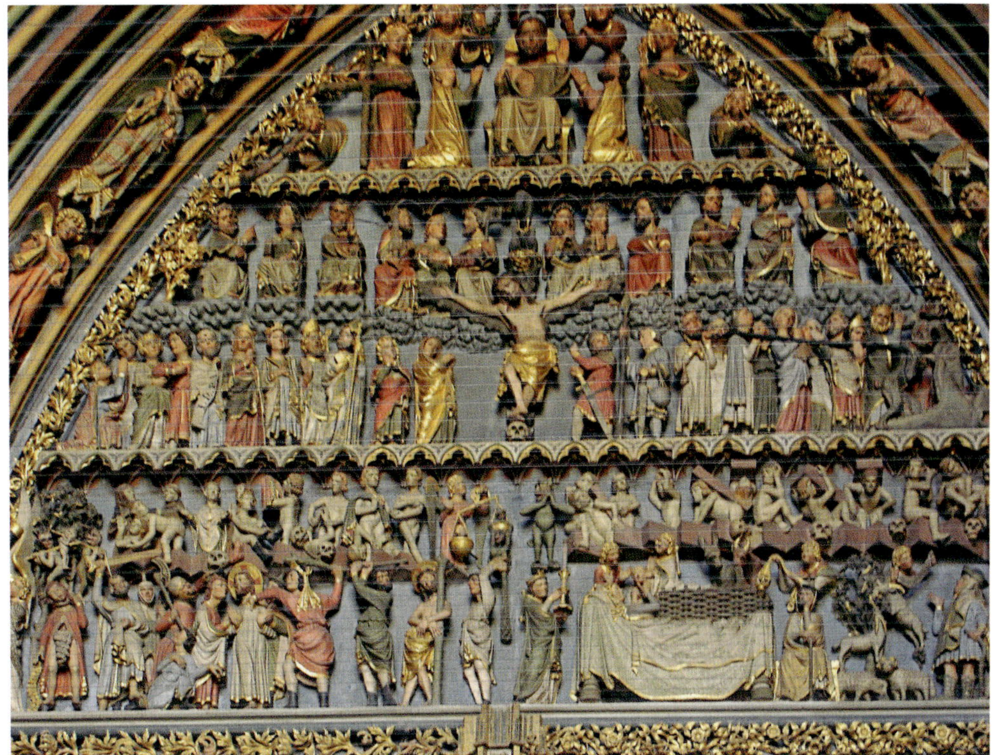

Abb. 48: Nahaufnahme des Freiburger Tympanons. Auf drei vertikal übereinander gestaffelten Ebenen sind Szenen der Biblischen Heilsgeschichte erkennbar: Ganz unten auf der linken Hälfte etwa der sich erhängt habende Judas, der schwertschwingende Petrus im Garten Gethsemane, der Judaskuss, Geißelung Christi; auf der rechten unteren Seite etwa die Verkündigung der Geburt Christi an die Hirten, die Geburt im Stall von Bethlehem mit Ochs und Esel; unmittelbar darüber die Auferstehung der Toten aus ihren Särgen, wo zugleich der Gerichtsengel mit Seelenwage zur Stelle ist. Auf der mittleren Bildebene direkt hieran anknüpfend das Jüngste Gericht mit den Erlösten links und Verdammten rechts, zentral der Gekreuzigte mit Maria und Johannes links, sowie den beiden römischen Soldaten Longinus und Stepaton rechts; hierüber wie auf Wolken schwebend die zwölf Apostel. Im obersten Bilddrittel der himmlische Christus als Weltenrichter mit einer Deesis-Gruppe, Posaunenengeln und Engeln mit verschiedenen arma Christi.

So präsentiert beispielsweise das Tympanon im Wesentlichen die *Biblische Heilsgeschichte* in einer Fülle von szenischen Darstellungen – dem irdischen Leben und Leiden Christi, Totenauferstehung, Seelenwägung, Jüngstes Gericht, Christus als Weltenrichter (dem Tympanon der Nürnberger Lorenzkirche übrigens nicht unähnlich, Abb. 50) –, während die Gewändefiguren (siehe S. 50) grundsätzlich einen engen Bezug zur *Geburt Jesu* aufweisen – der Mittelpfeiler zeigt auch eine Madonna mit *Christuskind* –, was aus den Motiven der Heiligen Drei Könige, der Verkündigungs- und Heimsuchungsgruppe ersichtlich wird. Ein möglicher Bezug, der ebenfalls in den Gewänden befindlichen Figuren von *Ecclesia und Synagoga*, die in dieser Lesart eher erratisch wirken (weil sie tatsächlich keinerlei Bezug zur Geburt Jesu haben und als solche auch keine Biblischen Figuren oder Erzählungen darstellen, sondern theologische Positionen oder ästhetische Personifizierungen bzw. Allegorien von Christen- und Judentum, was tatsächlich etwas völlig anderes ist

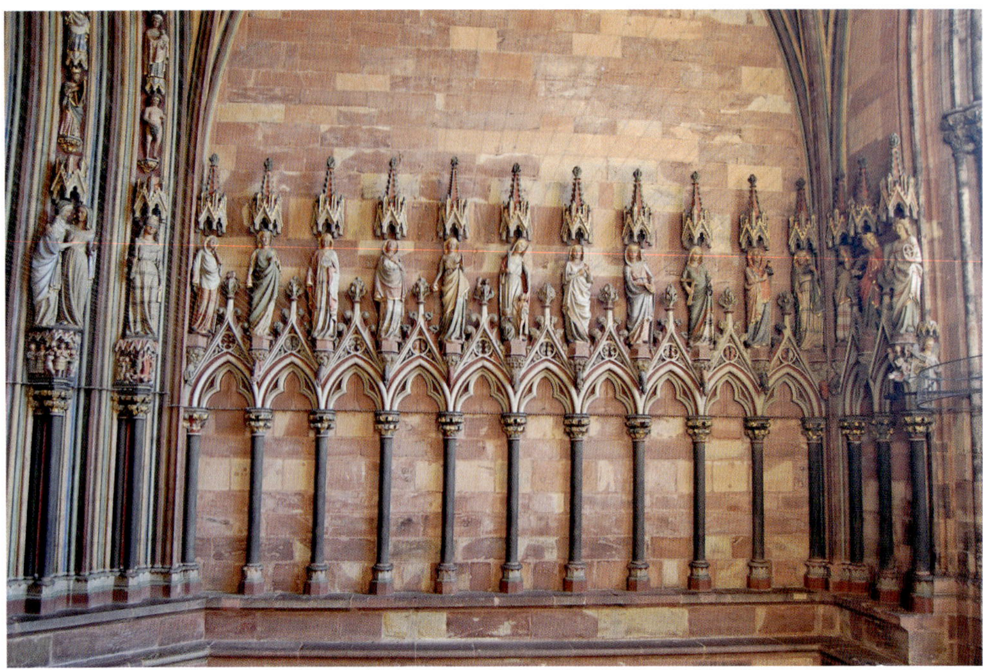

Abb. 49: Südwand der Portalvorhalle des Freiburger Münsters. Links im Bild Synagoga sowie die Verkündigungsgruppe. Die linke Fünfergruppe der Skulpturen sind die, mit ihrem nach unten gewendetem Lämpchen, Törichten Jungfrauen, parallel dazu auf der gegenüberliegenden Seite die fünf klugen Jungfrauen. Die weiteren Figuren an dieser Wandfläche zeigen u .a. die mittelalterlichen Artes liberales. Da an der Nordwand eine parallele Gestaltung vorliegt, kann man einen Eindruck gewinnen, wie überaus reich der Skulpturenschmuck dieser Vorhalle ist und in welchem größeren Kontext hierbei Ecclesia und Synagoga eingebettet sind – wenn man das Tympanon und die Archivolten mit dazu nimmt und bedenkt, dass in den meisten Fällen die Konsolen auch skulptural gestaltet sind.

als die Heiligen Drei Könige bzw. eine Verkündigung oder Heimsuchung), könnte die Idee dieser beiden Frauenfiguren als (endzeitliche) *Bräute Christi* sein, was durch die Reihe der *Klugen und Törichten* Jungfrauen, die an den beiden Seitenwänden der Vorhalle jeweils unmittelbar an Ecclesia und Synagoga anschließen, bekräftigt wäre.[84]

Offenbar fügen sich Ecclesia und Synagoga in dieses große ikonografische Programm der Freiburger Vorhalle tatsächlich nicht ganz nahtlos ein – auch nicht, wenn man die Archivoltenfiguren miteinbezieht, die sich über den Gewändefiguren nach oben erheben –, denn direkt über Ecclesia ist *Eva* positioniert, über Synagoga *Adam*. Ein wirklicher biblischer und/oder theologischer Bezug ist hierbei nicht zwangsläufig erkennbar, selbst dann nicht, wenn man weitgehende Allegorisierungen und Symbolisierungen, die teilweise tatsächlich weit entfernte Momente zusammenbringen können,[85] an dieser Stelle versucht. Die Archivoltenfiguren sind übrigens gruppenweise gestaltet: In der innersten Bahn erkennt man Engelsscharen mit Weihrauchfässern (links) und Kronen (rechts). Die folgenden Archivolten weisen offenbar Propheten oder Weise auf, die nächste Bahn präsentiert dem Betrachter (Biblische) Könige, so ist etwa über der Heimsuchungsgruppe ein harfenspielender König (David oder Salomon) erkennbar, und die äußersten Archivolten stellen wie erwähnt zuunterst Adam und Eva dar, auf die dann weitere Figuren aus der Bibel bzw. dem christlichen Glauben folgen.[86]

Man sieht also schnell, dass in der Freiburger Portalhalle die Skulpturen von Ecclesia und Synagoga

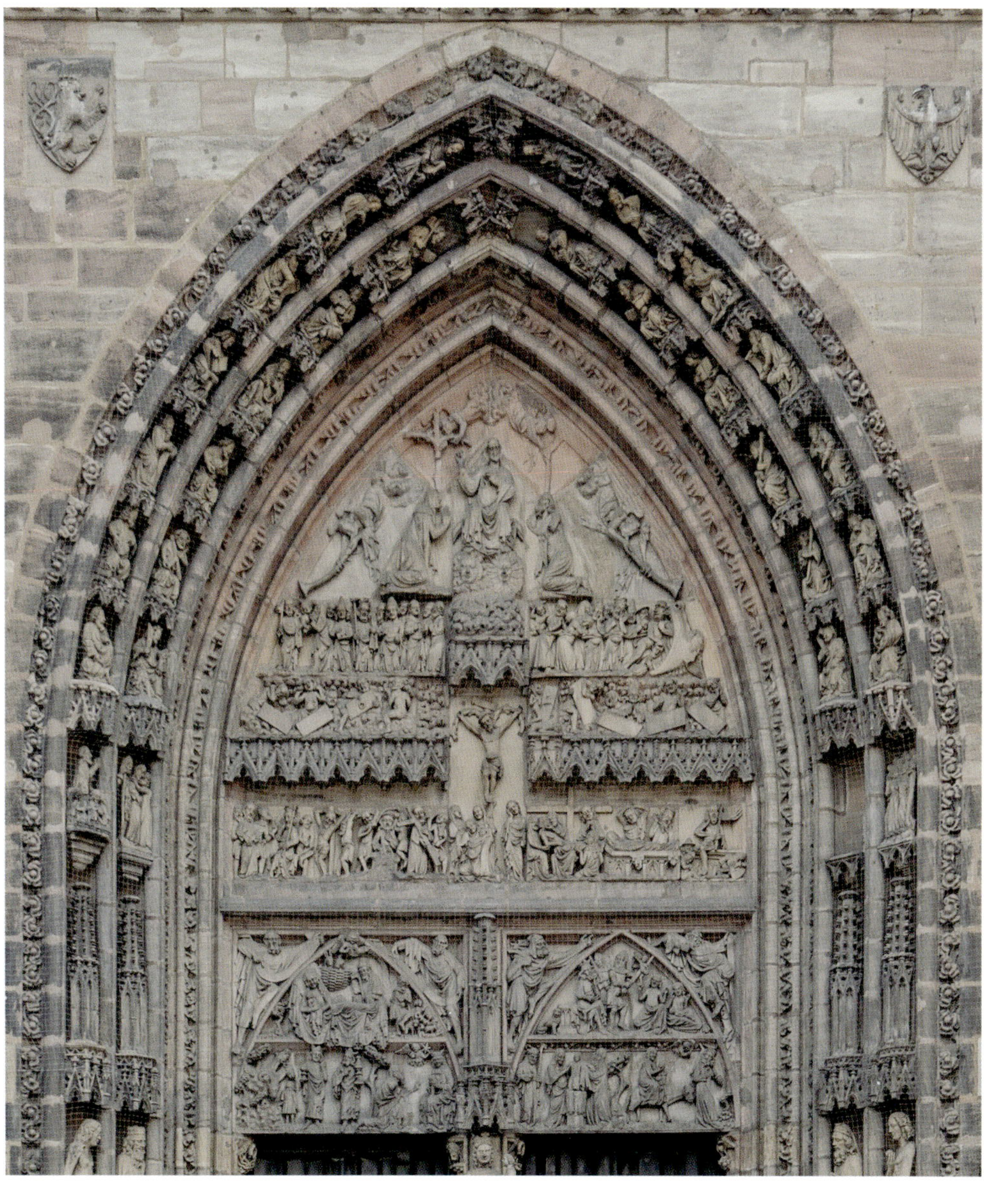

Abb. 50: Westfassade mit Portal und Tympanon der Nürnberger Lorenzkirche, das eine gewisse Ähnlichkeit mit dem Freiburger Tympanon hat, hier die szenische Darstellung der Biblischen Heilsgeschichte von Leben, Sterben und finalem Heilswirken Christi aufweist.

keine zentrale Stelle einnehmen, sie sind eher kleinere Elemente in einem enorm umfangreichen und komplexen Bildprogramm, das zum Teil – man denke nur an die *Artes liberales* – sogar den Bereich des unmittelbar Biblisch-Religiösen verlässt und damit in eine Nähe der *mittelalterlichen Glasmalerei* rückt, wo man häufig auch außerbiblische Motive findet.[87] Damit wird ein Verständnis der konzeptionellen, theologischen Programmatik der Freiburger Ecclesia- und Synagoga-Plastiken nicht eben erleichtert. Möglicherweise, aber das wäre damit ein distinkter Befund, ist das Freiburger Paar

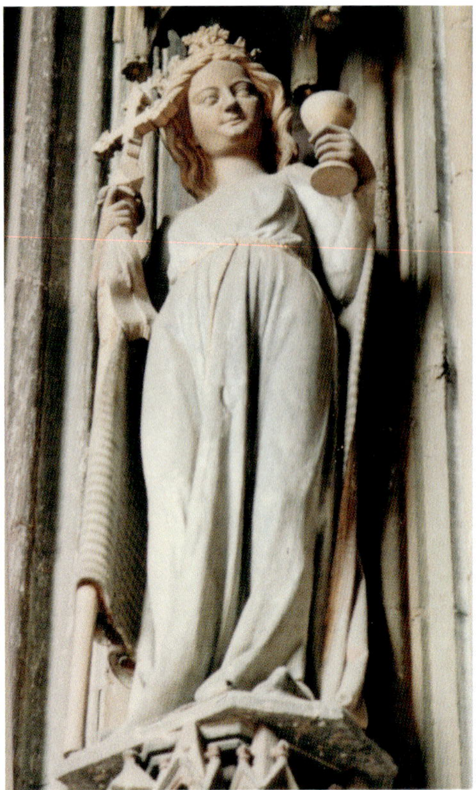

Abb. 51: Ecclesia in der Vorhalle des Freiburger Münsters vor der polychromen Restaurierung.

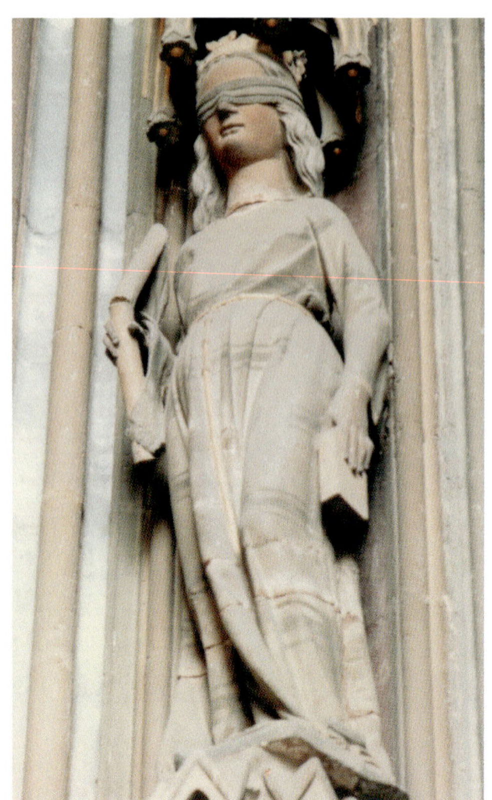

Abb. 52: Synagoga in der Vorhalle des Freiburger Münsters vor der polychromen Restaurierung.

zusammen mit dem eben thematisierten Wormser Beispiel von den hier genannten Beispielen mittelalterlicher Portalplastiken am wenigsten stark in einer strengen theologischen Konzeptionierung gestaltet. Sondern vielleicht eher akkumulativ, assoziativ gehalten, was sicherlich keine qualitative Minderung bedeutet, aber, sollte diese Überlegung zutreffend sein, der Freiburger Ecclesia und Synagoga diesbezüglich (ähnlich wie in Worms) fast eine Sonderrolle zuweisen.[88]

Die konkrete künstlerische Ausarbeitung von *Ecclesia* (Abb. 51) und *Synagoga* (Abb. 52) in der Portalvorhalle würde in diese Richtung weisen, denn trotz hoher handwerklich-ästhetischer Kunstfertigkeit dieser beiden Plastiken stechen sie doch durch keine besondere Expressivität oder Unkonventionalität in der Umsetzung ins Auge, sondern reihen sich mehr oder weniger nahtlos in das weit ausgreifende bildhauerische Gesamtprogramm dieses Raumes ein, ohne in besonderer Weise aus dem Rahmen zu fallen. Ecclesia ist höfisch gewandet, trägt eine Krone und hält ein kreuzbewehrtes Vexillum sowie einen Kelch in der Hand. Sie wendet sich dem Betrachter zu, lässt aber keinen erwähnenswerten Gesichtsausdruck erkennen; aus verschiedenen Perspektiven scheint sie vielleicht ein wenig zu lächeln, aber bestenfalls sehr zurückgenommen. Ähnlich verhält es sich bei Synagoga, sie trägt zwar eine Krone und steht ohne erkennbare Schieflage aufrecht da, weist aber ansonsten alle typischen Attribute wie gebrochener Stab, Augenbinde und Mosaische Gesetzestafeln auf. Auch sie hat keinen auffälligen Gesichtsausdruck. So gesehen gehört das Freiburger Paar vielleicht zu den am wenigsten anstößigen Darstellungen dieses Genres im Kontext von mittelalterlichen Portalplastiken.[89]

Allerdings verhält sich dies anders bei einer Glasmalerei des Freiburger Münsters, auf der auch Ecclesia und Synagoga zu sehen sind, wo eine krasse Diskrepanz beider Figuren und merkliche Herabwürdigung der Synagoga erkennbar ist: Ecclesia reitet triumphal auf einem Tetramorph, der stark an die Wormser Plastik erinnert, sitzt aufrecht und erhobenen Hauptes mit Krone auf ihrem Reittier, während sie in ihren Händen Vexillum und Kelch hält, wohingegen Synagoga auf einem Esel sitzt, ihre Körperhaltung wirkt stark gebrochen, es hat den Anschein, als fiele sie jeden Moment hinunter, ihre Augen sind verbunden, sie führt eine gebrochene Fahnenlanze im Arm, die Krone fällt ihr ostentativ vom Kopf, und in der anderen Hand hält sie, auch dies wieder an Worms erinnernd, den Kopf eines Ziegenbocks, den sie deutlich den Betrachtern präsentiert. Diese Synagoga kann man zweifellos als Schmähdarstellung bezeichnen, der es augenscheinlich um Diffamierung, Verächtlichmachung und Herabwürdigung geht. Das Skulpturenpaar hingegen wirkt im Vergleich zu den Freiburger Farbglasfenstern[90] in dieser Hinsicht fast neutral, jedenfalls ließe sich keine augenscheinliche Diffamierung oder Ähnliches hinsichtlich Synagoga benennen.

Die Plastiken der „Paradieshalle" am Magdeburger Dom

In der sogenannten „Paradiesvorhalle" am Nordquerhaus des Magdeburger Doms befinden sich einige bekannte mittelalterliche Portalplastiken, die in direkter Beziehung zu den Bildhauerschulen von Bamberg und Reims stehen. Es ist ein auf relativ begrenztem Raum des Paradieses arrangiertes Ensemble der berühmten *Klugen und Törichten Jungfrauen* (vgl. hierzu Abb. 53 und 54; möglicherweise eines der bekanntesten Exempel dieser Kunstgattung, an deren sehr ausdrucksstarken Gesichtern unschwer die künstlerische Verbindung zu Reims und Bamberg gesehen werden kann) sowie, denselben gegenübergestellt, von *Ecclesia*

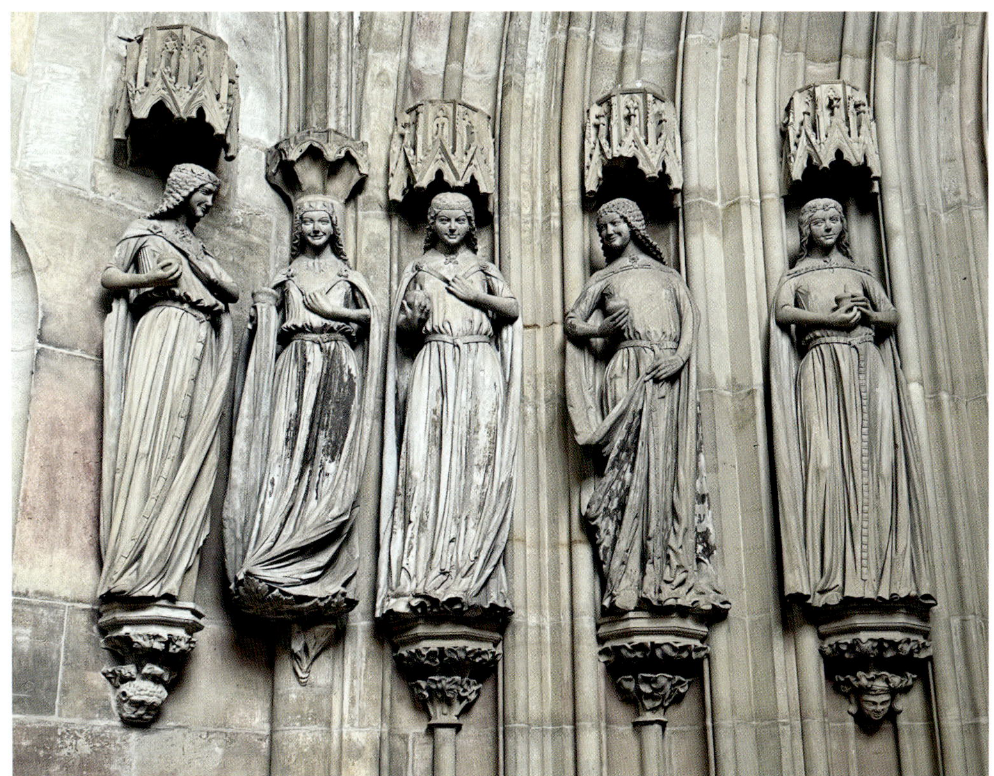

Abb. 53: Die fünf Klugen Jungfrauen in der Paradiesvorhalle des Magdeburger Doms, etwa 1240/1250.

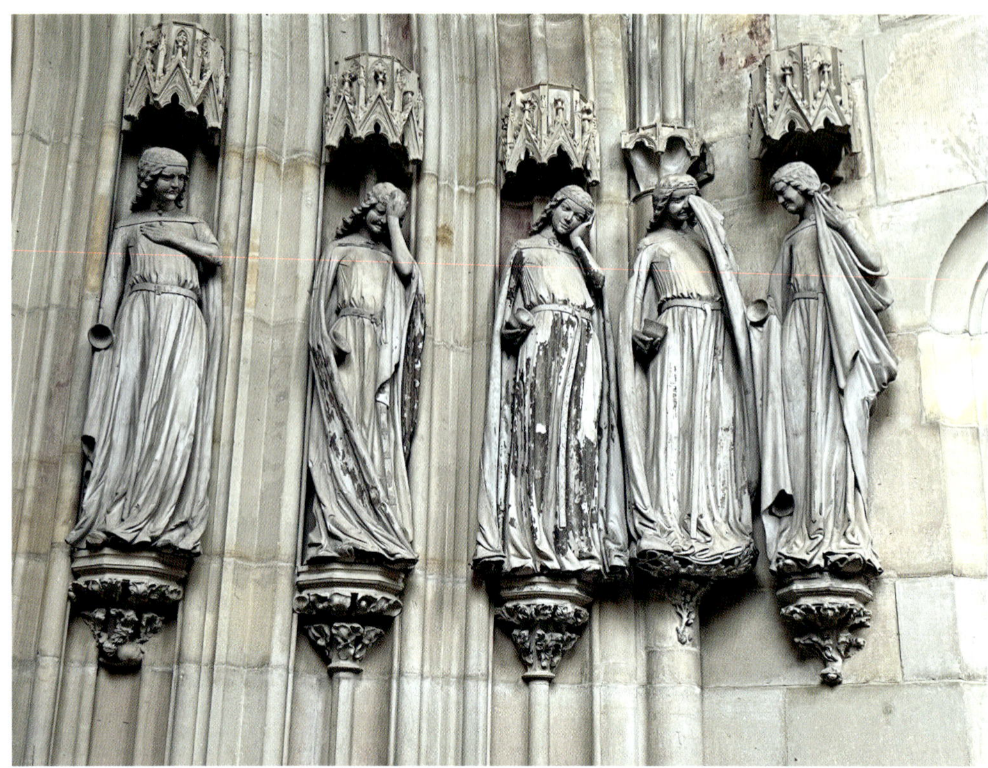

Abb. 54: Die fünf Törichten Jungfrauen in der Paradiesvorhalle des Magdeburger Doms, etwa 1240/ 1250.

und Synagoga (Abb. 55 und 56). Diese Arbeiten werden vor Ort der so bezeichneten „Jüngeren Werkstatt“ zugeschrieben und stammen vermutlich aus der Zeit von 1240/1250. Die heutige Aufstellung entspricht nicht mehr der originalen, sie wurde zugunsten der heutigen gegen 1310/1320 aufgegeben, als die Paradiesvorhalle an das bereits bestehende Nordportal am Nordquerhaus angebaut wurde. Ursprünglich, dafür sprechen einige Befunde, waren wohl alle hier erwähnten Plastiken am Nordportal angebracht, und zwar, folgt man der aufs Ganze nicht unplausiblen Rekonstruktion von Heiko Brandl[91], an den linken und rechten Flanken des Nordportals die Klugen und Törichten Jungfrauen, und dann, vielleicht dem Bamberger Vorbild nachempfunden, das etwa 10 bis 20 Jahre früher geschaffen wurde, etwas davon abgesetzt auf hohen schlanken Säulen Ecclesia und Synagoga, sodass man die zwölf Großplastiken (und möglicherweise auch noch im Tympanon weitere Plastiken)[92] auf einen Blick an Portal und Fassade des Nordquerhauses erfassen konnte.[93]

Die bildhauerische Qualität der im Magdeburger Paradies befindlichen Plastiken ist sehr hoch, die Verbindungen – mittelbar zu Reims und unmittelbarerer zu Bamberg –, wie erwähnt gut nachweisbar, und wie immer, wenn diese Bildhauerwerkstatt in der ersten Hälfte des 13. Jahrhunderts in Erscheinung trat, stehen dem Betrachter in vielerlei Hinsicht sehr bemerkenswerte, mitunter außergewöhnliche Werke gegenüber.[94] Was den überlieferten Befund anbelangt, scheint es, als wäre im Magdeburger Paradies erstmalig das Thema der Klugen und Törichten Jungfrauen zum eigentlichen Gegenstand des theologischen Programms im Rahmen lebensgroßer Portalplastiken erhoben worden: „Ganz im Widerspruch zur traditionellen Ikonographie sind die Klugen Jungfrauen prächtiger geschmückt als die Törichten. Man kann diesen Bruch mit Ecclesia und Synagoge begründen,

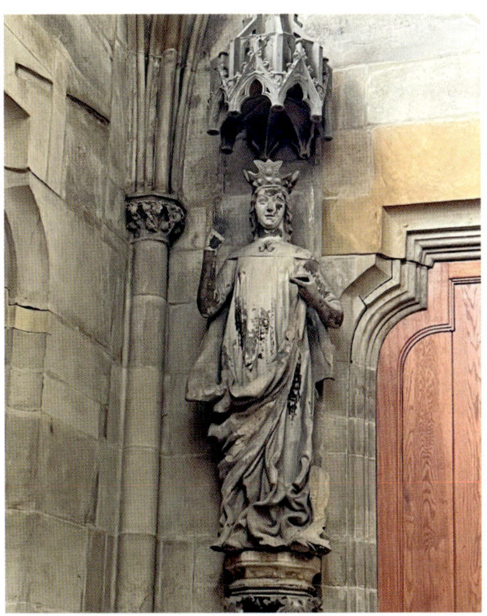

Abb. 55: Skulptur der Magdeburger Ecclesia in der Paradiesvorhalle des Magdeburger Doms, etwa 1240/1250.

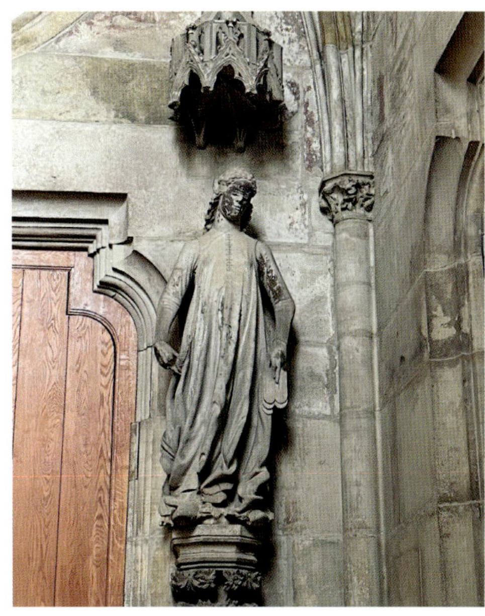

Abb. 56: Skulptur der Magdeburger Synagoga in der Paradiesvorhalle des Magdeburger Doms, etwa 1240/1250.

indem deren Eigenschaften auf die Jungfrauen übertragen wurden. Vermutlich war es gerade die Kombination beider Themenkreise, die in Magdeburg zur erstmaligen Darstellung der Jungfrauen als Gewändefiguren führte.“[95]

Auch wenn in Magdeburg die ursprüngliche Positionierung der hier interessierenden Skulpturen nicht mehr sichtbar, aber zumindest rekonstruierbar ist, so zeigt sich doch im Besonderen hier („hier“ meint die Bildhauerwerkstätten von Reims, Bamberg, Naumburg, Magdeburg, die nachweislich stilistisch und handwerklich zusammengehören), dass diese hochwertige Skulpturkunst im Ganzen gesehen tendenziell in quantitativer Hinsicht (Anzahl des ikonografischen Inventars) eher reduziert, in qualitativer Hinsicht – hierzu kontrastierend – eher aus dem Vollen schöpft. Klimaktisches Lachen und Weinen, hohe Expressivität, möglicherweise psychologische, vielleicht sogar ansatzweise humoristische („karikaturhaftes Weinen“ einiger Törichter Jungfrauen) Ansicht der Skulpturen – die diesbezüglich (zu Recht) berühmtesten Beispiele Kluger und Törichter Jungfrauen des 13. Jahrhunderts verdeutlichen dies.

Die aktuelle Situation gibt zwar das nicht-ursprüngliche Arrangement des 14. Jahrhunderts wieder, also etwa 70/80 Jahre nach der initialen Konzeption, welches aber den Eindruck des Magdeburger Paradieses über die Jahrhunderte geprägt hat und als solches hier auch diskutiert werden soll. Die Magdeburger Ecclesia ist nennenswert gut erhalten, man erkennt in ihrer rechten Hand noch den Fuß des Kelches, den sie in dieser Hand gehalten hat, am anderen Arm ist die Hand abgebrochen, sodass die hiermit gehaltene Lanze abgegangen und nicht mehr erkennbar ist. Sie trägt ein sehr faltenreiches, kunstvoll gearbeitetes, voluminöses Gewand, schaut den Betrachter mit einer leichten Kopfdrehung und leicht geöffnetem Mund en face an, weist ein sichtbares Doppelkinn auf und trägt eine sehr repräsentative Krone. Ihre Erscheinung lässt sich als herrschaftlich und souverän beschreiben, ihre Haltung ist gerade und kraftvoll, ihr Blick bemerkenswert offen, zugewandt und selbstsicher. Synagoga trägt ein interessantes Gewand, das vom Hals abwärts bis etwa zum Brustbein kunstvoll geknöpft ist und in den oberen Bereichen eng am Körper anliegt, der Faltenwurf

ist einfacher und gerader als bei Ecclesia (auch wenn sich im Fußbereich dieser Plastik die Falten etwas stauen und überwerfen, was aber nicht an den mächtigen Faltenwurf von Ecclesia hinreicht). In der rechten Hand hält sie die soeben entgleitenden Gesetzestafeln, in der linken lässt sich noch gut der gebrochene Stab erahnen. Ihre Augen sind mit einer Binde bedeckt, ihre Haltung wirkt etwas labil, und ihr Kopf neigt sich deutlich zur rechten Seite. Ihr Mund scheint eine Spur geöffnet zu sein, liegt ein bisschen asymmetrisch, die Mundwinkel gehen weder erkennbar nach oben oder unten, was aber dem Gesicht aufs Ganze gesehen eine leicht traurige, melancholische Anmutung verleiht.
Beide Figuren können von ihrer bildhauerischen Qualität als sehr hoch bezeichnet werden, wobei ein deutliches Gefälle zwischen den beiden Frauenfiguren erkennbar ist, jedoch verzichten die Bildhauer bzw. die Auftraggeber auf jede Art der Herabsetzung, Diffamierung oder Schmähung der Synagoga, sie kann insgesamt gesehen als höfische Figur mit kleinen Blessuren angesprochen werden. Die Expressivität von Ecclesia und Synagoga ist im Verhältnis zu den Klugen und Törichten Jungfrauen stark reduziert, was aber nicht bedeutet, dass diese beiden Figuren keine emotionale Dimension aufweisen würden. Die leichte Melancholie der Synagoga wurde bereits erwähnt, aber auch Ecclesia lässt ein Innenleben und Gefühlsregungen erkennen, die sich bei ihr in Richtung Freude, Herrschaftlichkeit, Selbstgewissheit und auch Würde ausdrückt. Unverkennbar sind beide Skulpturen aufeinander bezogen – und in dieser Bezogenheit verkörpern sie auch ein Gefälle von Sieg und Niederlage, allerdings nicht plump oder schlicht polarisierend, sondern diese erkennbare Gefühlsebene beider Figuren bricht eine einseitige bzw. eindimensionale Sichtweise auf diese Figuren, die dadurch mehrdeutig und nicht einfach fassbar erscheinen.

Die Grossplastiken am Dom zu Erfurt

Das *Dreiecksportal* des Erfurter Doms, eine architektonische Besonderheit, kombiniert mit diesem Bauelement zwei Großportale bzw. die beiden Hauptportale des Doms über einen spitzen Winkel miteinander (Abb. 57). An der hinteren, den aufsteigenden Treppen zum Dom abgewandten westlichen Seite des Dreieckportals findet sich eine *Ecclesia- und Synagoga*-Darstellung mit Großplastiken, die, wie im Magdeburger Dom, im Zusammenhang des Topos der *Klugen und Törichten Jungfrauen* stehen, weswegen dieses Portal auch als „Jungfrauenportal" bezeichnet wird. Aus der Zeit um 1330/1340 stammend, sind sie ungefähr achtzig Jahre jünger als das Magdeburger Beispiel. Am Trumeau des Erfurter Jungfrauenportals ist der Erzengel Michael zu sehen, wie er dem Teufel den Todesstoß versetzt, im Tympanon erkennt man einen thronenden Christus als Weltenrichter, links und rechts neben ihm Maria und Johannes Evangelista. Bemerkenswert ist hierbei der Umstand, dass der thronende Christus vor sich ein Kruzifix präsentiert, was in punkto Anmutung fast ein wenig an das Genre des *Gnadenstuhls* erinnert.
An der linken Seite des Portals als Gewändefiguren gestaltet stehen die Klugen Jungfrauen mit ihren nach oben gekehrten Bechern, sie tragen Kronen und haben allen Grund zur Freude, was sich in ihren lächelnden Gesichtern niederschlägt. Am linken Ende dieser Reihe befindet sich Ecclesia traditionell mit Vexillum, Krone und Kelch (Abb. 58). Parallel dazu sieht man die Törichten Jungfrauen sowie die Synagoga (Abb. 59) auf der rechten Seite des Portals. Bedauerlicherweise wurde der Kopf der Synagoga in späterer Zeit erneuert, sodass man keinen authentisch-mittelalterlichen Eindruck mehr von der Figur gewinnt. Denkbar wäre, dass sie, wie viele ihrer Pendants, ursprünglich auch eine Augenbinde trug; aber das muss Spekulation bleiben. Was man demgegenüber mit Gewissheit feststellen kann, ist der Umstand, dass Synagoga – ähnlich wie in Worms oder dem Freiburger Glasfenster – mit einem Ziegenbock dargestellt wird. In ihrer rechten Hand, etwas hinter ihrem Körper, hält sie einen Ziegenkopf, an den Hörnern gut erkennbar. Die Törichten Jungfrauen sind sehr expressiv gestaltet und fallen besonders durch ihre mitunter theatralische Gestik auf. Interessant ist hier, dass sowohl die Klugen wie auch die Törichten Jungfrauen *Kronen* tragen, auch wenn den Törichten ihre Kronen zum Teil gerade herabfallen.
Man hat es in diesem Fall fraglos wieder mit einer expliziten Schmähdarstellung der Synagoga zu

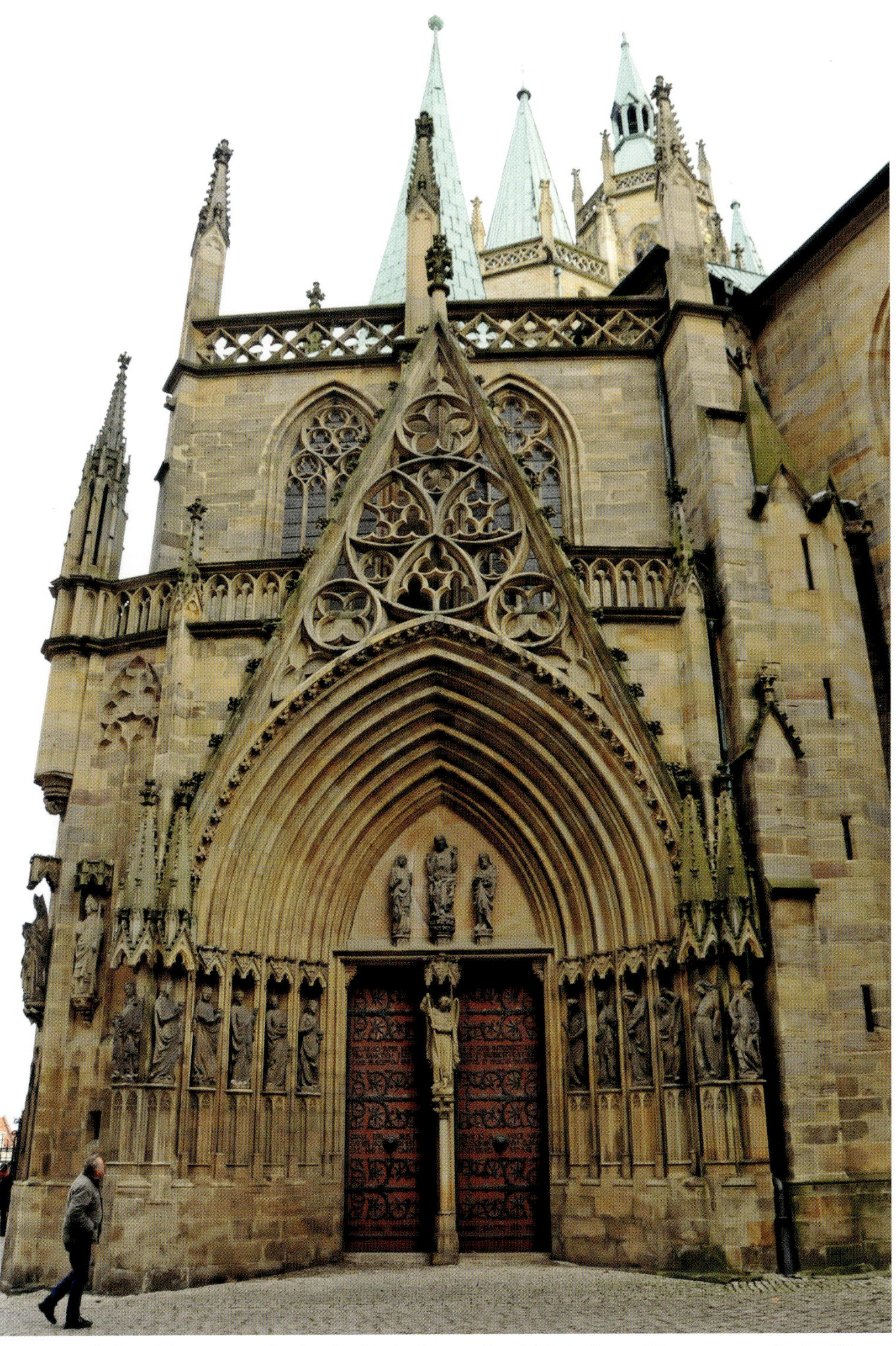

Abb. 57: Blick auf die gesamte Breite des Dreiecksportals mit Ecclesia und Synagoga sowie den Klugen und Törichten Jungfrauen.

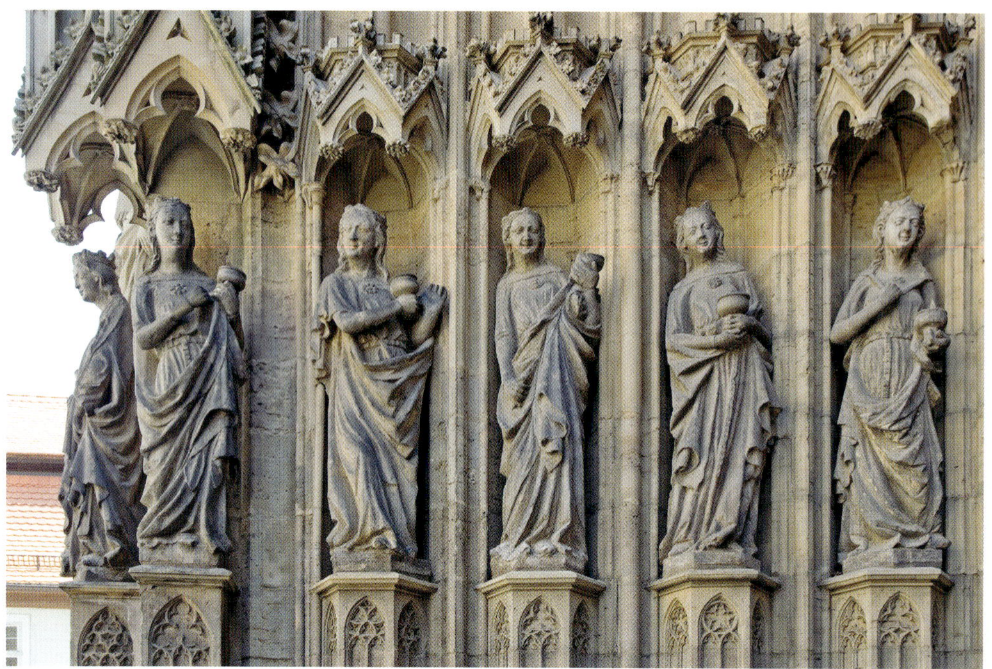

Abb. 58: Dreiecksportal des Erfurter Doms – Ecclesia mit Klugen Jungfrauen, um 1330/1340.

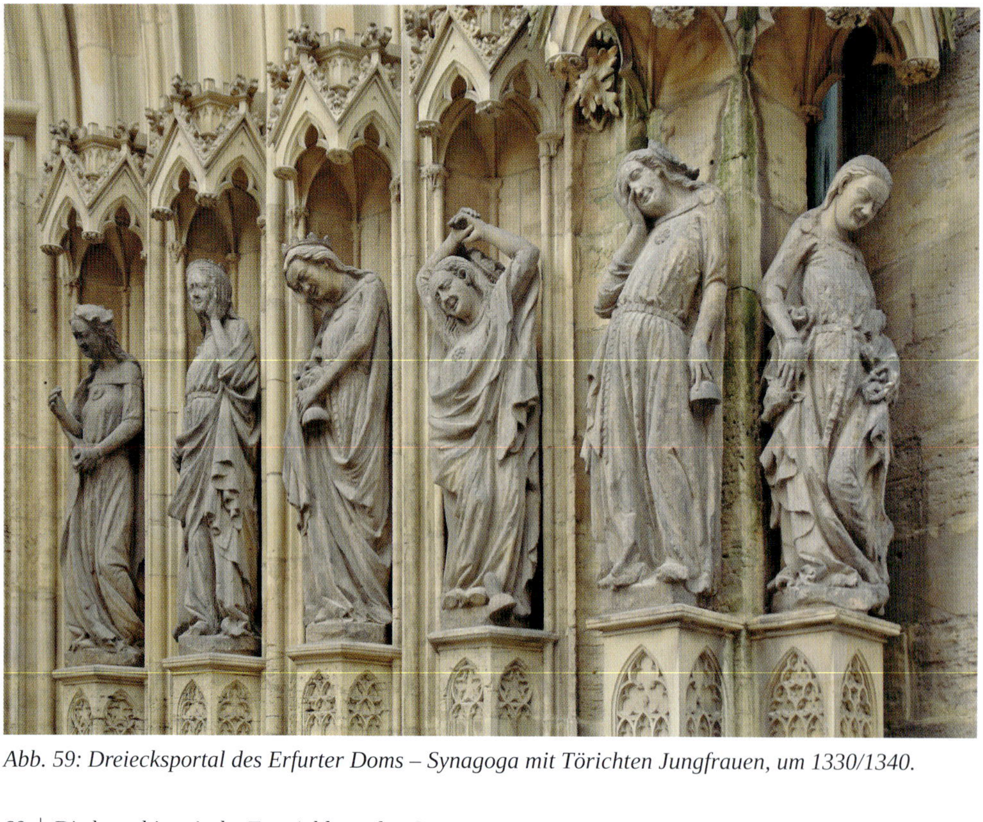

Abb. 59: Dreiecksportal des Erfurter Doms – Synagoga mit Törichten Jungfrauen, um 1330/1340.

tun, die deutlich abwertend gearbeitet ist. Die teils ungebärdige Körperlichkeit der Törichten Jungfrauen unterstreichen diesen Befund und lassen keinen Zweifel, dass hier eine herabwürdigende Umsetzung der Synagoga gezeigt wird. Grundsätzlich bewegt sich das Bildprogramm in den Bahnen desjenigen von Magdeburg. Ergänzend und abschließend soll hier noch kurz erwähnt werden, dass sich im Chorgestühl des Erfurter Doms eine Variante der „Judensau" findet.[96]

Die Kathedrale von Reims und die Plastik am Südquerhaus

Am Südquerhaus der Kathedrale von Reims (entstanden vermutlich 1210-1233) sind einige Plastiken angebracht, unter denen sich auch die kunsthistorisch bedeutenden Großplastiken von Ecclesia und Synagoga finden lassen. Es kann fast als ein wenig überraschend gelten, dass von den hier besprochenen Portalanordnungen, bei denen Ecclesia und Synagoga eine Rolle spielen, das Reimser Beispiel hinsichtlich der theologisch-konzeptionellen Gestaltung der Ikonografie als verhältnismäßig schlicht zu bezeichnen ist, was möglicherweise daran liegt, dass wir es an dieser Stelle nicht mit einem Portal, sondern lediglich mit einer Fassade zu tun haben, an der die Figuren angebracht sind.[97] Die südliche Querhausfassade von Reims ist in verschiedenen Schichten von unten nach oben wie folgt gegliedert (Abb. 60): Basiszone ohne Portale, darüber hohe Lanzettfenster zwischen den Strebepfeilern, dann eine Schicht mit Blendarkaden und runden Maßwerkfenstern (entspricht dem Triforium); diese Bereiche sind ohne Skulpturenschmuck gearbeitet, was sich dann aber in der darüberliegenden Schicht ändert, die die große Maßwerkrose der Fassade und auch die Reimser Plastiken von Ecclesia und Synagoga präsentiert (Abb. 61). Beide Figuren sind an der unteren Flankenhälfte der Rose angebracht, in den Ecknischen von Fassadenmauer und Großfialen, in denen sich weitere Großplastiken (u. a. eine Kopie des berühmten „Philippe Auguste") befinden. Ecclesia und Synagoga sind einander gegenübergestellt, aber durch die Körperdrehung grundsätzlich dem Betrachter zugewandt, was v. a. bei Synagoga deutlich wird. Beide sind mit einem Baldachin bekrönt und weisen ihre genretypischen Attribute auf, wie weiter unten ausgeführt wird. Über der Rose und ihrer einfachen Archivoltenreihe, die direkt oberhalb von Ecclesia und Synagoga ansetzt und Apostel (über Ecclesia) sowie Propheten (über Synagoga) wiedergibt, erkennt man eine siebenteilige Prophetengalerie, die von einem Giebel bekrönt wird, in den ein großes Marienrelief (mit einer Himmelfahrt Mariens, etwa um 1500) eingearbeitet ist. Die Großplastiken in den Fialen auf der Höhe von Ecclesia und Synagoga alternieren zwischen verschiedenen Königen und Engeln.

Man erkennt, dass an der Reimser südlichen Querhausfassade Ecclesia und Synagoga theologisch nicht besonders aufwändig konzipiert sind. Sie stehen neben Königen und Engeln als Bewacher des Himmlischen Jerusalem[98] und werden, theologisch adäquat zugeordnet, überwölbt von Aposteln und Propheten, viel mehr lässt sich konzeptionell hierbei nicht erschließen. Die Prophetenreihe in der nächsthöheren Gebäudezone scheint keinen zwingenden programmatischen Bezug hierzu aufzuweisen, ebenso wenig das Marienrelief im Giebel. Dies bildet einen interessanten Kontrast zu der hohen künstlerischen, bildhauerischen Qualität der beiden Figuren, auf die sogleich der Fokus gelegt wird.

Die Kathedrale von Reims und insbesondere ihre Plastiken sind allein deswegen im Kontext dieser Untersuchung von großer Relevanz, weil die Bamberger Bildhauer, die man als *Jüngere Bildhauerwerkstatt* bezeichnet und die für die zahlreichen bedeutenden Plastiken des oberfränkischen Doms wie etwa den Reiter oder Ecclesia und Synagoga (wie den meisten Plastiken am Fürstenportal überhaupt) verantwortlich zeichnen, nachweislich enge Verbindungen zu den Reimser Künstlern und ihren Werken aufweisen.[99] Bis zu einem gewissen Grad können die Reimser Plastiken als Vorbilder oder wenigstens Vorläufer der Bamberger Bildwerke gesehen werden, weswegen vorliegende Studie immer wieder die verschiedenen Bezüge zu Reims berücksichtigen muss, zumal sich in Reims ein künstlerisch sehr hochwertiges Beispiel von Ecclesia und Synagoga überliefert hat, das in seiner denkbaren Relevanz zu Bamberg aus genannten Gründen naturgemäß von Interesse ist.

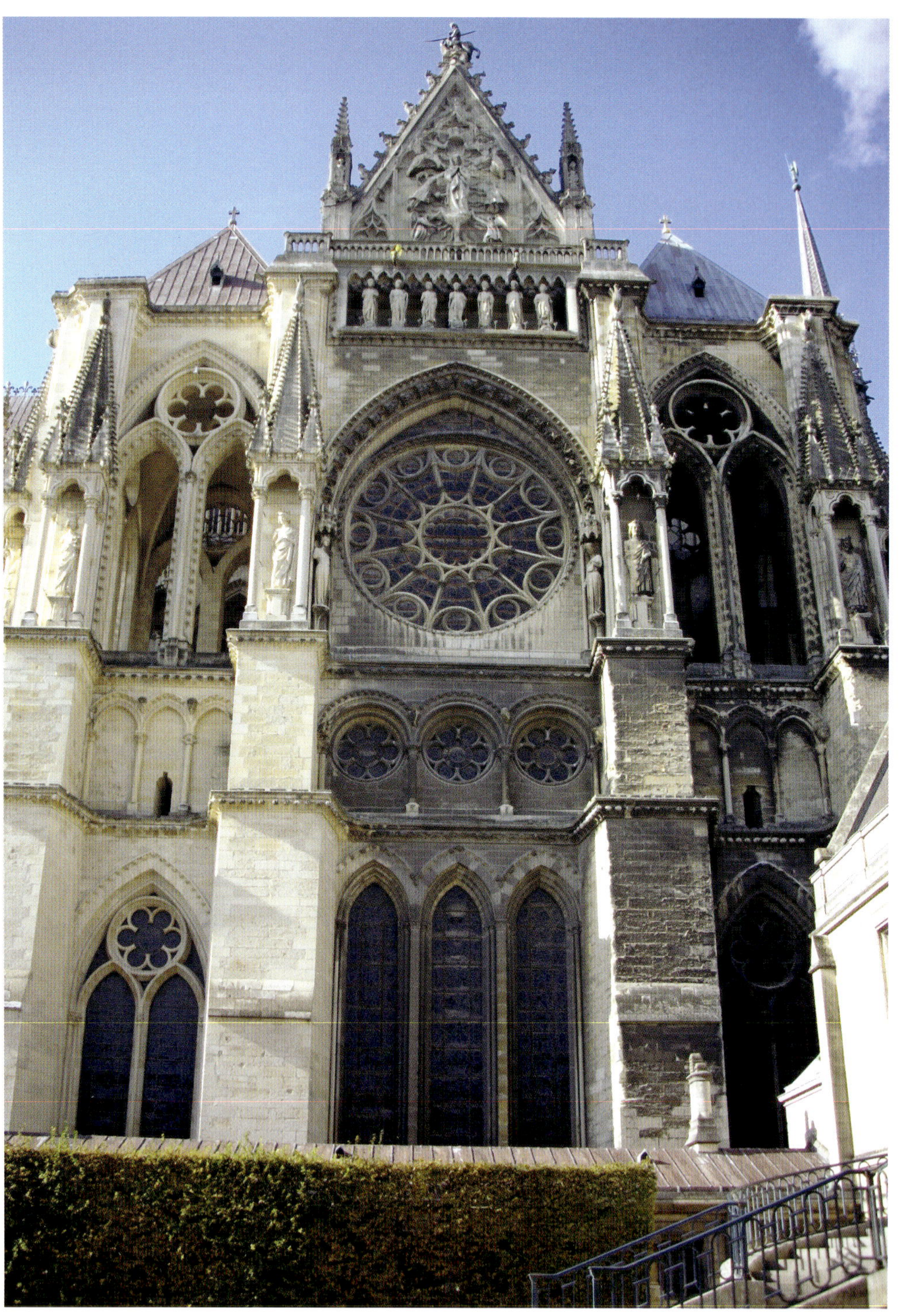

Abb. 60: Gesamtansicht der Fassade des Südquerhauses der Kathedrale von Reims. Auf Höhe des Rosengeschosses sind verschiedenen lebensgroße Monumentalskulpturen angebracht, direkt links und rechts der Rose in den Nischen zu den Strebepfeilern finden sich Ecclesia und Synagoga.

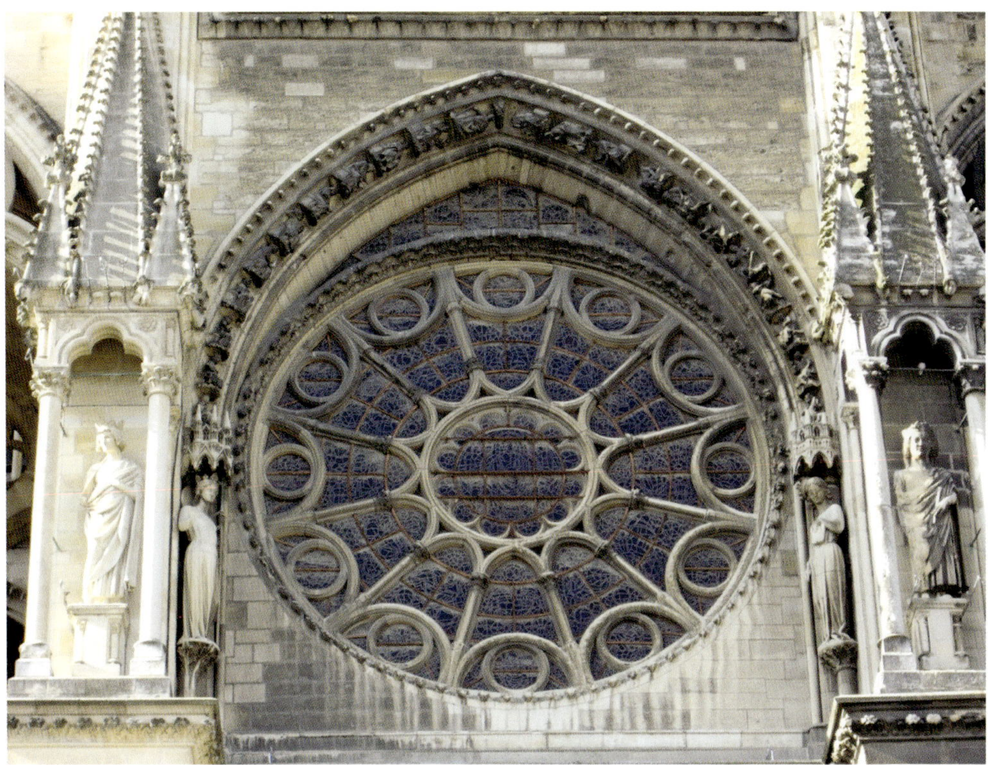

Abb. 61: Großaufnahme des Rosengeschosses an der Südquerhausfassade der Kathedrale von Reims mit Ecclesia und Synagoa. Links der Ecclesia, eingestellt in die säulenumrahmte Fiale des Strebepfeilers der sogenannte König „Philipp Auguste".

Die Originale der Reimser Ecclesia und Synagoga, mittlerweile bis zu einem gewissen Grad beschädigt, werden daher, um weiteren Schaden zu vermeiden, im Reimser Dommuseum, dem sog. *Tau-Palast* aufbewahrt. *Ecclesia* hat beide Arme verloren, und auch am Kopf zeigen sich größere Beschädigungen (Abb. 62). Besser erhalten ist *Synagoga* – auch wenn die Arme weitgehend abgegangen sind, lassen sich doch recht gut einige Details an dieser Plastik erkennen und auswerten (Abb. 63). Sie trägt eine Augenbinde, und ihre Krone stürzt soeben zur Seite von ihrem Kopf. Ansonsten finden sich faktisch keine benennbaren negativen Attribute oder Schmähungen.[100] Sehr bemerkenswert, wofür die Skulpturen der Kathedrale von Reims ohnehin zu Recht berühmt sind,[101] ist ihr *Gesichtsausdruck*, der sich im Wesentlichen – da die Augen durch die Augenbinde unkenntlich sind – in erster Linie um die *Mundpartie* der Figur abspielt, dies wird in Kürze noch eigens beleuchtet. Ihr Kopf ist ein wenig zur Seite gelegt, ohne dabei allerdings ab- oder eingeknickt zu wirken, wahrscheinlich ergibt sich dieser Eindruck, weil die Reimser Synagoga ihren Kopf etwas zur Seite (in einem annähernd 45 Grad Winkel – vgl. hierzu auch den *Bamberger Reiter*, Abb. 64) dreht, was dem Bildnis eine nennenswerte Lebendigkeit und Dynamik verleiht. Insgesamt weist ihr Körper eine Drehbewegung auf, vom Betrachter aus gesehen zur rechten Seite. Vergegenwärtigt man sich den aktuellen Aufstellungsmodus von Synagoga im Tau-Palast, dann begreift man, dass die Originalanbringung an der Kathedrale für den Betrachter anders gewirkt haben musst als heute. Die Aufstellung im Museum wendet den Blick von Synagoga dem Betrachter entgegen, schaut man aber auf die Konsole, Füße und Beine der Skulptur erkennt man umstandslos, dass dies im Museum zugunsten

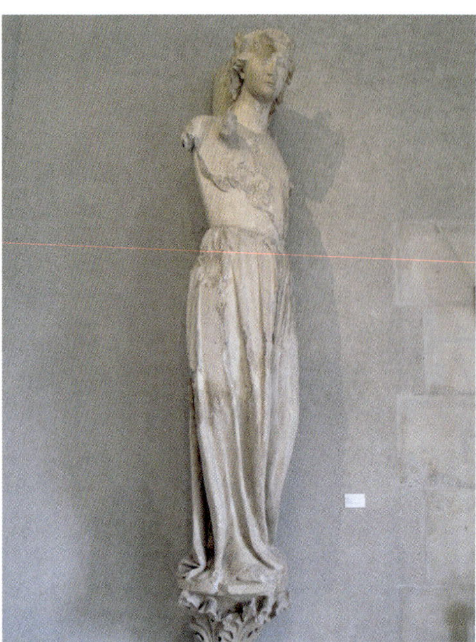

Abb. 62: Ecclesia der Kathedrale von Reims, etwa aus der Zeit 1215/1220 und ursprünglich am Südquerhaus, dem Gerichtsportal angebracht, heute im Tau-Palast.

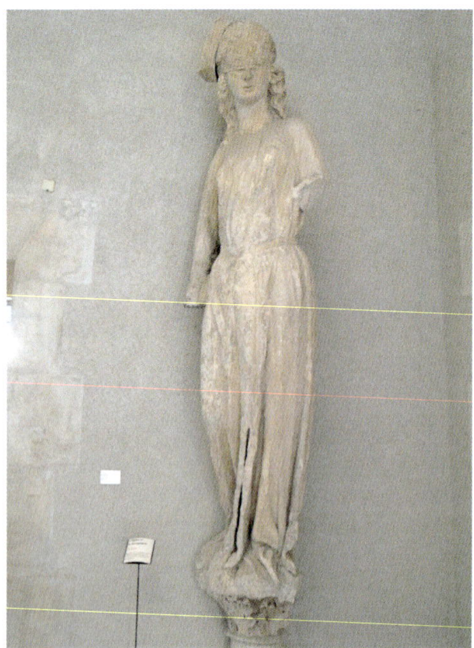

Abb. 63: Synagoga der Kathedrale von Reims, heute im Tau-Palast.

ihres geraden Blicks gedreht wurde, an der Kathedrale war es genau andersherum. Dort wendet sich die Synagoga, die als Säulenfigur (wie die Reimser Ecclesia auch) nicht komplett vollplastisch ausgearbeitet wurde, sondern Teile ihres Rückens an der Säule befestigt hat (wie es in Reims bei allen Portalskulpturen durchgängig der Fall ist, wie schon in Chartres und ebenfalls grundsätzlich mit einer Ausnahme in Bamberg), weswegen man sehr gut ihre ursprüngliche Aufstellungsweise an der Kathedrale ersehen kann, in ihrer gesamten Körperhaltung nach rechts, ganz ähnlich übrigens, wie sich dies auch bei der Straßburger Synagoga verhält. Damit weist die Reimser Synagoga im Gesamten eine starke Körperdrehung auf, sie hat eine Art Hohlkreuz, da ihr Becken zur Seite und nach vorne geschoben ist.

Die Reimser Ecclesia ist verhältnismäßig stark bewegt, was bereits durch den ausgeprägten Kontrapost deutlich wird, sie dreht ihren Kopf, allerdings nach links, womit auch sie eine nennenswerte Körperdynamik erhält, nicht so stark wie bei Synagoga, aber doch merklich. Sie hat einen Gesichtsausdruck, der aber im Verhältnis zur Synagoga wesentlich dezenter wirkt. Sie schaut mit leicht nach links gedrehtem Kopf geradeaus, hat einen geschlossenen, aber lebendigen Mund, dessen Lippen zwar eine gewisse Strenge vermitteln, ohne dabei hart zu wirken. Das alles mutet sehr edel und höfisch an, würdevoll und elegant, was durch ihre filigrane Krone und ihr Gewand mit einem betonten, aber unaufdringlichen Faltenwurf nochmals verstärkt wird. Auch wenn beide Arme der Ecclesia verloren sind, wird man doch bis zu einem gewissen Grad berechtigtermaßen vermuten dürfen, dass auch bei ihr in den Händen ursprünglich Vexillum und Kelch zu finden waren. Die Ikonografie hinsichtlich dessen, das wurde im Lauf dieses Kapitels deutlich, war zu dieser Zeit wohl schon so stark standardisiert, kanonisiert, dass diese beiden Attribute mehr oder weniger zwingend zu einer Ecclesia-Darstellung gehörten. Auch die klar erkennbaren Bruchreste auf Ecclesias rechter Oberkörperseite weisen darauf hin, dass ihr rechter Arm, relativ eng am Körper anliegend und mit Gewandfalten überlagert, die Fahnenlanze auf diese Weise getragen hat, jedenfalls erscheint dies in solcher Form in letztlich allen relevanten Vergleichs-

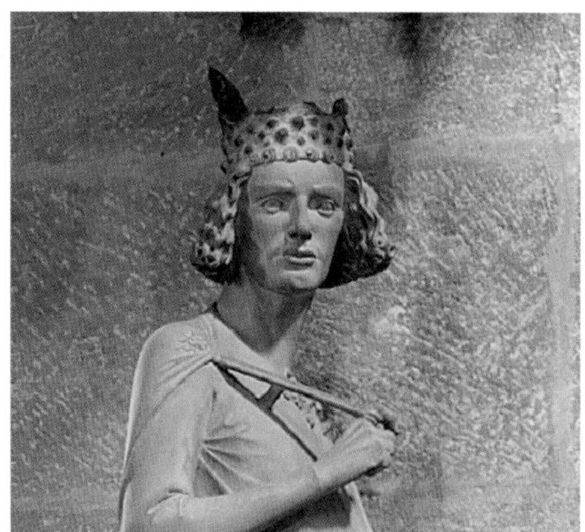

Abb. 64: Detailansicht des Bamberger Reiters, um 1220/1230.

beispielen und wird sich, wie wir noch sehen werden, auch in Bamberg, wo die Ecclesia ebenfalls ihre beiden Arme eingebüßt hat, ursprünglich wohl analog verhalten haben.

Dass Synagoga in ihrer Gesamtheit wesentlich dynamischer gestaltet wurde, klang bereits an, und auch ihr Gesichtsausdruck erscheint um einiges expressiver als der von Ecclesia. Ihr Mund ist leicht asymmetrisch – die linke Mundhälfte ist etwas breiter und leicht abfallend, während die rechte ein wenig stärker zusammengezogen und andeutungsweise nach oben gerichtet wird –, der Mund öffnet sich eine Spur, ohne aber dabei die Zähne zu zeigen, fast wäre man geneigt, dies ansatzweise als eine Art Kirsch- oder Kussmund zu sehen (was durch ihre Amorbogen unterstützt wird), würde ihren Mund nicht etwas leicht Fragendes, Verwundertes umspielen, das diesen Eindruck seinerseits relativiert. Man kann diese Art der bildhauerischen Umsetzung als meisterhaft bezeichnen, da es den Künstlern gelungen ist, mit nur ganz wenigen physiognomischen Strichen, die äußerst zurückgenommen und dezent auftreten, der Figur eine klare emotionale, in Ansätzen psychisch-psychologische Zeichnung zu geben. Ähnlich wie bei Synagoga ist die Gesamterscheinung, zumal mit diesem etwas mehrdeutigen, vielleicht auch etwas rätselhaften Gesichtsausdruck, edel und würdevoll; Anmut und höfisches Wesen umgibt diese Figur, die trotz alledem eine gewisse Brechung aufweist, was nicht nur an der stürzenden Krone (dies mutet fast schon etwas grobschlächtig im Vergleich an), sondern v. a. an ihrer faszinierenden, ihr Inneres erahnen lassenden Mundpartie liegt. Ecclesia weist im Gegensatz hierzu keinerlei Transparenz in Bezug auf ihr Innenleben auf, die angedeutete strenge, würde- und hoheitsvolle höfische Erscheinung lässt hierfür wohl auch keinen Raum.

Im Großen und Ganzen kann man sicherlich sagen, dass das Reimser Beispiel von Ecclesia und Synagoga künstlerisch wie insgesamt das bislang gelungenste ist. Beide Figuren sind hoheits- und würdevoll dargestellt, das Höfische dominiert die Gesamtanmutung beider Plastiken, es wird auf eine plumpe Polarisierung von Siegerin und Verliererin verzichtet, das technisch-handwerkliche Niveau der beiden Skulpturen steht außer Frage und, besonders bei Synagoga, die feine seelische Zeichnung eines mutmaßlichen bzw. interpretierbaren Innenlebens, erkennbar an verschiedenen physiognomischen Details, ist eine qualitative Dimension sui generis. Ähnliche Momente werden sich auch beim Bamberger Beispiel von Ecclesia und Synagoga erkennen lassen, womit die enge Verbindung der beiden Bildhauerwerkstätten auch in diesem Fall Niederschlag findet.

Dieser Befund kann insofern als interessant bezeichnet werden, weil es hinsichtlich Synagoga nur die vermutlich weitgehend, fehlenden Attribute von Niederlage und Überwundenheit sind, die die Negativität der Plastik erkennbar machen würden: Die körperliche Haltung, die Mimik, Physiognomie usw. geht zwar wie gesehen in eine bestimmte Richtung, die von Ecclesia differiert, aber als klar negativ lässt sich dies schwerlich interpretieren. Die Reimser Bildhauer schufen zwei ästhetisch und die Anmutung betreffend sehr äquivalente Kunstwerke, deren Würde und höfische Haltung letztlich vielleicht sogar als pari verstanden werden kann, und nur die beigestellten Attribute entscheiden qualitativ über die Ein- und Zuordnung der jeweiligen Figur. Letzteres unterscheidet das Reimser Beispiel klar von Ecclesia und Synagoga in Worms, in Trier, Erfurt und Freiburg, weist aber in eine Richtung, wie sie in Bamberg und Magdeburg wieder erkennbar wird, das Straßburger Beispiel ist hierzu zumindest ähnlich.

Selbstredend gibt es noch eine ganze Reihe weiterer Beispiele von Ecclesia und Synagoga an Kirchenportalen aus dem Mittelalter, und zwar europaweit, aber es ist aus einigen Gründen weder möglich noch nötig, dies hier im Einzelnen zu erörtern, da die bereits genannten Beispiele im Wesentlichen das Spektrum an verschiedenen Realisierungsformen dieses Genres abdecken. Man konnte sehen, dass es eine relativ große Spannbreite v. a. die Synagoga betreffend gibt, von stark abwertenden, diffamierenden und herabwürdigenden Darstellungen über solche, bei denen die negativen Attribute der Synagoga zurückgenommen sind, und sogar – man denke an die Beispiele der Synagoga-Darstellung von Straßburg und Reims – bestimmte Fälle, bei denen man zusätzlich darüber nachdenken und diskutieren könnte, ob nicht eine unterschwellige Form von Würdigkeit damit vorliegt. Diese bemerkenswerte Spannbreite von Differenzen die Synagoga-Darstellung anbelangend speist sich vorrangig aus dem jeweiligen theologischen Hintergrund, der konzeptionell das ikonografische Programm der jeweiligen Kirche bestimmt und in der Tat, je nach den hierbei applizierten theologischen Schulrichtungen (die im Mittelalter alles andere als homogen waren)[102], stark divergieren kann; dazu können darüber hinaus lokale Besonderheiten oder historische Ereignisse treten, die das Verhältnis der Kirche bzw. des Klerus und der Bevölkerung zu den Juden in spezieller Weise geprägt haben, wie das etwa für Worms zutrifft.[103]

Des Weiteren kann sowohl für die theologische Sichtweise wie auch für die künstlerische Umsetzung, zumal der Synagoga, eine bestimmte Lesart der Heiligen Schrift namhaft gemacht werden: Nimmt man die Bibel *wörtlich* und liest dies auf dem Hintergrund der damaligen Kirchenlehren, dann liegt es nahe, Juden, das Judentum und damit auch deren Personifizierung als Synagoga tendenziell negativ zu verstehen, die Altercatio ist ein frühes und beredtes Beispiel dafür. Nimmt man aber den Bibeltext *allegorisch* – und spätestens seit Origenes[104], dann wieder mit Bernhard von Clairvaux[105] und später mit Meister Eckhart[106] ist diese Verständnisweise der Bibel besonders in vielen gebildeten Kreisen sehr gerne praktiziert worden–[107], dann ändern sich diese Parameter zumeist spürbar, da „Juden", „Judentum" und auch „Synagoga" in einem übertragenen Sinn verstanden werden. Wie sich das genau und in concreto auswirkt, obliegt in der Regel der geistigen Kreativität, der theologischen Ausrichtung desjenigen, der die Allegorese praktiziert, aber es ist naheliegend, dass qua Allegorisierung das Sujet von Ecclesia und Synagoga in einem anderen Licht erscheint, als wenn die Bibel im Literalsinn verstanden wird.

Und schließlich – dies wurde bei der Reimser Synagoga deutlich und wird sich in Bamberg erneut zeigen – kommt bei der unterschiedlichen Gestaltung und Sichtweise der Synagoga noch die jeweilige künstlerisch-handwerkliche Qualität der Bildhauer zum Tragen. Bei der Reimser Plastik und die in ihrem Gefolge stehenden Beispiele der Synagoga (Bamberg und Magdeburg) sticht die psychologische Zeichnung der Figur wohl am stärksten ins Auge. Das offenbare Interesse jener Künstler lag weniger in der Vermittlung bestimmter theologisch-dogmatischer Inhalte – und damit tritt das pädagogisch-didaktische Moment dieser Plastiken stark zurück –, als an einer Sichtbarmachung des emotionalen Innenlebens der Figur bzw. der dargestellten Person, was allein mit Mitteln der technisch-künstlerischen Arbeit bewerkstelligt wurde. Selbstverständlich sind diese Synagoga-Bildwerke auch theologisch-programmatisch transparent und arbeiten mit bestimmten, standardisierten ikonografischen Attributen – die Ecclesia ist auch hier klar die Siegerin, wohingegen die Synagoga als unzweifelhafte Verliererin erscheint –, aber der Fokus ebendieser Plastiken liegt eindeutig auf der psychisch-psychologischen, emotionalen Dimension der Darstellungen, was die hohen künstlerischen Fähigkeiten der betreffenden Bildhauer zur Geltung bringt und damit eine nennenswert hohe ästhetische Dignität und Qualität umsetzt. Dies kann, der Vergleich mit den anderen Großplastiken von Ecclesia und Synagoga in diesem Kapitel zeigt dies sofort, als Besonderheit, Novum und genuine künstlerische Handschrift dieser Schule mit ihren Wurzeln in Reims gelten, die klar erkennbar das künstlerisch-ästhetische sowie gefühlsmäßige Moment der Skulpturen betont und damit per se etwas Vergeistigtes, Nobles und Außergewöhnliches in diese Kunstwerke hineinlegt.

Es seien nun abschließend nur rhapsodisch einige weitere Kirchen mit Ecclesia- und Synagoga-Plastiken genannt, damit sich der interessierte Leser bei Bedarf weitergehend informieren kann: Kathedrale von Metz, Minden, Bordeaux, Rochester, Lincoln, Salisbury, Winchester und noch einige mehr. Man sieht also, dass es sich hierbei um ein mehr oder weniger europaweites Phänomen handelt, das immer wieder in anderen Realisierungsmodi auftritt. Doch sehen wir uns zum Ende dieses Kapitels das Beispiel von Ecclesia und Synagoga am Bamberger Dom an.

Das Fürstenportal am Bamberger Dom und die Plastiken von Ecclesia und Synagoga

Die Ecclesia und Synagoga-Plastiken am Bamberger Fürstenportal sind von allen dem Autor bekannten Vergleichsbeispielen, von denen unter den zahlreichen europaweit vertretenen Werken hier eine überschaubare und möglichst repräsentative Auswahl vorzustellen versucht wurde, in den vermutlich konzeptionell anspruchsvollsten, vielleicht auch innovativsten, originellsten Gesamtzusammenhang gestellt. Daher ist es nicht möglich, will man das Figurenpaar nicht missverstehen, dasselbe aus dem Gesamtverbund des Fürstenportals zu lösen.[108] Dies galt, wie man sehen konnte, auch für die Beispiele von Ecclesia und Synagoga – in Magdeburg, Freiburg, Erfurt, Trier, Worms und Straßburg (und sicherlich auch noch für einige weitere entsprechende kirchliche Skulpturenprogramme), hat jedoch im Fall des Bamberger Beispiels besonderes Gewicht, wie im Weiteren ausgeführt werden wird. Um diesen komplexen und auch intellektuell sehr interessanten Gesamtzusammenhang besser verstehen zu können, muss insbesondere der hierbei relevante *theologische Hintergrund* beleuchtet werden. Doch bevor auf die differenzierten theologischen Hintergründe und Programmatiken am Fürstenportal gesondert eingegangen werden kann, soll hier eine möglichst *detaillierte Beschreibung des Fürstenportals in seiner Gesamtikonografie* geboten werden, was dann den nächsten Schritt einer theologischen Hintergrundbeleuchtung vereinfacht.

Um die doppelflügelige Holztür des Fürstenportals befindet sich an drei Seiten reicher Skulpturenschmuck (vgl. hierzu Abb. 65): Links und rechts von der hölzernen Tür sind die Gewändefiguren angebracht, jeweils sechs übereinanderstehende Doppelfiguren, die sich trichterförmig von innen nach außen optisch öffnen. Die jeweils unteren Figuren sind aller Wahrscheinlichkeit nach Pro-

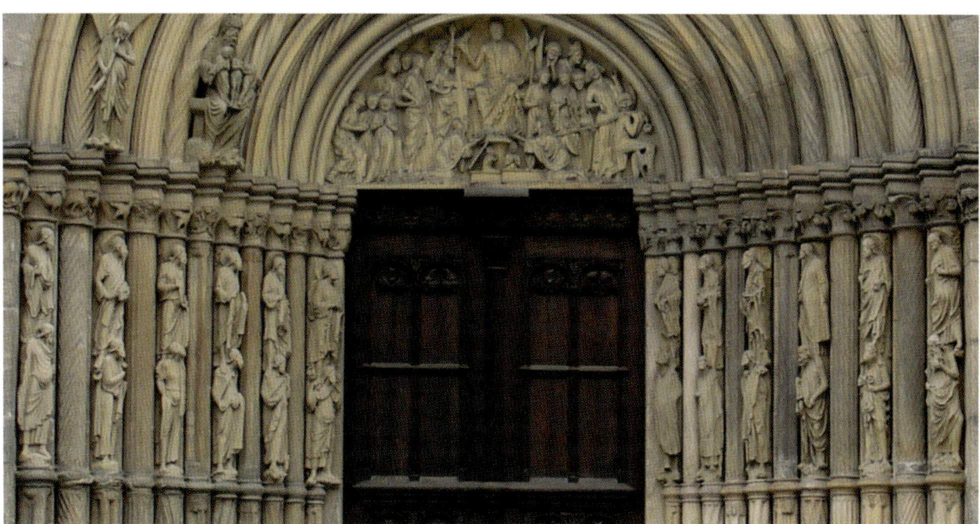

Abb. 65: Skulpturenzone des Bamberger Fürstenportals mit Gewändefiguren, Tympanon und Archivoltenfiguren.

pheten aus dem Alten Testament, die oberen sind die zwölf Apostel. Die Apostel stehen (bis auf das Pärchen ganz rechts außen) mit ihren Füßen direkt auf den Schultern der Propheten, teilweise umfassen diese mit ihren Händen Füße bzw. Beine der Oberen. Über den Köpfen der zwölf Apostel ist eine größere Kapitellzone angebracht, die damit diese Doppelfiguren von den oben sich anschließenden Steinmetzarbeiten optisch etwas trennt. Da allerdings die Gewändesäulen, die neben den Doppelfiguren alternierend stehen und an die auch die Doppelfiguren, die als solche somit den Eindruck lebendiger Säulen vermitteln, angebracht sind (was man bei genauem Hinsehen gut erkennen kann), sich über erwähnter Kapitellzone in rundbogigen Archivolten fortsetzen, wird nichtsdestotrotz eine große Einheitlichkeit, ein in sich gefügtes Ganzes aus einem Guss bei diesen Elementen des Fürstenportals erreicht, das folglich in sich differenzierte Gliederungsmomente aufweist.

Im Innenbereich der runden und mit geometrischen Ornamenten verzierten Archivolten wurde das ebenfalls rundbogige Tympanon als Giebelfeld angebracht, in dem in Reliefarbeit ein Jüngstes Gericht zu sehen ist. Das Tympanon und seine Ikonografie stellt ein Thema für sich (und vielleicht auch die Perle der ganzen Bamberger Domskulpturen) dar, weswegen an dieser Stelle hierauf nicht näher eingegangen werden kann. Streng genommen zeigt das Tympanon eine Doppeldarstellung: Im unteren Bereich, zu Füßen des thronenden Christus als Weltenrichter, lässt sich eine Deesis erkennen, Maria und Johannes Baptista knien vor Christus, unter dessen Füßen sich die Gräber öffnen und die Toten am Jüngsten Tag zum Gericht auferstehen. Daher berühren Maria und Johannes Evangelista auch die Füße Christi, um ihn dadurch anzuflehen, er möge doch die soeben Auferstehenden gnädig richten und nicht in die ewige Verdammnis schicken. Über dieser Deesis ist dann das Jüngste Gericht dargestellt, in der Mitte wie erwähnt der thronende Christus als Weltenrichter, links von ihm die Erlösten, rechts die Verdammten. Die Verdammten stellen einen bunten Reigen ganz unterschiedlicher Personen und Stände dar, die besonders durch ihre ostentative Mimik ins Auge fallen – wofür das Tympanon auch berühmt wurde. Oben in den Archivoltenbogen sind auf der linken Hälfte noch zwei Einzelfiguren eingesetzt, ein Posaunenengel, der gerade die 7. Posaune bläst, woraufhin sich die Gräber öffnen und die Toten zum Jüngsten Gericht auferstehen, sowie ein Abraham mit einigen Seligen in seinem Schoß. Es darf vermutet werden, dass auch noch auf der rechten Hälfte der Archivoltenbogen Figuren geplant waren, da aber das Skulpturenprogramm am Bamberger Dom ohnehin bedauerlicherweise aufgrund des Todes von Auftrag- und Geldgeber Bischof Eckbert 1237 insgesamt unvollendet blieb, so wird das auch hier der Fall sein, denn eine so auffällige Asymmetrie war sicherlich nicht das ursprüngliche Konzept der Archivoltengestaltung.

Auf hohen Säulen, die nochmals räumlich von den bisher erwähnten Skulpturen abgesetzt sind und sich über die gesamte Höhe der Gewändefiguren erstrecken, stehen links und rechts auf der Höhe des Tympanons die hier vorrangig interessierenden Großskulpturen von Ecclesia und Synagoga. An den beiden Säulen befinden sich jeweils noch einige kleinere Skulpturen: Auf der linken Säule der Ecclesia sieht man die klassischen vier Evangelistensymbole in Form von Löwe, Stier, Adler und Engel/Mensch[109] sowie eine Figur, die leider ihren Kopf im Lauf der Jahrhunderte eingebüßt hat (Abb. 65). Aus ikonografischen Gründen – denn die vier Evangelistensymbole werden in ihrer zusammenfassenden Anordnung als *Tetramorph* bezeichnet, wie dies in bestimmten Texten des Alten Testamentes ausgeführt wird – könnte es sich hierbei um den Propheten *Ezechiel* handeln, da bei ihm der Tetramorph, das „viergestaltige Wesen", mehrfach Erwähnung findet (etwa Ez 1,4-10; Ez 10,14). Möglicherweise mag hier aber auch der Prophet *Daniel* erkennbar sein, wie weiter unten (Abb. 66) besprochen wird. An der Säule der Synagoga ist eine Szene dargestellt, in der ein von oben an der Säule entlangkriechender Dämon einen unten stehenden Juden, erkennbar an seinem trichterförmigen Spitzhut, wie dies seit dem 4. Laterankonzil von 1215 mit langer Vorgeschichte den Juden als Erkennungsmerkmal zu tragen vorgeschrieben war,[110] mit einem Messer am rechten Auge, dem Auge der Gotteserkenntnis gemäß mittelalterlicher Symbolsprache, blendet.

Die Skulptur der Ecclesia weist eine genretypische Ikonografie und damit entsprechende Herrschafts-

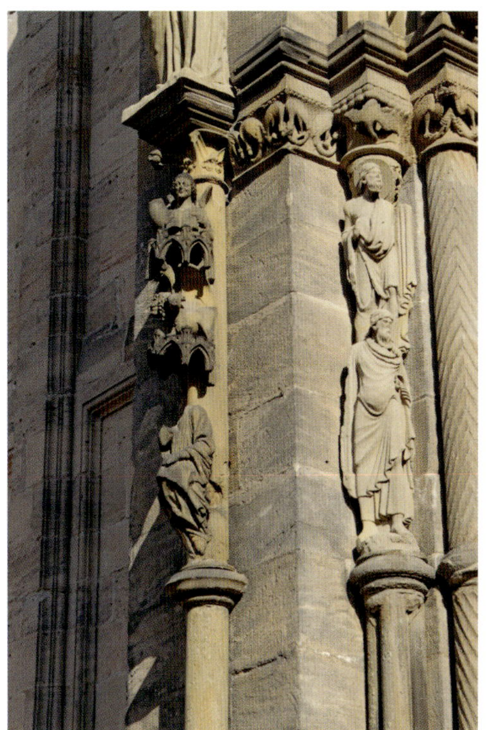

Abb. 66: Skulpturierte Säule unterhalb der Ecclesia am Fürstenportal. Erkennbar die vier Evangelistensymbole jeweils als Zweiergruppe arrangiert sowie ein Prophet aus dem Alten Testament (wahrscheinlich Ezechiel oder Daniel).

attribute auf – zumindest wird man aufgrund von Vergleichsbeispielen davon ausgehen dürfen, denn die Unterarme der Ecclesia sind abgegangen, sodass man nicht erkennen kann, was sie in den Händen trug – aber mit großer Sicherheit einen Kelch sowie einen Kreuzstab mit Vexillum (wie es auch in Straßburg und Freiburg und mit größter Sicherheit ebenfalls in Magdeburg zu sehen ist).[111] Ihr Haupt schmückt eine bemerkenswerte Krone, was sie als Königin, Siegerin und hoheitliche Figur ausweist.

Die Synagoga ist ebenfalls weitgehend genretypisch gestaltet: Gebrochener Stab in der rechten Hand, aus der linken entgleiten ihr die Gesetzestafeln, sie trägt eine Augenbinde, und es wirkt, als ob sie just in diesem Moment eine gewisse Instabilität ihres gesamten Körpers aufweist – sie hat einen stark ausgeprägten Kontrapost, der zu einer auffälligen Rückenlage der Skulptur führt und damit der gesamten Körperhaltung eine labile Anmutung verleiht. Interessanterweise, doch dieser Befund kann in diesem Zusammenhang noch nicht weiter ausgedeutet werden (was aber weiter unten, S. 142-145 nachgeholt wird), umspielt den Mund der Synagoga eine Art leichtes, sehr schönes und geheimnisvolles Lächeln, das unwillkürlich an dasjenige der Mona Lisa erinnert – sehr genre-untypisch, denn fast alle anderen Synagoga-Skulpturen des Mittelalters werden mit nach unten hängenden Mundwinkeln – zumindest nicht mit lächelnder Mundpartie – und als Zeichen der Niederlage auch hängendem Kopf dargestellt (wie etwa in Metz, Worms, Straßburg), während die Bamberger Synagoga ihr Haupt fast würdevoll erhoben hält. Bereits hier zeigen sich stilistisch und die ästhetische Gesamtauffassung anbelangend deutliche Parallelen der Bamberger Ecclesia und Synagoga zu dem Paar von Ecclesia und besonders zu der Synagoga der Kathedrale von Reims, was erneut und auch von dieser Warte aus die engen und vielfältigen Verbindungen dieser beiden Bildhauerwerkstätten unterstreicht.

So weit die rein faktische, deskriptive Annäherung an die Skulpturen und damit an die Figuren von Ecclesia und Synagoga am Bamberger Fürstenportal. Man kann vielleicht bereits jetzt schon erahnen, dass das Bamberger Fürstenportal die konzeptionell und theologisch aufwändigste, komplexeste und implikationsreichste Einbettung von Ecclesia und Synagoga in einen umfangreichen Gesamtzusammenhang aller bekannten Portale mit Ecclesia und Synagoga aufweist, was ein Alleinstellungsmerkmal dieses Portals bezeichnet.[112] Um diese komplexe und auch intellektuell anspruchsvolle Programmatik des zusammengehörenden Bamberger Gesamtensembles besser verstehen zu können, ist ein Blick in die diesbezüglichen theologischen Hintergründe unerlässlich.

Im *Westchor* des Bamberger Doms befindet sich nicht nur das *einzige Grab eines Papstes nördlich der Alpen* – Papst *Clemens II.*, auf dessen Tumba und v. a. deren bemerkenswerte Reliefdarstellungen später nochmals explizit Bezug genommen werden wird –, sondern auch ein sehr hochwertiges mittelalterliches *Chorgestühl*, das vermutlich aus der Zeit um 1380/1390 stammt was u. a. aufgrund des dort geschnitzten *Maßwerkes* in Form von *Fischblasen*[113] [Abb. 67] und *Sphärischen Dreiecken*[114] [Abb. 68] dahingehend datierbar ist und wohl von *Peter Parler* oder dessen *Werkstatt* angefertigt wurde.[115]

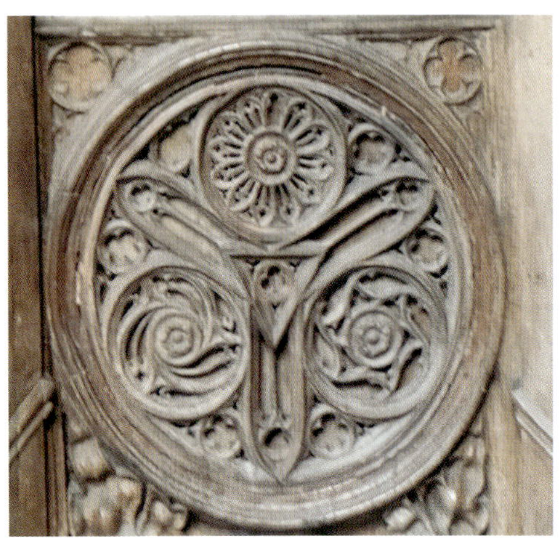

Abb. 67: Fischblasenmaßwerk an der südwestlichen Wange des Chorgestühls im Westchor des Bamberger Doms.

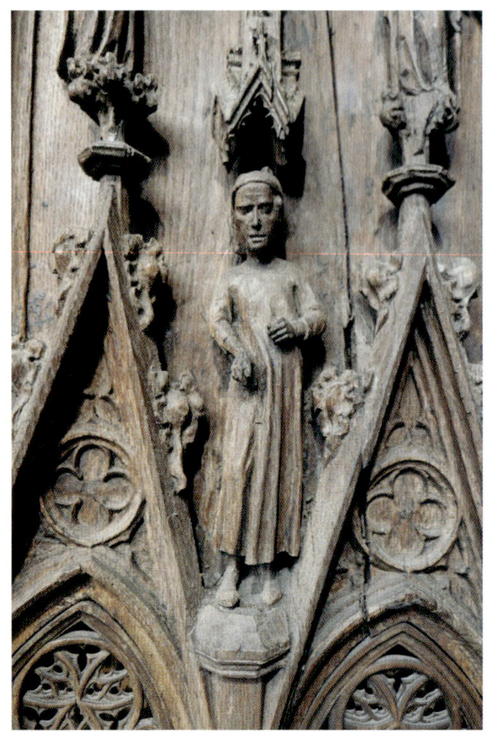

Abb. 69: Mutmaßliche Synagoga an der südwestlichen Wange des Chorgestühls im Westchor des Bamberger Doms.

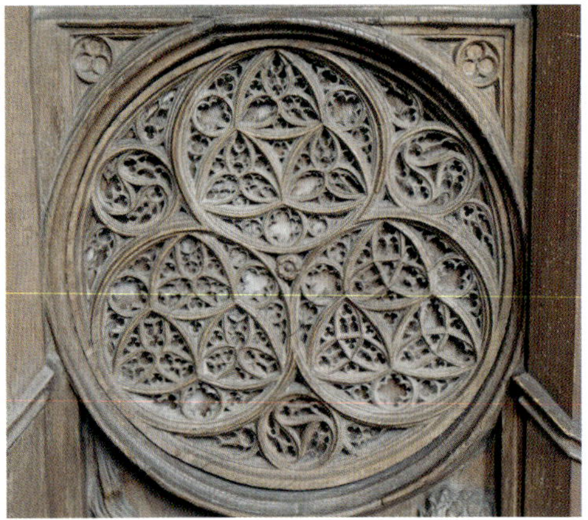

Abb. 68: Maßwerk mit sphärischen Dreiecken (und kleinen Fischblasen) an der nordwestlichen Wange des Chorgestühls im Westchor des Bamberger Doms. Gut erkennbar: Das Schrumpfverhalten der separat gearbeiteten und eingelegten hölzernen Maßwerkfläche zum umgebenden Rahmen.

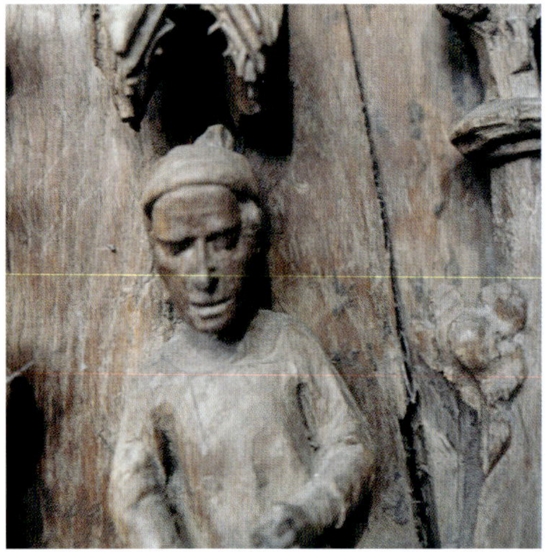

Abb. 70: Detailaufnahme der mutmaßlichen Synagoga am Chorgestühl im Westchor des Bamberger Doms. Hinweis auf die Identität dieser Figur ist der kleine jüdische Spitzhut, der hier gut erkennbar ist.

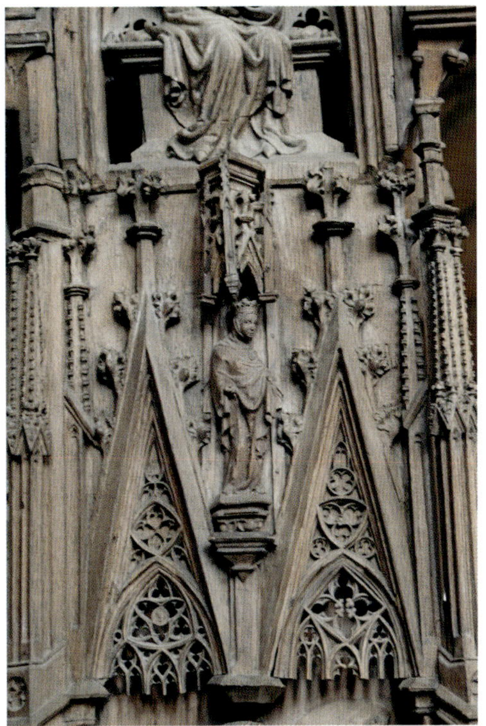

Abb. 71: Mutmaßliche Ecclesia an der nordwestlichen Wange des Chorgestühls im Westchor des Bamberger Doms.

Allem Anschein nach haben die Holzschnitzer des westlichen Chorgestühls im Bamberger Dom an den Westwangen desselben noch einmal das Motiv von *Ecclesia und Synagoga* aufgegriffen: An der nordwestlichen Wange zeigt sich wohl relativ mittig eine *Ecclesia*, komplementär hierzu an der südwestlichen eine *Synagoga*. Die Hinweise hierfür sind relativ klar: Zum einen trägt die mutmaßliche Synagoga einen *jüdischen Spitzhut* (Abb. 69 und 70), die mutmaßliche Ecclesia ist mit ansatzweise *klassischen Attributen* dargestellt (Abb. 71), zum anderen sind die Szenen oberhalb der Figuren klar *komplementär* zueinander angelegt – südwestlich über der Synagoga eine *Verkündigung* (Abb. 72), nordwestlich über der Ecclesia eine *Madonna* (Abb. 73). Die durchgängig komplementäre Gesamtanlage des Chorgestühls im Westchor des Bamberger Doms wird aus der Gesamtansicht der beiden Chorwangen gut erkennbar (Abb. 74/Abb. 75).

Da also eines der offenbaren konzeptionellen Gestaltungsprinzipien dieses Chorgestühls in einer recht konsequent durchgeführten *Komplementarität* liegt, was man nicht nur an den Wangen, sondern auch an den Drôlerien und sonstigen Schnitzarbeiten in den eigentlichen Stallen und den figürlich

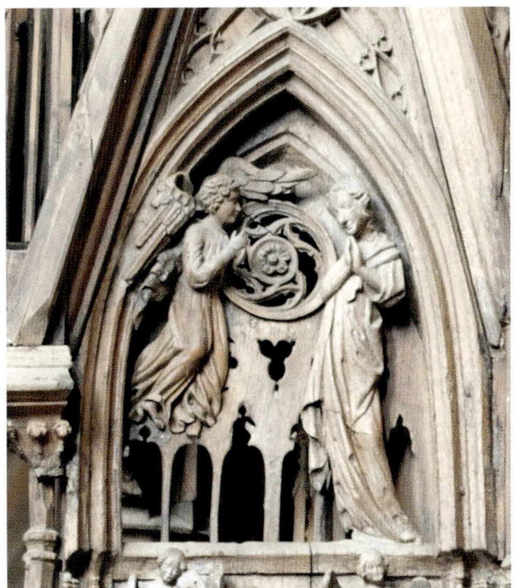

Abb. 72: Verkündigungsgruppe über mutmaßlicher Synagoga an der südwestlichen Wange des Chorgestühls im Westchor des Bamberger Doms.

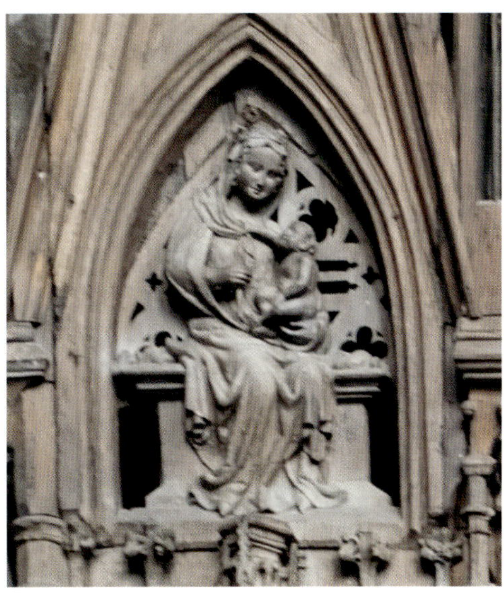

Abb. 73: Madonnendarstellung über mutmaßlicher Ecclesia an der nordwestlichen Wange des Chorgestühls im Westchor des Bamberger Doms.

gestalteten Dorsalen überaus gut erkennen kann, würde die Deutung der beiden in Frage stehenden Frauenfiguren tatsächlich für Ecclesia und Synagoga sprechen: Die *südliche Reihe* thematisiert Momente und Motive des *Alten Testaments*, die *nördliche* solche des *Neuen*. Dies spiegelt sich, wie es scheint, en détail auch an den Chorwangen wider: Die südliche Chorwange, die man in fünf vertikale Zonen von unterschiedlichen Themen unterteilen kann, zeigen von unten nach oben: 1. *Parler-Blattmaske*, 2. *Fischblasen-Maßwerk*, 3. einen nicht weiter identifizierbaren *Propheten* mit leerem Spruchband, 4. mutmaßliche *Synagoga*, 5. *Verkündigung*; analog dazu sieht man auf der nördlichen Chorwange von unten nach oben: 1. *Löwe* aus dem Physiologus, 2. *sphärisches Maßwerk*, 3. nicht weiter identifizierbarer *Prophet* mit leerem Spruchband, 4. mutmaßliche *Ecclesia*, 5. *Madonna*. Die logische Leserichtung wäre somit von rechts nach links: vom *Alten Testament* zum *Neuen*, von der *Verkündigung zur Geburt* und eben auch von der *Synagoga zur Ecclesia* etc.

Sofern die angestellten Überlegungen zutreffend sein sollten, kann man diese Ecclesia-Synagoga-Darstellung am westlichen Chorgestühl des Bamberger Doms als ungewöhnlich bezeichnen; nicht nur, dass der (wahrscheinliche) Verzicht auf die üblichen Attribute zum Nachdenken anregt – gerade das Moment der Komplementarität der beiden Reihen des Chorgestühls, das hier augenscheinlich auf konzeptioneller Ebene Pate bei der Ausfertigung stand, würde die konkrete Ausdeutung dieser beiden Figuren in ausgesprochen interessante Richtungen bewegen.

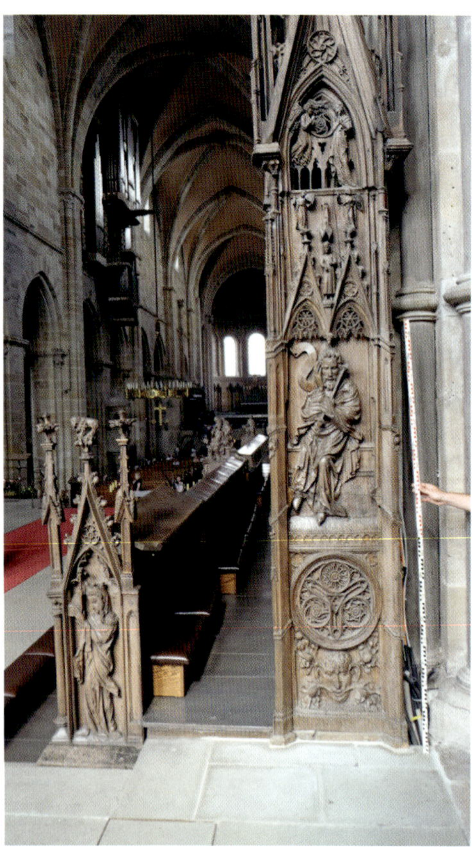

Abb. 74: Gesamtansicht der südwestlichen Wange des Chorgestühls im Westchor des Bamberger Doms.

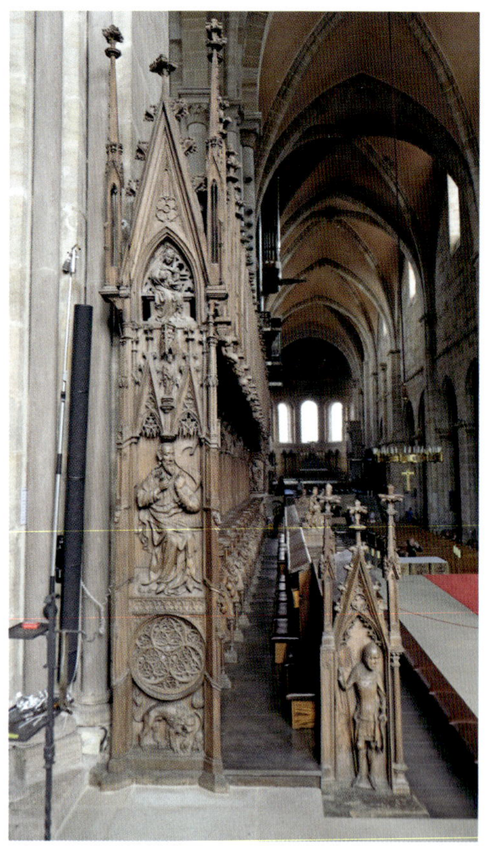

Abb. 75: Gesamtansicht der nordwestlichen Wange des Chorgestühls im Westchor des Bamberger Doms.

30 Man könnte auch sagen: Kunst in all ihren verschiedenen Erscheinungsformen wird besonders dann qualitativ hochwertig, wenn sie keine einfache, lineare Aussage transportiert. Ästhetische Modi, die dies tun – etwa politisch instrumentalisierte Kunst, wie dies etwa im Stalinismus und Nationalsozialismus, teils noch heute in China und Nordkorea feststellbar ist –, werden das Stigma des Banalen, des Mittels zum Zweck oder eben des Instrumentellen kaum los. Die Uneindeutigkeit, oder besser Mehrdeutigkeit, gelungener Kunst mag als Spiegel der Undeutbarkeit, Nicht-Fassbarkeit von Freiheit, Geist, Dasein usw. verstanden werden, womit ein in jeder Hinsicht wesentlich größerer Anspruch verbunden ist denn mit einer eindeutigen und monovalenten Ausübung von Kunst.

31 Dies kann insofern als merkwürdig und bezeichnend zugleich verstanden werden, denn, wie weiter unten ausgeführt, es gibt einen bedeutsamen Text, der für die künstlerische Gestaltung von Ecclesia und Synagoga wichtig geworden ist: die Pseudo-Augustinische Schrift Altercatio Ecclesiae et Synagogae aus der Zeit des 5. Jahrhunderts. V. a. die diffamierenden Paradigmen christlicher Kunst von Ecclesia und Synagoga, die weiter unten beschrieben werden, beziehen sich doch recht eindeutig auf die Altercatio als deren Visualisierung. Wenn das Drogo-Sakramentar – die erste greifbare ästhetische Umsetzung des Themas Alter und Neuer Bund in ihrem Verhältnis zum ewigen Heil, wie sogleich ausgeführt wird – aber hierbei keine Synagoga, keine weibliche Figur als Symbolisierung des Judentums künstlerisch umsetzt, sondern einen Propheten aus dem Alten Testament, dann wäre dies zweifellos wert, hierüber nochmals eigens nachzudenken.

32 Ein Sakramentar ist eine Sammlung von verschiedenen heiligen Texten, die für die Liturgie in bestimmter Weise kompiliert wurden. Das Sakramentar kann als Vorläufer des Missale verstanden werden und enthält in der Regel eine bestimmte Anzahl von Gebeten, die für den Gottesdienst oder andere liturgische Vollzüge im Rahmen der Kirche zur Anwendung kamen. Nicht zuletzt für die Kunstgeschichte sind Sakramentare eine interessante Quelle, denn sie sind oftmals reich illuminiert und/oder mit Elfenbeinschnitzereien ausgestattet, die in vielen Fällen – so auch im Drogo-Sakramentar – mitunter sehr hochwertige Bebilderungen enthalten und mitunter auch neue, künstlerisch gesehen innovative Richtungen einschlagen. Vgl. hierzu etwa Palazzo, Éric: Le Moyen Âge des origines au XIIIe siècle. Histoire des livres liturgiques, Paris 1993.

33 Vgl. hierzu etwa 1 Kor 15,55 ff.: „Tod, wo ist dein Sieg? Tod, wo ist dein Stachel? Der Stachel des Todes aber ist die Sünde, die Kraft der Sünde ist das Gesetz. Gott aber sei Dank, der uns den Sieg geschenkt hat durch unseren Herrn Jesus Christus."; sowie Heb 2,14 f.: „Da nun die Kinder von Fleisch und Blut sind, hat auch er [scil. Jesus Christus] in gleicher Weise daran Anteil genommen, um durch den Tod den zu entmachten, der die Gewalt über den Tod hat, nämlich den Teufel, und um die zu befreien, die durch die Furcht vor dem Tod ihr Leben lang der Knechtschaft verfallen waren."; auch gehört sachlich in diesen Kontext Lk 10,18: „Ich sah den Satan wie einen Blitz vom Himmel fallen", was Jesus bezeichnenderweise im Zusammenhang seiner Dämonenaustreibungen sagt und damit in prophetischer Manier den Teufel als letztendlich besiegt verstehen lässt. Und selbstredend Off 12,7 ff.: „Da entbrannte im Himmel ein Kampf; Michael und seine Engel erhoben sich, um mit dem Drachen zu kämpfen. Der Drache und seine Engel kämpften, aber sie hielten nicht stand und sie verloren ihren Platz im Himmel. Er wurde gestürzt, der große Drache, die alte Schlange, die Teufel oder Satan heißt und die ganze Welt verführt; der Drache wurde auf die Erde gestürzt und mit ihm wurden seine Engel hinabgeworfen. Da hörte ich eine laute Stimme im Himmel rufen: Jetzt ist er da, der rettende Sieg, die Macht und die Königsherrschaft unseres Gottes und die Vollmacht seines Gesalbten; denn gestürzt wurde der Ankläger unserer Brüder, der sie bei Tag und bei Nacht vor unserem Gott verklagte. Sie haben ihn besiegt durch das Blut des Lammes und durch ihr Wort und ihr Zeugnis. Sie hielten ihr Leben nicht fest, bis hinein in den Tod." Möglicherweise spielt für Darstellung solcher Art auch Ps 100,1 eine Rolle, wo es heißt: „Der Herr sprach zu meinem Herrn: Setze dich mir zur Rechten, bis ich dir deine Feinde unter die Füße lege."

34 Vgl. hierzu etwa Jes 24-27.

35 Vgl. hierzu etwa Rostovtzeff, Michael: Vexillum and Victory, in: The Journal of Roman Studies, Vol. 32, Teile 1 und 2 (1942), S. 92-106.

36 Auch wenn diese Glaubenswelt nicht mehr in jeder Hinsicht die unsrige zu Beginn des 21. Jahrhunderts ist, in der Zivilgesellschaft ohnehin nicht, aber auch im kirchlich-klerikalen stellt dies seit einiger Zeit sicherlich keine Selbstverständlichkeit mehr dar – so darf die aktuelle Verständnisweise bezüglich dieser Dinge nicht darüber hinwegtäuschen, dass für die Menschen bis grob geschätzt zur Aufklärung diese Zusammenhänge nicht nur selbstverständlich und als wahrhaftig in jeder Hinsicht verbürgt gegolten haben, sondern auch von kaum zu überbietender Bedeutung waren: Denn hiervon hing in der Glaubenswelt der Christenheit zu dieser Zeit (und das heißt von der Entstehung des Christentums bis etwa um 1700 und teilweise auch noch später) das Wichtigste des menschlichen Lebens, nämlich das Seelenheil ab. Vgl. hierzu Carozzi, Claude: Weltuntergang und Seelenheil. Apokalyptische Visionen im Mittelalter, Frankfurt am Main 1996.

37 Jochum, Herbert: Ecclesia und Synagoga. Das Judentum in der christlichen Kunst, Ottweiler 1993, S. 32.

38 Jochum, Herbert: Ecclesia und Synagoga. Das Judentum in der christlichen Kunst, Ottweiler 1993, S. 32.

39 In der Biblia Sacra liest man dies auf Latein folgendermaßen: „de manu mortis liberabo eos de morte redimam eos ero mors tua o mors ero morsus tuus inferne consolatio abscondita est ab oculis meis". Das hebräische Original lautet: „תומָמ סדפא לואש דימ יניעמ רתסי םחנ לואש ךבטק יהא תומ ךירבד יהא םלאגא"

40 Die Geschichte und die Hintergründe des Tympanons sind sehr vielschichtig, hier nur Folgendes kurz dazu gesagt: Das griechische Wort Tympanon (τύμπανον) bedeutet ursprünglich „Handtrommel", es handelt sich hierbei um ein relativ einfaches Musikinstrument, bei dem über einen runden und ein paar Zentimeter hohen Holzreif von beiden Seiten Tierhäute als Membrane gespannt wurden. Somit handelt es sich um eine Doppeltrommel, die von beiden Seiten aus geschlagen werden kann, was durch den Einsatz von Daumen auf der einen und den restlichen Fingern auf der anderen Seite, über die Drehung des Handgelenks entsprechend eingesetzt, zu unterschiedlichen Hörqualitäten führt, die man musikalisch auch adäquat anwenden kann. Aufgrund seiner runden Form diente es bald schon als Symbol für das „Erdenrund", den „Himmelskreis" oder sonstige Bezüge zu sphärischen Konnotationen, was vermutlich auch durch einen demgemäßen Gebrauch dieses Instruments in frühen Zeiten im Kontext von Schamanismus und damit korrelierenden „kosmischen", „sphärischen", „universalen" Erlebnisqualitäten gestützt wurde. Bemerkenswert ist der Umstand, dass bereits in der griechischen Antike unter diesem Namen ein Architekturelement, meist großzügig mit Skulptur- und Reliefschmuck verziert, über den zentralen Eingängen von Tempeln bekannt wurde, das sich dann besonders im mittelalterlichen Kirchenbau zu ästhetischen Gestaltungen besonderer Güte entwickelte. Das Tympanon über den doppelflügeligen Holztüren des Bamberger Fürstenportals ist hierfür ein anschauliches Beispiel. Vgl. hierzu etwa Baby-Pabion, Marcelle: L'Art médiéval en France, Saint-Denis 2016.

41 Jochum, Herbert: Ecclesia und Synagoga. Das Judentum in der christlichen Kunst, Ottweiler 1993, S. 44; ebenso https://www.digitale-sammlungen.de/de/view/bsb00107516?page=2. Diese Darstellung, auf die ich weiter unten erneut zurückkomme, ist eine sehr bemerkenswerte Elfenbeinschnitzerei, mit der der Bamberger König und spätere Kaiser Heinrich II. das Perikopenbuch einbinden ließ, das mittlerweile in der Münchner Staatsbibliothek aufbewahrt wird. Jochum interpretiert diese Darstellung in einer stark antagonistischen Weise: „Ecclesia erscheint zweimal: zuerst mit dem Kelch in der Unio mystica unter dem Kreuz, dann im Streitgespräch mit Synagoga, die – noch größer und gewichtiger – ganz als Königin mit Mantel und Krone vor einer Abbreviatur des Jerusalemer Tempels sitzt. Ecclesia mit der Flammula [= Vexillum] als Siegeszeichen tritt vor sie hin und entreißt ihr den Tympanon, das Zeichen der Herrschaft des Erdkreises." Zum Perikopenbuch Heinrichs II. vgl. auch Mütherich, Florentine/ Bloch. Peter (Hrsgg.): Das Perikopenbuch Heinrichs II. CLM 4452 der Bayerischen Staatsbibliothek München. Begleitband und Dokumentationsmappe, Frankfurt am Main 1994; ebenso Fillitz, Hermann/ Kahsnitz, Rainer (Hrsgg.): Zierde für ewige Zeit. Das Perikopenbuch Heinrichs II., Frankfurt am Main 1994.

42 Gallon, Thomas-Peter: Herrscher, Richter, Segensspender? Zur Präsenz Christi im veneto-byzantinischen Fürbitte-Mosaik der Friedenskirche zu Sanssouci, in: Mitteilungen des Vereins für Kultur und Geschichte Potsdams Studiengemeinschaft Sanssouci e. V., Potsdam 2013, S. 39 ff.

43 Dieses antik-mittelalterliche Verständnis des Verhältnisses von Altem und Neuem Testament im Sinne von Prophezeiung und Erfüllung der Prophezeiung ist keine historisch kontingente oder machtpolitisch motivierte Lesart dieses Belangs, sondern expressis verbis bereits in der Bibel so formuliert, wie aus den entsprechenden Passagen der Emmaus-Erzählung (Abb. 16) deutlich wird: „Und siehe, am gleichen Tag waren zwei von den Jüngern auf dem Weg in ein Dorf namens Emmaus, das sechzig Stadien von Jerusalem entfernt ist. [...] Und es geschah, während sie redeten und ihre Gedanken austauschten, kam Jesus selbst hinzu und ging mit ihnen. Doch ihre Augen waren gehalten, sodass sie ihn nicht erkannten. [...] Da sagte er zu ihnen: Ihr Unverständigen, deren Herz zu träge ist, um alles zu glauben, was die Propheten gesagt haben. Musste nicht der Christus das erleiden und so in seine Herrlichkeit gelangen? Und er legte ihnen dar, ausgehend von Mose und allen Propheten, was in der gesamten Schrift über ihn geschrieben steht." (Lk 24,13-27, Hervorhebungen vom Autor)

44 Zur weiteren Lektüre die Altercatio betreffend vgl. Frede, Hermann Josef: Kirchenschriftsteller. Verzeichnis und Sigel, Freiburg 1995.

45 Die deutsche Übersetzung der Altercatio folgt Oehl, Benedikt: Die Altercatio Ecclesiae et Synagogae. Ein antijudaistischer Dialog der Spätantike, Bonn 2012. Die Zitationsweise des lateinischen Originals erfolgt in diesem Fall nicht entsprechend der Seitenzahlen der Ausgabe „Altercatio Ecclesiae et Synagogae, hrsg. v. Jocelyn Nigel Hillgarth, Turnhout 1999", sondern es werden die fortlaufenden Zeilenangaben des lateinischen Textes angeführt.

46 Altercatio Ecclesiae et Synagogae, hrsg. v. Jocelyn Nigel Hillgarth, Turnhout 1999, 30 f. u. 55-57: „Prophetae omnes ad me uenerunt, quod tu diffiteri non poteris. [...] Ego Pharaonem cum sui curribus, ego Egyptios, ego Cananeos, Gebuseos et Cetheos et Pherezeos reges occidi." („Alle Propheten kamen zu mir, was du nicht bestreiten kannst. [...] Ich habe den Pharao mit seinen Streitwägen, die Könige der Ägypter, der Kanaaniter, Jebusiter und Hethiter und die der Pheresiter umgebracht.")

47 Altercatio Ecclesiae et Synagogae, hrsg. v. Jocelyn Nigel Hillgarth, Turnhout 1999, 58 f.: „Recognosco quod loqueris et laudes tuas diffiteri non possum." („Ich sehe ein, dass ich das, was du hier vorbringst und was dein Lob ist, nicht in Abrede stellen kann.")

48 Vgl. hierzu etwa Altercatio Ecclesiae et Synagogae, hrsg. v. Jocelyn Nigel Hillgarth, Turnhout 1999, 34-36: „Nam probo eosdem, sponsi mei iuvenes, metatores scilicet Christi, gerulos litterarum, mandatorum etiam portitores, invidiae causa a te fuisse interfectos. Numquid si ad te venissent, a te quispiam eorum potuisset occidi? Sed quia ad me veniebant, causa zeli homines meos, ut reciprocum sustineres, gladio et fustibus adfecisti." („Denn ich führe den Beweis, daß dieselben, die Diener meines Bräutigams, die Wegbereiter Christi, die Träger der Schriften, die Überbringer der Aufträge, von dir aus Neid umgebracht worden sind. Wären sie zu dir untwerwegs gewesen, hätte dann einer von ihnen von dir getötet werden können? Nein, weil sie zu mir kamen, hast du aus Eifersucht meine Leute mit dem Schwert und mit Knüppeln getötet mit der Folge, daß du im Gegenzug das Gleiche ertragen mußtest.")

49 Altercatio Ecclesiae et Synagogae, hrsg. v. Jocelyn Nigel Hillgarth, Turnhout 1999, 94-105. („Lege quid Rebeccae sit dictum, cum geminos pareret: Duae gentes in utero tuo sunt, et duo populi de ventre tuo separabuntur, et populus populum superabit, et maior serviet minori. Certe maiorem te paulo ante dixisti regnasse, triumphasse, sceptrum tenuisse, purpuram possedisse, me minusculam vallibus delituisse quondam vel in silvis, quondam et in collibus habitasse saxorum; te auro, ornamento, bysso, serico, gemmis claruisse nobilibus, me parviorem pecorum lacte vixisse. Ego oves et pecora, tu militem possidebas. Inde est quod ego minor atque pauperior, tu maior et dives subiugata mihi degeneras populo servitura minori.")

50 Vgl. hierzu etwa Altercatio Ecclesiae et Synagogae, hrsg. v. Jocelyn Nigel Hillgarth, Turnhout 1999, 172-178: „Lies, was dir Esra im Namen des Erlösers geschrieben hat: Ich kam zu den meinen und die meinen erkannten mich nicht. Was soll ich mit dir machen, Jakob? Juda wollte mir nicht gehorchen, ich wende mich einem anderen Volk zu. Da siehst du, daß du dich nicht damit rühmen darfst, daß du Christus gesehen hast. Den zu sehen, dem du dienen sollst, und ihn, dem du Dienst schuldest, doch zu verachten, birgt nur noch mehr Grund zum Vorwurf." („Lege quid tibi Esdras ex persona salvatoris scripserit: Ad meos veni, et mei me non cognoverunt. Quid faciam tibi, Iacob? Noluit me obaudire Iuda, transferam me ad alteram gentem. Unde vides te non debere gloriari, quod videris Christum. Maior enim causa criminis est videre, cui servias, et contemnere, cui debeas servitutem.") Ebenso 188-203: „Recte ergo Esaias ait: Vade et dic populo isti: Aure audietis et non intellegetis, et videntes videbitis, et non videbitis. Incrassavit enim cor populi huius et auribus graviter audierunt et oculos suos clauserunt, ne forte videant oculis et auribus audiant et corde intellegant et revertantur et curem illos. Nam et Hieremias ait: Me dereliquerunt fontem aquae vivae, effoderunt sibi lacus detritos, qui non poterunt aquam portare. Et quid adiecit idem propheta venerabilis vates: Cognovit tempus suum turtur et hirundo, ruris passeres custodierunt tempora introitus sui, populus autem meus me non cognovit. Nam et in Salomone credo quod legeris, qui ait: Quaerent me mali, et non invenient: odio enim habuerunt sapientiam, sermonem autem Domini non receperunt. Vides ergo te Deum Dei Filium blasphemis oculis et profano pectore reiecisse." („Zurecht spricht also Jesaja: Geh und sprich zu diesem Volk: Mit dem Ohr werdet ihr hören und nicht verstehen, und sehend werdet ihr sehen und doch nicht sehen. Fett geworden ist nämlich das Herz dieses Volkes, und mit den Ohren hören sie schwer, und sie haben ihre Augen verschlossen, damit sie nicht etwa mit den Augen sehen und mit den Ohren hören und mit dem Herzen begreifen und umkehren und ich mich um sie kümmern kann. Denn

auch Jeremia sagt: Sie haben mich verlassen, den Quell lebendigen Wassers und haben sich undichte Zisternen gegraben, die das Wasser nicht werden halten können. Und was fügt derselbe Prophet, der ehrwürdige Seher, hinzu: Die Turteltaube kennt ihre Zeit und die Schwalbe, die Spatzen des Landes halten die Zeiten ihrer Ankunft ein, mein Volk aber hat mich nicht erkannt. Denn ich glaube, du hast auch den Ausspruch Salomons gelesen, der da sagt: Die Schlechten werden mich suchen und werden mich nicht finden. Sie haßten nämlich die Weisheit, die Worte des Herrn aber haben sie nicht angenommen. Siehst du also, daß du Gott, den Sohn Gottes mit frevelnden Augen und unreinem Herzen zurückgewiesen hast.")

51 Vgl. hierzu erneut Jochum, Herbert: Ecclesia und Synagoga. Das Judentum in der christlichen Kunst, Ottweiler 1993, S. 44.

52 Altercatio Ecclesiae et Synagogae, hrsg. v. Jocelyn Nigel Hillgarth, Turnhout 1999, 591-596 („Et ideo tuo te gladio scito esse damnatam, tuo te testamento percussam, tuorum prophetarum, hoc est omnium Iudaeorum, elogiis. Nihil adhuc protuli, quae monstravi evangelia et apostolos mihi meisque servandos, quae si legisses, amplius immugires. Gaudete populi, gaudete christicolae, sterilis peperit, et quae filios habebat cum filiis suis ante defecit.")

53 Vgl. hierzu Altercatio Ecclesiae et Synagogae, hrsg. v. Jocelyn Nigel Hillgarth, Turnhout 1999, 1-27: „Den Fall zweier Matronen habe ich, wie man sieht, vor eurem Schiedsgericht angenommen, wobei ich beider Angelegenheiten mit großer Stimmgewalt darlegen möchte, damit, was auch immer die hier eingeforderte Wahrheit durch euer Urteil beschließen wird, die eine der beiden [sprich die Unterlegene] respektiere. Deshalb zitiere ich in eurer Versammlung das Recht und bringe Dokumente vor. Es soll nach dem Gesetz verfahren werden, weil um das Besitzrecht gestritten wird. Und ich werde nicht zögern, mit kaiserlicher Erlaubnis die Entscheidungen aufzurollen, damit durch den Beschluß eurer Versammlung in Übereinstimmung mit dem göttlichen Gesetz verkündet werde, zu welcher Erkenntnis die Ordnung der Wahrheit gelangt sein wird. Die eine, die einige Male beim Ehebruch ertappt worden ist, hatte unsere Rechte mißachtet, indem sie dreist in unseren Besitz eindrang. Die andere besitzt gemäß dem Spruch des Gebers durch das Verdienst ihrer Keuschheit. Und jene, die offenkundig aus unserem Besitz vertrieben worden ist, hat zu einem früheren Zeitpunkt einige Dinge durch heimlichen Betrug geraubt. Sie ist gezwungen, täglich pflichtgemäß Rückerstattung zu leisten, und noch schuldet sie ebenso viel, wie sie bereits zurückgeben hat. Wir bestreiten nämlich alles, was sie zur Verteidigung ihres Besitzanspruchs vorgebracht hatte. Wenn ihr also gerade heraus und unverhüllt hören wollt, worum es bei diesem Streitfall und diesem Vergleich geht: In die Heidenvölker, in unser Erbe, in den Besitz, die Grenzen der Erde, was uns nach kaiserlichem Recht zugesprochen ist, drang die einst mächtige und an Gold reiche Frau Synagoge ein. Kaum stellen wir ein Bittgesuch und halten Bittschriften in den Händen, können wir unseren Landbesitz sogleich antreten, und die Aneignung dieses Besitzes ist durch unseren Rechtsanspruch legitimiert. Dennoch wollen wir, daß uns zurückerstattet werde, was auch immer an Schmuck sich das rastlose Weib angeeignet hat. Als sie zur Rückgabe aufgefordert wurde, gab sie es langsamer zurück als gefordert. Nun also spricht zu jener verwitweten Familienmutter unsere Mutter, das heißt zur Synagoge." („Duarum matronarum vobis censoribus causam videor suscepisse, utraque negotia magnis lateribus panditurus, ut quidquid ex iudicio vestro veritas expostulata dirempserit, id una de duabus observet. Idcirco in hoc coetu vestro ius recito, tabulas offero. Lege agatur, quia de possessione contentio est. Et revolvere imperiali sanctione sententias non morabor, ut quidquid veritatis ordo perspexerit, iuxta legem divinitus datam concoetus vestri sententia promulgetur. Una quibusdam temporibus adulterio deprehensa possessionis nostrae praecoqua pervasione iura temeraverat. +Alia merito castitatis per sententiam donatoris possidentem+ et illa, quae a rebus nostris videtur exacta, nonnulla apud saeculum prius clandestina fraude privaverat. redhibitione compellitur cotidie reddere et adhuc tantum quantum reddiderat debet. Totum enim, quidquid possessioni defenderat, abiuramus. Ergo si causae faciem, si frontem parabolae vultis audire: gentes, hereditatem nostram, possessionem et terminos terrae nobis augustali iure concessam potens quondam, dives auro mulier Synagoga pervasit. Mox supplicamus, preces retinemus in manibus, introductio protinus fundi, habita possessio in nostro iure consistit. Resolvi tamen nobis volumus, quidquid ornamentorum mulier inquieta pervasit. Quae cum postularetur ut redderet, lentius quam deberet exsolvit. Nunc ergo ad hanc matremfamilias et viduam, nostra materfamilias, hoc est ad Synagogam.")
Bemerkenswert ist hierbei allerdings, dass dieser Richterspruch als solcher ausbleibt, er wird in die Urteilskraft des Lesers gestellt, was zwar aufgrund der Gesamtanlage der Schrift kein wirkliches offenes Ende bedeutet, aber wie es sich ausnimmt, will die Altercatio als gelehrtes Werk aus der Feder eines gelehrten Menschen dem Richterspruch Gottes nicht vorgreifen, sondern die Altercatio schließt mit der bereits zitierten Wendung: „Ich habe bis jetzt das Entscheidende noch gar nicht vorgebracht, da ich gezeigt habe, daß die Evangelien und die Apostel nur für mich und die meinen bestimmt sind. Wenn du diese gelesen hättest, so würdest du noch lauter stöhnen. Freut euch, ihr Völker, freut euch, ihr Christen, die Unfruchtbare hat geboren und die, welche Söhne hatte, ist zuvor zusammen mit ihren Söhnen zunichte geworden. Hier endet das Streitgespräch der Kirche und der Synagoge." (Hervorhebung vom Autor) Damit ändert sich zwar die Grundtendenz des Textes in keiner Weise, aber über das Ausbleiben eines richterlichen Edikts, das als göttlicher und also absoluter Richterspruch verstanden werde muss, kann man durchaus nachdenken, weil damit die Altercatio – dies ändert sich in bestimmten Ecclesia-und-Synagoga-Darstellungen, v. a. das „Lebende Kreuz" anbelangend, grundlegend – kein ausdrückliches und finales, endgültiges Urteil in diesem Rechtsstreit fällt. Der Text lässt zwar die Synagoga sich selbst performativ nolens volens verurteilen – „Und deshalb wisse, daß du durch dein eigenes Schwert verurteilt bist, von deinem eigenen Testament geschlagen, durch das Urteil deiner eigenen Propheten, d.h. aller Juden" –, sagt aber im anschließenden Satz „Ich habe bis jetzt das Entscheidende noch gar nicht vorgebracht", womit die angedeutete Finalität dieses Satzes rückwirkend relativiert wird. Das Urteil Gottes und damit das letzte Wort in dieser Angelegenheit steht in jedem Fall noch aus.

54 Jochum, Herbert: Ecclesia und Synagoga. Das Judentum in der christlichen Kunst, Ottweiler 1993, S. 44.

55 V. a. im Römerbrief wird dieser Topos aus immer neuen Perspektiven von Paulus thematisiert.

56 Vgl. hierzu etwa Krusche, Marcel: Göttliches und irdisches Königtum in den Psalmen, Tübingen 2019; ebenso Förg, Florian: Die Jahwe-Königspsalmen und die Apokalyptik, Münster 2012.

57 1 Mos 25,19-34 und 1 Mos 27,1-39.

58 Vgl. hierzu erneut Altercatio Ecclesiae et Synagogae, hrsg. v. Jocelyn Nigel Hillgarth, Turnhout 1999, 94-105.

59 Jochum, Herbert: Ecclesia und Synagoga. Das Judentum in der christlichen Kunst, Ottweiler 1993, S. 36 f.

60 Vgl. hierzu etwa klassisch Sedlmeyr, Hans: Die Entstehung der Kathedrale, Graz 1988, S. 141 ff. Ausgehend vom Bamberger Fürstenportal, aber darüber hinaus auch Grundsätzliches zum Thema des Portals als Ort der „Transformation" beitragend vgl. Albrecht, Stephan: Das Portal als Ort der Transformation. Ein neuer Blick auf das Bamberger Fürstenportal, in: Albrecht, Stephan (Hrsg.): Der Bamberger Dom im europäischen Kontext, Bamberg 2015, S. 243-289.

61 Vgl. hierzu das 21. Kapitel der Geheimen Offenbarung des Johannes, das wohl mehr als ein anderer Text die Konkretisierung des mittelalterlichen Kirchenbaus, in specie den der Gotik, beeinflusst hat. Vgl. hierzu auch Bernet, Claus: Gebaute Apokalypse. Die Utopie des Himmlischen Jerusalem in der Frühen Neuzeit, Mainz 2007; ebenso Hengel, Martin/Mittmann, Siegfried/Schwemer, Anna Maria (Hrsgg.): La Cité de Dieu. Die Stadt Gottes, Tübingen 2000.

62 In diesem Zusammenhang fällt ein Umstand ins Auge: Es sind tatsächlich besonders die „wichtigen" Kirchen dieser Zeit, die teils ein sehr elaboriertes, aufwendiges Konzept bei der Umsetzung von Ecclesia und Synagoga als Portalplastiken realisieren – und auch diejenigen Kirchen, die bevorzugt dieses Sujet überhaupt in dieser markanten Form von Portalplastiken umsetzen. Dies sind allen voran Bischofskirchen, also Dome, Kathedralen, mitunter auch Münster- bzw. Stiftskirchen vermögender Adeliger (wie etwa Freiburg, das erst 1827 Bischofssitz wurde; in Straßburg ist der Name „Münster" konventionell bedingt, hier bestand bereits seit 343 ein Bischofssitz). Da die Herstellung von Monumentalskulpturen am Kirchenbau im Wesentlichen eine Geldfrage war, erklärt sich auch das konzentrierte, bevorzugte Auftreten von Ecclesia und Synagoga in dieser Form an diesen erwähnten Kirchentypen. Aber möglicherweise spielt ebenso eine theologische Frage mit hinein: An Domen/Kathedralen waren seit etwa 800 oder etwas früher in der Regel Dom-/Kathedralschulen angeschlossen, die sukzessive die älteren Klosterschulen ablösten, an denen Wissenschaft und Bildung gepflegt wurden (viele heutige Universitäten sind aus solchen vormaligen Domschulen entstanden, wie etwa in Bamberg), wodurch nahelegt scheint, dass man an der entsprechenden Kirche auch aktuelle theologisch-wissenschaftliche Belange sichtbar machen wollte. Es wäre denkbar, dass die auffällige Häufung von Ecclesia- und Synagoga-Plastiken an Kirchen mit eigenen theologischen Schulen aus diesem Hintergrund kommt, zumal auch in ihrer faktisch feststellbaren Unterschiedlichkeit: Visualisierung der eigenen theologischen Schulrichtung. Vor allem in Chartres, wie weiter unten ausgeführt wird, kann es kaum als Zufall verstanden werden, dass sich beispielsweise bestimmte Lehrsätze des Bernhard von Chartres in Glasmalereien der Kathedrale von Chartres wiederfinden. Vgl. hierzu etwa auch Kluge, Sonja Ulrike: Kathedrale des Kosmos. Die heilige Geometrie von Chartres, Bad Honnef 20052; Le Goff, Jacques: La Civilisation de l'Occident médiéval, Paris 1977.

63 Es versteht sich freilich von selbst, dass es sich bei den hier vorgebrachten Deutungsversuchen zu den jeweiligen Portalkonzepten, bei denen Ecclesia und Synagoga im Spiel sind, nur um eine mögliche von zahlreichen anderen, ästhetisch bzw. konzeptionell wahrscheinlich gleichwertigen Interpretationsversuchen handelt. Es geht hier in erster Linie darum, nicht die Portalkonzepte von Straßburg, Trier, Worms usw. erschöpfend zu thematisieren, sondern vielmehr Vergleichsbeispiele für das Beispiel des Bamberger Fürstenportals vorzustellen, anhand derer viele Belange in der direkten Zusammenschau vielleicht klarer werden können.

64 Über dem westlichen Portal ist im Tympanon der Marientod dargestellt, darunter etwas kleiner gehalten das Begräbnis bzw. der Leichenzug Mariae; über dem östlichen Portal sieht man oben im Tympanon die himmlische Marienkrönung, wieder etwas kleiner darunter Mariae Himmelfahrt. Die ikonografische Leserichtung geht (westliches Portal) von links oben nach links unten (Marientod und Leichenzug/Begräbnis) und dann (östliches Portal) von rechts unten nach rechts oben (Himmelfahrt und Himmelskrönung). Das Sterbe-, Todes-, Auferstehungs- und Erhöhungsthema Mariens passt insofern sehr gut zu diesem Gerichtsportal, weil damit Marias Tod und Auferstehung als idealer Prototyp von Tod und Auferstehung sowie dem anschließenden Jüngsten Gericht jedes Menschen verstanden werden kann.

65 VanDenBossche, Benoit: Straßburg. Das Münster, Regensburg 2001, S. 117 f.

66 Jochum, Herbert: Ecclesia und Synagoga. Das Judentum in der christlichen Kunst, Ottweiler 1993, S. 15.

67 Ronig, Franz: Die Trierer Liebfrauenkirche. Architektursymbolik und Figurenzyklus, in: Ehlen, Hans Wilhelm (Hrsg.): „Die Rose neu erblühen lassen …" Festschrift zur Wiedereröffnung der Liebfrauen-Basilika zu Trier, Trier 2011, S. 80 f.

68 Vgl. hierzu die theologisch-konzeptionellen Ausführungen zu diesem Thema S. 79 ff.

69 Ronig, Franz: Die Trierer Liebfrauenkirche. Architektursymbolik und Figurenzyklus, in: Ehlen, Hans Wilhelm (Hrsg.): „Die Rose neu erblühen lassen …" Festschrift zur Wiedereröffnung der Liebfrauen-Basilika zu Trier, Trier 2011, S. 81.

70 Ronig, Franz: Die Trierer Liebfrauenkirche. Architektursymbolik und Figurenzyklus, in: Ehlen, Hans Wilhelm (Hrsg.): „Die Rose neu erblühen lassen …" Festschrift zur Wiedereröffnung der Liebfrauen-Basilika zu Trier, Trier 2011, S. 79.

71 Vgl. hierzu Brönner, Wolfgang (Hrsg.): Das Südportal des Wormser Doms, Worms 1999.

72 Vgl. hierzu erneut Brönner, Wolfgang (Hrsg.): Das Südportal des Wormser Doms, Worms 1999.

73 Die gotischen Portalplastiken von Ecclesia und Synagoga unterscheiden sich grosso modo tatsächlich ein wenig von zeitgenössischen Buchmalereien oder auch Farbglasfenstern, wo ebenfalls das Thema Ecclesia und Synagoga aufgenommen wird, durch eine tendenziell positivere Umsetzung dieses Sujets. Es gibt wesentlich mehr Beispiele der Buchmalerei, wo Synagoga negativer und herabwürdigender dargestellt wird (so etwa bei der Kreuzigungsdarstellung im Hortus deliciarum [Abb. 6.10.1.] oder dem Scherenberg-Psalter um etwa 1260 [Abb. 6.10.2.]), als dies bei den großen Portalplastiken der Fall ist.

74 Weitere Besonderheiten dieses in vielerlei Hinsicht bemerkenswerten Portals sind ausgeführt bei Sebald, Eduard: Gotisch und romanisch? Das Hauptportal auf der Südseite des Wormser Doms, in: Kohlgraf, Peter/Schäfer, Tobias/Janson, Felicitas (Hrsgg.): Der Dom zu Worms. Krone der Stadt. Festschrift zum 1000-jährigen Weihejubiläum des Doms, Regensburg 2018, S. 61-66.

75 Keilmann, Burkard: Bewahrung im Umbruch. Zum historischen Kontext des gotischen Portals, in: Brönner, Wolfgang (Hrsg.): Das Südportal des Wormser Doms, Worms 1999, S. 31 f.

76 Sebald, Eduard: Das gotische Südportal, in: Brönner, Wolfgang (Hrsg.): Das Südportal des Wormser Doms, Worms 1999, S. 62.

77 Bemerkenswert ist es in diesem Zusammenhang, dass das Wormser Südportal immer wieder auch als „Portal des Volkes" bezeichnet wurde, vgl. hierzu Keilmann, Burkard: Bewahrung im Umbruch. Zum historischen Kontext des gotischen Portals, in: Brönner, Wolfgang (Hrsg.): Das Südportal des Wormser Doms, Worms 1999, S. 27.

78 Vgl. hierzu Eder, Franz X.: Eros, Wollust, Sünde. Sexualität in Europa von der Antike bis in die Frühe Neuzeit, Frankfurt am Main 2018.

79 Hutton, Ronald: The Witch. A History of Fear, from Ancient Times to the Present. Yale 2018.

80 Vgl. hierzu etwa Sebald, Eduard: Gotisch und romanisch? Das Hauptportal auf der Südseite des Wormser Doms, in: Kohlgraf, Peter/Schäfer, Tobias/Janson, Felicitas (Hrsgg.): Der Dom zu Worms. Krone der Stadt. Festschrift zum 1000-jährigen Weihejubiläum des Doms, Regensburg 2018, S. 63: „Kurze Zeit nach Vollendung des Portals wurde es um die vier allegorischen Frauenfiguren in der Ecknische der Annenkapelle und um die Figuren der Nikolauskapelle erweitert. Wieder sind je zwei Figuren übereinander angeordnet, anknüpfend an die Darstellung der Propheten und Evangelisten des Portals. Die bekrönte Figur oben links hält als Caritas (Barmherzigkeit, Liebe) einen Pokal in der Linken, zu ihren Füßen ist ein Bettlerpaar zu erkennen. Die ebenfalls bekrönte Figur daneben, ehemals mit Pfeil oder Lanze in der Rechten, stellt Fides (Glaube) dar, die zweite theologische Grundtugend."

81 Sebald, Eduard: Gotisch und romanisch? Das Hauptportal auf der Südseite des Wormser Doms, in: Kohlgraf, Peter/Schäfer, Tobias/Janson, Felicitas (Hrsgg.): Der Dom zu Worms. Krone der Stadt. Festschrift zum 1000-jährigen Weihejubiläum des Doms, Regensburg 2018, S. 63.

82 Vgl. hierzu etwa auch Jochum, Herbert: Ecclesia und Synagoga. Das Judentum in der christlichen Kunst, Ottweiler 1993, S. 28: „Politisierende, moralisierende wie popularisierende Tendenzen haben die theologische Idee geschwächt oder gar ihren ideologischen Interessen dienstbar gemacht. Synagoga, einstmals auf sicherem Platz in der christlichen Vorstellung göttlicher Heilsgeschichte [vgl. hierzu exemplarisch das oben bereits erwähnte Drogo-Sakramentar], in der Idee der Concordia, siamesische Zwillingsschwester der Ecclesia, verliert allmählich diesen Platz und wird frei verfügbar."

83 Vgl. hierzu erneut Keilmann, Burkard: Bewahrung im Umbruch. Zum historischen Kontext des gotischen Portals, in: Brönner, Wolfgang (Hrsg.): Das Südportal des Wormser Doms, Worms 1999, S. 31 f.

84 Ein Deutungsvorschlag zu dieser Thematik findet sich etwa bei Krummer-Schroth, Ingeborg: Geschichte und Einordnung der Skulpturen, in: Hart, Wolf: Die Skulpturen des Freiburger Münsters, Freiburg/Breisgau 19993, S. 105: „Die gesamte Türlaibung um das Doppelportal ist geschmückt mit Reihen biblischer Gestalten. Die Kirchentür war für die Menschen des Mittelalters die Pforte zum Heil, Tor zum ‚Himmlischen Jerusalem' (in der selbst der Verbrecher etwas Schutz und Asyl fand). Darum wird an ihr die Heilsgeschichte gezeigt. Maria die Himmelskönigin (und Schutzherrin des Münsters) empfängt mit dem Christuskind auf dem Arm die Gläubigen. Unter ihr am Sockel ist der schlafende Stammvater Jesse dargestellt. Etwas hinter ihm rankt sich je ein Rosen- und ein Laubzweig um das ganze Bogenfeld herum. Maria die Rose ohne Dornen, etwa die rosa mystica! Zum Marienleben gehören die Verkündigung und Heimsuchung (im rechten Gewände) und die Anbetung der Könige (im linken). Maria ist aber auch die Mittlerin zwischen Altem und Neuem Testament, zwischen jüdischer Synagoge und christlicher Kirche. Sie sind am Gewände außen personifiziert abgebildet."

85 So konnte etwa das Mittelalter über den Weg der Allegorisierung bzw. Symbolisierung Marienkrönung und Himmelfahrt Mariens in eins denken, ebenso konnten Maria Muttergottes, Ecclesia als Typus und die Dimension der Kirche miteinander verschmelzen, wenn man diese an sich distinkten Personen als Varianten, Aspekte oder Modi der Idee „Braut Christi" verstanden hat. Vgl. hierzu etwa Brandl, Heiko: Die Paradiesvorhalle am Magdeburger Dom. Baugeschichte und Restaurierung (Kleine Hefte zur Denkmalpflege 6), Langenweißbach 2017, S. 23: „Die Architektur sollte den Skulpturenzyklus einschließlich der beiden Allegorien [scil. Ecclesia und Synagoga] von Anfang an aufnehmen. Das neue Tympanon zeigt eine Himmelfahrt Mariens [...]. Ein ikonographischer Bezug zum Vorgängerportal ist durchaus gegeben. Denn das Brautmotiv der Marienkrönung wurde im 13. Jahrhundert beinahe kanonisch in Kombination mit der Himmelfahrt Mariens dargestellt [...]."

86 Zur Deutung der Figuren in den äußeren Archivoltenbogen vgl. auch Bachmann, Michael: Das Freiburger Münster und seine Juden. Historische, ikonographische und hermeneutische Beobachtungen, Regensburg 2017, S.55-59.

87 Vgl. hierzu etwa die Arbeit von Frodl-Kraft, Eva: Die Glasmalerei. Entwicklung, Technik, Eigenart, Wien u. a. 1970.

88 Auch wenn faktisch Parallelen zwischen den Ecclesia und Synagoga-Darstellungen in Worms und Freiburg konstatiert werden können, so lässt sich dennoch schnell erkennen, dass es zugleich große Unterschiede gibt: In Worms handelt es sich um eine Schmähdarstellung bei Synagoga, was möglicherweise Wurzeln in der zeitgenössischen Wormser Stadtgeschichte hat und somit eine gezielte Verunglimpfung der Juden und des Judentums denkbar erscheint – demgegenüber findet sich in Freiburg nichts von einer solchen Motivation bei der Darstellung des Ecclesia und Synagoga-Paares. Beide sind hier nur etwas zusammenhangslos hinsichtlich des ikonografischen Gesamtensembles positioniert, man hat den Eindruck, dass es in der Freiburger Vorhalle mehr um die Präsentation des göttlichen Pleroma als solchem denn um eine spezifische theologische Idee hierbei geht.

89 Dies trifft wohl tatsächlich auf die beiden Portalskulpturen von Ecclesia und Synagoga in Freiburg zu, ändert sich aber deutlich beispielsweise im Fall des sog. „Tucherfensters" am Freiburger Dom, wo Synagoga mit klaren Schmähattributen versehen wurde. Vgl. hierzu auch Bachmann, Michael: Das Freiburger Münster und seine Juden. Historische, ikonographische und hermeneutische Beobachtungen, Regensburg 2017, S. 139.

90 Vgl. hierzu Bachmann, Michael: Das Freiburger Münster und seine Juden. Historische, ikonographische und hermeneutische Beobachtungen, Regensburg 2017, S. 138-165.

91 Brandl, Heiko: Die Paradiesvorhalle am Magdeburger Dom. Baugeschichte und Restaurierung (Kleine Hefte zur Denkmalpflege 6), Langenweißbach 2017.

92 Vgl. hierzu Brandl, Heiko: Die Paradiesvorhalle am Magdeburger Dom. Baugeschichte und Restaurierung (Kleine Hefte zur Denkmalpflege 6), Langenweißbach 2017, S. 17, Abb. 13.

93 Vgl. hierzu etwa Brandl, Heiko: Die Skulpturen des 13. Jahrhunderts im Magdeburger Dom. Zu den Bildwerken der Älteren und Jüngeren Werkstatt, Halle/Saale 2009, S. 100: „Mit der Paradiesvorhalle am nördlichen Querhaus verfügt der Magdeburger Dom über ein architektonisches Kleinod mit einzigartiger Ausstattung. Die Vorhalle [...] umschließt das Nordportal mit dem berühmten Skulpturen Zyklus der Klugen und Törichten Jungfrauen, denen Ekklesia an der Ost- und Synagoge an der Westwand gegenüber stehen [...]. Am Magdeburger Dom wurde die Jungfrauenparabel (Mt 25,1-13) erstmals in Gestalt von Gewändefiguren dargestellt. Der Zyklus im Paradies bildet zudem das einzige erhaltene zusammenhängende Bildprogramm der jüngeren Werkstatt im Dom."

94 Wie schon in Reims, Bamberg und Naumburg sieht man auch in Magdeburg eine deutliche Betonung des Emotionalen, eine Darstellung des menschlichen Innenlebens, wie es besonders bei den Klugen und Törichten Jungfrauen aufscheint.

95 Vgl. hierzu Brandl, Heiko: Die Paradiesvorhalle am Magdeburger Dom. Baugeschichte und Restaurierung (Kleine Hefte zur Denkmalpflege 6), Langenweißbach 2017, S. 25.

96 Vgl. hierzu etwa Müller, Rainer: Das Chorgestühl des Erfurter Doms. Überlegungen zu seiner Ikonographie und zur Architektur des Hohen Chores, in: Das Chorgestühl des Erfurter Doms. Arbeitsheft des Thüringischen Landesamtes für Denkmalpflege, Neue Folge 20.1, Erfurt 2003, S. 22: „Am Fuß [der nördlichen Westwange des Chorgestühls] ist die Darstellung eines Turnierkampfes wiedergegeben. Ein Ritter, der von links heranstürmt, stößt mit seiner Lanze einen anderen, unbewaffneten Reiter von seinem Reittier, einer Sau. Der vom Kopf gerutschte Spitzhut charakterisiert diesen als Jude. Dagegen weist jenen ein Fisch auf dem Schild als Christen aus. Die Turnierszene ist als eine Allegorie des Wettstreites zwischen Christentum und Judentum zu verstehen. Zu wessen Gunsten er ausgehen wird, daran lässt die Darstellung keinen Zweifel. Eine andere Version dieses Themas, Ecclesia und Synagoge als ‚Bräute des Herrn' wiedergebend, findet sich am westlichen Triangelportal des Erfurter Domes – auch dies ein Hinweis auf die engen inhaltlichen Zusammenhänge zwischen den beiden Bildgruppen."

97 Da ein Kirchenportal als porta coeli theologisch und damit auch ästhetisch gesehen wesentlich gehaltvoller und konzeptionell anspruchsvoller als eine bloße Fassade ist, lässt sich verstehen, weswegen das Reimser Beispiel von Ecclesia und Synagoga als Großplastiken in ihrem Gesamtverbund nicht die programmatische Tiefe aufweist, wie dies in den Fällen, bei denen Ecclesia und Synagoga als Portalplastiken realisiert wurden, erkennbar ist. Selbstredend kann eine Fassade auch eine konzeptionelle Programmatik hinsichtlich der Ikonografie aufweisen und reduziert sich nicht notwendigerweise auf bloßes Ornament,

98 Vgl. hierzu etwa Sedlmayer, Hans: Die Entstehung der Kathedrale, Graz 1976, S. 141 f.

99 Vgl. hierzu sehr instruktiv Feldmann, Hans-Christian: Bamberg und Reims. Die Skulpturen 1220-1250. Zur Entwicklung von Stil und Bedeutung der Skulpturen in dem unter Bischof Ekbert (1203-1237) errichteten Neubau des Bamberger Doms unter besonderer Berücksichtigung der Skulpturen an Querhaus und Westfassade der Kathedrale von Reims, Ammersbek bei Hamburg 1992.

100 Es ist allerdings sehr wahrscheinlich, und die entsprechenden Vergleichsbeispiele sprechen dafür, dass auch der Reimser Synagoga vermutlich noch eine gebrochene Lanze, Mosaische Gesetzestafeln, möglicherweise gerade entgleitend, beigesellt waren, aber auch wenn es diesbezüglich Spuren am steinernen Objekt gibt, kann man das nicht mit Sicherheit sagen. Aber mehr als nur eine Augenbinde wird diese Synagoga-Darstellung zur Kenntlichmachung ihrer Kontrastierung zur Ecclesia sicherlich gehabt haben.

101 Vgl. hierzu erneut Feldmann, Hans-Christian: Bamberg und Reims. Die Skulpturen 1220-1250. Zur Entwicklung von Stil und Bedeutung der Skulpturen in dem unter Bischof Ekbert (1203-1237) errichteten Neubau des Bamberger Doms unter besonderer Berücksichtigung der Skulpturen an Querhaus und Westfassade der Kathedrale von Reims, Ammersbek bei Hamburg 1992.

102 Die theologischen Schulrichtungen des Mittelalters, v. a. ab der Zeit um 1150/1200, bildeten sich maßgeblich an den damaligen Universitäten aus, allen voran die Pariser Sorbonne, und wurden von den monastischen Orden dominiert. Je nach Orden – vorrangig Benediktiner, Zisterzienser, Dominikaner und Franziskaner – konnten die theologischen Akzente nicht nur diachron, sondern auch synchron sehr stark variieren, was besonders bei den wichtigen Vertretern der Dominikaner (Albert, Thomas, Eckhart usw.) und Franziskaner (Bonaventura, Franz von Hales, Ockham etc.) deutlich wird. Vgl. hierzu auch Libera, Alain de: Denken im Mittelalter, München 2003.

103 Vgl. hierzu erneut Keilmann, Burkard: Bewahrung im Umbruch. Zum historischen Kontext des gotischen Portals, in: Brönner, Wolfgang (Hrsg.): Das Südportal des Wormser Doms, Worms 1999, S. 31 f.

104 Vgl. hierzu etwa Lau, Dieter: Origenes tropologische Hermeneutik und die Wahrheit des biblischen Wortes. Ein Beitrag zu den Grundlagen der altchristlichen Bibelexegese, Frankfurt am Main 2016.

105 Vgl. hierzu etwa Bernhard von Clairvaux, Sämtliche Werke, lateinisch/deutsch, hrsg. v. Gerhard B. Winkler, Band V, Innsbruck 1994, S. 110-120.

106 Als klassisch kann hierbei Eckharts Predigt 2 „Intravit Jesus in quoddam castellum" gelten, in der er den Bibeltext allegorisch als Wesen der menschlichen Seele umdeutet, DW III; 481-492/592-599.

107 Vgl. hierzu etwa Lubac, Henri de: Typologie, Allegorie, geistiger Sinn – Studien zur Geschichte der christlichen Schriftauslegung, Freiburg/Breisgau 1999.

108 Jochum, Herbert: Ecclesia und Synagoga. Das Judentum in der christlichen Kunst, Ottweiler 1993, S. 15 f. sowie S. 56 f.

109 Es handelt sich hierbei um eine Sonderform des Tetramorphs (vgl. in diesem Zusammenhang die Ausführungen zum Wormser Dom S. 45), da nicht alle vier Wesen in ein einziges verschmelzen, sondern jeweils zwei Evangelistensymbole in eine Darstellung zusammenfallen, also sozusagen zwei Dimorphe hier umgesetzt wurden.

110 Vgl. hierzu etwa Schreckenberg, Heinz: Die Juden in der Kunst Europas. Ein historischer Bildatlas, Göttingen 1996, hier v. a. von Interesse die Kapitel XI und XII, S. 315-383.

111 Die vom Betrachter aus gesehen rechten Seite der Skulptur zeigt im Bereich des Oberkörpers sowie des nach vorne gestreckten Arms deutliche Spuren in Form von Bohrlöchern, die darauf hinweisen, dass an dieser Stelle Ecclesia vermutlich den Kelch in Händen hielt. Auf der linken Seite zeigen sich Abbruchspuren im Gestein (steinerne Halte- und Verbindungsstege) auf Höhe des Oberarms und der Achsel, die vermuten lassen, dass an dieser Stelle noch ein größeres Element befestigt war, was für die Anbringung des Vexillums spricht.

112 Das quantitativ gesehen komplexeste Beispiel ist in diesem Zusammenhang sicherlich dasjenige der Vorhalle des Freiburger Münsters, wo, wie erläutert eine schier überschäumende Fülle von Szenen, Plastiken, Motiven usw. zu sehen ist; allerdings, es wurde oben bereits erwähnt, hat die konzeptionelle Dimension in Freiburg eher einen freien, rhapsodischen Charakter, der kein erkennbares komplexes theologisches Programm in specie verfolgen würde.

113 Vgl. hierzu etwa Binding, Günther: Maßwerk, Darmstadt 1989, S. 317 f.

114 Vgl. hierzu etwa Binding, Günther: Maßwerk, Darmstadt 1989, S. 324.

115 Zum spezifischen Parler-Maßwerk vgl. Binding, Günther: Maßwerk, Darmstadt 1989, S. 317-362. Womit man ein weiteres Datierungsmoment des Chorgestühls benennen kann, denn die Parler haben in der Zeit um 1380/1390 nachweislich den Chorneubau der Oberen Pfarre bewerkstelligt, und aufgrund einer sehr eigenen Umsetzung von Blattmasken (Siehe S. 70 f.) können hier nennenswerte stilistische Übereinstimmungen festgestellt werden, was die Datierung des westlichen Chorgestühls mit der Anwesenheit der Parler-Gruppe in Verbindung setzt.

II. Der theologische Hintergrund bei der Betrachtung von Ecclesia und Synagoga

Nach diesen vergleichenden kunstgeschichtlichen Hinführungen zur Thematik, verbunden mit einer vorläufigen Einordnung und provisorischen Verständnisweise dieses Genres, soll nun der Blick explizit und weitgehend exklusiv auf das Paar von Ecclesia und Synagoga am Fürstenportal des Bamberger Doms gerichtet werden. Die kurzen obigen Bemerkungen hierzu blieben ansonsten noch sehr an der Oberfläche. In diesem Kapitel soll es nun darum gehen, die *konzeptionellen*, sprich *theologischen* Hintergründe und Ideen, die man bei der Verfertigung von Ecclesia und Synagoga am Fürstenportal sowie dem Portal in Gänze eruieren und namhaft machen kann, vorzustellen und zu besprechen. Es wird sich schließlich zeigen, dass das Bamberger Fürstenportal als Aufstellungs- und Einbettungsort des Paares Ecclesia und Synagoga eine hohe theologische Gelehrsamkeit aufweist, in mancherlei Hinsicht diesbezüglich als originär anzusprechen ist und primär eine endzeitlich-apokalyptische Ausrichtung hat, die mit einer sehr spezifischen Akzentsetzung an dieser Stelle umgesetzt wurde. Möglicherweise, aber das müsste eine in diesem Punkt vertiefte Diskussion mit anderen bedeutenden Portalprogrammen, die Ecclesia und Synagoga thematisieren, ergeben, ist die theologisch-konzeptionelle Dimension des Fürstenportals und somit auch die von Ecclesia und Synagoga (sowie nicht zuletzt ein damit einhergehendes adäquates Verständnis) ein qualitatives Alleinstellungsmerkmal des Bamberger Beispiels in diesem Zusammenhang.

Denn die *theologische Dimension* von Ecclesia und Synagoga lässt sich insofern sachlich eigentlich gar nicht von der kunstgeschichtlichen trennen, als die künstlerischen, ikonografischen Umsetzungen des Sujets „Ecclesia und Synagoga“ in ihrer konkreten Ausarbeitung weitgehend auf theologischen Vorgaben bzw. Inhalten beruhen. Man kann sagen: Das Skulpturenprogramm bzw. die Gesamtanlage des Fürstenportals, bei dem das Paar von Ecclesia und Synagoga einen hohen Stellenwert einnimmt, ist veranschaulichte, steingewordene Theologie, und zwar eine sehr durchdachte, differenzierte und intellektuell nennenswert anspruchsvolle Theologie. Es mag zweifellos Fälle geben, bei denen sich die ikonografisch-künstlerische Darstellung relativ weit von (offiziellen) theologischen bzw. kirchlichen Inhalten wegbewegt[116] – v. a. gegen Ende des Mittelalters wird dies deutlich, wo Aspekte von Volksfrömmigkeit[117] und Volkskunst[118] einen sukzessiv höheren Stellenwert bekommen als zuvor, wie man das etwa bei Genres wie dem *Lebenden Kreuz*[119] (Abb. 76) erkennen kann (das im Kontext gegenwärtiger Thematik von Ecclesia und Synagoga immer wieder eine Rolle spielt)[120] –, aber im Fall des Bamberger Paares und dessen Stellung im konzeptionellen Gesamtgefüge des Fürstenportals ist die theologische Dimension so ausgeprägt, dass man in Erwägung ziehen kann, Bischof Eckbert (bzw. das damalige Domkapitel) nicht nur als Geld- und Auftrag-, sondern vielleicht sogar als maßgeblichen Ideengeber des Fürstenportals in seiner Gesamtkomposition anzudenken. Denn es ist aufgrund der ausgeprägten theologischen Gelehrsamkeit, die man am Fürstenportal insgesamt wiederfindet, kaum anders denkbar, als dass eine nicht nur hochgestellte kirchliche Persönlichkeit, sondern zugleich ein die (zeitgenössische) Bildung anbelangend sehr versierter Kopf die Ägide hierbei führte.

Es soll im Weiteren in diesem Zusammenhang nur auf diejenigen theologischen Aspekte Licht geworfen werden, die zum Verständnis von Ecclesia und Synagoga relevant sind; alle die übrigen und zahlreichen theologischen Momente, die ins Programm und die Konzeption des Fürstenportals eingeflossen sind, müssen in vorliegender Untersuchung ausgeklammert bleiben.[121] Die erwähnten Doppelfiguren von Propheten und Aposteln im Gewände dürften die ersten kunsthistorisch greifbaren plastischen Umsetzungen von zwei gut benennbaren literarischen Vorgaben sein:

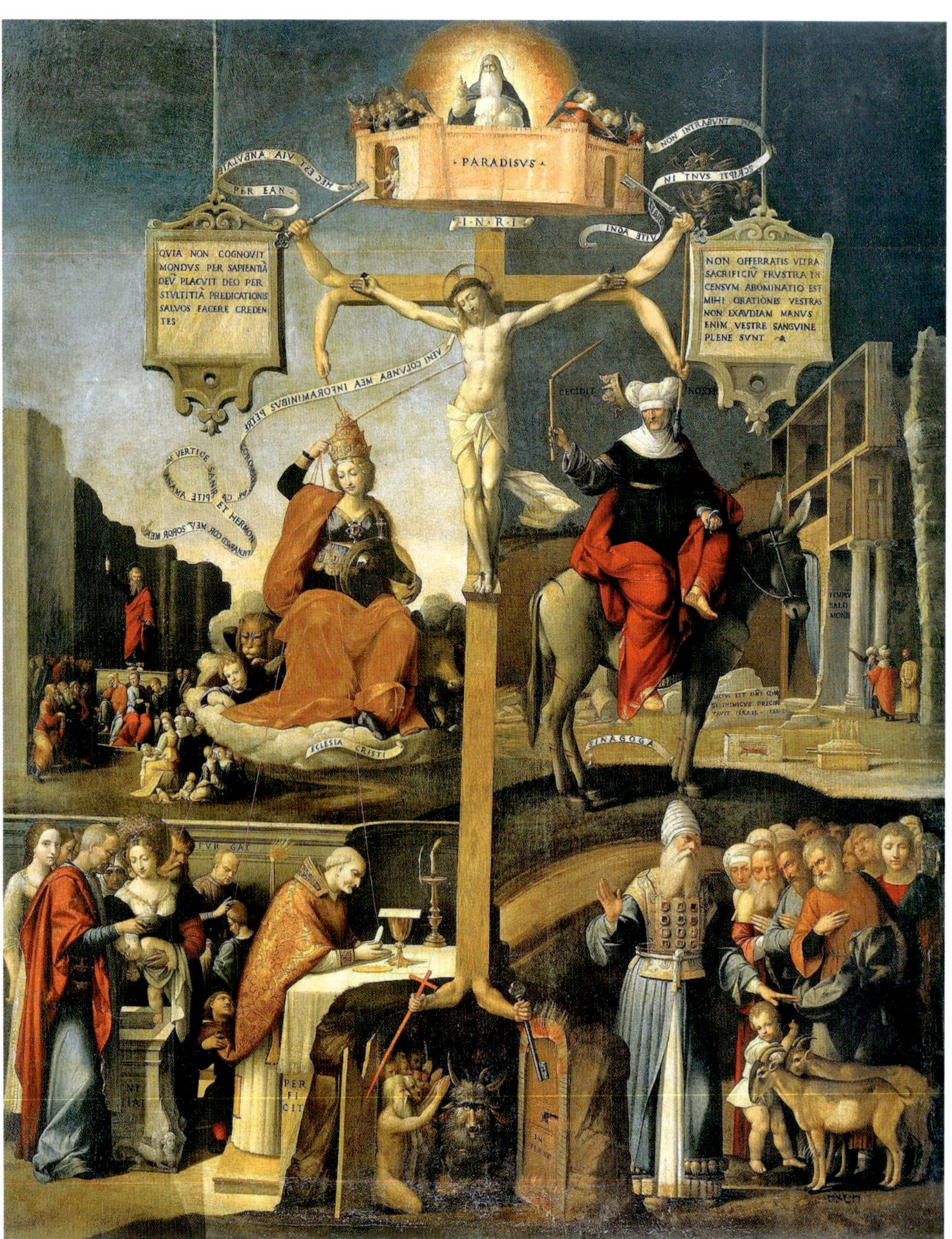

Abb. 76: „Lebendes Kreuz“ von Benvenuto Tisi Garofalo, etwa um 1530, heute in der Eremitage/Sankt Petersburg. Gut erkennbar – daher auch der Name „Lebendes Kreuz“ –, wie aus dem Kreuz selbst Arme erwachsen, die bestimmte Handlungen vollführen, u. a. die rechts auf einem Esel reitende Synagoga mit einem Speer traktierend. Synagoga ist mit üblichen Attributen wie gebrochenem Stab und stürzender Krone im Damensitz und zeitgenössischer Tracht auf dem Reittier dargestellt. Links dazu Ecclesia mit Tiara (N.B.!), dem kreuzbekrönten Weltenglobus und den Evangelistensymbolen; aus dem Lebenden Kreuz strömt aus der Seitenwunde Christi Blut auf sie hernieder, das von ihr – eine Versinnbildlichung der kirchlichen Sakramentengewalt – an die Objekte des Messopfers weitergegeben wird.

Zum einen spricht Paulus im Römerbrief davon, dass die Christen, trotz ihrer größeren Nähe zu Gott und am Heil, sich den Juden gegenüber dennoch nicht überlegen fühlen und v. a. nicht den Ursprung ihrer eigenen Religion im Alten Testament vergessen dürfen: „Ist aber die Erstlingsgabe vom Teig heilig, so ist es auch der ganze Teig; und ist die Wurzel heilig, so sind es auch die Zweige. Wenn aber einige Zweige herausgebrochen wurden, du aber als Zweig vom wilden Ölbaum mitten unter ihnen eingepfropft wurdest und damit Anteil erhieltest an der kraftvollen Wurzel des edlen Ölbaums, so rühme dich nicht gegen die anderen Zweige! Wenn du dich aber rühmst, sollst du wissen: Nicht du trägst die Wurzel, sondern die Wurzel trägt dich. Nun wirst du sagen: Die Zweige wurden doch herausgebrochen, damit ich eingepfropft werde. Gewiss, wegen des Unglaubens wurden sie herausgebrochen. Du aber stehst durch den Glauben. Sei daher nicht überheblich, sondern fürchte dich!" (Röm 11,16-20). Die Wendung „Nicht du trägst die Wurzel, sondern die Wurzel trägt dich" kann als gedankliche Vorlage für die Umsetzung der Doppelfiguren am Fürstenportal verstanden werden, denn als Vertreter des Alten Testaments sind die unteren Propheten damit als die Wurzel der oberen christlichen Apostel anzusehen, die von dieser Wurzel getragen werden, wie man ganz konkret und sinnlich an den Doppelfiguren wahrnehmen kann, da die Apostel mit ihren Füßen auf den Schultern der Propheten stehen.[122]

Zum anderen lässt sich eine möglicherweise noch konkretere Vorlage für diese Darstellung am Fürstenportal bei *Bernhard von Chartres* finden, denn *Johannes von Salisbury* überliefert hierzu Folgendes: „Bernhard von Chartres sagte [vmtl. um 1120], wir seien gleichsam Zwerge, die auf den Schultern von Riesen sitzen, um mehr und Entfernteres als diese sehen zu können – freilich nicht dank eigener scharfer Sehkraft oder Körpergröße, sondern weil die Größe der Riesen uns emporhebt."[123] Jene Äußerung mit dem Motiv des Auf-den-Schultern-Stehens ist so signifikant, dass man dieselbe vielleicht tatsächlich als direkte Vorlage für die Bamberger Umsetzung sehen kann. Auch wenn hier nicht eindeutig interpretierbare Zwerge auf ebenfalls nicht eindeutig interpretierbaren Riesen stehen, sondern beide Figurengruppen je etwa gleich groß sind, so reicht doch der sonstige Aussagewert dieses Diktums vermutlich aus, um ihn ernsthaft als Vorlage für die Plastiken in Betracht ziehen zu können. Und auch wenn die Bamberger Umsetzung wohl tatsächlich die erste künstlerische dieser schriftlichen Vorlage in Stein ist, so gab es womöglich bereits zuvor oder zeitgleich (auch etwa erste Hälfte des 13. Jahrhunderts) eine solche in Farbglas, und zwar am Südquerhaus der *Kathedrale von Chartres*, wo tatsächlich optisch erkennbar kleine Zwerglein auf den Schultern von Riesen aufsitzen (Abb. 77 und 78).[124]

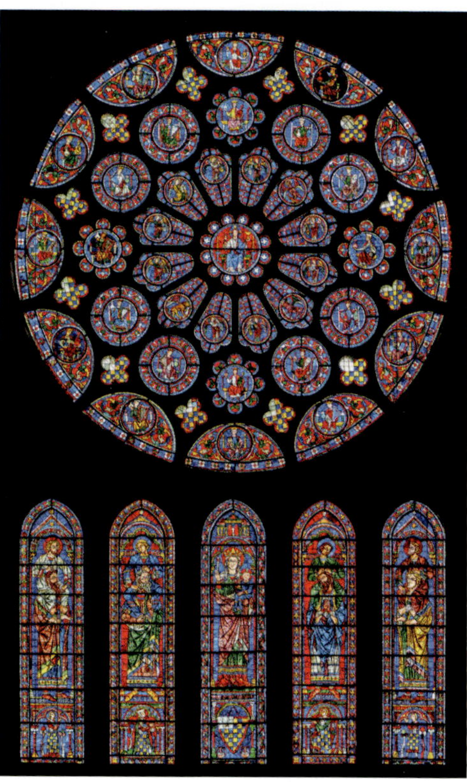

Abb. 77: Kathedrale von Chartres, Farbglasfenster des südlichen Querhauses mit Fensterrose und darunter fünf Fensterbahnen, von denen die mittlere eine Madonnendarstellung zeigt, rechts und links davon die „Zwerge auf den Schultern von Riesen" des Bernhard von Chartres – Apostel des Neuen Bundes auf Propheten des Alten Bundes, wie aus den Namensinschriften zweifelsfrei hervorgeht.

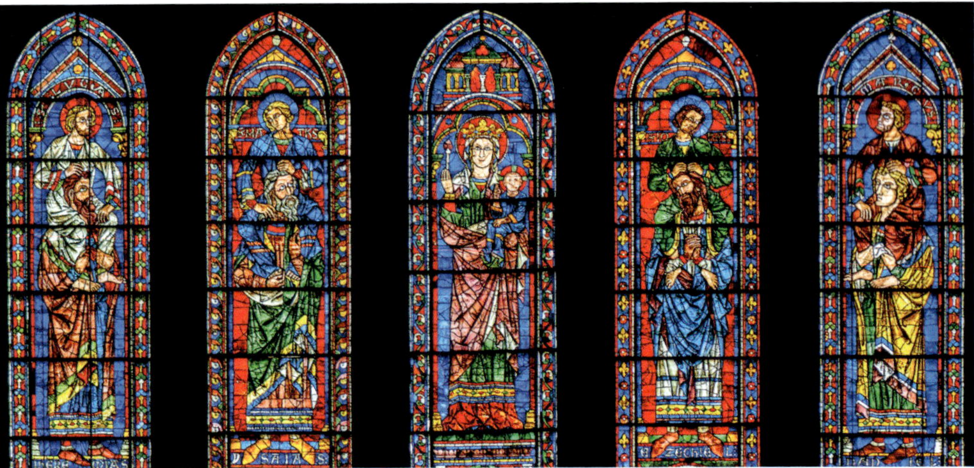

Abb. 78: Detailaufnahme des Farbglasfensters des südlichen Querhauses der Kathedrale von Chartres mit den „Zwerge[n] auf den Schultern von Riesen“.

In Chartres sind, wie man sieht, die vier Evangelisten mit (den) vier großen Propheten aus dem Alten Testament (Jeremias, Jesaia, Ezechiel und Daniel[125]) in Verbindung gesetzt, was theologisch nachvollziehbar ist und das Modell von Prophetie und Erfüllung derselben versinnbildlicht. In Bamberg hingegen sind alle zwölf Apostel (und nicht nur die Evangelisten) mit bedauerlicherweise nicht mehr identifizierbaren Propheten aus dem Alten Testament zusammengestellt, was – neben der Idee von Prophetie und Erfüllung derselben, die auch in Bamberg eine Rolle spielt – eine andere theologische Aussage ins Spiel bringt: Wenn in Chartres offenbar der Akzent hierbei primär auf den *Biblischen Schriften* von Altem und Neuen Testament liegt, versinnbildlicht durch erwähnte Propheten sowie Evangelisten und der damit implizierten Sukzession (vgl. die ungebrochene Tradition in dieser Hinsicht, wenn „prophetische Riesen“ als „Wurzel“ ihre kleinen Nachfolger und „Pfropfreise“ im Sinne der Evangelisten auf den Schultern tragen) und der Zusammengehörigkeit des Biblischen Kanons von Altem und Neuem Testament, so scheint es in Bamberg um etwas anderes zu gehen. Auffällig ist zunächst, dass wie gesagt alle zwölf Apostel und nicht nur die vier Evangelisten in Bamberg als „Zwerge auf den Schultern von Riesen“ dargestellt sind, womit die Idee einer Anspielung auf die Biblischen Schriften als unwahrscheinlich gelten kann. Die Vollzahl der Apostel meint natürlich zuerst eine quantitative Vollkommenheit, aber möglicherweise steht in Bamberg dabei ein ganz anderer Gedanke im Zentrum, nämlich ein *geschichtsmetaphysischer*.

Bernhard von Chartres geht es zwar bei seiner Aussage in erster Linie darum, die zeitgenössische Wissenschaft auf die bedeutenden Vorgänger der Antike zu beziehen – Platon, Aristoteles, Pythagoras usw. – und sich denselben gegenüber als bescheiden, aber zugleich selbstbewusst zu zeigen, doch hat man dies schon sehr bald auf das Verhältnis von Altem und Neuem Testament, Altem und Neuem Bund pp. gemünzt, wovon eindeutig die oben erwähnten Farbglasdarstellungen in Chartres zeugen, denn dort sind wie gesehen freundlicherweise die Namen der dargestellten Personen überliefert: Der „Riese“ Jeremias trägt den Zwerg „Lukas“, der „Riese“ Jesaja den „Zwerg“ Matthäus usw. Wie bei der Äußerung Bernhards von Chartres lassen sich auch in den bildlichen Umsetzungen in Chartres und Bamberg wenigstens zwei Sinnrichtungen dieser Idee benennen: Zum einen wird damit ein *Kontinuum* von Altem und Neuem Bund zur Sprache gebracht – die „Wurzel“ des Alten Bundes trägt die „Zweige“ des Neuen Bundes, die sich zuallererst auf dieser Grundlage als deren Voraussetzung und Conditio sine qua non faktisch realisieren können. Zugleich erkennt man aber auch ein *hierarchisches Gefälle*: Der Neue Bund steht höher als der Alte Bund, er überragt ihn um Manneshöhe. Vergegenwärtigt man sich nochmals das obige Paulus-Zitat, so findet man, dass die ikonografische Umsetzung sehr präzise diese beiden bereits bei Paulus implizierten Ebenen aufgreift und künstlerisch umsetzt. Das untrennbare Ineinander von Priorisierung des Alten Bundes als Conditio sine qua non für den Neuen Bund, wodurch ein organisches Kontinuum zwischen beiden angesprochen wird, sowie die hierarchische Überhöhung des Alten durch den Neuen Bund, einhergehend mit einer höheren Dignität des Neuen Bundes, ist konstitutiv für die Verständnisweise gleichermaßen der Bibelstelle wie des Bildwerkes. Analoges gilt für das Diktum des Bernhard von Chartres, womit ein Spannungsverhältnis bzw. eine Dynamik dieser beiden Momente des Alten und Neuen Bundes ins Spiel kommt.

Der Kunsthistoriker *Robert Suckale* hat einmal in einer kurzen Bemerkung en passant (dennoch sachlich relevant) auf die *geschichtsmetaphysische Gesamtanlage* des Fürstenportals hingewiesen, die sich sehr deutlich in ihrer *dreistufigen vertikalen Konzeption* widerspiegelt: „Auch erweitert das Portalprogramm der Propheten samt den auf ihren Schultern stehenden Aposteln eher den Gedanken der Stufenfolge. Die Hierarchie bringt zugleich Abfolge und Fortschritt der drei Zeitalter der Heilsgeschichte zum Ausdruck: Altes Testament, Neues Testament und die Neue Zeit nach dem Letzten Gericht.“[126]

Nimmt man die Doppelfiguren im Gewände sowie das Tympanon in diese dreistufige Einheit zusammen, dann ergibt sich hieraus folgender Befund: Die *Zeitvorstellung* vor sich, wie sie sich in der Bibel und bei den Kirchenvätern als kulturhistorisches Novum finden lässt. Die vor- und außerbiblischen Kulturen der Antike hatten in aller Regel ein *zyklisches Zeitverständnis*, wie man es paradigmatisch etwa bei der mythologischen Idee der *Sonnenfahrt* greifen kann, wo die Sonne mithilfe von Wagen oder Barken zyklisch die Welt umrundet und somit das zyklische Wiederkehren von Tag und Nacht bewerkstelligt. Bei den Ägyptern wie auch bei den Griechen, Römern, Kelten und Germanen, desgleichen in Indien, China usw. findet sich diese Anschauung, wie man sie unschwer aus entsprechenden überlieferten Kunstwerken wie *Sonnenwagen*[127] oder *Sonnenbarke*[128] ersehen kann.

Durch die Figur des *Messias* wird im Alten Testament diese zyklische Zeitvorstellung zugunsten einer *linearen*, präziser gesagt einer *teleologischen* Zeitvorstellung transformiert, wobei der Korrektheit halber hier darauf hingewiesen werden soll, dass man im Alten Testament mitunter auch noch die zyklische Zeitvorstellung findet, wie z. B. 2 Kön 23,11[129], was man aufgrund der langen Entstehungszeit des Alten Testaments – nach aktuellem Stand der Forschung etwa 900-1000 Jahre – umstandslos verstehen kann.[130] *Messias*, auf Griechisch *Christos*, ist hebräisch und bedeutet *„der Gesalbte“*, gemeint ist hiermit eine zukünftige *Königsgestalt*, die von Gott YHWH selbst eingesetzt, also gesalbt und damit von höchster Instanz *legitimiert* ist, unter dessen Herrschaft eine Art (guter) *Endzeit* anbricht: Alle Fremdherrschaft ist vorbei, der Wille Gottes und seine Gebote bzw. Gesetze werden realisiert, was zu einem *Reich Gottes* führt, in dem Frieden, Freiheit und Gerechtigkeit walten und alle verstreuten Juden vereint sind. Dieses Motiv findet sich bereits in älteren Schichten des Alten Testaments (und hat dort einen vorrangig irdischen Bezug zu guter Regentschaft, Herrschaftslegitimation und Königsakklamation, wie etwa in verschiedenen *Psalmen*, den beiden *Büchern Samuel*, den beiden *Büchern der Könige* etc.), wird aber besonders seit dem historischen Ende des israelitischen Königtums (586 v. Chr.) zumal von dem Propheten *Jesaja* im Sinne einer *endzeitlichen Figur*, mit der viel Hoffnung verbunden ist, aufgegriffen und *eschatologisch transformiert*. Damit wird auch das primäre Signum des Messias, von Gott eingesetzter und gesalbter König zu sein, dahingehend verwandelt, dass er Züge einer *finalen Rettergestalt* bekommt, die deutlich in Richtung Ewigkeit, fast schon in eine annähernde Transzendenz weisen. Jes 9,1-6, Jes 11,1-10, Sach 9,9 f. usw. sind Stellen aus dem Alten Testament, die dies verdeutlichen (und die dann später die Christen in ihrem eigenen Sinn gedeutet haben).

Mit einer so verstandenen Messias-Figur, ist ein zyklisches Zeitverständnis kaum mehr möglich, im Gegenteil: Die Zeit bewegt sich seit der Schöpfung auf dieses Ziel des Messias hin, sie ist nicht ewige Wiederkehr, sondern *ausgerichtet und taxiert*, es ist eine Art der *Entwicklung*, der *Hinordnung* auf diese vom Messias geprägten guten Endzeit. Mit einem solchen *linear-teleologischen* Zeitverständnis geht übrigens nebenbei auch das einher, was wir im eigentlichen Sinne als *Geschichte* verstehen, und zwar wird im biblischen Sinn Geschichte wesentlich als *Heilsgeschichte* verstanden:[131] Die Geschichte des auserwählten Volkes in der Zeit ist die Geschichte des beständigen und beständig wachsenden Zuspruchs Gottes an sein Volk,[132] er errettet es aus den verschiedenen Notlagen, er führt es in Freiheit und in Frieden, er ist sein eigentlicher König und damit Lenker der Geschichte schlechthin.

Später wird sich dann der Kirchenvater *Augustinus* in seinen „Confessiones", im XI. Buch dieses Werkes, nochmals eigens über die linear-teleologische Zeitvorstellung Gedanken machen, indem er die Zeit in drei fortlaufende Momente unterteilt: *1. Vergangenheit, 2. Gegenwart* und *3. Zukunft* (Abb. 79 und 80).[133] Für uns klingt diese Idee in heutigen Tagen weitgehend banal, doch darf man dabei nicht außer Acht lassen, dass eine solche Selbstverständlichkeit das Ergebnis einer sehr langen Inkulturierung und Tradierung ebendieser Vorstellung ist, die vermutlich tatsächlich Augustin als einer der ersten Denker überhaupt expressis verbis in dieser Form niedergeschrieben hat. So gesehen ist es vielleicht nicht ganz unwichtig, in gegenwärtigem Zusammenhang Augustins Überlegungen zu dieser Thematik kurz zu beleuchten.

Augustinus baut seine Überlegungen zur Zeit insofern grundsätzlich kontrastiv auf, als er sie (beständig) mit der Ewigkeit in Beziehung setzt: Das Leben nach dem Sündenfall, vergänglich und betrüblich, steht unter der *Botmäßigkeit der Zeit*, wohingegen die *Ewigkeit die paradiesische Erlösung* in Aussicht stellt und wesentlich durch ihre *Unvergänglichkeit* charakterisiert ist (die „du"-Anreden beziehen sich in dieser Schrift immer auf Gott, den Augustin hier als seinen literarischen Gesprächspartner bzw. Beichtvater versteht): „Aber wie hast du gesprochen? Auf jene Weise vielleicht wie die Stimme aus den Wolken, die da sprach: Dies ist mein Sohn? Jene Stimme ertönte und vertönte, begann und endete. Die Silben erklangen und verklangen, die zweite folgte der ersten, die dritte der

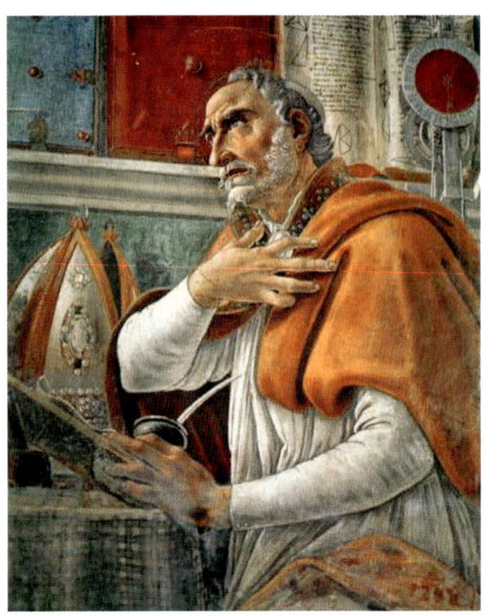

Abb. 79: Sandro Botticelli, Augustinus, um 1480.

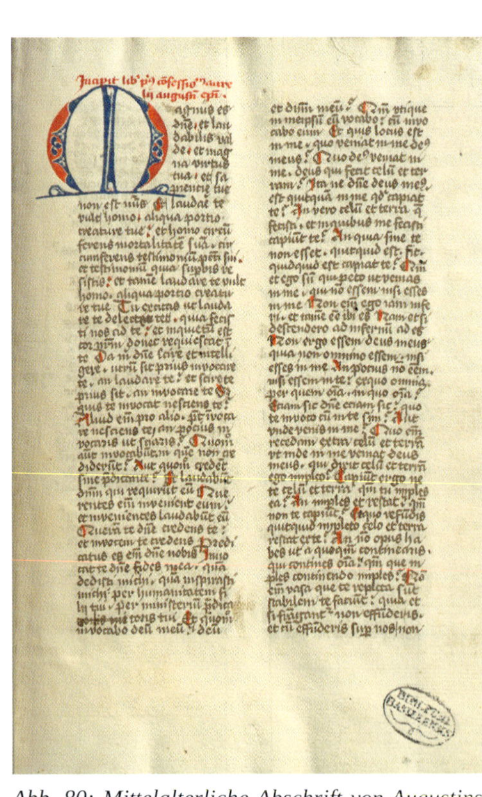

Abb. 80: Mittelalterliche Abschrift von Augustins Confessiones von 1471, hier das „Incipit" mit „Magnus est" zu sehen.

zweiten und so der Reihe nach bis zur letzten. Und nach der letzten trat Stillschweigen ein. Deshalb ist es klar und deutlich, daß sie von einer *zeitlichen Bewegung*, von einer Kreatur stammen mußte, die deinem ewigen Willen diente. Und diese deine für den Augenblick geschaffenen Worte verkündete das äußere Ohr dem vernünftigen Geiste, dessen inneres Ohr dein *ewiges Wort* erkennt. Er aber verglich diese *in der Zeit verschollenen* Worte mit deinem *ewigen in Stillschweigen gehüllten Worte* und sprach: Es ist anders, ganz anders. Diese sind mir nicht ebenbürtig, sie *sind überhaupt nicht*, weil sie *dahinfließen* und *vorübergehen*. Das Wort meines Herrn aber über mir *bleibet in Ewigkeit*."[134]

Die Zeit selbst gliedert sich nach Augustin in die drei Aspekte von *Vergangenheit – Gegenwart – Zukunft*, wobei dies in Augustins Denken eine Parallele zur *göttlichen Trinität* aufweist (jene Überlegungen finden sich in seiner Schrift „De trinitate", wo er anlässlich des menschlichen Geistvermögens von *Gedächtnis, Einsicht und Wille* die drei Personen des *Vaters, Sohnes und Heiligen Geistes* aus der Gottesebenbildlichkeit des Menschen zu erschließen versucht)[135]. Mit einer ihm eigenen rhetorischen Emphase äußert er sich hierzu wie folgt: „Ich forsche, o Vater, und behaupte nicht; mein Gott schütze und regiere mich. Wer dürfte mir sagen, es gäbe nicht *drei Zeiten*, wie wir als Knaben es gelernt haben und wir wiederum den Knaben es gelehrt haben, *Vergangenheit, Gegenwart und Zukunft*, sondern nur die *Gegenwart*, weil *jene beiden nicht sind?* Oder sind auch diese und tritt etwa jene nur aus der Verborgenheit hervor, wenn aus der Zukunft die Gegenwart wird, und tritt diese etwa nur in die Verborgenheit zurück, wenn aus der Gegenwart die Vergangenheit wird? Denn wie sahen es die, welche das Zukünftige voraussagten, wenn es noch nicht war? Denn was nicht ist, kann nicht gesehen werden. Und die, welche Vergangenes erzählen, würden nichts Wahres erzählen, wenn sie es nicht im Geiste schauten. Wäre es gar nicht, so könnte es überhaupt nicht gesehen werden. *Es gibt also eine Zukunft und Vergangenheit*."[136]

Es versteht sich von selbst, dass Augustins Zeittheorie um einiges komplexer und differenzierter ist, als es hier dargestellt wurde; aber um einen in diesem Zusammenhang wohl unnötigen Exkurs – über Augustins Zeittheorie kann man sich bei Interesse in der Tat sehr bequem und sehr profund vielfältig informieren –[137] zu vermeiden, soll es an dieser Stelle mit diesem Aspekt zum christlichen Zeitverständnis und seinen historischen Hintergründen bei Augustin sein Bewenden haben.

Bringt man nun beide Zeit-Motive zusammen – die linear-teleologische Zeit- und Geschichtsvorstellung, wie sie das Alte Testament entwickelt, sowie Augustins wesentliche Dreigliederung der Zeit –, dann erkennt man auf einen Blick: Beide Aspekte sind in die vertikale Konzeption des Fürstenportals eingeflossen: Die *Vergangenheit*, hier mit den *Propheten* des *Alten Testaments* dargestellt, geht kontinuierlich über in die *Gegenwart*, verkörpert durch die auf den Schultern der Propheten stehenden *Apostel* des *Neuen Testaments*; die noch *ausstehende Zukunft* lässt sich im *Tympanon* und seiner *Ikonografie* erblicken. Möglicherweise macht auf diesen kleinen Bruch in der Kontinuität, der so lange virulent bleibt, bis sich die Zukunft noch nicht erfüllt haben wird, optisch die erwähnte *Kapitellzone* zwischen Aposteln und Tympanon aufmerksam (siehe S. 67). Zwar steht die Zukunft faktisch noch aus, aber zumindest laut Verheißung wird sie im Sinne des *Jüngsten Gerichts*, der *Auferstehung der Toten* und des *Ewigen Lebens* mit der *Wiederkehr Christi* eintreten.

Und damit transformiert das Fürstenportal mit einer solchen vertikal gestaffelten Dreieranordnung die ursprünglich aus dem Alten Testament kommende Zeit- und Geschichtsvorstellung in seinen eigenen christlichen Glaubenshorizont: Indem das Christentum davon ausgeht, dass in der Person des Jesus von Nazareth der verheißene Messias bereits in irdischer Weise in die Welt gekommen ist, warten die Christen nicht mehr auf den Messias an sich, sondern auf dessen *Wiederkehr am Jüngsten Tag*. Und genau diese spezifisch christliche Glaubens- und Zukunftserwartung zeigt das Tympanon des Fürstenportals.

Aus dem Gesagten wird gut verständlich, dass die Christen jene eigene Lesart der biblischen Zeit- und Geschichtsvorstellung als spezifische Heilsgeschichte nicht nur in Form von Kunstwerken und Portalanlagen pp. thematisiert, sondern dies freilich auch und vornehmlich in theoretischer, sprich theologischer Weise getan haben. Augustin hat einen ersten und geschichtlich sehr wirkmächtigen Beitrag dazu geliefert, aber natürlich blieb das Mittelalter nicht nur bei diesen Ideen Augustins stehen. Denn in der Tat gab es im 12. Jahrhundert einen italienischen Abt, der eine noch entscheidend weiter- und v. a. theologisch tiefergehende Systematisierung des christlichen *Zeit*- und damit insbesondere auch des *Geschichtsverständnisses* im Sinne der *Biblischen* (bzw. in diesem Fall genuin *christlich verstandenen*) *Heilsgeschichte* verfasste, die *als Heilsgeschichte* im Wesentlichen eine *Synthetisierung von Eschatologie und Apokalyptik* darstellt, nämlich *Joachim von Fiore* (Abb. 81).[138] Hauptsächlich in dem Werk „Concordia Novi ac Veteris Testamenti"[139] (Abb. 82) hat er dies unternommen und ist hierbei zu bemerkenswerten Ergebnissen gekommen. Das Spezifikum an Joachims neu konzipierter Geschichtsmetaphysik besteht vornehmlich darin, dass er das bereits bekannte *linear-teleologische Zeit- und Heilsgeschichtsschema* des Alten Testaments (in besonderer Weise über die Ideen des Augustinus hinaus) mit der *christlichen Trinitätslehre* kombiniert:[140] Die *Vergangenheit* korrespondiert mit dem *Alten Bund/Alten Testament* und wird als *„Reich des Vaters"* (*erste Person* der Trinität) verstanden; die *Gegenwart* entspricht dem *Neuen Bund/Neuen Testament* und wird als *„Reich des Sohnes"* (*zweite Person* der Trinität) aufgefasst. Die *Zukunft* wird als *„Reich des Heiligen Geistes"* (*dritte Person* der Trinität) bestimmt. Damit hat Joachim ein Modell zum Verständnis der Geschichte im Sinne einer biblisch fundierten Universal- und Heilsgeschichte aufgestellt, das von der Schöpfung bis zum Ende der Zeit (vgl. hierzu auch Offb 21,1-8) alles umfasst, was es jemals gegeben hat und was es jemals geben wird. (Abb. 83)

Interessant bleibt in diesem Zusammenhang, dass das „Reich des Heiligen Geistes", also die dritte, zukünftig-endzeitliche Zeitstufe als Ende aller Zeit weder dem Alten Bund/Alten Testament noch dem Neuen Bund/Neuen Testament zugeordnet wird,

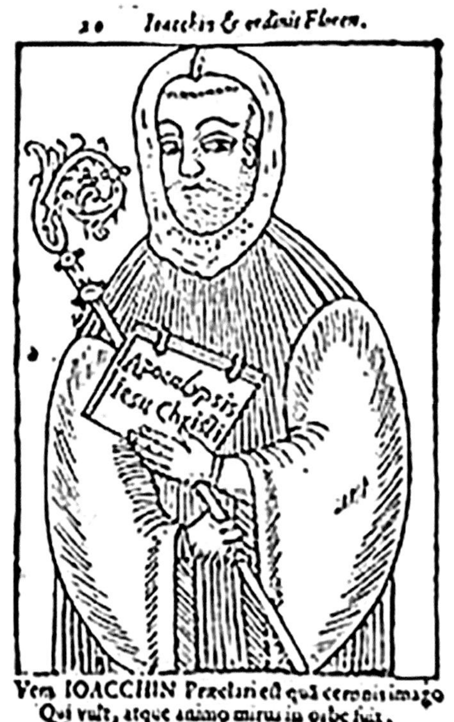

Abb. 81: Der Abt Joachim von Fiore, mittelalterliche Darstellung.

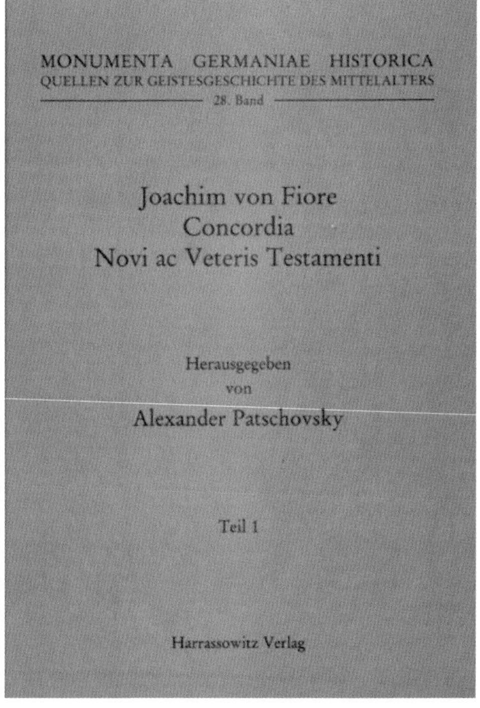

Abb. 82: Titelbild des ersten Bandes der vierbändigen lateinischen Ausgabe von Joachims „Concordia Novi ac Veteris Testamenti".

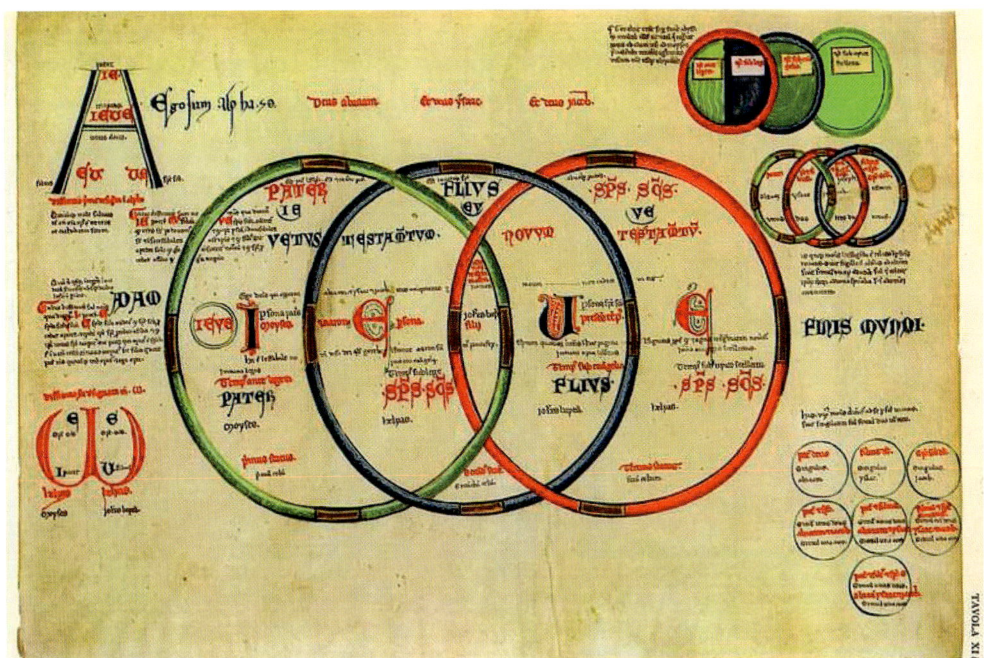

Abb. 83: Tafel XI b aus dem „Liber Figurarum“ des Joachim von Fiore. Der Liber Figurarum entstand etwa 1230, also nach dem Tod des Joachim, vermutlich von einem seiner Schüler in Sinn einer Kompilation zusammengestellt. Bemerkenswert ist hierbei, dass die dargestellten Figuren und Zeichnungen wahrscheinlich aus der Feder des Joachim selbst sind, die er noch zu Lebzeiten angefertigt hat. Hier zu sehen eine gut erkennbare schematische Darstellung seiner Drei-Weltalter-Lehre als dem systematisch-apokalyptischen Herzstück seiner Theologie. Die drei sich überschneidenden Kreise sind farblich abgesetzt und meinen mit grün den Vater, mit blau den Sohn und mit rot den Heiligen Geist. Die Überschneidungen der Kreise symbolisieren sowohl die Dynamik der innertrinitarischen Perichorese wie auch das heilsgeschichtliche Movens der gesamten Schöpfung in ihrem zeitlichen Aspekt vom Vater über den Sohn bis zum Heiligen Geist. Wenn man das hier horizontal dargestellte Schema um 90 Grad kippt, kann man das geschichtlich-heilsgeschichtliche Konzept erkennen, wie es sich möglicherweise im vertikalen Aufriss des Bamberger Fürstenportals dem Betrachter zeigt.

sondern gemäß der Prophezeiung aus Offb 21,5: „Seht, ich mache alles neu!“ eine Sphäre eröffnet, die allem Bisherigen und Bekannten (noch) fremd ist und es in jeder Hinsicht überbietet. Man kann das gemäß Joachim als das *Mysterium der Eschatologie* bzw. *Soteriologie* verstehen, denn wenn Gott *„alles neu“* macht, haben wir als irdische Wesen keine Begriffe davon, was dies in concreto bedeuten soll. Zumindest ist aber so viel klar, dass alle Gottesbundschaft, alle Bundestheologie, die Alte wie die Neue, die bis dahin maßgeblich war, als solche nicht mehr die Stelle wie bisher haben wird. Denn der Bund (der Alte wie der Neue) war freier Zuspruch Gottes an die Menschen nach dem Sündenfall zu deren Heil, und wenn dasselbe erreicht ist, dann ist auch das Mittel, das hierzu dient, nicht mehr virulent – allerdings nicht in dem Sinn, dass der Bund damit aufgelöst, obsolet oder überflüssig geworden wäre: Mit dem Eintritt des Heils, wie dies gemäß christlicher Theologie nach dem Jüngsten Gericht für die Erlösten gilt, hat sich der Bund, der Alte wie der Neue, in *vollumfänglicher Weise erfüllt*. Wobei auch hier wieder ein Wort aus der Offenbarung Pate steht: „Denn was früher war, ist vergangen“ (Offb 21,4) und anzeigt, dass das Neue, das mit dem eschatologischen Heil einhergeht, „nicht von dieser Welt ist“, wie das Johannesevangelium (Joh 18,36) sagt. Besonders erwähnenswert ist hierbei der Umstand, dass die Heilsgeschichtsmetaphysik des Joachim eine große *synthetisierende Kraft* hat, bei der die Vorstufen – Alter und Neuer Bund/Reich des Vaters bzw. des Sohnes – in der eschatologisch-soteriologischen Finalität des Reichs des Heiligen Geistes überhöht bzw. transformiert werden und gemeinsam in eine Art *universelles Friedensreich* eingehen.[141]

Das Werk des Joachim „Concordia Novi ac Veteris Testamenti“ ist ausgesprochen umfangreich – die Ausgabe umfasst vier Bände, wovon erster und letzter Einleitung bzw. Glossar, Register pp. enthalten, während die beiden mittleren Bände das eigentliche Werk von *quinque libri* mit jeweils ca 500 Seiten den lateinischen Text ohne Übersetzung bieten –, weswegen im Rahmen dieser Studie nicht die Möglichkeit besteht, einen differenzierten Einblick bzw. eine adäquate Wiedergabe dieses Werkes zu geben. Nichtsdestotrotz sollen hier wenigstens die zentralen Aussagen desselben, ihre Systematik und ihr Stellenwert noch etwas weiter als bisher zur Sprache kommen (Abb. 84). Da der Text erst 2017 zuverlässig ediert wurde, keine vollständige Übersetzung vorliegt und somit die Erforschung dieses Denkers auf breiter wissenschaftlicher Ebene noch aussteht, folgt hier zumindest ein aussagekräftiger Passus zu Joachims Werk aus der *Einleitung zu dieser Edition*:

„Die Concordia Novi ac Veteris Testamenti steht unter fünf Prämissen. Sie werden von Joachim nicht in jedem Punkt explizit thematisiert (dafür ist für ihn manches zu selbstverständlich), aber man muss sich ihrer bewusst sein, will man das von ihm errichtete Gedankengebäude verstehen. (1) Gott ist Schöpfer und Herr des Universums, und damit ist er auch Herr der Geschichte, und zwar der Geschichte in ihrem Verlauf und als strukturiertes Gebilde (‚textura‘), im Unterschied zum Verständnis von Geschichte als eine Aneinanderreihung unzusammenhängender Einzelereignisse. (2) Die Gottheit ist als Trinität aufzufassen (Vater, Sohn, Heiliger Geist), und wenn sie die Geschichte formt, muss sich die Wirkweise der drei göttlichen Personen, unbeschadet ihrer Einheit und damit auch zeitlichen Ubiquität, je eigen (‚proprie‘) im Geschichtsraum abbilden, das heißt in Joachims Sicht

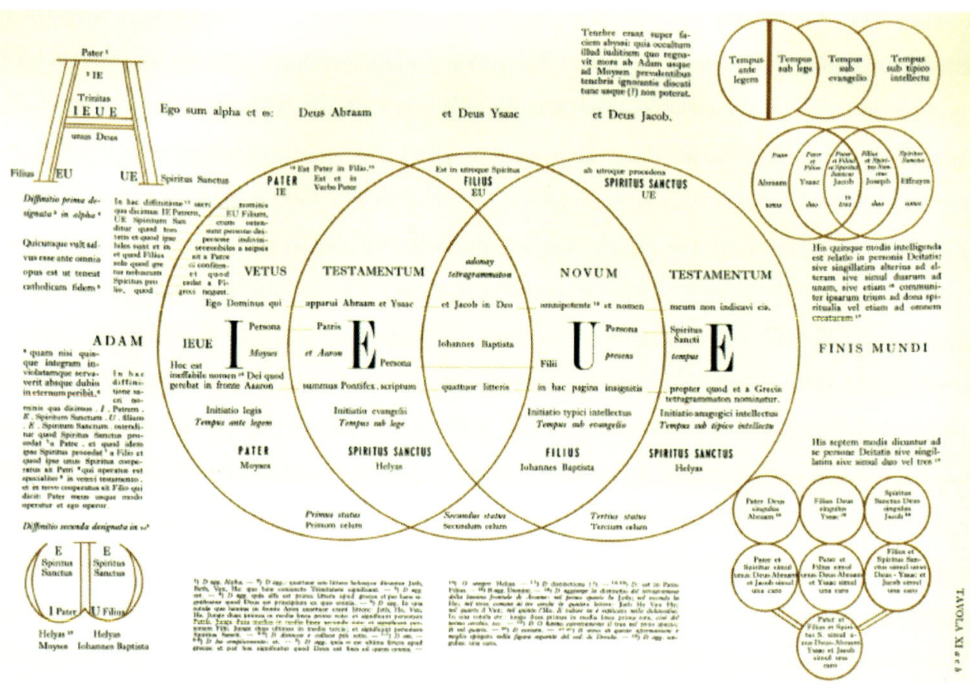

Abb. 84: *Transkription der optisch zusammengefassten Tafeln XI a und b aus Joachims „Liber Figurarum“.*

in drei Weltepochen (‚status‘). (3) Entsprechend dem Wesen der Trinität stehen diese drei Weltepochen in Korrespondenz (‚concordia‘) zueinander, dergestalt, daß sich bestimmte Geschehnisse Epoche für Epoche ‚wiederholen‘. (4) Den Schlüssel zum Verständnis des Prinzips der historischen Recapitulatio liefert der Abgleich zwischen den im Alten Testament aufgezeichneten Geschehnissen und den unter dem Signum des Neuen Testaments stehenden der Kirchengeschichte. Terminologisch ist der Titel Concordia Novi ac Veteris Testamenti daher so aufzufassen, daß für das Alte Testament die Geschehnisse selbst wie ihre Aufzeichnung Gegenstand der Betrachtung sind, für das Neue Testament hingegen vornehmlich, wenn auch keineswegs ausschließlich, der kirchengeschichtliche Zeitrahmen die Bezugsebene bildet. (5) Die von Gott geschaffene Welt ist eine geordnete Welt. Ordnung läßt sich in Zahlen ausdrücken. Zeit und Zahl lassen sich folglich in ein Gefüge proportionaler Relationen bringen, die man auch als Harmonie bezeichnen kann. Geschichte weist daher numerisch faßbare Strukturen auf. Die Concordia ist nichts anderes als der Versuch, auf Grundlage der genannten Prämissen den Geschichtsverlauf darzulegen und in seinem inneren Zusammenhang zu begründen sowie aus der dem Autor eigenen Weltsicht die moraltheologischen, anthropologischen und gesellschaftspolitischen Schlussfolgerungen zu formulieren. Das Werk hat den Charakter der Ausformung eines geschichtsphilosophischen Systems, dessen Erfinder der Philosoph Karl Löwith nicht anstand, in eine Reihe mit Hegel und Marx zu stellen. Die Concordia ist der früheste Entwurf einer Geschichte als System. Nach Weite des Entwurfs, Komplexität der Gedanken, Umfassendheit der erfaßten Bezüge menschlicher Existenz, auch nach geistiger Klarheit, Stringenz der Argumentation und sprachlicher Kraft ist die Concordia ein Stück Weltliteratur; allerdings eines, das es als solches erst noch zu erschließen gilt.“[142]

Es könnte sein, dass die Heilsgeschichtsmetaphysik des Joachim – deren Akzent auf dem Reich des Heiligen Geistes und also der dritten trinitarischen Person als eschatologisch-soteriologischer Finalität liegt –, die sich für die jedenfalls originellen, kreativen und auch geistreichen theologisch-spekulativen Überlegungen maßgeblich von der Offenbarung des Johannes leiten und inspirieren lässt, die Bedeutung dieses letzten biblischen Buches für die Folgezeit in den Fokus gerückt hat. Bedenkt man, dass die Gotik mit dem Chorneubau von St. Denis im Jahr 1144 beginnt und sehr bald große Bereiche Europas erfassen wird und dass für den gotischen Kirchenbau die oben erwähnten Passagen aus Offb 21 ganz wesentlich sind, dann bietet Joachims Heilsgeschichtsmetaphysik letztlich so etwas wie das Erklärungsmodell für eine solche Geisteshaltung. Der tiefgehend *visionäre Charakter der Gotik* – die Blüte der *christlichen Mystik* just zu dieser Zeit um 1200/1300 kann schwerlich als Zufall verstanden werden – lässt sich von dieser Seite aus begreifen. Wenn man die Offenbarung des Johannes als wahrheitsgemäße Voraussage betrachtet, dann ist das „Apokalyptische“ der Apokalypse gar nicht apokalyptisch im heutigen Sinne, sondern die Aussicht und Hoffnung *auf ein letztlich universal gutes Ende aller Dinge*.

Exkurs: Heilsgeschichtliche Motive im Buch Daniel

Dass Augustinus und v. a. Joachim von Fiore ihre Art der christlich gewendeten Heilsgeschichte denken und niederschreiben konnten, hat im Wesentlichen mit der Biblischen Zeitvorstellung zu tun, die nicht mehr zyklisch, sondern linear gedacht, auf ein gutes Ende ausgerichtet vorgestellt wird und sich initial gut in der Figur des Messias greifen lässt. Diese lineare Zeitvorstellung, die klare teleologische Elemente aufweist, kann man als die gedankliche Inkunabel auffassen, in der sich vermutlich so gut wie alle weiteren Biblischen, Jüdisch-Christlichen Zeit- und Geschichtsvorstellungen entwickeln konnten, wie es bei Augustinus und Joachim gut ersichtlich wird, aber nicht nur bei den Genannten, sondern bereits im Alten Testament lässt sich dies sehen.

Denn im *Buch Daniel* findet sich die Idee einer Sukzession verschiedener Reiche. Gemeint sind in diesem Fall nicht wie dann bei Joachim metaphysische, heilsgeschichtliche Reiche, sondern durchaus irdische Weltreiche. Aber der Gedanke, dass sich Weltreiche ablösen und aufeinanderfolgen, dass darin möglicherweise auch ein verborgener *Sinn der Geschichte* erkennbar werden könnte, weil, so wird man hinzufügen dürfen, diese Sukzession von *Gott selbst* als dem Herrn der Geschichte *bewerkstelligt* oder doch zumindest im Sinne einer *Vorsehung* in dieser Weise angelegt wurde – solche Überlegungen tauchen in großer Breite und apokalyptischer Manier in diesem Buch auf.[143] Die vier Reiche bei Daniel wurden von der Tradition meist als die *Reiche der Babylonier, Perser, Griechen* (unter Alexander dem Großen) und *Römer* verstanden,[144] also Völker, mit denen die Israeliten im Laufe ihrer eigenen Geschichte einschlägige Erfahrungen gemacht hatten.

Ein derartiges Motiv einer Geschichtsvision – und „Vision" darf man in diesem Fall bei Daniel insofern wörtlich nehmen, als es sich in der Biblischen Erzählung um entsprechende *Traumgesichte* handelt – markiert in diesem Zusammenhang einen wichtigen Punkt für das Denken der Bibel und somit für dasjenige der Juden und Christen. Denn auch wenn Gottes Wege prinzipiell unerforschlich sind, so offenbart er doch zumindest über Visionen pp., wie hier geschehen, bestimmte Geheimnisse. Damit ist Gott zwar unbenommen in jeder Hinsicht absolut, aber er ist nicht irrational oder gar ungerecht, der Mensch hat grundsätzlich die Möglichkeit, Gottes Schöpfung zu verstehen. Und Gott als Herr der Geschichte, als nicht irrationaler und nicht ungerechter Herrscher, erweist sich damit auch als der in Wahrheit einzige Gott[145]: Denn der Clou der Überlieferung liegt nicht zuletzt darin, dass dieser Traum Daniels gar nicht ursprünglich sein eigener Traum war, sondern derjenige des babylonischen Königs Nebukadnezar, der ihn, ohne zu sagen, was er da eigentlich Eindrückliches geträumt hatte, von einem Deuter erzählt und erklärt wissen wollte. Die chaldäischen Magier des Königs von Babel versagen allerdings bei dieser zugestanden nicht ganz einfachen Aufgabe – doch der Israelit Daniel weiß Rat und kann dem König den Traum und seine Deutung in ausgesprochen zufriedenstellender Weise entschlüsseln. Damit ist die Majestät des Biblischen Gottes, des Gottes Daniels und seines Volkes, über alle Länder, Völker und v. a. auch Zeiten klargestellt, wie es als deutliches Zu- und Eingeständnis in diesem Sinne dem König Nebukadnezar in jener Passage in den Mund gelegt wird (Abb. 85).

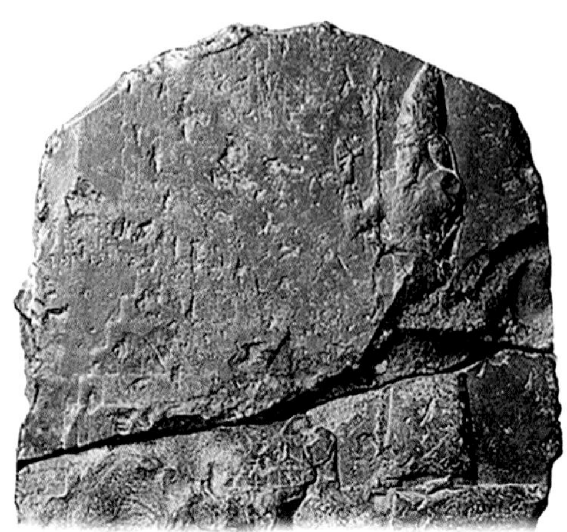

Abb. 85: Reliefdarstellung des babylonischen Königs Nebukadnezar, der mit seinen Truppen Jerusalem erobert und den Tempel zerstört hat.

Auch wenn Daniel hier wie erwähnt noch nicht in die explizit metaphysische und eschatologische Richtung denkt, wie dies später bei Joachim von Fiore ersichtlich sein wird, so kann man doch die betreffenden Stellen aus dem Daniel-Buch als eine Art der Weichenstellung und Vorbereitung auf Joachims Denken begreifen. Jedenfalls hat Daniel zweifellos die Idee einer Aufeinanderfolge verschiedener Reiche niedergelegt und damit implizit Joachims große Heilsgeschichts-Vision in gewisser Hinsicht vielleicht sogar antizipiert.[146]

Gesteigert wird die erste Vision Daniels dann allerdings durch eine zweite, ebenfalls ein Traumgesicht, in der wiederum die Zahl Vier und entsprechende Reiche und Herrschaften eine Rolle spielen – nun jedoch wesentlich kryptischer und schwerer zu deuten als die erste Vision, zumal am Ende derselben einer auf den Wolken kommt, der wie ein *Menschensohn* ausschaut und dessen Herrschaft ewig sein wird, wie es bei Daniel heißt. Bedenkt man hierbei den Umstand, dass der Titel des „Menschensohnes" der bevorzugte ist, mit dem das Neue Testament Jesus von Nazareth, den Christus und König der Juden, bezeichnet, dann liegt es auf der Hand, dass man gerade aus christlicher Warte diese Vision Daniels nicht nur als Prophezeiung des Kommens des Messias Jesus Christus verstand, sondern dass hiermit auch explizit eine Abfolge, wie schon bei Daniels erster Vision, der

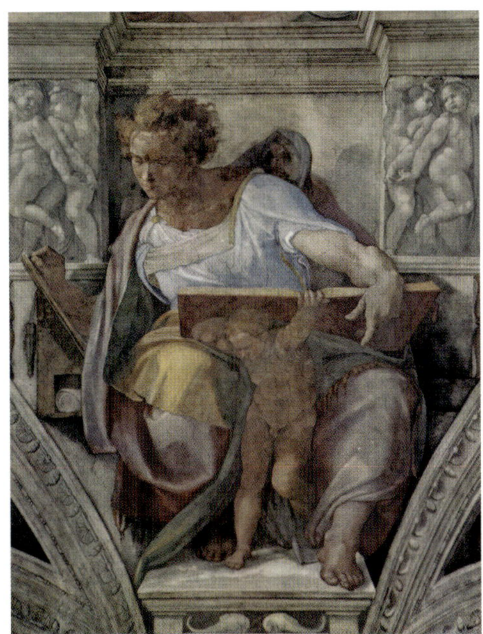

Abb. 86: Michelangelo Buonarroti: Prophet Daniel auf dem Deckenfresko der Sixtinischen Kapelle.

Reiche stattfindet, hier dann aber klar teleologisch und, wenn man so will, auch tatsächlich apokalyptisch und eschatologisch gewendet.[147] Interessant und offenbar eine bewusste narrative Brechung zur ersten Daniel-Vision liegt in dem Umstand, dass Daniel dieses sein Traumgesicht nicht selbst auslegen kann, weswegen er einen Umstehenden (bzw. Engel) bittet, dass er dies für ihn tun möge. Die Deutung des Gefragten geht nun auch in die Richtung, dass es sich wiederum um Reiche handelt, die kommen und gehen. Entscheidend ist hierbei, dass in dieser Deutung ganz explizit Gott als der Initiator und Lenker der Geschehnisse bestimmt wird, womit er nicht nur Herr der normalen irdischen Geschichte ist, sondern auch der Herr der Endzeit, des Gerichtes, wie es bei Daniel heißt, dessen Reich ewig währt und niemals untergeht.[148]

Dass man Letzteres als sachliche Antizipation des Heilsgeschichts-Denkens Joachims von Fiore verstehen kann, erlaubt wohl kaum einen Zweifel, da es sich einwandfrei und sachlich zutreffend als apokalyptisch und eschatologisch verstehen lässt.

Und dass – um diesen Exkurs mit einem dezidierten Blick auf das *Bamberger Fürstenportal* abzuschließen – an der Säule, auf der Ecclesia am Fürstenportal steht, nicht nur die Symbole der vier Evangelisten (in einer künstlerisch modifizierten Tetramorph-Darstellung) erkennbar sind, sondern möglicherweise auch der *Prophet Daniel* (Abb. 86) angebracht ist (dem mittlerweile bedauerlicherweise der Kopf fehlt, siehe S. ..), passt sich in das apokalyptisch-eschatologische sowie im Sinne des Joachim von Fiore heilsgeschichtliche Bildprogramm des Fürstenportals sachlich gesehen nahtlos ein. Da leider keine Attribute der genannten Figur erkennbar oder erhalten sind, kann sich die Deutung nur auf theologische Überlegungen stützen, und weil im Buch Daniel nicht nur erwähnte vier Reiche in ihrer (heils)geschichtlichen Dimension, sondern auch der *Tetramorph* eine Rolle spielt,[149] würde Daniel ikonografisch gesehen an dieser Stelle durchaus Sinn machen, aber ein letztgültiges Urteil diesbezüglich lässt sich wohl nicht fällen, zumal beim Propheten *Ezechiel* (wie oben angeführt) der Tetramorph eine wesentlich größere und v. a. für die Tradition und Kunstgeschichte klassischere Rolle als in diesem Zusammenhang der Prophet Daniel spielt.[150]

Unterlegt man das soeben (zu Joachim von Fiore und der damit verbundenen Zeit- und Geschichtsvorstellung) Gesagte als Folie der Gesamtgestaltung des Bamberger Fürstenportals, könnte man fast mutmaßen, dass dasselbe nach Joachims Ideen – unter Einbeziehung derjenigen von Paulus sowie Bernhard von Chartres und Augustin – angelegt ist. Die Propheten der Gewändefiguren verkörpern gleichermaßen den Alten Bund/das Alte Testament, die Zeitstufe der Vergangenheit sowie das Reich des Vaters als erster Person der Trinität. Analog dazu repräsentieren die Apostel den Neuen Bund/das Neue Testament, die Zeitstufe der Gegenwart sowie das Reich des Sohnes als zweiter Person der Trinität. Und schließlich steht das Tympanon nicht nur für die Darstellung der Zukunft, von Totenauferstehung und Jüngstem Gericht, sondern zugleich auch für die eschatologisch-soteriologische Dimension des apokalyptischen Reichs des Heiligen Geistes als dritter Person der Trinität.

Aufgrund einer diesbezüglich nicht vorhandenen Quellenlage ist es natürlich nicht möglich den förmlichen Nachweis zu führen, dass die heilsgeschichtlich-metaphysischen Ideen des Joachim von Fiore die konzeptionelle Matrix bei der Realisierung des Fürstenportals abgegeben haben,[151] zeitlich jedoch wäre es möglich (Joachim hat im ausgehenden 12. Jahrhundert seine Werke verfasst, das Fürstenportal ist etwa um 1210-1230 entstanden), zweifellos lehnt sich jedenfalls das Fürstenportal in seinem beschriebenen Aufbau stark an die Ideen des Joachim an. Auf Grundlage einer Urteilskraft im Rahmen von Plausibilitäten und Wahrscheinlichkeiten kann es als nicht abwegig verstanden werden, wollte man Joachims Ideen trotz einer in diesem Fall insuffizienten Quellenlage für die Konzeption dieses Aspekts des Fürstenportals namhaft machen, zumindest scheint hiermit dieser Gedanke (nach Suckales oben erwähntem Hinweis) für die Interpretation nicht verfehlt. Zumal die hohe geistig-ästhetische Passgenauigkeit der Ideen Joachims und der architektonisch-ikonografischen Anlage des Fürstenportals als Zufall fast kurioser als eine entsprechende konzeptionelle Idee, deren Belege mittlerweile nicht mehr greifbar sind, wäre – ein letztgültiges Urteil hierüber kann somit zum gegenwärtigen Zeitpunkt begründetermaßen nicht getroffen werden.

Bezieht man diese Überlegungen zum Portal auch auf die beiden Skulpturen von Ecclesia und Synagoga, ergibt sich folgender Befund: Ecclesia und Synagoga sind topografisch auf der Höhe des Tympanons angebracht, was heißt, dass sie (im Sinne der heilsgeschichtlichen Metaphysik des Joachim) auf der Zeitstufe der *Zukunft*, des *Reichs des Heiligen Geistes* als dritter Person der Trinität stehen. Sie sind von dieser konzeptionellen Seite aus betrachtet damit dezidiert als *Endzeitfiguren* aufzufassen, nicht einfach nur als Symbolisierung, Allegorie, Versinnbildlichung, Typus-Antitypus usw. von Christentum und Judentum zu verstehen, sondern als komplexe religiös-theologische *Doppelwesen*, die zum einen noch aus der Vergangenheit bzw. Gegenwart herkommen, zum anderen aber schon auf das „endzeitlich Neue, wo das Frühere nicht mehr ist" verweisen und so gesehen als universelle *Hoffnungsfiguren* apokalyptischer Natur gedeutet werden können.

Mit dem zuletzt Gesagten wird ein *weiterer Interpretationsschritt des Theologischen* angesprochen, der erneut auf den Römerbrief des Paulus Bezug nimmt: „Denn ich will euch, Brüder und Schwestern, nicht in Unkenntnis über dieses Geheimnis lassen, damit ihr euch nicht selbst für klug haltet: Verstockung liegt auf einem Teil Israels[152], bis die Vollzahl der Heiden hereingekommen ist,[153] und so wird ganz Israel gerettet werden, wie geschrieben steht: Es wird kommen aus Zion der Retter, er wird alle Gottlosigkeit von Jakob entfernen. Und das ist der Bund, den ich für sie gestiftet habe, wenn ich ihre Sünden hinwegnehme. Vom Evangelium her gesehen sind sie Feinde, und das um euretwillen; von ihrer Erwählung her gesehen aber sind sie Geliebte, und das um der Väter willen." (Röm 11,25-28). Im christlichen Kontext hat man von diesen Bemerkungen ausgehend auch immer wieder von den „beiden (endzeitlichen) *Bräuten Christi*" hinsichtlich Ecclesia und Synagoga gesprochen,[154] was mit dem Begriff der *„Geliebten"* (*um der Väter willen*, sprich um des *Alten Bundes willen*: „ἀγαπητοὶ διὰ τοὺς πατέρας") zugleich naheliegt. Es steht freilich außer Frage, dass eine Lesart des Bamberger Skulpturenpaares in Richtung von Entzweiung – Zuordnung der Ecclesia zu der eschatologisch guten, Zuordnung der Synagoga zu der eschatologisch bösen Seite – jederzeit möglich ist und sich auch rein visuell in dieser Form unmittelbar anbietet. Die gekrönte, als Siegerin der Heilsgeschichte präsentierte Ecclesia ist zur Rechten Christi situiert, die verblendete[155], gebrochene und hinsinkende Synagoga entsprechend zu seiner Linken (von der der Gekreuzigte, nicht hier im Tympanon, welches eine Christus-Pantokrator-Assoziation erweckt, aber in den oben erwähnten Buchmalereien auch seinen Kopf im Tod abwendet). Im Tympanon, das wie gesehen auf gleicher topografischer Höhe wie die beiden Skulpturen steht, sind damit kongruierend die Erlösten an der Seite der Ecclesia, die Verdammten an der der Synagoga, was schließlich ein eindeutiges (symbolisches) Licht auf beide Personifizierungen wirft.

Diese augenfällige und klar polar differenzierende Qualifizierung der beiden Figuren war und ist nun der überaus nachvollziehbare Stein des Anstoßes, wie er von Kritikern des Bamberger Paares als *antijudaistisch* oder gar *antisemitisch* vorgetragen wurde und wird.[156] Da aber, und dies hebt das Bamberger Fürstenportal (neben der vermutlich höchsten konzeptionellen Komplexität und einem damit einhergehenden Implikationsreichtum der überlieferten Portale mit dem Ecclesia-Synagoga-Thema) erneut hervor und unterstreicht genauer als nur unmittelbar betrachtet seine im positiven Sinn bemerkenswerte Sonderstellung, das Skulpturenprogramm der Jüngeren Bildhauerwerkstatt insgesamt vermutlich gezielt eine so gut wie *nicht in Eindeutigkeit auflösbare Vieldeutigkeit* aufweist,[157] dies in besonderem Maße ebenso für Ecclesia und Synagoga zutrifft, wird man bei einer vordergründigen Lesart des Kunstwerkes nicht stehen bleiben können. Die Ansätze zu einer tiefergehenden theologischen Sichtweise des Skulpturenpaares wurden in den obigen Ausführungen anzudeuten versucht.

Da die Thematik von Ecclesia und Synagoga gleichermaßen in historischer, kunstgeschichtlicher, theologischer und, wie sogleich noch ausgeführt werden wird, politischer sowie psychologischer Hinsicht ausgesprochen vielschichtig, non-linear und non-eindimensional ist, wird man eine schlichte Interpretation dieses Kunstwerkes, ganz gleich welcher Provenienz, als unzutreffend zurückweisen müssen. Durch die bisherigen Ausführungen wurde bereits klar, dass der Implikationsreichtum des Fürstenportals wie damit auch von Ecclesia und Synagoga noch nicht hinreichend ausgelotet ist.

Ein kurzer Nachtrag kunsthistorischer Natur sei an dieser Stelle noch erlaubt. Die Bamberger Domskulpturen der Jüngeren Bildhauerwerkstatt mit ihren engen Beziehungen zu Reims weisen immer wieder kunstgeschichtliche Besonderheiten im Sinne kleiner und vergleichsweise überschaubarer, aber doch vielleicht wenigstens kurz erwähnenswerter Superlative auf. So ist beispielsweise der Bamberger Reiter die erste *lebensgroße Reiterstatue* seit der Antike, die Skulpturen von Adam und Eva an der Adamspforte sind nach aktuellem Stand der Forschung auch die ersten *lebensgroßen* (bis auf die Feigenblätter echte) *Akte* seit der Antike – und wie es sich ausnimmt, ist auch die Bamberger Synagoga die erste *vollrund gearbeitete Skulptur* seit der Antike: „Ganz anders dagegen und in überaus sinnlicher Gestalt die Synagoge […], deren verbundene Augen ihre Blindheit deutlich machen. Während sie in der Rechten die gebrochene Lanze hält entgleiten ihr aus der linken Moses' göttliche Gesetzestafeln. Was sie trägt ist nichts als ein Kleid von beinahe durchsichtiger Stofflichkeit, das, in der Hüfte gegürtet ihren Leib wie nasse Seide enthüllt. Der Unterleib wölbt sich vor und macht diese allegorische Frauenfigur zu dem, was ihr von der zeitgenössischen Theologie zugeschrieben war, ‚die erste Braut Gottes' gewesen zu sein, ‚die, untreu geworden und zur Dirne herabgesunken, am Ende der Zeiten wieder zu ihm zurückkehren wird', wie Helga Sciurie veranschaulicht. Das bestätigt sich obendrein in der Rückansicht, denn die Skulptur ist, in dieser Weise vielleicht erstmalig nach der Antike, als vollrunde Freifigur gestaltet."[158] Dieser Befund wird dementsprechend weiter in der Deutung ausbuchstabiert: „Hier erst entfaltet der Bildhauer ihre laszive Erscheinung zu voller Gestaltung. Ihr Kleid wirkt ärmellos und noch körpernäher als in der Vorderansicht. Und doch bleibt der Gestalt der Synagoge im erhobenen Haupt jene Würde, die sie der Ekklesia als, wenn auch antipodisches, Gegenüber bestehen lässt."[159]

116 Auf das Ziegenbock-Motiv wurde oben bereits kurz verwiesen. Generell kann man sagen, dass je stärker der Einfluss von Volksfrömmigkeit oder auch politischen oder sonstigen außertheologischen Belangen ist, desto intransparenter auf theologische Lehren und willkürlicher in der ikonografischen Umsetzung werden die religiösen Bildwerke in diesem Zusammenhang. Dass soll keineswegs bedeuten, dass die offizielle Theologie immer unproblematisch oder judenfreundlich gewesen wäre, das ist sicherlich nicht der Fall, aber tatsächliche theologische Kenntnisse sind bei der Umsetzung von religiösen Bildwerken zweifellos begrüßenswert, und das Bamberger Beispiel von Ecclesia und Synagoga ist sehr gut dazu geeignet zu zeigen, wie implikationsreich und begrüßenswert religiöse Kunst auf einem solchen Hintergrund werden kann.

117 Vgl. hierzu etwa Exeler, Adolf/Mette, Norbert: Theologie des Volkes, Mainz 1978.

118 Vgl. hierzu etwa Riegl, Alois: Volkskunst, Hausfleiss, und Hausindustrie, Berlin 1894.

119 Vgl. hierzu etwa Blümle, Claudia: Das Lebende Kreuz. Eine Bildgattung an der Schwelle von Souveränität und Imaginärem, in: Heiden, Anne van der (Hrsg.): Per imaginem. Bildlichkeit und Souveränität, Zürich 2005, S. 45-57.

120 Vgl. hierzu etwa Jochum, Herbert: Ecclesia und Synagoga. Das Judentum in der christlichen Kunst, Ottweiler 1993, S. 96-101.

121 Weitere wichtige theologische Aspekte, die in die Konzeption des Fürstenportals eingeflossen sind, lassen sich etwa mit Begriffen wie „Gottes Gerechtigkeit", „Freiheit, Gesetz und Gnade", „menschliche Gottesebenbildlichkeit", „Apokatastasis, Fegefeuer, ewige Verdammnis" usw. schlagwortartig benennen.

122 Bei Paulus stehen diese Ideen im – damals alles andere als unumstrittenen – Kontext der Heidenmission: Können auch Leute, die nicht zu den „verlorenen Schafen Israels" gehören, also Heiden, des Erlösungswerkes Jesu Christi am Kreuz teilhaftig werden? Im sog. „Apostelkonzil", wo sich der „Neuling" Paulus mit den „Säulen" Petrus und Jakobus pp. in Jerusalem trifft, wird diese Frage sehr kontrovers ausgefochten, wobei sich offenbar schlussendlich Paulus mit seiner Auffassung durchgesetzt hat: Das Heilswerk des Auferstandenen bezieht sich nicht nur auf die Gruppe der Israeliten, sondern grundsätzlich auf alle Menschen. Und weil (nach Paulus) der Heilsanspruch Jesu Christi schlechthin universell ist, müssen (wie es die ursprünglichen Jünger gefordert hatten), heidnische Konvertiten nicht erst Juden (mit Annahme des Gesetzes in all seinen Aspekten) werden, sondern können unmittelbar ohne diesen Zwischenschritt Christen werden. Als interessant kann es in diesem Zusammenhang gelten, dass Paulus – und die oben angeführte Römer-Passage bringt dies zum Ausdruck – die Heidenmission in einen (für die Bibel ohnehin charakteristischen, wie weiter unten noch zur Sprache kommen wird) teleologischen Zusammenhang stellt: Weil durch die Assyrische Gefangenschaft, wie es die Schrift sagt (2 Kö 17,23), Israel von zwölf Stämmen (vgl. hierzu Gen 29,3-30,24 sowie Gen 35,23-26 und Gen 49,1-27 einschließlich Num 26,4-51) auf möglicherweise zwei reduziert wurde, so sollen die Heiden – gemeint ist das Bild der „Ausgebrochenen Zweige und der sie ersetzenden Pfropfreiser" – das Substitut dieser verlorenen Stämme Israels werden. Wie ebendas theologisch genauer zu verstehen ist, kann hier nicht erörtert werden, es soll an dieser Stelle genügen, hiermit den Begriff der „Substitution" und damit auch den der „Substitutionstheologie" vom biblischen Befund her transparent gemacht zu haben. Letzteres ist vielleicht nicht ganz unwichtig, weil das Genre „Ecclesia und Synagoga" meist im Kontext der „Substitutionstheologie" verhandelt wird, was nicht falsch, aber so differenziert und anspruchsvoll ist, dass ein kurzer Blick auf deren biblische Wurzeln hilfreich beim Verständnis sein kann.

123 Johannes von Salisbury: Metalogicon, 3,4,47 ff. („Dicebat Bernardus Carnotensis nos esse quasi nanos gigantum umeris insidentes, ut possimus plura eis et remotiora videre, non utique proprii visus acumine, aut eminentia corporis, sed quia in altum subvehimur et extollimur magnitudine gigantea.")

124 Wenn Bernhard von Chartres dieses Wort hinterlassen hat, dann ist es auch naheliegend, dass in der Kathedrale von Chartres dieses Motiv künstlerisch umgesetzt wurde. Aber dass dann entweder zeitgleich oder kurz danach die gleiche Darstellung in modifizierter Form am Bamberger Fürstenportal erschien, ist ein deutlicher Hinweis auf die bemerkenswerte Gelehrsamkeit der Verantwortlichen in Bamberg, die dies in Auftrag gegeben haben.

125 In der Jüdischen Bibel, dem Tanach, zählt Daniel interessanterweise gar nicht zu den Propheten, sondern zu den „Schriften", Ketuvim, wie etwa auch die Psalmen, Hiob, die Proverbia, Kohelet oder auch Esra-Nehemia pp. Erst die Christen haben das Buch Daniel als ein prophetisches Werk verstanden und entsprechend in ihren Bibelkanon eingeordnet, was vermutlich den seherischen Episoden in diesem Buch geschuldet ist. Somit zeigen die Farbglasarbeiten von Chartres in Person des „Propheten" Daniel gewissermaßen in nuce die Adaption des Judentums durch das Christentum, was ein multiples Spannungsverhältnis von Sukzession, Transformation und Repulsion umschreibt und auf theologischer Ebene maßgeblich eine dialogische Qualität aufweist.

126 Suckale, Robert: Die Bamberger Domskulpturen. Technik, Blockbehandlung, Ansichtigkeit und die Einbeziehung des Betrachters, in: Münchner Jahrbuch der Bildenden Kunst, Band 38 (1987), S. 51.

127 Vgl. hierzu etwa Bellinger, Gerhard J.: Knaurs Lexikon der Mythologie, München 1999, S. 469 f.

128 Vgl. hierzu etwa Kaul, Flemming: Der Mythos von der Reise der Sonne. Darstellungen auf Bronzegegenständen der späten Bronzezeit, in: Gold und Kult der Bronzezeit, Nürnberg 2003.

129 2 Kön 23,11: „Er entfernte die Pferde, die die Könige von Juda zu Ehren der Sonne am Eingang zum Haus des HERRN bei der Zelle des Kämmerers Netan-Melech am Parwar aufgestellt hatten, und verbrannte die Sonnenwagen im Feuer."

130 Vgl. hierzu etwa Zenger, Erich: Einleitung in das Alte Testament, Stuttgart 20045.

131 Bekanntlich gilt der Grieche Herodot als erster eigentlicher Geschichtsschreiber der Menschheit, was so gesehen sicherlich nicht falsch ist und viel über unser geläufiges Verständnis von „Geschichte" aussagt, das, typisch griechisch, viel mit Theorie, Wissen und faktischer Kenntnis zu tun hat (mitunter auch synonym mit „Bildung" verstanden wird). Hier zeigt sich ein bemerkenswerter Unterschied zwischen der biblischen und der griechischen Geschichtsauffassung: „Historie", historia auf Latein bzw. ἱστορία im Griechischen als deren sprachliche Wurzel, heißt eigentlich so viel wie „Kenntnis", „Wissen", „Bekanntschaft mit", geht auf das griechische Verb ἱστορέω zurück, das entsprechend „untersuchen", „fragen", „wissen wollen", „erforschen", „beobachten" und diese Inhalte dann „übermitteln" bedeutet. In der Bibel hingegen hat „Geschichte" nichts mit „Kenntnis von X" zu tun, es geht dabei nicht um ein „Wissen, das aufgrund von Reisen in fremde Länder" gewonnen wurde: „Geschichte" in der Bibel (vermutlich gibt es weder im Alten noch im Neuen Testament ein hebräisch-aramäisches bzw. griechisches Wort für „Geschichte") meint schlicht „das Walten Gottes in allen Ereignissen und Vorkommnissen" – und das immer enggeführt in Bezug auf „das auserwählte Volk". Alle Naturereignisse werden diesbezüglich verstanden, alle Kriegsereignisse ebenso, alle Ereignisse schlechthin, die dem Auserwählten Volk und seinen Vertretern widerfahren, sind Wille Gottes und damit – dies ist der entscheidende Punkt hierbei – gut, richtig, sinnvoll, unhinterfragbar und in jedem Fall gerecht. Biblisches Geschichtsverständnis ist praktisch-qualitativ, griechisches Geschichtsverständnis theoretisch-kognitiv, unser gegenwärtiges oftmals eine Mischung aus beidem. Allein durch die lineare Zeitvorstellung aber kann das biblische Geschichtsverständnis als Mutter der akademischen Geschichtswissenschaft verstanden werden.

132 Das Motiv eines beständig wachsenden Zuspruchs des einen und einzigen Gottes zu seinem auserwählten Volk lässt sich paradigmatisch in der Steigerung der Intensität greifen, wie die Bibel die von Gott initiierte Forcierung des Bundes in klimaktischer Weise beschreibt: Nach dem Sündenfall gibt es zwar noch keinen expliziten Bund zwischen Gott und Mensch, aber Gott steht trotz menschlicher Sünde zu seiner Schöpfung, die seit dieser Zeit gewissermaßen auf Bewährung in der Welt ist. Das Kainsmal, das Gott dem Mörder seines Bruders auf die Stirn setzt, ist keine negative Stigmatisierung, sondern Zeichen von Gottes Zuspruch gegenüber einem großen Sünder. Dies wird dann nochmals gesteigert, wenn Gott Noah und alles in der Arche vor der Sintflut rettet, die weiteren Stationen mit stets steigender Intensität des Bundesgedankens sind dann Abraham, Mose und Christus. Vgl. hierzu auch Begrich, Joachim Friedrich: Berit. Ein Beitrag zur Erfassung einer alttestamentlichen Denkform, in: ZAW 60, 1944, S. 1-11.

133 Vgl. hierzu Aurelius Augustinus: Was ist Zeit? Confessiones XI/Bekenntnisse 11, latein-deutsch, hrsg. v. Norbert Fischer, Hamburg 2009; Die Bekenntnisse des heiligen Augustinus, übers. u. hrsg. v. Otto F. Lachmann, Wiesbaden 2008.

134 Die Zitate aus Augustins Confessiones sind entnommen aus: Die Bekenntnisse des heiligen Augustinus, übers. u. hrsg. v. Otto F. Lachmann, Wiesbaden 2008, im Folgenden zitiert als „Confessiones" und „Buch" sowie „Kapitel", hier: Confessiones XI, 6 (Hervorhebungen vom Autor).

135 Vgl. hierzu auch Studer, Basil: Augustinus. De Trinitate. Eine Einführung, Paderborn 2006.

136 Confessiones XI, 17 (Hervorhebungen vom Autor).

137 Vgl. hierzu erneut Aurelius Augustinus: Was ist Zeit? Confessiones XI/Bekenntnisse 11, latein-deutsch, hrsg. v. Norbert Fischer, Hamburg 2009, mit weiterführender Literatur.

138 Die wissenschaftliche Forschung und entsprechende Literatur zu Joachim von Fiore sind sehr umfangreich, weswegen hier lediglich eine kleine Auswahl derselben angegeben werden soll. Riedl, Matthias: Joachim von Fiore. Denker der vollkommenen Menschheit, Würzburg 2004; Reeves, Marjorie/Hirsch-Reich, Beatrice: The Figurae of Joachim of Fiore, Oxford 1972.

139 Joachim von Fiore: Concordantia Novi ac Veteris Testamenti, hrsg. v. Alexander Patschovsky, 4 Bde., Wiesbaden 2017.

140 Die Nähe des biblischen Zeitverständnisses zur göttlichen Trinität war wie gesehen bereits bei Augustin vorgebildet, aber Joachim transformiert dessen ontologisch-schematisches Verständnis im Sinne einer Analogie dieser beiden Momente in ein dynamisches, lebendiges Modell, bei dem die inhärente Wirkkraft des Geschichtlich-Heilsgeschichtlichen Gottes trinitarisches Wesen und Wirken selbst ist. Dies kann man als einen originär neuen Gedanken des Joachim in diesem Zusammenhang verstehen.

141 Diese synthetisierende Kraft des Denkens wird bereits im Titel von Joachims Hauptwerk expressis verbis angesprochen: „Concordia Novi ac Veteris Testamenti", was zu Deutsch so viel wie: „Übereinstimmung (wörtlich eigentlich „Einherzigkeit") des Alten wie des Neuen Testamentes" heißt und den inneren, weil Gott gewirkten, Zusammenhang dieser beiden großen Modi der Biblischen Offenbarung thematisiert. Auch wenn dies, wie es im Neuen Testament explizit angelegt ist (vgl. hierzu Lk 24,13-27), so gehandhabt wird, dass das Alte als Prophezeiung auf das Neue Testament hin verstanden wird, so bedeutet das in Joachims Schaffen eine großangelegte Harmonisierung der beiden Testamente unter der leitenden Maßgabe einer eschatologischen, apokalyptischen und letztlich auch soteriologischen Idee, deren Realisierungsmodus in seinem Denken in erwähnter (Heils-)Geschichtsmetaphysik zur Geltung kommt. Denn das apokalyptisch Neue, das durch die beiden Testamente offenbart wurde, ist eine Transformation sowohl des Neuen wie des Alten Testaments, was – und dies ist charakteristisch für das Denkens des Joachim – kein hierarchisches Verhältnis der beiden Testamente im „Reich des Heiligen Geistes" kennt, sondern alles Alte (wo es im christlichen Verständnis noch eine hierarchische Differenzierung von Altem und Neuem Testament im Sinne von Prophezeiung und Erfüllung derselben gibt) wie gesehen in ein vollkommen göttliches Neue verwandelt, das wesentlich in universaler Eintracht besteht. Das soeben Gesagte gilt in gleicher Weise auch für die Momente von Altem und Neuem Bund: Beide erfahren im „Reich des Heiligen Geistes" eine substanzielle Transformation und Überhöhung ihrer selbst, die als synthetisierte eine neue, die genuine qualitas dieses apokalyptisch-eschatologischen Geschehens ausmacht. Somit hat das apokalyptische Denken des Joachim eine nennenswerte versöhnende, irenistische Dimension, da gemäß Gottes Vorsehung die neue bzw. erneuerte Schöpfung im „Reich des Heiligen Geistes" nach Gottes Wille und Maßgabe eine einträchtige, transformierte, friedvolle ist (wofür evtl. auch Jes 11,6-8 und der hier dezidiert apokalyptisch gedachte Messianische Friede: „Der Wolf findet Schutz beim Lamm, der Panther liegt beim Böcklein. Kalb und Löwe weiden zusammen, ein kleiner Junge leitet sie. Kuh und Bärin nähren sich zusammen, ihre Jungen liegen beieinander. Der Löwe frisst Stroh wie das Rind. Der Säugling spielt vor dem Schlupfloch der Natter / und zur Höhle der Schlange streckt das Kind seine Hand aus" bis zu einem gewissen Grad Pate stand).

142 Joachim von Fiore: Concordantia Novi ac Veteris Testamenti, hrsg. v. Alexander Patschovsky, 4 Bde., Wiesbaden 2017, Band 1, S. XIX ff.

143 Aufgrund des begrenzten Umfangs, der einem Exkurs wie diesem sinnvollerweise zur Verfügung steht, kann hier nur kurz und grob angedeutet werden, was es mit dem Buch Daniel in erwähnter Hinsicht auf sich hat. Der Text ist aus mehrerlei Gründen bedeutsam, kann als eines der klassischen Beispiele Alttestamentlicher Apokalyptik verstanden werden und hat einen nicht geringen Einfluss auf die christliche Kunst und ihre Bildwelt ausgeübt. Mehr zum Buch Daniel bei Bracht, Katharina/Toit, David S. du (Hrsgg.): Die Geschichte der Daniel-Auslegung in Judentum, Christentum und Islam. Studien zur Kommentierung des Danielbuches in Literatur und Kunst, Berlin 2007.

144 Vgl. hierzu etwa Bracht, Katharina/Toit, David S. du (Hrsgg.): Die Geschichte der Daniel-Auslegung in Judentum, Christentum und Islam. Studien zur Kommentierung des Danielbuches in Literatur und Kunst, Berlin 2007, hier v. a. S. 123-150 (Courtray, Régis: Der Danielkommentar des Hieronymus).

145 Vgl. hierzu Jes 45,5 ff.

146 Die Daniel-Passagen, aus denen das Gesagte ersichtlich wird, sind Dan 2,31-47: „Du, König, hattest eine Vision: Du sahst ein gewaltiges Standbild. Es war groß und von außergewöhnlichem Glanz; es stand vor dir und war furchtbar anzusehen. An diesem Standbild war das Haupt aus reinem Gold; Brust und Arme waren aus Silber, Rumpf und Hüften aus Bronze. Die Beine waren aus Eisen, die Füße aber zum Teil aus Eisen, zum Teil aus Ton. Du sahst, wie ohne Zutun von Menschenhand sich ein Stein von einem Berg löste, gegen die eisernen und tönernen Füße des Standbildes schlug und sie zermalmte. Da wurden Eisen und Ton, Bronze, Silber und Gold mit einem Mal zu Staub. Sie wurden wie Spreu auf dem Dreschplatz im Sommer. Der Wind trug sie fort und keine Spur war mehr von ihnen zu finden. Der Stein aber, der das Standbild getroffen hatte, wurde zu einem großen Berg und erfüllte die ganze Erde. Das war der Traum. Nun wollen wir dem König sagen, was er bedeutet. Du, König, bist der König der Könige; dir hat der Gott des Himmels Herrschaft und Macht, Stärke und Ruhm verliehen. Und in der ganzen bewohnten Welt hat er die Menschen, die Tiere auf dem Feld und die Vögel am Himmel in deine Hand gegeben; dich hat er zum Herrscher über sie alle gemacht: Du bist das goldene Haupt. Nach dir kommt ein anderes Reich, geringer als deines; dann ein drittes Reich, von Bronze, das die ganze Erde beherrschen wird. Ein viertes endlich wird hart wie Eisen sein; Eisen zerschlägt und zermalmt ja alles; und wie Eisen alles zerschmettert, so wird dieses Reich alle anderen zerschlagen und zerschmettern. Die Füße und Zehen waren, wie du gesehen hast, teils aus Töpferton, teils aus Eisen; das bedeutet: Das Reich wird geteilt sein; es wird aber etwas von der Härte des Eisens haben, darum hast du das Eisen mit Ton vermischt gesehen. Dass aber die Zehen teils aus Eisen, teils aus Ton waren, bedeutet: Zum Teil wird das Reich hart sein, zum Teil brüchig. Wenn du das Eisen mit Ton vermischt gesehen hast, so heißt das: Sie werden sich zwar durch Heiraten miteinander verbinden; doch das eine wird nicht am anderen haften, wie sich Eisen nicht mit Ton verbindet. Zur Zeit jener Könige wird aber der Gott des Himmels ein Reich errichten, das in Ewigkeit nicht untergeht; dieses Reich wird er keinem anderen Volk überlassen. Es wird alle jene Reiche zermalmen und endgültig vernichten; es selbst aber wird in alle Ewigkeit bestehen. Du hast ja gesehen, dass ohne Zutun von Menschenhand ein Stein vom Berg losbrach und Eisen, Bronze und Ton, Silber und Gold zermalmte. Der große Gott hat den König wissen lassen, was dereinst geschehen wird. Der Traum ist sicher und die Deutung zuverlässig. Da warf sich König Nebukadnezzar auf sein Gesicht nieder, huldigte Daniel und befahl, man sollte ihm Opfer und Weihrauch darbringen. Und der König sagte zu Daniel: Es ist wahr: Euer Gott ist der Gott der Götter und der Herr der Könige und er kann Geheimnisse offenbaren; nur deshalb konntest du dieses Geheimnis enthüllen."

147 Die Daniel-Passagen, aus denen das Gesagte ersichtlich wird, sind Dan 7,2-14: „Daniel sagte: Ich schaute in meiner Vision während der Nacht und siehe: Die vier Winde des Himmels wühlten das große Meer auf. Dann stiegen aus dem Meer vier große Tiere herauf; jedes hatte eine andere Gestalt. Das erste war einem Löwen ähnlich, hatte jedoch Adlerflügel. Während ich es betrachtete, wurden ihm die Flügel ausgerissen; es wurde vom Boden emporgehoben und wie ein Mensch auf zwei Füße gestellt und es wurde ihm ein menschliches Herz gegeben. Dann erschien ein zweites Tier; es glich einem Bären und war nach einer Seite hin aufgerichtet. Es hielt drei Rippen zwischen den Zähnen in seinem Maul und man ermunterte es: Auf, friss noch viel mehr Fleisch! Danach sah ich ein anderes Tier; es glich einem Panther, hatte aber auf dem Rücken vier Flügel, wie die Flügel eines Vogels; auch hatte das Tier vier Köpfe; ihm wurde die Macht eines Herrschers verliehen. Danach sah ich in meinen nächtlichen Visionen ein viertes Tier; es war furchtbar und schrecklich anzusehen und sehr stark; es hatte große Zähne aus Eisen. Es fraß und zermalmte alles, und was übrig blieb, zertrat es mit den Füßen. Von den anderen Tieren war es völlig verschieden. Auch hatte es zehn Hörner. Als ich die Hörner betrachtete, da wuchs zwischen ihnen ein anderes, kleineres Horn empor und vor ihm wurden drei von den früheren Hörnern ausgerissen; und an diesem Horn waren Augen wie Menschenaugen und ein Maul, das anmaßend redete. Ich sah immer noch hin; da wurden Throne aufgestellt und ein Hochbetagter nahm Platz. Sein Gewand war weiß wie Schnee, sein Haar wie reine Wolle. Feuerflammen waren sein Thron und dessen Räder waren loderndes Feuer. Ein Strom von Feuer ging von ihm aus. Tausendmal Tausende dienten ihm, zehntausendmal Zehntausende standen vor ihm. Das Gericht nahm Platz und es wurden Bücher aufgeschlagen. Ich sah immer noch hin, bis das Tier - wegen der anmaßenden Worte, die das Horn redete - getötet wurde. Sein Körper wurde dem Feuer übergeben und vernichtet. Auch den anderen Tieren wurde die Herrschaft genommen. Doch ließ man ihnen das Leben bis zu einer bestimmten Frist. Immer noch hatte ich die nächtlichen Visionen: Da kam mit den Wolken des Himmels einer wie ein Menschensohn. Er gelangte bis zu dem Hochbetagten und wurde vor ihn geführt. Ihm wurden Herrschaft, Würde und Königtum gegeben. Alle Völker, Nationen und Sprachen dienten ihm. Seine Herrschaft ist eine ewige, unvergängliche Herrschaft. Sein Reich geht niemals unter."

148 Vgl. hierzu Dan 7,15-17: „Darüber war ich, Daniel, im Geist verstört und meine Visionen erschreckten mich. Ich wandte mich an einen der Umstehenden und bat ihn, mir das alles genau zu erklären. Er deutete mir die Vorgänge und sagte: Diese großen Tiere, vier an der Zahl, bedeuten vier Könige, die sich auf der Erde erheben werden. Das Königtum aber werden die Heiligen des Höchsten erhalten und sie werden es behalten für immer und ewig. Dann wollte ich noch Genaueres über das vierte Tier erfahren, das Tier, das anders war als alle anderen, ganz furchtbar anzusehen, mit Zähnen aus Eisen und mit Klauen aus Bronze, das alles fraß und zermalmte und was übrig blieb mit den Füßen zertrat. Auch über die zehn Hörner an seinem Kopf und über das andere Horn, das emporgewachsen war und vor dem die drei Hörner abgefallen waren, das Horn, das Augen und einen Mund hatte, der anmaßend redete, und das schließlich größer als die anderen zu sein schien. Ich sah dieses Horn gegen die Heiligen kämpfen. Es überwältigte sie, bis der Hochbetagte kam. Da wurde den Heiligen des Höchsten das Gericht übertragen und es kam die Zeit, in der die Heiligen das Königtum erhielten. Er antwortete mir: Das vierte Tier bedeutet: Ein viertes Reich wird sich auf der Erde erheben, ganz anders als alle vier anderen Reiche. Es wird die ganze Erde verschlingen, sie zertreten und zermalmen. Die zehn Hörner bedeuten: Aus jenem Reich werden sich zehn Könige erheben; doch nach ihnen erhebt sich ein anderer. Dieser ist ganz anders als die früheren. Er wird drei Könige stürzen, er lästert über den Höchsten und unterdrückt die Heiligen des Höchsten. Die Festzeiten und das Gesetz will er ändern. Ihm werden die Heiligen für eine Zeit und zwei Zeiten und eine halbe Zeit ausgeliefert. Dann aber wird man zu Gericht sitzen. Jenem König wird seine Macht genommen, um endgültig ausgetilgt und vernichtet zu werden. Die Herrschaft und Macht und die Herrlichkeit aller Reiche unter dem ganzen Himmel werden dem Volk der Heiligen des Höchsten gegeben. Sein Reich ist ein ewiges Reich und alle Mächte werden ihm dienen und gehorchen."

149 Vgl. hierzu erneut Dan 7.

150 Vgl. hierzu Ez 1,4-10, Ez 10,14 und Ez 41,19.

151 Dies wäre nur auf Grundlage entsprechender schriftlicher Quellen möglich, da aber meines Wissens nach solche nicht bekannt sind, lässt sich auch kein diesbezüglicher Beweis auf textlich-faktischer Grandlage führen.

152 An dieser Stelle sei ein Hinweis auf die neutestamentliche Polemik gegen Juden und Judentum angemerkt, auf den kürzlich Wolfgang Klausnitzer zu Recht aufmerksam gemacht hat: Bis auf (wahrscheinlich) Lukas sind alle Autoren des Neuen Testaments selbst Juden, die sich mit ihren Glaubensbrüdern in einem Akt der innerjüdischen Diskussion streiten. Dieser Hinweis ist schwerlich bestreitbar und sollte berücksichtigt werden, wenn eine allzu starke Polarisierung von Altem und Neuem Testament, egal welcher Provenienz, stattfindet. Dass Paulus mitunter massive Töne anschlägt (vgl. hierzu etwa Phil 3,7-11), steht außer Frage – dies aber als christliche Aggressivität gegenüber Juden zu deuten, ist sachlich nicht haltbar. Vgl. hierzu Klausnitzer, Wolfgang: Wider die Vereinfacher. Zum Figurenpaar „Synagoge" und „Ecclesia" im Dom zu Bamberg, in: KNA ÖKI 38, 15. September 2020.

153 Vgl. hierzu die Ausführungen zu einer „Substitutionstheologie", Anm. xxx.

154 Die biblische Grundlage für diesen Gedanken wird in Mt 25,1-13 gesehen, wo es um die „klugen und törichten Jungfrauen" geht (vgl. hierzu auch die Brautpforte der Bamberger Oberen Pfarre, an der die Szene aus Mt 25,1-13 zu sehen ist und die in verschiedener Hinsicht in Korrespondenz mit dem Fürstenportal am Dom steht. In jüngerer Zeit hat sich Hans-Christoph Dittscheid zu diesem Topos im Rahmen eines Vortrags geäußert: https://bistum-regensburg.de/news/zwei-braeute-in-der-kunst-prof-dittscheid-sprach-ueber-die-darstellung-von-christen-und-juden-in-regensburg-7048.

155 Zum Moment der Verblendung der Synagoga vgl. als Vorlauf zu obigem Zitat auch Röm 11,7-10: „Was bedeutet das nun? Was Israel erstrebt, das hat es nicht erlangt, aber der erwählte Rest hat es erlangt; die Übrigen aber wurden verstockt, wie geschrieben steht: Gott gab ihnen einen Geist der Betäubung, Augen, die nicht sehen, und Ohren, die nicht hören, bis zum heutigen Tag. Und David sagt: Ihr Opfertisch werde für sie zur Schlinge und zur Falle, zur Ursache des Sturzes und der Bestrafung. Ihre Augen sollen erblinden, sodass sie nicht sehen; ihren Rücken beuge ständig!"

156 Auch wenn beide Begriffe immer wieder in einem Atemzug genannt oder synonym verstanden werden, so sind sie distinkt unterschieden, es wurde in der Einleitung schon kurz darauf hingewiesen: Antijudaismus ist die Diskriminierung und Abwertung von Menschen jüdischen Glaubens, was v. a. seitens des Christentums und des Islams eine Rolle spielt. Der Antisemitismus entstand im Kontext der Darwinschen Evolutionstheorie und bezieht sich auf biologische, rassische Parameter bei Menschen, die man als Juden bezeichnet. Der Antisemitismus hat von der Idee her keinerlei religiöse Konnotation (was sich natürlich in der konkreten Praxis auch ändern kann), der Antijudaismus seinerseits hat keinerlei biologisch-rassistische Konnotation. Beides sind wie gesagt diskriminierende und abwertende Positionen gegenüber Juden, doch ist es wichtig, beides nicht in einen Topf zu werfen, da im Mittelalter das Thema des Antisemitismus per se unbekannt, hingegen der Antijudaismus mehr oder weniger ubiquitär gewesen war.

157 Hier sei auf einen geplanten Aufsatz zu diesem Thema verwiesen, den ich hoffe, in Kürze veröffentlichen zu können, und der sich mit der auffälligen Vieldeutigkeit der Bamberger Domskulpturen der Jüngeren Bildhauerwerkstatt beschäftigen wird.

158 Toman, Rolf: Die Kunst der Gotik. Architektur – Skulptur – Malerei, Köln 1998, S. 340.

159 Toman, Rolf: Die Kunst der Gotik. Architektur – Skulptur – Malerei, Köln 1998, S. 340.

III. Das staatlich-politische Verständnis bezüglich der Figuren von Ecclesia und Synagoga

Trotz aller zahlreichen und guten Beiträge, die bisher zum Thema von Ecclesia und Synagoga erschienen,[160] bleibt ein Aspekt in diesem Themenkomplex unterrepräsentiert, nämlich der *staatlich-politische*. Dies ist insofern auch nicht verwunderlich, als das Thema der beiden Protagonistinnen gegenwärtiger Untersuchung selbstredend vorrangig im Bereich von Theologie, Kirchengeschichte, Ästhetik und Kunstgeschichte stattfindet, was ihren unmittelbaren Bezugsrahmen darstellt. Rein heuristisch kommen alle Beispiele, bei denen es sachlich um Ecclesia und Synagoga geht, im Bereich der *christlichen Sakralkunst* vor. Dass hierbei aber auch die zeitgenössischen politisch-staatlichen Belange in verschiedener Hinsicht eingeflossen sind – konzeptionell wie auch die konkrete künstlerische Umsetzung betreffend –, zeigt recht schnell ein etwas vertiefter Blick in die mittelalterlichen Realien.[161] Deswegen ist ein solcher etwas genauerer Blick in die zeitgenössischen Sachzusammenhänge vonnöten. Denn ohne denselben bliebe das gesamte Verhältnis zwischen Christen- und Judentum letztlich unverständlich, wenigstens wissenschaftlich gesehen unzulänglich, was damit das theologisch-ästhetische Sujet von Ecclesia und Synagoga in seinem epistemischen Aspekt betrifft.[162]

Legitimierung von staatlicher Gewalt

Es kann als ein signifikantes Charakteristikum jeder Art politischer, staatlicher Macht und Machtausübung gesehen werden, dass ohne eine *Legitimation/Legitimierung* derselben dieselbe faktisch nicht praktikabel ist, jedenfalls nicht in einem stabilen, dauerhaften und friedlichen sowie einigermaßen prosperierenden Sinne; Letzteres gilt gleichermaßen für Geschichte und Gegenwart. Kein bislang bekannter Staat, keine bekannte politische Ordnung der bislang bekannten Menschheitsgeschichte, der länger als etwa eine Generation Bestand hatte und damit historisch greifbar werden konnte, hat de facto ohne eine Legitimation/Legitimierung seiner selbst existiert. Jede politische Ordnung, jedes Staatsgefüge, das sich im Wesentlichen in *Statuten, Gesetzen, Rechtsordnungen* usw. vollzieht und konstituiert, kann nicht umhin

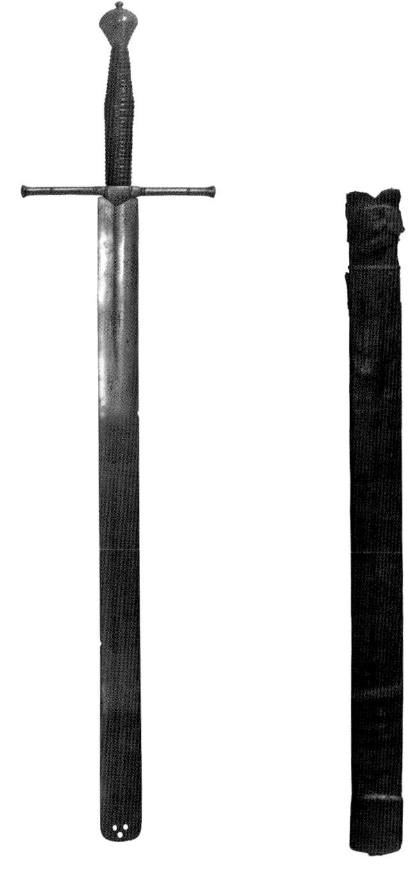

Abb. 87: Englisches Richtschwert aus dem 16. Jahrhundert, vermutlich mit christlichen Symbolen verziert.

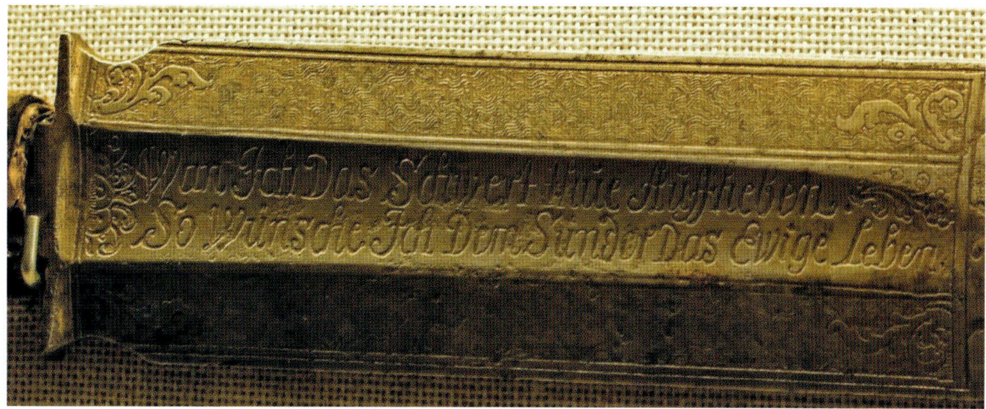

Abb. 88: Schwert des damaligen (um 1500) Frankfurter Scharfrichters, mit eingraviertem Spruch: „Wan Ich Das Schwert thue Auffheben – So Wünsche Ich Dem Sünder Das Ewige Leben", was das Moment der Legitimierung von Staatsgewalt – hier in einem religiösen, explizit christlichen Kontext – deutlich zeigt und dieses Desiderat just im Moment seiner Exekution sehr deutlich macht.

– das ist zwangsläufig und untrennbar mit jeder Art von *staatlicher Strafe/staatlichem Strafrecht* verbunden –, in Fällen, in denen diese Ordnung, diese Gesetze und diese Statuten durch *Zuwiderhandeln* bestimmter Personen *verletzt* wurden, *zu ahnden*. Der Terminus technicus hierfür lautet *Staatsgewalt* (Abb. 87 und Abb. 88). Die Staatsgewalt führt dazu, dass auf Grundlage bestimmter Gesetze ein Straftäter eingesperrt, zu Geld- oder Körperstrafen, Sozialdienst bis hin zur Todesstrafe zur Verantwortung für sein rechtswidriges Handeln gezogen wird. Die Instanzen, die ein Staat für ein geordnetes, rechtliches, im Idealfall gerechtes Procedere solcher Fälle bereitstellt, sind *Gerichte* (Abb. 89).

Es ist vorrangig Faktum wie Ausübung von Staatsgewalt (entweder in ihrer direkten, mitunter aggressiven[163], oder indirekten, mitunter als zu passiv erlebten Vollzugsweise[164]), die zu Rebellionen, Aufständen, Revolutionen seitens der Bevölkerung geführt hat, weswegen ein Staat, dem die Beständigkeit seiner selbst ein Anliegen ist, in nachvollziehbarer Weise versucht, ebendiesen Aspekt der Staatsgewalt möglichst solide, konsolidiert und nicht zuletzt gerechtfertigt zu gestalten. Über den Weg bestimmter Institutionen sowie Personen, die die Gesetze pflegen sowie bei Verletzungen entsprechende vorgesehene Sanktionen verhängen und exekutieren, übt der Staat in vielfältiger Weise Gewalt über die Bürger, Mitglieder des Staates bzw. Rechtsverbundes aus. Dies kann im Lauf der Geschichte und an unterschiedlichen Stellen der Erde, an denen sich Staaten und Herrschafts- sowie Legitimationsmodelle für Staatsgewalt ausbilden, sehr stark variieren, aber das grundsätzliche Desiderat von Staatsgewalt in staatlicher Theorie und staatlicher Praxis ist ubiquitär und vielleicht ein Band, das alle menschlichen Modi von ausgeübter Staatlichkeit wenigstens im Kern verbindet, was man als bemerkenswerten Befund verstehen kann.

Und diese Gewalt, die der Staat ausübt, muss *legitimiert* werden, wenn er selbst nicht seine eigenen Grundlagen in Form von Gesetzen, Statuten, Rechtsordnungen etc. unterlaufen will. Das Problem, das jeder Staat im Fall seiner Gewaltausübung hat, ist der immer im Raum stehende *Vorwurf der Willkür*. Gewiss kann ein Staat jederzeit diese seine eigenen rechtlichen, gesetzlichen Grundlagen verlassen und sich zu willkürlichen Ausübungen seiner Staatsgewalt aufschwingen, was allerdings zumeist mit Revolten und Aufständen, gesellschaftlichen Instabilitäten und innerem staatlichem Machtverlust verbunden ist – etwas, das kein Staat wünschen kann, da er damit möglicherweise seiner eigenen Basis verlustig geht, wofür es in der Geschichte zahlreiche Beispiele gibt.[165] Ohne Staatsgewalt kann kein Staat de facto

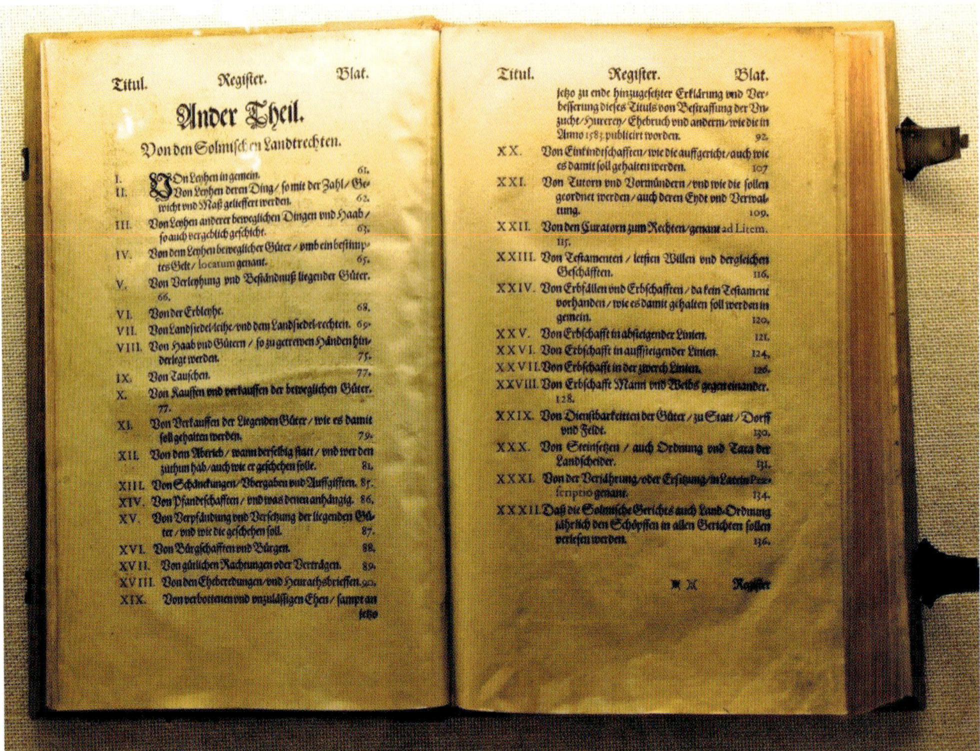

Titul.	Register.	Blat.
	Ander Theil.	
	Von den Solmischen Landtrechten.	
I.	Von Leyhen in gemein.	61.
II.	Von Leyhen deren Ding/ so mit der Zahl/ Gewicht und Maß geliefert werden.	62.
III.	Von Leyhen anderer beweglichen Dingen und Haab/ so auch vergeblich geschicht.	63.
IV.	Von dem Leyhen beweglicher Güter/ umb ein bestimptes Gelt/ locatum genant.	65.
V.	Von Verleyhung und Beständnuß liegender Güter.	66.
VI.	Von der Erbleyhe.	68.
VII.	Von Landsiedel-leihe/ und dem Landsiedel-rechten.	69.
VIII.	Von Haab und Gütern/ so zu getrewen Händen hinderlegt werden.	75.
IX.	Von Tauschen.	77.
X.	Von Kauffen und verkauffen der beweglichen Güter.	77.
XI.	Von Verkauffen der Liegenden Güter/ wie es damit soll gehalten werden.	79.
XII.	Von dem Aberich/ wann derselbig statt/ und wer den zuthun hab/ auch wie er geschehen solle.	81.
XIII.	Von Schänckungen/ Ubergaben und Auffgifften.	85.
XIV.	Von Pfandtschafften/ und was denen anhängig.	86.
XV.	Von Verpfändung und Versetzung der liegenden Güter/ und wie die geschehen soll.	87.
XVI.	Von Bürgschafften und Bürgen.	88.
XVII.	Von gütlichen Rachtungen oder Verträgen.	89.
XVIII.	Von den Eheberedungen/ und Heurathsbrieffen.	90.
XIX.	Von verbottenen und unzulässigen Ehen/ sampt an jetzo zu ende hinzugesetzter Erklärung und Verbesserung dieses Tituls von Bestraffung der Unzucht/ Hurerey/ Ehebruch und andern/ wie die in Anno 1583 publicirt worden.	92.
XX.	Von Einkindtschafften/ wie die auffgericht/ auch wie es damit soll gehalten werden.	107
XXI.	Von Tutorn und Vormündern/ und wie die sollen geordnet werden/ auch deren Eydt und Verwaltung.	109.
XXII.	Von den Curatorn zum Rechten/ genant ad Litem.	115.
XXIII.	Von Testamenten/ letsten Willen und dergleichen Geschäfften.	116.
XXIV.	Von Erbfällen und Erbschafften/ da kein Testament vorhanden/ wie es damit gehalten soll werden in gemein.	120.
XXV.	Von Erbschafft in absteigender Linien.	121.
XXVI.	Von Erbschafft in auffsteigender Linien.	124.
XXVII.	Von Erbschafft in der zwerch Linien.	126.
XXVIII.	Von Erbschafft Mann und Weibs gegen einander.	128.
XXIX.	Von Dienstbarkeiten der Güter/ zu Statt/ Dorff und Feldt.	130.
XXX.	Von Steinsetzen/ auch Ordnung und Taxa der Landscheider.	131.
XXXI.	Von der Verjährung/ oder Ersitzung/ in Latein Praescriptio genant.	134.
XXXII.	Daß die Solmische Gerichts auch Land-Ordnung jährlich den Schöpffen in allen Gerichten sollen verlesen werden.	136.

** X Register

Abb. 89: Gerichtsordnung aus der Zeit Karls V. Die Kodifizierung des Rechts in entsprechenden Schriften sowie die Regelung von Prozessen, wofür Gerichtsordnungen im Lauf der Zeit unentbehrlich wurden, sind Beispiele für Entwicklung und Ausübung von Staatsgewalt.

existieren, aber mit ihr ist es unabdingbar, dass der Staat für diese Ausübung von Gewalt eine Basis in Form einer Legitimation bereitstellt.

Staatsgewalt als Idee wie Praxis ist kein Selbstzweck oder Vergnügen der Machthabenden, über die Untertanen pp. nach Belieben verfügen zu können: Da es in jedem staatlich-gesellschaftlichen Zusammenleben (in heutiger Zeit hat sich dafür der Begriff des *Gemeinwesens* etabliert)[166] immer bestimmte Ausprägungen von *Hierarchie* gibt,[167] diese hierarchischen Differenzen aber doch immer „irgendwie" in einem Gemeinwesen zusammenkommen, liegt es normalerweise auch im Interesse der Mächtigen – zumindest sofern sie an einem Bestand des Status quo Interesse haben –, das hierarchische Gefälle nicht so weit zu überreizen oder gar zu zerstören, dass sie bei etwaigen Problemen selbst davon betroffen wären. So gesehen ist jede Regierung, jede Staatsmacht allein im Sinne der Selbsterhaltung daran interessiert, das hierarchische Gefälle von Regenten und Regierten so zu moderieren, dass wenn schon nicht alle, dann doch eine Mehrheit sich in dieses hierarchische Gefüge von Machtausübung und Machtbefolgung einfindet.

Politisch-staatliche Vorstellung im Christentum

Das Thema des Staatlich-Politischen ist in diesem Zusammenhang nicht nur aufgrund des Problems einer Herrschaftslegitimation, Legitimation von Staatsgewalt usw. von Interesse, was sogleich in konkreten Bezug zu Ecclesia und Synagoga gestellt werden wird, sondern auch deswegen, weil das Mittelalter den Gedanken der *Ordnung*, der wie gesehen im Kontext von Staatlichkeit und Politik

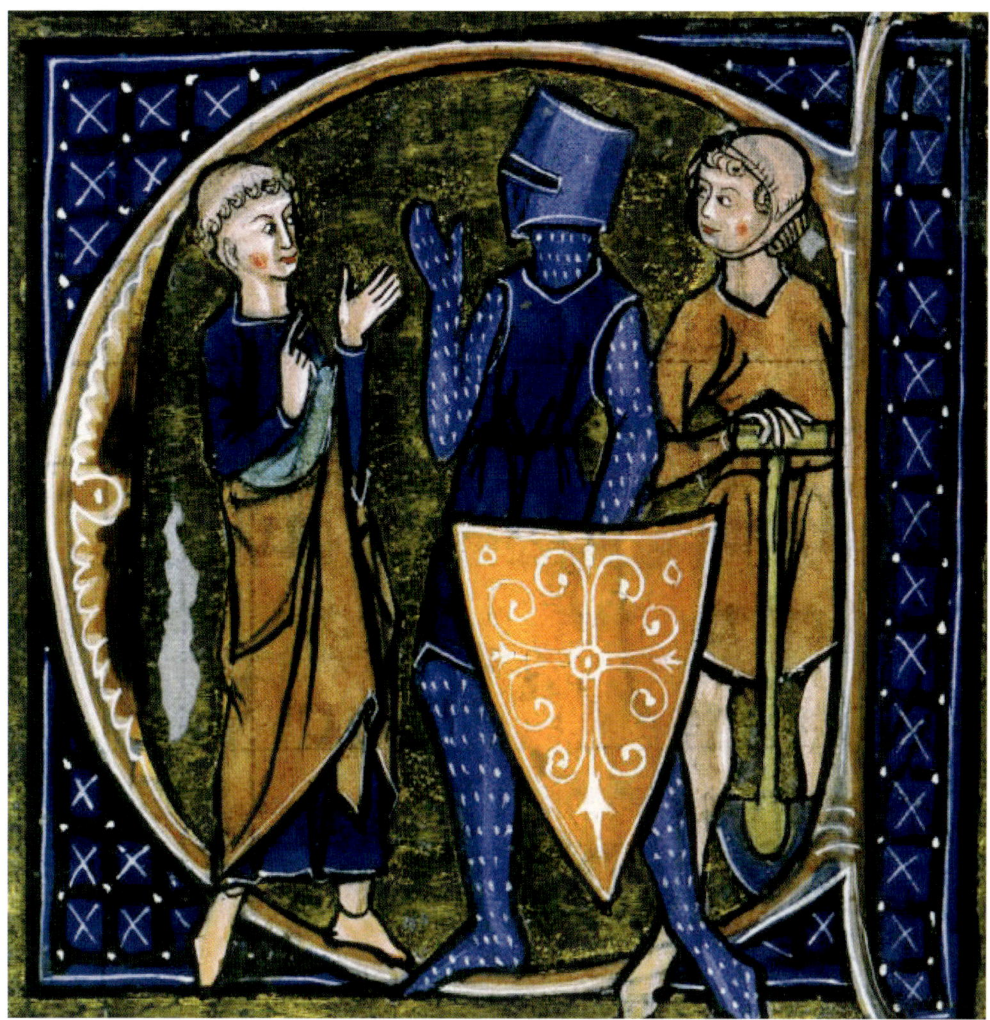

Abb. 90: Darstellung der mittelalterlichen Ständeordnung im Sinne von Kleriker, Ritter und Bauer; aus Image du monde, Blatt 85 von 1285.

eine große Rolle spielt, zu einer ihrer zentralen Anschauungen überhaupt gemacht und mit zentralen biblisch-theologischen Bezügen versehen hat: Die *göttliche Schöpfung*, also die ganze Welt, der gesamte Kosmos ist als Ganzes wie in all seinen verschiedenen Teilen und Aspekten als eine (*unveränderbare*) *Ordnung* geschaffen, was im lateinischen Begriff des *ordo universi* bzw. *ordo creationis* zum Ausdruck kommt. Dies betrifft das Sein überhaupt, die Natur als Tier- und Pflanzenwelt, das menschliche Leben, die kirchliche Liturgie und eben auch die konkrete gesellschaftliche Ordnung des Mittelalters, die eine *Ständegesellschaft* war (Abb. 90 und Abb. 91).[168] Nebenbei gesagt: Die ideengeschichtlichen Wurzeln des Ständegedankens in einer ihrer frühesten greifbaren Version im Rahmen der abendländisch-europäischen Kultur gehen vermutlich auf *Platon* zurück, der in seiner *Politeia* explizit von einem *Nähr-, Wehr- und Herrscherstand* gesprochen hat, was das Mittelalter offenbar in ähnlicher Form übernommen hat.[169] Da der gesamte *ordo* als ein *von Gott* in dieser Weise *geschaffener* verstanden wurde, war er in all seinen Aspekten und Realitäten, als ein *gottgewollter* ge-

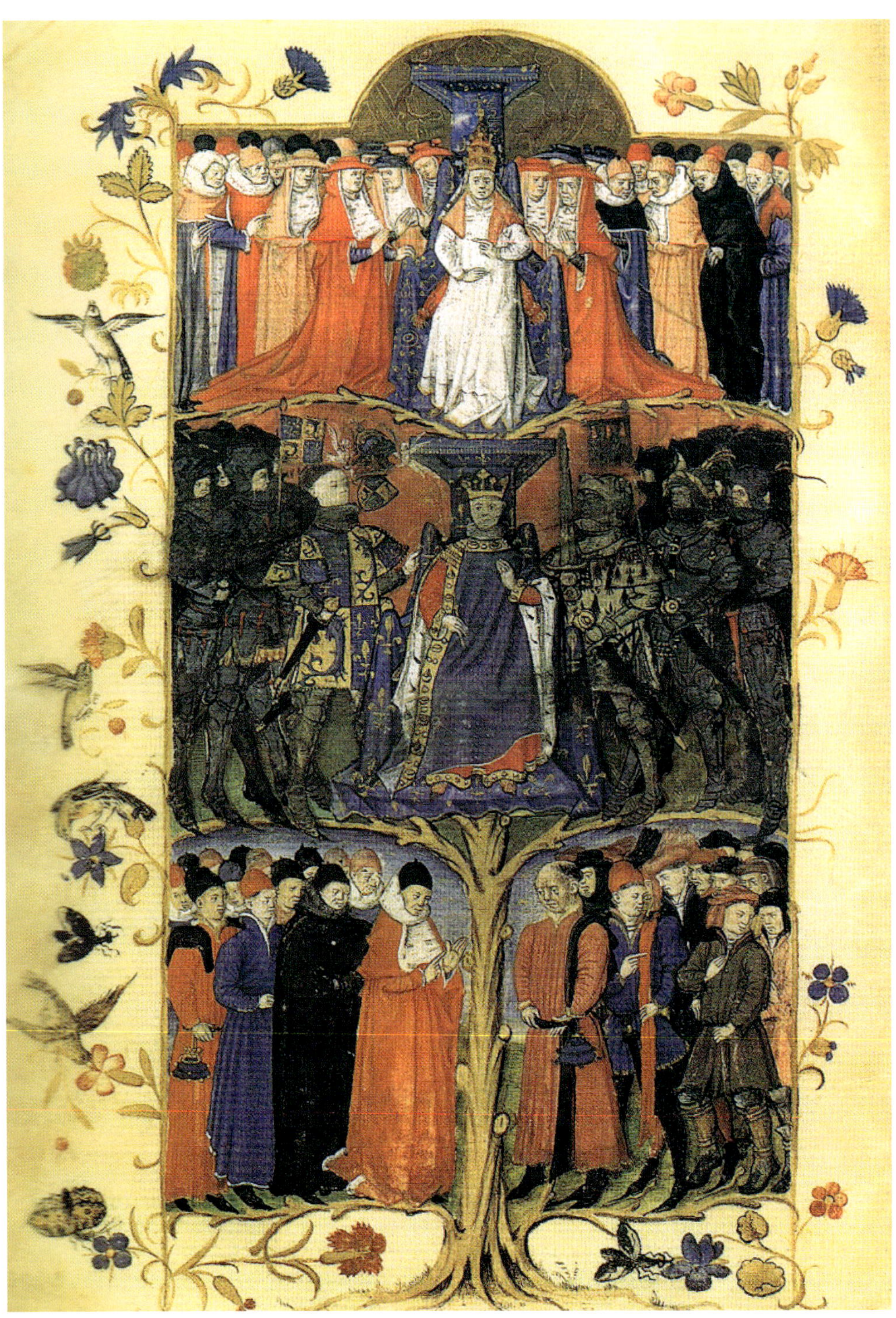

Abb. 91: Mittelalterliches Ständebild aus dem 15. Jahrhundert, in dem die dreigliedrige gottgegebene Ständeordnung wiedergegeben wird: Oben Papst und Klerus, in der Mitte König bzw. Kaiser und Adel sowie Ritter und unten die Bauern.

sehen und vom überwiegenden Großteil der damaligen Bevölkerung auch als ein solcher anerkannt worden, was wohl ein entscheidender Grund dafür ist, dass das Mittelalter über sehr lange Zeit als eine verhältnismäßig stabile, wenig grundsätzliche Veränderungen erfahren habende Zeit qualifiziert werden kann. Besonders im ausgehenden Mittelalter führte dies dann aber doch immer wieder zu Problemen: Durch *Kopernikus*, *Luther*, *Kolumbus* etc. geriet v. a. der Aspekt der *Unveränderlichkeit* des *ordo*-Gedankens in Schwierigkeiten, was besonders in *sozialer* Hinsicht wiederholt zu Spannungen führte, man denke hierbei nur an den *Bauernkrieg*.[170] Aber die Idee, dass der *ordo* ein gottgewirkter und gottgewollter ist, verlieh ihm über große Strecken des Mittelalters Beständigkeit und auch eine bemerkenswerte Funktionalität, da der Platz von allem in der Welt aufgrund des *ordos* geklärt war, was nachvollziehbarerweise eine bemerkenswerte Sicherheit hinsichtlich der Orientierung in der Welt sowie des Handelns in derselben gewährleistete (Abb. 92). Die Weltordnung als „sub- und translunare Sphäre" gehört ebenso hierher wie die natürliche Ordnung der Jahreszeiten oder des Staates, der persönlichen Lebensführung und ordentlichen Organisation in Zünften, Gilden und dergleichen – nicht zu vergessen und zumal für das Mittelalter in vielerlei Hinsicht von großer Bedeutung: Die *Mönchsorden*, deren Ordentlichkeit in einer Ordensregel, etwa der *Regula Benedicti* etc., besteht und die damit im Kleinen den großen *ordo* der göttlichen Schöpfung widerspiegelt. Ohne den *ordo*-Gedanken, das kann man sicherlich so sagen, wäre das Mittelalter nicht das Mittelalter gewesen, wie wir es kennen (Abb. 93). Dieser weitgespannte *ordo*-Gedanke war zweifellos auch eine Folie, auf deren Hintergrund wie oben gesehen *Joachim von Fiore* seine Abfolge der Heilsgeschichte im Sinne des Alten Testamentes als Vergangenheit symbolisierendes Reich des Vaters, dem folgenden und gegenwärtigen Neuen Testament als Reich des Sohnes sowie dem zukünftig kommenden Reich des Heiligen Geistes entwarf. Denn die Abfolge dieser drei Reiche folgt ebendieser Ordnung, womit der *ordo*-Gedanke – dies verstärkt nochmals deutlich seine göttliche Dimension – in große Nähe auch zur *göttlichen Vorsehung* (*providentia*) gerückt wird. Im Sinne des *Status quo* ist der göttliche *ordo* die *Realisierungskraft der faktischen Wirklichkeit*, im Sinne der *Geschichte*, wie sie im christlichen Verständnis vorrangig von Augustinus und Joachim von Fiore herausgearbeitet wurde, korrespondiert der göttliche *ordo* stark mit der *göttlichen Vorsehung* und in einem *eschatologisch-soteriologischen Sinne* hat der *ordo*-Gedanke eine große Affinität zur *Gerechtigkeit Gottes*, wie sie am Jüngsten Tag in Erscheinung treten wird.

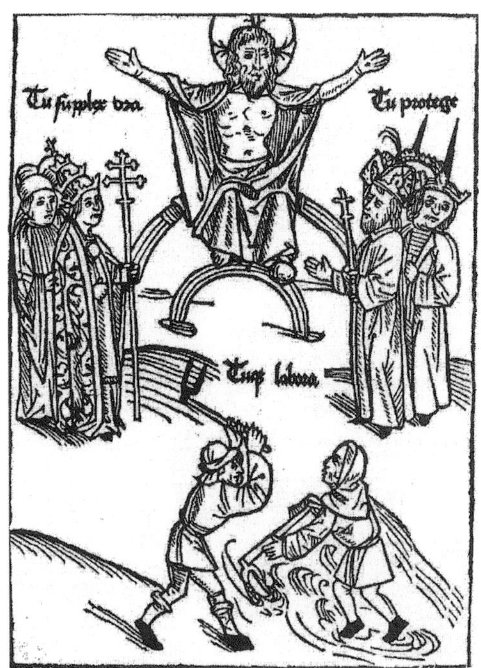

Abb. 92: Jesus Christus weist den drei Ständen ihre Aufgaben zu: „Tu supplex ora" – „Du bete demütig", sagt er zum Klerus, „Tu protege" – „Du schütze", heißt es in Richtung des Adels, und mit dem Auftrag „Tuque labora" wendet er sich an die Bauern, was bedeutet: „Du aber arbeite". Diese Darstellung aus dem Pronostacio des Johannes Lichtenberger (spätes 15. Jahrhundert) zeigt anschaulich die Gottgewirkt- und Gottgewolltheit der mittelalterlichen Ständeordnung.

Es versteht sich von selbst, dass die *mittelalterlichen Juden* nicht so recht in dieses *ordo*-Schema passen wollten, was sicherlich auch ein Grund für ihre Verfemtheit gewesen war, da sie keinen vorgesehenen Platz in der dreigliedrigen Ständeordnung

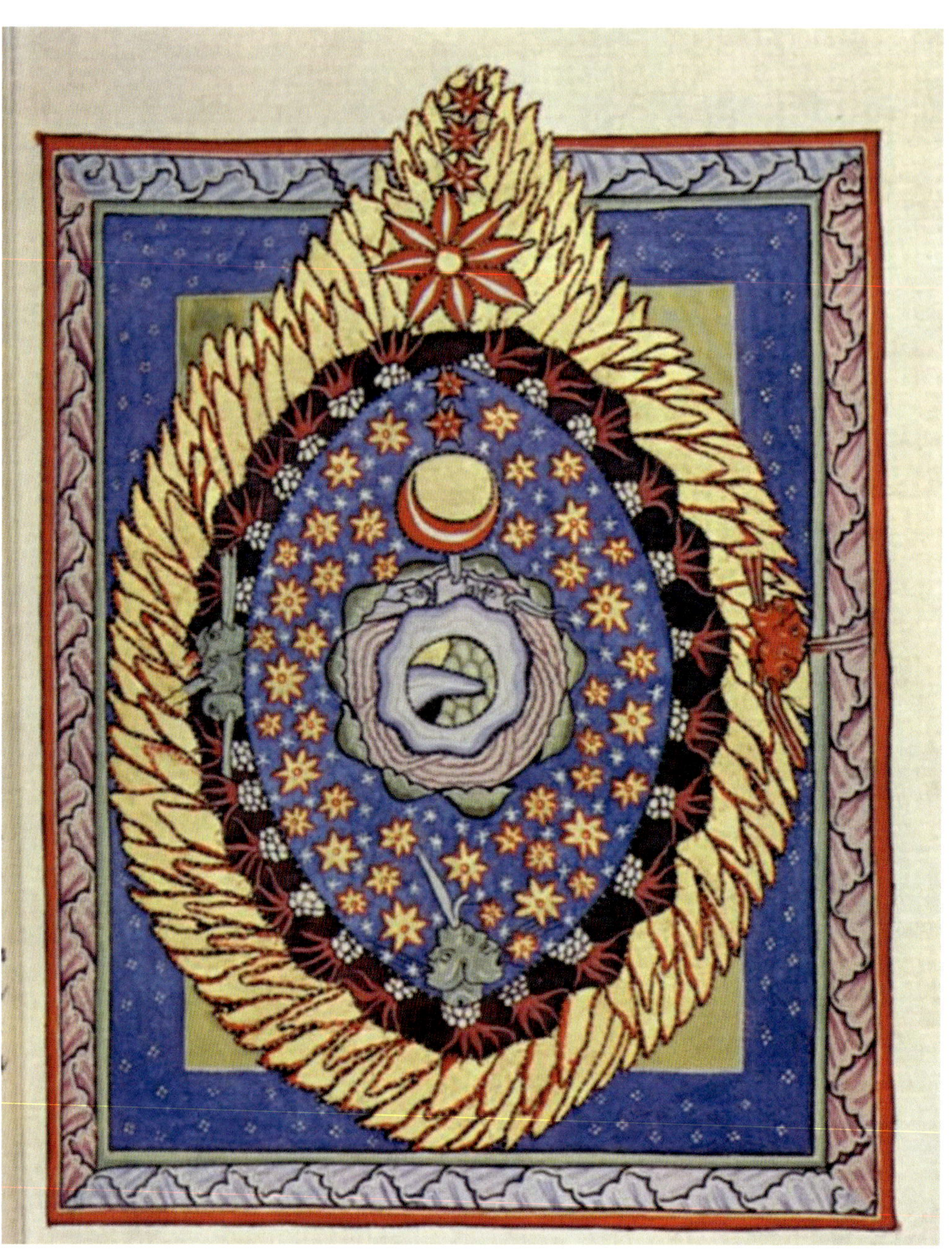

Abb. 93: Der Meister des Hildegardis-Codex stellt hier um 1165 die mittelalterliche Kosmologie dar, indem im Mittelpunkt des Universums die Erde zu erkennen ist, darüber der Mond (weswegen als „sublunare Sphäre“ das Irdische gemeint ist) und über demselben die Sonne und Fixsternsphäre als „translunare Sphäre“. Dies alles ist von einem Mandorla-förmigen Feuerkreis umgeben, der damit die äußerste Grenze der körperlichen, natürlich-geschaffenen Welt markiert. Die Wurzeln dieser Anschauung lagen in der Antike, genauer gesagt bei Platon, Aristoteles und dem hellenistischen Astronomen Ptolemäus, der bei der Namensgebung dieses spezifischen Weltbildes (das man auch als „geozentrisch“ bezeichnet) Pate im Sinne des „Ptolemäischen Weltbildes“ stand.

hatten. Durch den mittelalterlichen *ordo*-Gedanken sowie die staatlich-politische Ordnung jener Zeit wurden die Juden fast automatisch zu Außenseitern, was selbstredend zu entsprechend negativen Bewertungen der Juden zumindest seitens der ungebildeten Schichten der Bevölkerung führte.
(1) Das Verhältnis zwischen Juden- und Christentum war seit seinen Anfängen vor 2000 Jahren neben theologischen und religiösen Belangen auch immer schon ein *rechtliches*, im weiteren Sinn damit *staatlich-politisches*. Das *Mosaische Gesetz* des Alten Testaments ist ein dezidierter Rechtskodex, auf dessen Befolgung die gläubigen Juden großen Wert legen. Wie man in den entsprechenden Texten im Pentateuch sehen kann, offenbart Gott יהוה am Sinai dem Mose das Gesetz, das Gott יהוה für sein auserwähltes Volk vorgesehen hat. Mit der Offenbarung der Übermittlung der Gesetze und damit der Offenbarung der *Tora* ist aus dieser Sicht der qualitative Höhepunkt im Verhältnis von Gott יהוה zu seinem Volk verwirklicht.
Auch wenn Jesus von Nazareth gläubiger, beschnittener und (weitgehend) gesetzestreuer Jude war – jedenfalls gemäß seinem eigenen Selbstverständnis –[171], so zeigt das Neue Testament doch immer wieder, dass Jesu Worte und Taten als *Verletzung* des Mosaischen Gesetzes seitens der Juden, Pharisäer und sonstiger Offizieller angesehen wurden. Die historischen Umstände sind hierbei freilich nicht mehr rekonstruierbar, man darf vermuten, dass das Neue Testament aufgrund seiner literarischen Interessensausrichtung die Ambivalenz von Jesu Wirken und der Kritik der Pharisäer und anderer Vertreter des jüdischen Glaubens in der spezifisch Mosaischen Lesart hervorhebt, um den irdischen Jesus von Nazareth als verkannten Menschensohn bzw. dagewesenen Messias zu verdeutlichen. Jedenfalls, hierauf hat zu Recht *Wolfgang Klausnitzer* in seinem Beitrag zu Ecclesia und Synagoga hingewiesen,[172] waren (bis wahrscheinlich auf den Evangelisten Lukas) *alle Schriftsteller und Protagonisten der Bibel*, im Alten wie Neuen Testament, *gläubige Juden*, weswegen Klausnitzer die polemischen Passagen im Neuen Testament,[173] von denen wohl besonders die Paulinen relevant sind,[174] in denen gegen das Mosaische Gesetz, den jüdischen Ritus, vielleicht auch gegen die jüdische Gottesvorstellung opponiert wird, nicht als Antijudaismus, sondern als *zeitgenössische innerjüdische Diskussionskultur* auslegt.
Im Rahmen der frühen Geschichte von Juden- und Christentum[175] kam es gleich zu Beginn der Entstehung des Christentums, das nicht zu Unrecht als innerjüdische, in gewisser Hinsicht häretische Sekte seitens der frühjüdischen religiösen Institutionen dieser Zeit wahrgenommen wurde, zu nennenswerten Spannungen. Die frühen Christen wurden von den offiziellen Vertretern des Judentums[176] zu dieser Zeit mit Billigung der römischen Besatzungsmacht im Heiligen Land merklich verfolgt, eine der wahrscheinlich diesbezüglich ausführlichsten Quellen sind Paulus-Passagen, in denen er über sein früheres Wirken vor seinem Damaskus-Erlebnis berichtet, wo er als überzeugter Pharisäer die frühchristlichen Gemeinden im damaligen Palästina mit dem Schwert verfolgte: „Denn vor allem habe ich euch überliefert, was auch ich empfangen habe: Christus ist für unsere Sünden gestorben, gemäß der Schrift, und ist begraben worden. Er ist am dritten Tag auferweckt worden, gemäß der Schrift, und erschien dem Kephas, dann den Zwölf. Danach erschien er mehr als fünfhundert Brüdern zugleich; die meisten von ihnen sind noch am Leben, einige sind entschla-

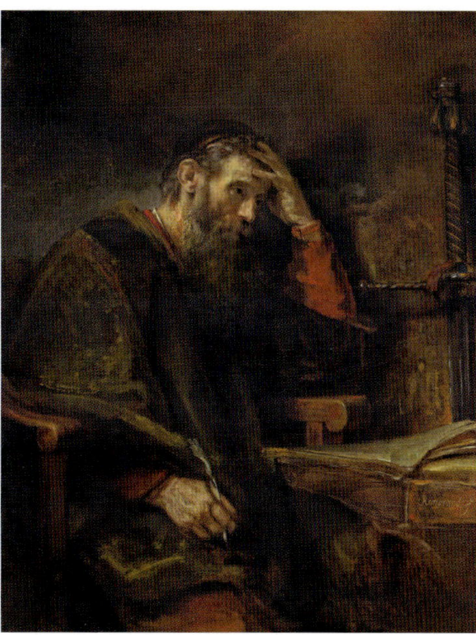

Abb. 94: Rembrandt van Rijn: Der Heilige Paulus.

fen. Danach erschien er dem Jakobus, dann allen Aposteln. Zuletzt erschien er auch mir, gleichsam der Missgeburt. *Denn ich bin der Geringste von den Aposteln; ich bin nicht wert, Apostel genannt zu werden, weil ich die Kirche Gottes verfolgt habe.*“[177] (Abb. 94)

Weitere vergleichbare Ausführungen bei Paulus sind nicht selten und handeln etwa von der *Maßlosigkeit* (ὑπερβολή) seiner Christenverfolgung,[178] dem *Eifer* (ζῆλος), den er hierbei als untadeliger benjamenitischer Jude bzw. Pharisäer an den Tag gelegt hat,[179] und auch seiner Motivation, nämlich der *„Überlieferungen seiner Väter“* (= das *Mosaische Gesetz*, *ὑπάρχων τῶν πατρικῶν μου*) angesichts der diesbezüglich potenziellen Bedrohung durch die frühjüdische Sekte der Christen zur Geltung zu verhelfen.[180] Was das Thema von *Gesetz, Staatlichkeit, Politik* und *Recht* – hier manifestiert in Form des Mosaischen Gesetzes – als den expliziten Grund ins Spiel bringt, weswegen Paulus sich offenbar von den frühen Christen hinsichtlich seiner eigenen pharisäischen Überzeugungen in puncto Religion zunächst herausgefordert und infolgedessen dann zu entsprechenden Aktivitäten veranlasst sah. Dass diese staatlich-rechtliche-politische Komponente hinsichtlich des Charakters des Christentums eine für den heutigen Menschen fast überraschend große Rolle spielt – die Äußerungen des Paulus in diesem Zusammenhang sind eindeutig. Klar erkennbar auch an der *Art der Todesstrafe*, die über Jesus von Nazareth verhängt wurde – die *Kreuzigung*; was sich nochmals unmissverständlich in der bekannten Tafel widerspiegelt, die über Jesu Kopf am Kreuz angeschlagen wurde (Abb. 95) und auf der gemäß des Johannes-Evangeliums Folgendes eingeschrieben stand: „Pilatus ließ auch eine Tafel anfertigen und oben am Kreuz befestigen; die Inschrift lautete: Jesus von Nazaret, der *König der Juden*. Diese Tafel lasen viele Juden, weil der Platz, wo Jesus gekreu-

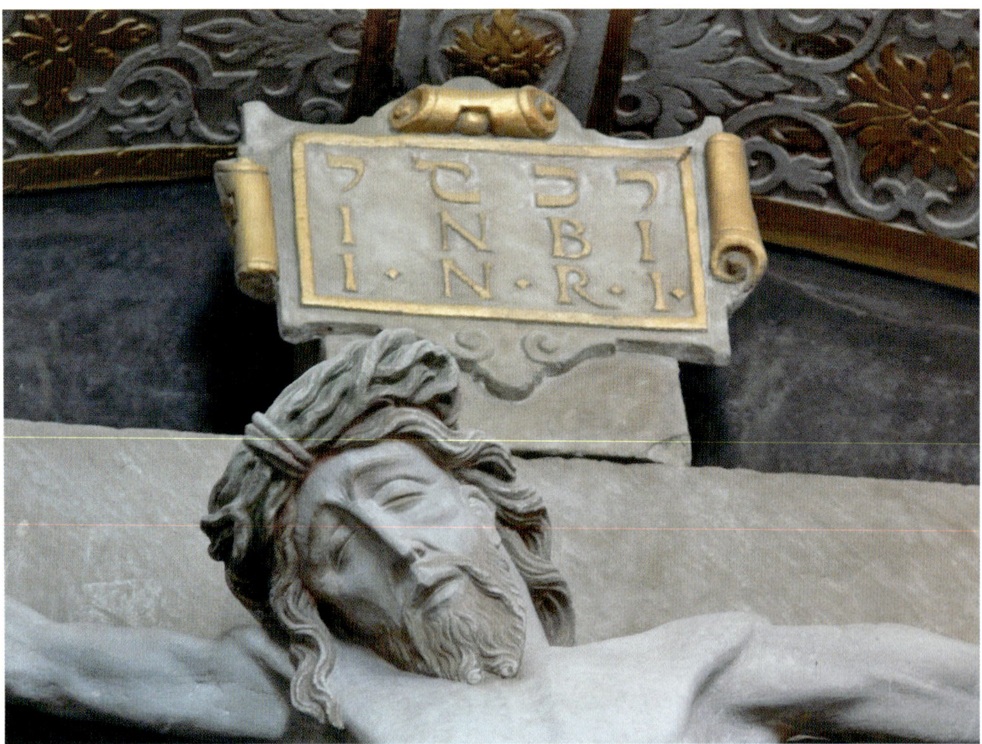

Abb. 95: Kruzifix in der Benediktinerabtei Ellwangen, bei dem die drei im Johannes-Evangelium genannten Sprachen (oben hebräisch, mittig griechisch, unten lateinisch) als Initialen auf der Tafel mit der Titulus crucis zu sehen sind.

zigt wurde, nahe bei der Stadt lag. Die Inschrift war hebräisch, lateinisch und griechisch abgefasst. Da sagten die Hohepriester der Juden zu Pilatus: Schreib nicht: Der *König der Juden*, sondern dass er gesagt hat: Ich bin der *König der Juden*. Pilatus antwortete: Was ich geschrieben habe, habe ich geschrieben."[181]

Somit wird ersichtlich, dass das Paulinische Vorgehen gegen die Christen maßgeblich *rechtlich* motiviert war, denn das Mosaische Gesetz, die Grundlage des jüdischen Glaubens in vielerlei Hinsicht, sah der damalige „Eiferer" offenbar durch das Auftreten und die Praxis der Christen – jener unliebsamen innerjüdischen Sekte, die nicht besonders konform mit den offiziellen Interessen der damals jüdischen Machthaber (König, Hohepriester, Schriftgelehrte, Sadduzäer etc.) war – bedroht. Da mit einer solchen Bedrohung, wie aus dem Mosaischen Gesetz selbst hervorgeht,[182] nichts Gutes erwächst und dieselbe nach Kräften zurückgedrängt werden muss, versteht sich das martialische Auftreten des Paulus gegenüber den Christen ohne Weiteres aus seinen eigenen religiösen Überzeugungen. Seine Überzeugung und die hieraus folgenden Taten wurden für ihn selbst ab einem bestimmten Zeitpunkt offensichtlich fragwürdig.[183] (Abb. 96) Ein Umstand, der weiter unten im Rahmen der psychologischen Dimension in Bezug auf den Themenkomplex von Ecclesia und Synagoga von Neuem relevant werden wird.

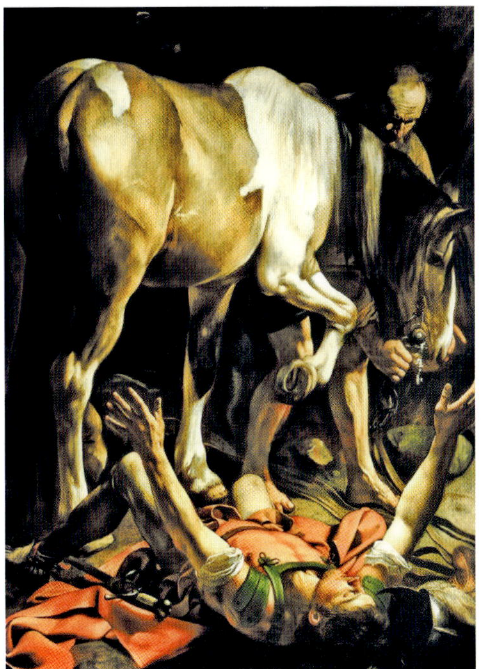

Abb. 96: Caravaggio: Der Heilige Paulus vor Damaskus.

Der Tod Jesu am *Kreuz* besitzt deshalb an dieser Stelle Relevanz, weil er die römische Hinrichtungsart für *Hochverrat – das* politisch motivierte *Verbrechen am Staat par excellence*, welches mit dieser Hinrichtungsart einhergeht – oder *andere staatsgefährdende Umtriebe* war (man denke nur an die Kreuzigungsstrafe der Teilnehmer am *Spartacus-Aufstand*[184]), wie aus der römischen Geschichte hinlänglich bekannt ist.[185] Denn wenn Jesus von Nazareth in vorliegendem Fall als „König der Juden" – was in enger Verbindung mit dem Biblischen *Messias-Gedanken* steht – bezeichnet wird (gemäß verschiedenen Stellen in den Evangelien hat er sich selbst offenbar als *„Menschensohn"*[186] oder auch als *„Messias"*[187] verstanden), dann ist damit explizit ein politisch-staatlicher Bezug aufgerufen.

Im gängigen Bewusstsein steht das Biblische Christentum bzw. die Person des Jesus von Nazareth wohl eher für Momente wie *Nächsten- und Findesliebe*[188], auch die *andere Wange bei einer Ohrfeige hinzuhalten,*[189] *„verlorene Schafe"* und *„verlorene Söhne"* trotz Widrigkeiten zu suchen[190] bzw. wieder aufzunehmen[191], einer Praxis der *universalen Verzeihung*[192] oder einer *grenzenlosen Opferbereitschaft*[193] – dass diese genannten Momente ohne Frage alle biblisch belegt sind und eine zentrale Rolle im Selbstverständnis des Christentums spielen, muss nicht eigens erwähnt werden. Dass es aber auch von vorneherein in der Bibel, im Alten wie im Neuen Testament, einen Motivstrang gibt, der dezidiert die erwähnte staatlich-politische Qualität aufweist, lässt sich aus der Lektüre der Bibel klar entnehmen. Im Kontext der Kreuzigung Jesu als „König der Juden" – was bemerkenswerterweise von allen vier Evangelien gleichermaßen und verbatim überliefert ist –[194], scheint dieses Motiv explizit auf. Und es entfaltet eine theologische wie auch historische Reichweite, die für das bessere Verständnis von Ecclesia und Synagoga in jeglicher Hinsicht zuträglich ist.

Es war auch ein *politisches, staatliches, rechtliches Problem*, das nicht nur hinsichtlich der innerjüdischen Debatten bezüglich des frühen Christentums zu Spannungen geführt hatte, sondern ebenso im Rahmen des *Imperium Romanum*, das ausschlaggebend für die wahrscheinlich gewalttätigsten Christenverfolgungen der Antike war. Da sich die Christen aufgrund ihrer bereits skizzierten Entstehungsgeschichte aus einem „König der Juden", am Kreuz gestorben und vom zeitgenössischen jüdischen *Sanhedrin* in keiner Weise anerkannt,[195] für die Römer nicht gerade als vertrauenswürdige und zuverlässige Partner bzgl. politischer Praxis empfahlen, zogen sie sich allein dadurch seit Beginn ihres Auftretens den Argwohn der römischen Besatzungsmacht zu:[196] Was durch den Umstand, dass sie aus religiösen Überzeugungen[197] den Eid und Kult auf den römischen Kaiser verweigerten, nochmals entscheidend gesteigert wurde, denn durch diese Verweigerung machten sie sich – weil sie damit dem römischen Staat offiziell Loyalität und Anerkennung vorenthielten – als Staatsfeinde, Hochverräter verdächtig.

Der frühe römische Christ *Tertullian* (etwa 150-220) hat sich einmal folgendermaßen geäußert: „Die Christen gelten also deshalb für Feinde des Staates, weil sie den Kaisern keine sinnlosen, lügenhaften und vermessenen Ehrenbezeugungen zollen, weil sie als Anhänger der wahren Religion auch die Festlichkeiten der Kaiser mehr im Herzen als durch Ausgelassenheit feiern."[198] Die Bezeichnung der Christen als *„Feinde des Staates"*, *„hostes publici"* im lateinischen Original, lässt in diesem Punkt keine Fragen offen und zeigt, wie stark der damalige römische Staat die politische, rechtliche, staatsgefährdende Charakteristik des Christentums in den Fokus gerückt hat.

Rechtliche Desiderate im Selbstverständnis des christlich-mittelalterlichen Staats in Relevanz zu Ecclesia und Synagoga

Es wurde bereits angesprochen, dass Staat, Recht und Politik im Aspekt der Gewaltausübung, die man als Staatsgewalt bezeichnet, zur Legitimation dieser vom Staat – gegenüber Bürgern, die bestimmte Gesetze, Normen, Verbindlichkeiten pp. verletzen – *ausgeübten Gewalt* aufgerufen ist. Nun stellt sich die Frage, *wie* eine *nötige Legitimation staatlicher Gewalt in concreto* aussehen könnte. Im Mittelalter (und auch teilweise noch später) war dies in allererster Linie das, was man als *Gottesgnadentum* bezeichnet (Abb. 97). Damit ist gemeint, dass der eine und einzige Gott, wie er sich in der Bibel offenbart hat, den Monarchen, sprich den König bzw. den Kaiser, qua Gnadenakt erwählt, einsetzt und damit legitimiert. Die entsprechenden Krönungszeremonien (Königs- wie Kaiserkrönung), die in zahlreichen Handschriften, Kodizes, Urkunden usw. überliefert sind, vermitteln einen guten Eindruck, wie dieser Akt des Gottesgnadentums in der Praxis umgesetzt wurde: Nachdem die Großen des Reichs den neuen König *qua Wahl* bestimmt hatten,[199] wurde dieser (im Zusammenhang des *römisch-ostfränkischen* bzw. später dann *römisch-deutschen* Reichs zumeist in Aachen, in Ausnahmefällen auch in Mainz, Köln oder Bonn) in einem feierlichen Akt, der die *eigentliche Inthronisierung* darstellte, normalerweise vom Kölner (mitunter auch vom Mainzer) Erzbischof zum König *gesalbt*.[200] Mit der lateinischen Formel *„Dei gratia"* („von Gottes Gnaden") wurde ein solcher Akt gleichsam in seiner Gültigkeit vom ausübenden Bischof besiegelt, woraus sich auch der deutsche Begriff des „Gottesgnadentums" herleitet. Bei der Kaiserkrönung in Rom, die vom Papst durchgeführt wurde, verhielt es sich der Sache nach sehr ähnlich, die Legitimität des Kaisers geht ebenfalls auf einen Akt der (in diesem Fall *päpstlichen*) *Salbung* zurück, wobei der theologische wie weltliche Symbolgehalt der Kaiserkrönung oder -salbung wesentlich höher eingeschätzt werden muss als derjenige der römisch-ostfränkischen Königswürde. Mit jenem einigermaßen komplexen und feierlichen Akt der Salbung, Inthronisierung und damit Legitimierung der römisch-ostfränkischen/-deutschen Könige und Kaiser in ihrer ausübenden Herrschaft mitsamt der Applikation staatlicher, herrschaftlicher Gewalt ist der Gesamtkomplex dessen bezeichnet, was man in diesem Zusammenhang als Gottesgnadentum versteht.

Vergegenwärtigt man sich das Skizzierte zum Prozedere der Herrscherinthronisierung mit der Idee

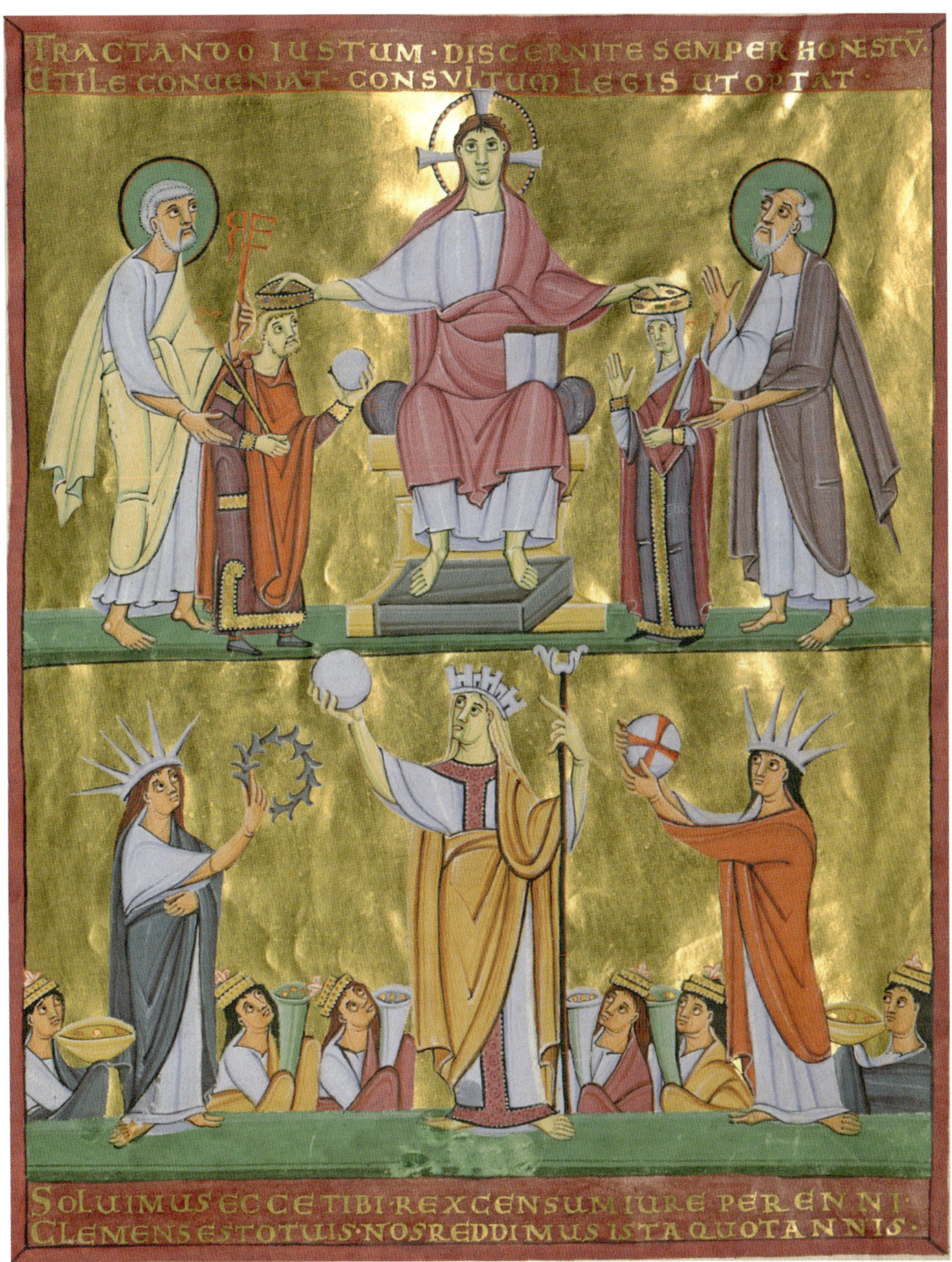

Abb. 97: Eine besonders aussagekräftige und schöne bildliche Darstellung und zumal für Bamberg eindrückliches Beispiel der Idee des Gottesgnadentums findet sich im Perikopenbuch Heinrichs II., mittlerweile in der Münchner Staatsbibliothek unter der Signatur Clm 4452 verwahrt, wo auf dem Blatt Fol 2r, dem sog. „Krönungsbild", eben die Krönung Heinrichs II. und seiner Gemahlin Kunigunde zu sehen ist. Beschreibung: Oben: Heinrich II. und Kunigunde (als consors regni) von Christus gekrönt, hinter ihnen die Bamberger Patrone Petrus und Paulus. Unten: Huldigende Personen mit Gaben und die Personifizierungen der Roma, Gallia und Germania.

des Gottesgnadentums, dann wird offenkundig, welch bedeutende Rolle hierbei die Kirche spielt, deren Repräsentanten die *Salbung* usw. vollzogen und die *entscheidenden Worte* sprachen: Die Kirche und ihre Repräsentanten waren die eigentlichen Legitimationsspender für Könige und Kaiser. So gesehen war die Kirche in Person ihrer entsprechenden Repräsentanten im konkreten Sinne des Wortes der „Königs-" bzw. „Kaisermacher", woraus unmissverständlich klar wird, weswegen die *Allianz zwischen Kirche und Staat* zu dieser Zeit so eng war; zwar gibt es auch noch etliche weitere Gründe für diese staatlich-kirchliche Verbindung,[201] doch allein in ihrer Funktion als Spenderin der qua göttlicher Gnade statthabenden Legitimierung der weltlichen Herrschaft war die Kirche für den Staat in seinen Grundfesten schlechterdings unentbehrlich.

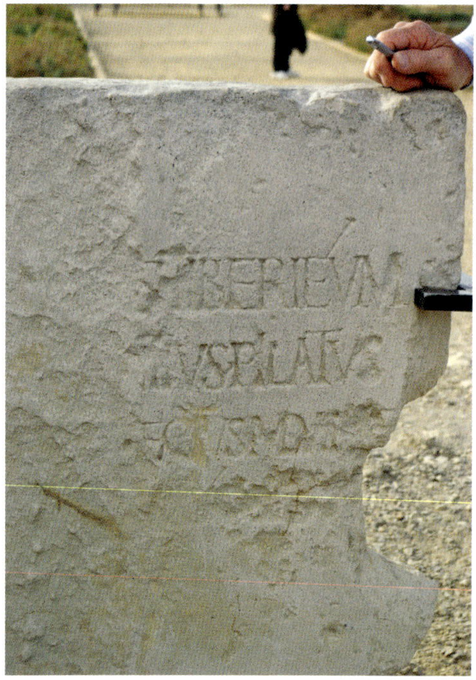

Abb. 98: Kopie einer Inschrift mit der Erwähnung des Pontius Pilatus in Caesarea Maritima, noch einigermaßen gut lesbar (mit entsprechenden Ergänzungen): S TIBERIEVM / PONTIVS PILATVS / PRAEFECTVS IVDAEAE (etwa zu übersetzen als: „[...] Tiberius / Pontius Pilatus / Präfekt von Judäa [...]).

Das Neue Testament kennt nun relativ wenige Äußerungen zum Verhältnis von Kirche und Staat. Zwar spielt das ganze Geschehen des Neuen Testaments in der rechtlichen Geltungssphäre des damaligen Imperium Romanum, in diesem Rahmen findet auch die Kreuzigung Jesu als Strafe der Römer für Hochverrat statt, Pontius Pilatus (historisch als römischer Präfekt unter Kaiser Tiberius in der Provinz Judäa für das neutestamentlich relevante Geschehen um 26-36 n. Chr. belegt[202], Abb. 98) ist zwar ein für das Biblische Geschehen entscheidender Akteur, aber just nicht als Brücke zwischen Christentum und (römischem) Staat, sondern als notwendiges Mittel zur Realisierung des Heilsgeschehens, denn durch die von ihm verhängte Kreuzigung kann das Erlösungswerk als Opfertod stattfinden. Die letztlich einzig wirkliche bedeutsame Äußerung im Neuen Testament zu Belangen von Recht, Staat und Politik, ist eine dezidiert *negative*: „Damals kamen die Pharisäer zusammen und beschlossen, Jesus mit einer Frage eine Falle zu stellen. Sie veranlassten ihre Jünger, zusammen mit den Anhängern des Herodes zu ihm zu gehen und zu sagen: Meister, wir wissen, dass du die Wahrheit sagst und wahrhaftig den Weg Gottes lehrst und auf niemanden Rücksicht nimmst, denn du siehst nicht auf die Person. Sag uns also: Was meinst du? Ist es erlaubt, dem Kaiser Steuer zu zahlen, oder nicht? Jesus aber erkannte ihre böse Absicht und sagte: Ihr Heuchler, warum versucht ihr mich? Zeigt mir die Münze, mit der ihr eure Steuern bezahlt! Da hielten sie ihm einen Denar hin. Er fragte sie: Wessen Bild und Aufschrift ist das? Sie antworteten ihm: Des Kaisers. Darauf sagte er zu ihnen: So gebt dem Kaiser, was dem Kaiser gehört, und Gott, was Gott gehört! Als sie das hörten, staunten sie, ließen ihn stehen und gingen weg."[203] (Abb. 99)

Das Neue Testament hat eine stark *apokalyptische*[204] wie auch *soteriologische*[205] Ausrichtung, beides Momente, die nicht auf das Einrichten des Menschen in dieser Welt abzielen, sondern eher den Fokus auf heilsrelevante Belange legen. So zumindest tatsächlich der Befund des Neuen Testaments – dass sich dies dann im Lauf der Geschichte deutlich verändert, ist eine interessante und fast überraschende historische Tatsache, die von den Biblischen Grundlagen, wenigstens der-

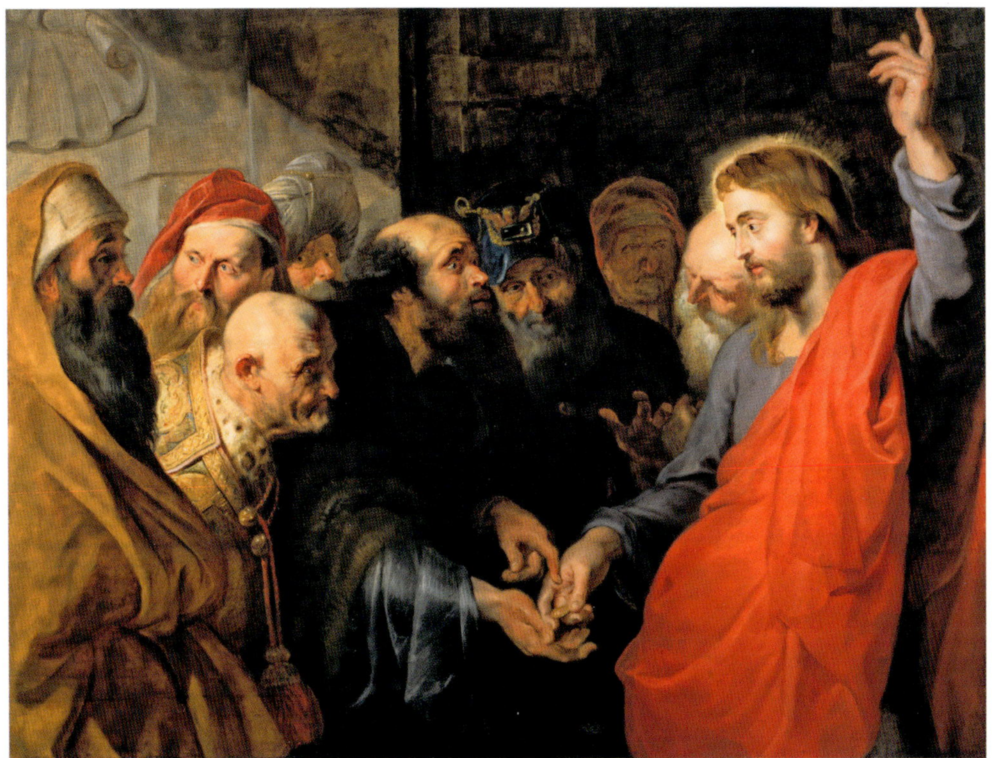

Abb. 99: „Der Zinsgroschen" bzw. „Gebt dem Kaiser, was des Kaisers ist", Gemälde von Peter Paul Rubens, 1612-1614.

jenigen des Neuen Testaments, keineswegs linear ableitbar ist.[206]

Was schließlich auch der Grund dafür gewesen sein mag, dass sich die christliche Kirche etwa ab der Karolingerzeit in die Situation versetzt sah, eine (auch) weltliche Rolle zu spielen, die ihr ihren eigenen theologischen, neutestamentlichen Grundlagen zufolge eigentlich überhaupt nicht zukam. Da sich nun aber bereits seit Paulus ein zwar hierarchisches, jedoch auch die Idee der Kontinuität betonendes Verhältnis zwischen *Altem* („*Judentum*") und *Neuem* („*Christentum*"[207]) *Bund* auf (systematisch-theologisch) recht elaborierter Ebene greifen lässt, lag es offenbar nahe und war letztendlich auch die *einzig gangbare Option für die christliche Kirche, sich bei ihrer politischen, staatlichen, herrschaftlichen Aufgabenausübung bevorzugt auf das Alte Testament zu beziehen.*

Im Unterschied zum Neuen Testament ist das Alte Testament in der Tat voll von *Königen,* die eine wichtige Rolle im Rahmen der alttestamentlichen Bücher spielen, von guten und bösen Königen, von solchen, die von Gott eingesetzt, favorisiert, ausgewählt, aber auch von solchen, die sündigten, boshaft und ein Gräuel waren und ergo auch von ihm verworfen wurden.[208] Die Figur des *Königs* im Alten Testament ist faktisch von kaum zu überschätzender Bedeutung, und zwar in verschiedenerlei Hinsicht.[209] Wohl findet sich hierbei auch eine nennenswerte Anzahl an ungerechten Königen, aber allein Namen wie König *David,* König *Salomon,* König *Joschija* etc. deuten darauf hin, dass es offenbar einen *positiven Bezug zwischen alttestamentlichen Königen und Gott YHWH* gibt. König David ist hierbei von besonderem Interesse, denn laut biblischem Befund war er der *erste von Gott erwählte König,* von dem Gott auch trotz einiger, mitunter gravierender Fehltritte *nicht abließ,* ihm also die (Bundes-)Treue bis zum Schluss hielt,[210] was eine große Auszeichnung darstellt, ihn damit grundsätzlich von seinem verworfenen Vorgänger Saul unterscheidet und der zum Zeichen seiner Königswürde vom Propheten Samuel *gesalbt* wurde: „Samuel nahm das Horn mit dem Öl und salbte David mitten unter seinen Brüdern. Und der Geist des HERRN war über David von diesem Tag an. Samuel aber brach auf und kehrte nach Rama zurück."[211]

Die Ausführungen zum „Königtum" im Alten Testament werden durch die hier beschriebenen Könige deutlich und zeigen, welchen Stellenwert das Königtum im Rahmen des Alten Testaments hat. Die erwähnten Könige sind letztlich nur *Stellvertreter*, *Vorläufer* und *Hinweise* auf den einzig wahren König: *YHWH*. In den entsprechenden Psalmen[212] wird die Auffassung, dass Gott König über sein (auserwähltes) Volk ist, offenbar und stellt auch die Basis für die Rede vom *„Königreich Gottes"* in Jesu Wirken dar, wie es in den Evangelien entfaltet wird.[213] In dem Moment der *Salbung*[214], wie es sich mehrfach im Alten Testament in Bezug auf die Inthronisierung bestimmter Könige finden lässt, besteht eine *klare Präfigurierung zur (mittelalterlichen) Idee des Gottesgnadentums.*

Sofern im Rahmen der mittelalterlichen Praxis von Herrschaftslegitimierung durch die christliche Kirche ein Biblisches Fundament zum Tragen kommt – eine Anforderung, die zu dieser Zeit so gut wie zwingend gewesen war –[215], so lässt sich dies aufgrund des faktischen Textbestandes nicht aus dem Neuen Testament gewinnen, sondern man ist gut beraten, sich hierbei vorzugsweise auf die Texte des Alten Testaments zu beziehen, in denen von *Königtum, von Gott erwählten, gesalbten* und damit letztlich auch *inthronisierten* und also *legitimierten Königen* die Rede ist. Dass ebendies für die christliche Kirche ein zweischneidiges Schwert darstellt, liegt auf der Hand: Auf der einen Seite soll sie über die sakramentale Praxis dafür zuständig sein, dass die Seelsorge in den Gemeinden so gut wie möglich stattfindet, auf der anderen Seite ist sie nun auch in den Aufgabenbereich gestellt, die erforderliche Herrschaftslegitimierung der (mittelalterlichen) Könige und Kaiser zu bewerkstelligen, was staatlicherseits als Anforderung von der Kirche erwartet wird.[216]

Und da man sich bei zweiter Aufgabe faktisch nur auf das Alte Testament, dessen Idee von Königtum und der damit verbundenen Herrschaftslegitimierung beziehen kann, hat das Mittelalter hierbei auch exakt diese Brücke geschlagen. Das vielleicht bemerkenswerteste Beispiel für diesen Brückenschlag stellt die *Ikonografie der Reichskrone*[217] dar (Abb. 100): Die als Oktogon gearbeitete Reichskrone (deren Entstehung nicht in die Karolingerzeit, sondern später fällt, vmtl. in die Zeit um 1000) weist vier mit Edelsteinen reich verzierte Goldplatten, sowie, hier von besonderem Interesse, vier mit figürlichen Darstellungen versehenen Emailleplatten auf, deren Ikonografie ausgesprochen aussagekräftig ist. Obwohl es keine angegebene Leserichtung dieser vier Emailleplatten gibt, folgen die Darstellungen einer inneren Logik: Auf einer Platte steht ein König, über dem die Inschrift *Rex David* zu lesen ist (Abb. 101); es folgt eine ähnliche Darstellung mit der Inschrift *Rex Salomon* (Abb. 102); bei beiden Darstellungen hält der König eine Art *Stola*[218] in Händen, die offenbar seine entscheidende Herrschaftsinsignie und damit Herrschaftslegitimation untermauert. Denn auf einer weiteren Emailleplatte sind zwei Personen nebeneinander zu sehen, die linke hält wieder eine Stola und reicht dieselbe der rechten Person, die in prunkvollen Gewändern abgebildet und offenbar bereit ist, diese Stola zu empfangen. Augenscheinlich handelt es sich hierbei um eine paradigmatische Darstellung des *Aktes der Königsweihe, Königsinthronisierung* und *-legitimierung*, da über der linken Figur *Isaias p<ro>pheta* (der Prophet Jesaja), über der rechten *Ezechias rex* (König Hiskia) steht (Abb. 103). Die vierte Emailleplatte ist ikonografisch am aufwendigsten gestaltet und lässt drei Figuren erkennen: In der Mitte ist *Jesus Christus* (gut erkennbar durch seine *en face-Wiedergabe*) zu sehen, der links und rechts von *Engeln* flankiert ist, die über der Szene angebrachte Inschrift lautet: *P<er> me reges regnant* – „Durch mich herrschen die Könige" (Abb. 104). Man erkennt also einen sukzessiven Übergang von Figuren aus dem Alten Testament hin zum Christlichen Gott in seiner Zweiten Person unter der leitenden Maßgabe der Königsinthronisierung und Herrschaftslegitimierung. Eine *Transformation*, die zugleich (ähnlich wie die Gewändefiguren des Fürstenportals) Kontinuität und hierarchische Überhöhung zum Ausdruck bringt.

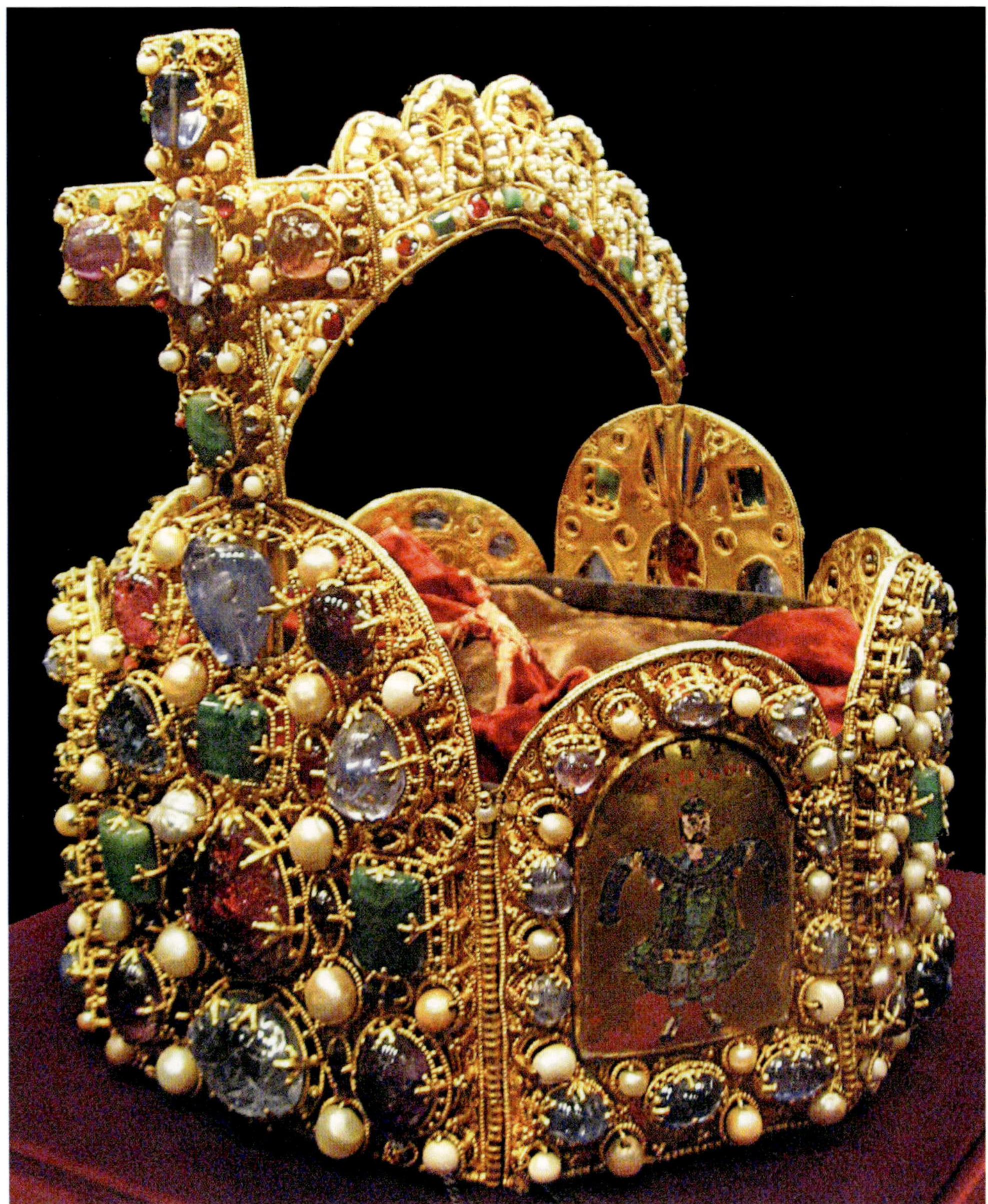

Abb. 100: Reichskrone, Gesamt- bzw. Vornerechts-Ansicht mit der Emailleplatte „König Salomon“. Schatzkammer Wien.

Wenn sich der mittelalterliche Modus von Herrschaftslegitimierung in Form des Gottesgnadentums (in Ermangelung entsprechender Referenzpunkte im Neuen Testament) hierbei maßgeblich auf Vorläufer, Passagen, Inhalte und Könige aus dem Alten Testament bezieht, dann kann dies nicht im Sinne einer Bezugnahme auf das *eigentliche Judentum* geschehen, denn die mittelalterlichen Herrscher verstanden sich (spätestens seit Karl dem Großen) dezidiert als *christlich*. Also musste man versuchen, diese Vorlagen aus dem Alten Testament auf die christliche Gegenwart hin zu *trans-*

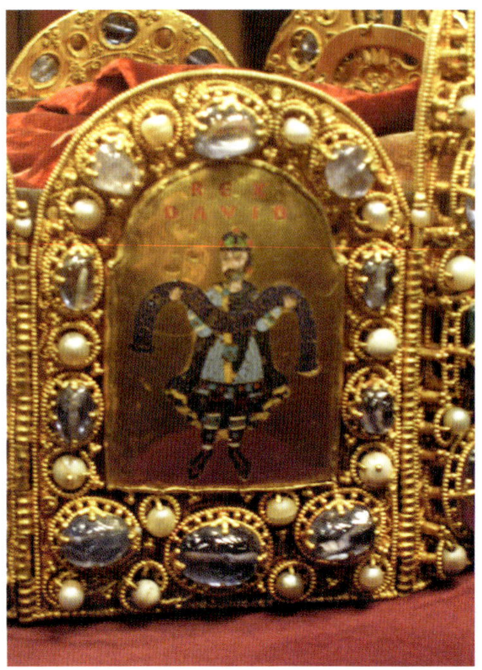

Abb. 101: Emailleplatte mit der Inschrift „Rex David“ – „König David“ auf der Reichskrone.

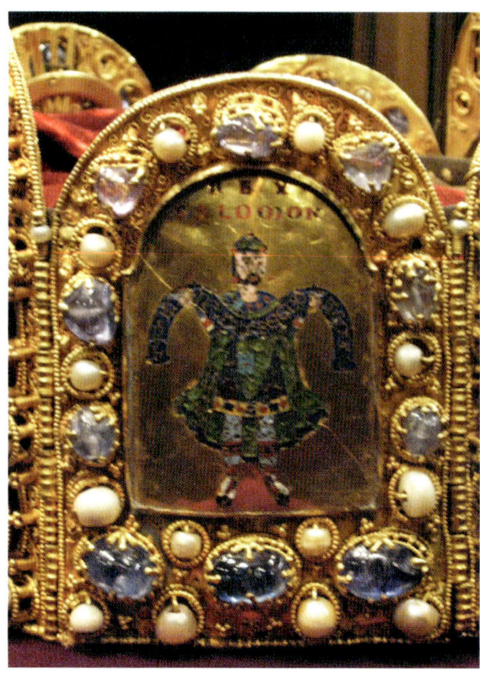

Abb. 102: Emailleplatte mit der Inschrift „Rex Salomon“ – „König Salomon“ auf der Reichskrone.

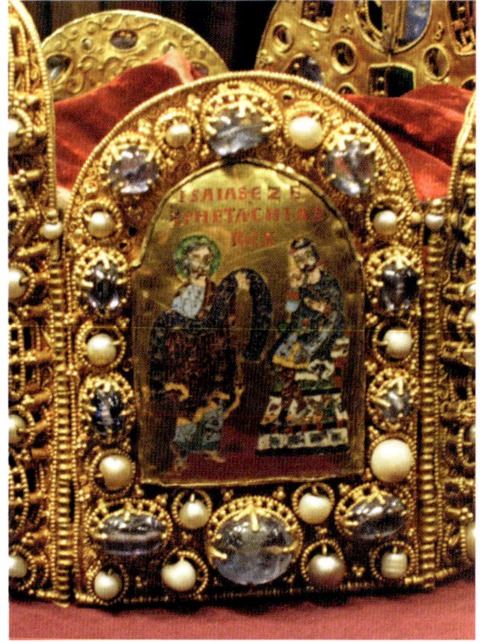

Abb. 103: Emailleplatte mit der Inschrift „Isaias Prophete Ezechias Rex“ – „Der Prophet Jesaja <und> König Hiskia“ auf der Reichskrone.

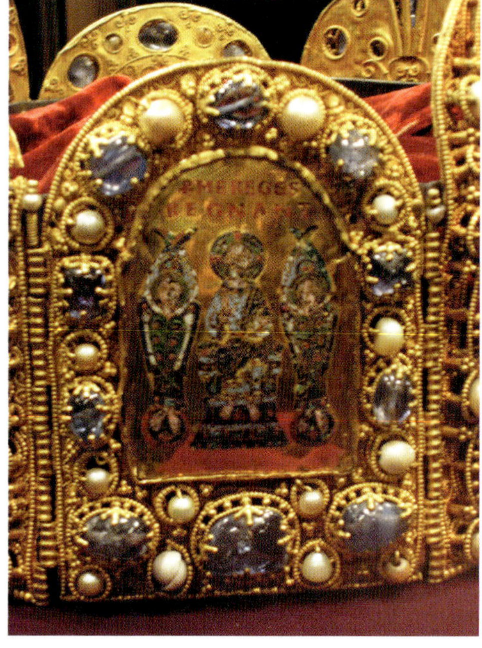

Abb. 104: Emailleplatte mit der Inschrift „Per me reges regnat“ – „Durch mich herrschen die Könige“ auf der Reichskrone.

formieren, die Legitimierungsform der Salbung so vom Alten auf den Neuen Bund zu übertragen, dass deren inhaltliche qualitas der *Auserwähltheit*, des *göttlichen Zuspruchs* und der *Legitimiertheit* des Herrschers durch Gott gleich bleibt, aber in eine neue Form übergeht.

Die christlichen Herrscher des Mittelalters mussten ein Konzept entwickeln, dass sie als legitime Rechtsnachfolger der Alttestamentlichen Könige ausweist, und analog zu den theologisch-kirchlichen Überlegungen des wahren auserwählten Volkes, dem wahren Israel, das durch das Auftreten von Jesus Christus vom Alten auf den Neuen Bund übergegangen war, versuchte man das für die weltliche Machtsphäre zu übernehmen. Dass dies mit einer Abwertung der Vorgänger einhergeht, die nun als delegitimiert, überwunden pp. angesehen wurden, stellt sicherlich eine der wesentlichen

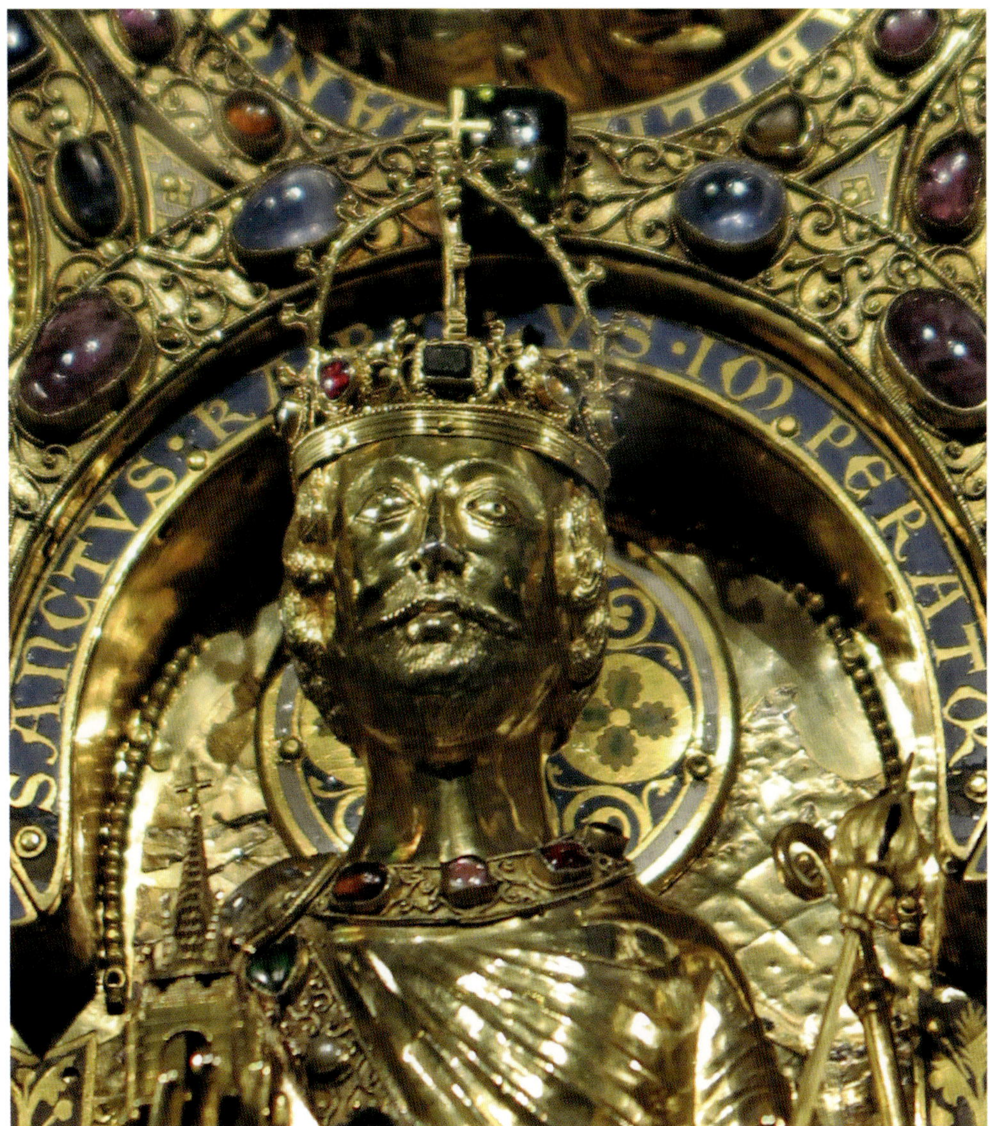

Abb. 105: Abbildung Karls des Großen auf der Frontseite des Karlsschreins in der Chorhalle des Aachener Doms, fertiggestellt 1215.

systematischen Quellen von Judenhass im Mittelalter dar – zumal, wenn sich die Juden nicht bereit zeigten, den Neuen Bund in seinen verschiedenen Aspekten als den wahren Nachfolger ihrer selbst anzuerkennen. Und dass die ersten greifbaren Darstellungen von Ecclesia und Synagoga (bzw. der wie oben gezeigten Vorläufermodelle) just im 9. Jahrhundert, also dem Beginn des mittelalterlichen Gottesgnadentums bei den Karolingern (Initial hierfür war wohl die Kaiserkrönung Karls des Großen Weihnachten 800[219]), nachgewiesen werden können, lässt sich schwerlich als Zufall verstehen (Abb. 105).

Politische Aspekte in der Altercatio

Die politische, staatliche sowie rechtliche Dimension im Kontext von Ecclesia und Synagoga wurde so weit im größeren Rahmen der historischen, politischen, theologischen und gesellschaftlichen Belange erörtert, und es kann als fast ein bisschen überraschend gelten, wie hoch und intensiv, konzeptionell wie phänomenal, dieser Zusammenhang ist. Der Befund wird noch dadurch nennenswert gesteigert, wenn man nochmals die oben thematisierte Altercatio heranzieht: Dieses Werk, das (zumindest soweit bekannt) erstmalig explizit das Verhältnis von Judentum und Christentum in den Personifizierungen von Synagoga und Ecclesia zum Gegenstand hat und die oben gezeigten spezifischen Inhalte verfolgt – diese Schrift ist literarisch konzipiert als ein *Gerichtsverfahren*. Das bedeutet, dass bereits in der Zeit um 400 dieser Kontext von Staat, Recht und Gesetz maßgeblich für das christliche Verständnis hinsichtlich des Verhältnisses von Juden- und Christentum gewesen war.

Da die Relevanz dieser Thematik auch für die vorliegende Studie so nennenswert hoch ist und vermutlich bislang in diesem Zusammenhang noch nicht eigens betrachtet wurde, sollen wenigstens in rein faktischer, unkommentierter Weise diejenigen Passagen der *Altercatio* angeführt werden, die in diesem sachlichen Kontext bedeutsam sind. Es wäre ohne Zweifel ein wissenschaftlich lohnendes und sehr interessantes Unterfangen, die *Altercatio* aus dieser Perspektive eingehender zu untersuchen und von da aus auch mögliche Entwicklungslinien zu rekonstruieren, wie sich die Vorlagen im Laufe der Zeit entwickelt haben. Der Leser wird vermutlich ohnehin schnell finden, in welch vielschichtigen und aufschlussreichen Richtungen die Äußerungen der *Altercatio* zumal für das Thema Ecclesia und Synagoga ausdeutbar sind, aber fraglos auch noch darüber hinaus.[220]

Somit sollen im Folgenden nur kurz die für unser Thema aussagekräftigen Passagen kommentarlos angeführt werden. Die hierbei relevanten Begrifflichkeiten sind vom Autor dieser Arbeit optisch fett hervorgehoben worden, da es auch Hervorhebungen im Original (Bibelzitate) gibt, die *kursiviert* sind – und um diesbezüglich keine Missverständnisse aufkommen zu lassen, wurde dieser Modus der Kenntlichmachung gewählt.

(1) „Es soll nach dem Gesetz verfahren werden, weil um das Besitzrecht gestritten wird. Und ich werde nicht zögern, mit kaiserlicher Erlaubnis die Entscheidungen aufzurollen, damit durch den Beschluß eurer Versammlung in Übereinstimmung mit dem göttlichen Gesetz verkündet werde, zu welcher Erkenntnis die Ordnung der Wahrheit gelangt sein wird." („Lege agatur, quia de possessione contentio est. Et revolvere imperiali sanctione sententias non morabor, ut quidquid veritatis ordo perspexerit, iuxta legem divinitus datam concoetus vestri sententia promulgetur"; 5-10)

(2) „In die Heidenvölker, in unser Erbe, in den Besitz, die Grenzen der Erde [vgl. hierzu das Tympanon], was uns nach kaiserlichem Recht zugesprochen ist, drang die einst mächtige und an Gold reiche Frau Synagoge ein. Kaum stellen wir ein Bittgesuch und halten Bittschriften in den Händen, können wir unseren Landbesitz sogleich antreten, und die Aneignung dieses Besitzes ist durch unseren Rechtsanspruch legitimiert." („gentes, hereditatem nostram, possessionem et terminos terrae nobis augustali iure concessam potens quondam, dives auro mulier Synagoga pervasit. Mox supplicamus, preces retinemus in manibus, introductio protinus fundi, habita possessio in nostro iure consistit"; 18-23)

(3) „Ich herrschte, auf Zepter und Legionen gestützt, in Jerusalem in purpurnem Umhang. Ich besaß das römische Reich, ich tötete Könige, Soldaten und Feldherrn fremder Völker. Mir brachten

der Perser und der Inder Gold, Edelsteine, Elfenbein, Silber und Seide und all ihre Schätze." („Ego sceptro et legionibus fulta apud Hierosolimam purpureo amictu regnabam. Ego Romanum possidebam imperium, ego reges, milites et alienigenarum gentium duces occidi. Mihi Persa et Indus aurum, gemmas, ebur, argentum et sericum, totasque opes advexit"; 47-51)

(4) „Die Herrschermacht brachte mich dazu, die mir eingeräumte Freiheit kühn auszunutzen. Glaubst du denn, ich hätte mich hierin verfehlt, wenn ich bei der Ausübung meiner Herrschaft gedemütigt habe, wen ich wollte, und vielleicht die, die sich gegen mich erhoben hatten, getötet habe? Wer die Macht gegeben hatte zu herrschen, hatte meiner Würdenstellung doch freilich auch die Macht eingeräumt zu tun, was immer ich wollte [fast eine Art Gottesgnadentum ante litteram]. Oder sag mir, ob das Gesetz nicht in der Hand dessen liegt, der aus eigener Machtvollkommenheit herrscht. Und wer alles besitzt, der muß seine Herrschergewalt notwendig ausweiten, wohin immer er will." („Potestas regni permissae libertatis accepit audaciam. Numquid in eo peccasse me credis, si sub imperio meo maculavi quos volui aut meos forsitan rebelles occidi? Qui potestatem regnandi dederat, faciendi utique quidquid vellem indulserat dignitati. Aut dic mihi si legem non habet, qui proprio regnat imperio, et qui possidet totum, necesse est, ut regni potentiam quocumque volet extendat"; 70-77)

(5) „Ich freue mich, daß ich dadurch ausgezeichnet wurde, daß ich über die Erhabenen erhoben wurde und die Herrschaften der Herrschenden zunichte gemacht habe. Und schau, zu meinen Füßen liegst du, die einst in Purpur gekleidete Königin. Jener ist nämlich König der Könige, der eben dem Befehle erteilt, der sich selbst einst herrschen sah. Du hast geherrscht, das gestehe ich ein, die römische Welt lag dir zu Füßen, Könige und Fürsten fielen, und wenn du einmal eine Schlacht geschlagen hattest, unterlag der Feind und geriet in Gefangenschaft. Zürne nicht, wenn du, die du Herrin warst, dich als meine Magd wiederfindest." („In eo me gaudeo sublimatam, quod et celsis celsior facta sum et regnantium regna disieci. Et ecce sub pedibus meis purpurata quondam regina versaris. Ille est enim rex regum, qui eidem imperare coeperit, qui se viderit aliquando regnasse. Regnasti, fateor, Romana tibi terra subiacuit, reges et principes ceciderunt, et si quando conflixeras, captivus hostis succubuit. Noli irasci, si tu, quae fueras domina, mihi facta videaris ancilla"; 78-85)

(6) „Die Kirche sagte: Ich habe die Tafeln, ich trage das Testament vor, das dein Schreiber Moses, der die Wahrheit kündende Prophet, einst niedergeschrieben und in Gegenwart des Magistrats Aaron gesiegelt hat." / „ECCLESIA dixit: Habeo tabulas, recito testamentum, quod scriba quondam tuus Moyses veridicus vates scripsit et Aaron magistratu praesente signavit." (88-90)

(7) „Lies, was Rebecca gesagt wurde, als sie Zwillinge gebar: *Zwei Stämme sind in deinem Leib und zwei Völker aus deinem Bauch werden sich trennen, und ein Volk wird das andere besiegen, und das ältere wird dem jüngeren dienen*. Du hast doch gerade gesagt, du, die ältere, habest geherrscht, triumphiert, das Zepter innegehabt, den Purpur besessen, ich, die jüngere, habe mich einst in Tälern verborgen oder in Wäldern, einst auch in felsigen Hügeln gehaust; du habest gestrahlt vor Gold, Zierde, Batist, Seide, Edelsteinen, ich, die jüngere, habe mich von der Milch meiner Tiere genährt. Ich besaß Schafe und Vieh, du Soldaten. Daraus folgt, daß ich zwar die kleinere und ärmere war, daß du aber, obwohl die größere und reiche, mir unterworfen bist und dazu herabsinkst, dem jüngeren Volk zu dienen." („Lege quid Rebeccae sit dictum, cum geminos pareret: *Duae gentes in utero tuo sunt, et duo populi de ventre tuo separabuntur, et populus populum superabit, et maior serviet minori*. Certe maiorem te paulo ante dixisti regnasse, triumphasse, sceptrum tenuisse, purpuram possedisse, me minusculam vallibus delituisse quondam vel in silvis, quondam et in collibus habitasse saxorum; te auro, ornamento, bysso, serico, gemmis claruisse nobilibus, me parviorem pecorum lacte vixisse. Ego oves et pecora, tu militem possidebas. Inde est quod ego minor atque pauperior, tu maior et dives subiugata mihi degeneras populo servitura minori"; 94-105)

(8) „Ich sehe doch, daß du mir in Knechtschaft unterworfen bist. Schau die Feldzeichen bei den Legionen, achte auf den Namen des Erlösers, nimm wahr, daß die Kaiser Christus verehren, und betrachte dich als vom Thron gestürzt, und gesteh

mir dies zu bei deiner Treue zu dem Testament, nach dem du dich richtest: Du zahlst mir Tribut, du gelangst nicht zur kaiserlichen Macht, du kannst die Präfektur nicht bekleiden. Es ist nicht erlaubt, daß ein Jude comes ist, dir ist verboten, den Senat zu betreten, die Präfektur kennst du nicht, zum Staatsdienst wirst du nicht zugelassen, die Tische der Reichen berührst du nicht, du hast den senatorischen Rang eingebüßt, das alles ist dir nicht erlaubt, ja wir geben dir sogar ein paar Bissen zum Nagen, so daß du gerade noch am Leben bleibst. Wenn du also diese Dinge, welche die höchsten, welche die ersten sind, entbehrst, lies, was Rebecca gesagt wurde, als sie Zwillinge gebar: *Zwei Stämme sind in deinem Leib, und zwei Völker aus deinem Bauch werden sich trennen, und ein Volk wird das andere besiegen, und das ältere wird dem jüngeren dienen.*" („quam video servitute subiectam. Respice in legionibus signa, nomen salvatoris intende, christicolas imperatores adverte, et considera te de regno discussam, et nobis iuxta testamenti fidem quod servas id confitere: Tributum mihi solvis, ad imperium non accedis, habere non potes praefecturam. Iudaeum esse comitem non licet, senatum tibi introire prohibetur, praefecturam nescis, ad militiam non admitteris, mensas divitum non attingis, clarissimatus ordinem perdidisti: totum tibi non licet, cui etiam ad manducandum, ut vel male viveres, paucula condonamus. Ergo si haec, quae summa, quae prima sunt, caruisti, lege quid Rebeccae sit dictum, cum geminos pareret: *Duae gentes in utero tuo sunt, et duo populi de ventre tuo dividentur, et populus populum superabit, et maior serviet minori*"; 124-137)

(9) „Höre, Synagoge, höre, Witwe, höre, Verlassene. Ich bin, was du nicht sein konntest. Ich bin die Königin, die dich der Herrschaft enthoben hat, ich bin die Braut, die die Götzenbilder verließ und aus dem Wald und vom Berg hinabstieg." („Audi, Synagoga, audi, vidua, audi, derelicta: Ego sum, quod tu esse non potuisti, ego sum regina, quae te de regno deposui, ego sum sponsa, quae derelictis idolis de silva et de monte descendi"; 314-317)

(10) „Dümmstes der Weiber, wenn du eingestehst, daß er Gott ist, mußt du nicht auch bekennen, daß er König ist? Oder kann er etwa Gott sein, wenn er nicht als König herrscht? Die gesamte Herrschaft liegt zu den Füßen Gottes, und was auch immer die Reiche bergen, besitzt die Majestät Gottes. Zweifelst du also, daß der König ist, den du doch als Gott erkennst?" („Stultissima mulierum, si Deum confiteris, regem fateri non debes? Aut numquid Deus potest esse, nisi regnaverit? Omne regnum sub pedibus Dei iacet, et quidquid regna tenent, maiestas possidet Dei. Ergo regem dubitas, quem Deum profecto cognoscis?"; 466-470)

(11) „Und Jakob nahm sich zwei Frauen, die ältere Leia, mit schwachen Augen, den Typus der Synagoge, und die jüngere und schöne Rachel, den Typus der Kirche, die lange unfruchtbar blieb und später gebar und gesegnet wurde." („Et Iacob accepit uxores duas, maiorem Liam, oculis infirmioribus, typum Synagogae; et minorem speciosam Rachel, typum Ecclesiae, quae et sterilis diu mansit et postea peperit et benedicta est"; 532-535)

160 Die wichtigsten Titel hierzu finden sich in der Einleitung, S. 8 ff.

161 Ansatzweise spricht Jochum, Herbert: Ecclesia und Synagoga. Das Judentum in der christlichen Kunst, Ottweiler 1993, S. 28, dieses Thema an, ohne aber die weitergehenden Relevanzen desselben in den Blick zu nehmen.

162 Eine ausführliche Behandlung dieses Themas würde schnell den Rahmen vorliegenden Beitrags sprengen, da der diesbezügliche Stoff so komplex, umfassend, differenziert, implikationsreich und wirkmächtig ist (und möglicherweise sogar bis heute in bestimmter Weise noch sein mag), dass man damit umstandslos größere wissenschaftliche Monographien füllen könnte.

163 Zumal totalitäre Regime, wie aktuell etwa China, Nordkorea oder auch verschiedenen arabische Staaten, weisen oftmals eine massive Ausübung von Staatsgewalt auf, was sich sowohl im Handeln von Polizei und Geheimdienst, sowie der Rechtsprechung niederschlägt. In totalitären Regimen ist eine starke Staatsgewalt oftmals die Stütze der Regierung, da die Bevölkerung in totalitären Regimen oftmals die Tendenz zur Beanspruchung größerer Freiheiten hat.

164 So etwa, wenn ein Staat aus Nachlässigkeit, Unvermögen, finanzieller Knappheit, personaler Unterbesetzung pp. die geltenden Gesetze nicht mehr so exekutiert und zur Geltung bringt, wie dies eigentlich seitens des Gesetzeskodex' vorgesehen ist, und es damit zu Verwerfungen und Problemen, die als ungerecht erlebt werden, auf gesellschaftlicher Ebene kommt. Diese Variante faktischer Problematik von Staatsgewalt im Sinne der Unterlassung hoheitlicher, staatsgewaltlicher Verantwortung als Eingriff in die von der Bevölkerung reklamierten Missstände usw. ist aufs Ganze gesehen sicherlich die Ausnahme, kann aber z, B. in Fällen wie der Französischen Revolution (und der im Vorfeld derselben stattgefundenen staatlichen Vernachlässigung hinsichtlich der Versorgung größerer Teile der Bevölkerung mit ausreichend Nahrungsmitteln oder auch der Weimarer Republik gesehen werden.

165 Nicht nur aus prinzipiellen, moralischen und anständigen Gründen ist ein Rechtsstaat, bei dem alle Instanzen und aktiven Personen des Staates selbst den geltenden Gesetzen unterworfen sind und Willkür oder ähnliche Unterlaufungen streng sanktioniert werden, wünschenswert, sondern letztlich allein aus pragmatischen, sprich Gründen der Selbsterhaltung, denn funktionierende Rechtsstaaten haben, wie sich unschwer nachweisen lässt, die längsten Lebenserwartungen und größten inneren wie äußeren Stabilitäten bei einem gleichzeitigen Maximum an individueller Freiheit der in einem Rechtsstaat lebenden Bürger.

166 Erste Ansätze hierzu finden sich bereits in der römischen Antike bei Cicero pp. Vgl. hierzu etwa Marcus Llanque: Politische Ideengeschichte – ein Gewebe politischer Diskurse. Oldenbourg, München/Wien 2008, S. 70. Im kodifizierten deutschen Recht wird Gemeinwesen als Rechtsbegriff vom Gesetzgeber verwendet, aber nicht legal definiert. Es gibt vier Fundstellen: § 3 Abs. 1 AO, § 104 Satz 2 PersVG, § 22a Abs. 2 Nr. 2 SGB VIII und Anlage 2 der Einbürgerungstestverordnung.

167 Die Personen, die Entscheidungen treffen, die für das politische, gesellschaftliche, öffentliche und kulturelle Leben ausschlaggebend sind – und die man deswegen auch nicht unzutreffend als „die Mächtigen bzw. Machthaber" bezeichnet – unterscheiden sich von denjenigen Personen innerhalb eines Gemeinwesens, die solche Entscheidungen nicht treffen können. Ein Befund, der vmtl. als ungerecht bezeichnet werden kann, aber in prixi wohl unvermeidlich aufgrund des Desiderats pragmatischer, funktionaler Entscheidungen ist. Eine prinzipielle Lösung dieses Problems scheint unmöglich, wahrscheinlich ist nur die konkrete, gelebte Praxis imstande, dies in irgendeiner konstruktiven Weise zu moderieren.

168 Vgl. hierzu etwa Füssel, Marian/Weller, Thomas (Hrsgg.): Ordnung und Distinktion. Praktiken sozialer Repräsentation in der ständischen Gesellschaft, Münster 2005.

169 Vgl. hierzu etwa Platons Politeia, 431ff., wo er auf der Basis seines Gerechtigkeitsgedankens die drei Stände der Platonischen Polis entwickelt: Herrscherstand, Wehrstand und Nährstand. Man kann diese Platonische Idee als sehr geschichtsmächtig bezeichnen, denn man kann sagen dass etwa bis zur Französischen Revolution eine an diese Ideen angelehnte gesellschaftliche Ordnung („Ständeordnung") das gängige Modell im Abendland war. Unter dem Begriff ordo universi bzw. ordo creationis verstand das Mittelalter darunter u.a. die von Gott gemachte Ordnung der Menschheit in drei Stände.

170 Vgl. hierzu etwa Blickle, Peter: Der Bauernkrieg. Die Revolution des Gemeinen Mannes, München 2012.

171 Mt 5,18: „Amen, ich sage euch: Bis Himmel und Erde vergehen, wird kein Jota und kein Häkchen des Gesetzes vergehen, bevor nicht alles geschehen ist."

172 Vgl. hierzu Klausnitzer, Wolfgang: Wider die Vereinfacher. Zum Figurenpaar „Synagoge" und „Ecclesia" im Dom zu Bamberg, in: KNA ÖKI 38, 15 September 2020.

173 Die Polemik gegen die Juden innerhalb des Neuen Testaments ist aus historischen Gründen insofern auch nicht weiter verwunderlich, als es sich hierbei u.a. auch um eine Abgrenzung der jungen Christen nach Außen und eine Identitätsbildung nach Innen handelt, was sich in diesem Fall gegen bestimmte Vertreter des damaligen Judentums zeigt. Viele zeitgenössische Vertreter des offiziellen Judentums – Hohepriester, Sadduzäer, Pharisäer pp. – waren nachvollziehbarer Weise über diese in ihren Agen häretische Bewegung nicht begeistert, was auch in Aggressionen und Gewalt seinen Niederschlag finden konnte – wie man bei Paulus sehen kann, der vor seiner Hinwendung zum Christentum die in seinen Augen ketzerische innerjüdische Sekte der Christen verfolgte. Die ganze Jesus-Bewegung war keine des offiziellen Judentums, es waren in der Regel recht einfache, teils auch arme Leute, die im Kontext der frühjüdischen Apokalyptik in Eigeninitiative diese neue Richtung des Volkes Israels zum Ausdruck brachten. Somit kann man sagen und der Biblische Befund bestätigt dies weitgehend, dass die Polemik der Christen gegen die Juden nicht gegen die Juden generell gerichtet ist – was auch merkwürdig wäre, denn alle christlichen Akteure im Neuen Testament sind von Haus aus selber Juden –, sondern in specie gegen Vertreter des offiziellen Judentums, weswegen auch besonders die Pharisäer im Neuen Testament so schlecht wegkommen.

174 In den Evangelien fallen immer wieder gleichsam en passant Spitzen gegen Pharisäer, das offizielle Judentum, das den Tempelkult verwaltet usw.; im Johannes-Prolog wird eine offenbar gnostisch inspirierte Neufassung des Schöpfungsberichtes im Alten Testament vorgestellt („Im Anfang schuf Gott Himmel und Erde“ usw. – „Im Anfang war das Wort“, wobei die griechische Wendung „Im Anfang“ im Johannes-Evangelium „Ἐν ἀρχῇ“ die wörtliche Übersetzung des Hebräischen „תישארב“ in Gen 1,1 ist), was man als einen durchaus interessanten Umstand verstehen kann. Aber in den Paulinen wird inhaltlich, spezifisch theologisch argumentiert, nicht nur so nebenbei eine kleine Invektive gegen vermeintliche falsche Glaubensauffassungen fallen gelassen, sondern Paulus diskutiert im explizit theologischen Sinn seine eigenen Positionen mit denjenigen der Septuaginta. Dass dies häufig wirklich mit harten Bandagen läuft, ist ein Hinweis auf die engagierte innerjüdische Diskussionskultur, wie sie teilweise bis heute in Synagogen oder sonstigen jüdischen Lehreinrichtungen kultiviert wird, um dadurch möglichst pointiert die je zur Debatte stehende Glaubenswahrheit aufscheinen zu lassen. Paulus als gläubiger, beschnittener und bis zu einem gewissen Grad auch praktizierender Jude steht in seinen Briefen, die er an die verschiedenen Gemeinden schreibt, damit implizit (oder vielleicht sogar explizit) immer auch im Gespräch, im Glaubensdisput mit seinen jüdischen Konterparts. Dem Neuen Testament Antijudaismus oder gar Antisemitismus vorwerfen zu wollen, hieße, den Juden vorzuwerfen, dass sie miteinander kontrovers diskutierende Juden über strittige Glaubensfragen seien.

175 In der Tat hat das frühe Juden und das frühe Christentum einen tatsächlich gemeinsamen Ausgangspunkt, denn nach der Tempelzerstörung im Jahr 70 n. Chr. konnte die Religion des Alten Testaments nicht mehr in dieser Weise wie gehabt weitergehen, und es hat sich im Anschluss hieran das im Laufe der Zeit entwickelt, was man bis heute als Judentum bezeichnet – was ganz analog historisch auch für das Christentum gilt, weswegen man auch von einem „doppelten Ausgang des Alten Testaments“ sprechen kann: Aus der Textmasse des Alten Testaments ist letztlich zeitgleich im Zuge des 1. nachchristlichen Jahrhunderts das Juden- wie Christentum entstanden. Vgl. hierzu etwa Janowski, Bernd: Der eine Gott der beiden Testamente. Grundfragen einer Biblischen Theologie. Peter Stuhlmacher zum 65. Geburtstag, in: ZThK 1998, 95/1, S. 12 f.: „Der Sachverhalt, daß das Neue Testament zum Alten Testament hin offen und ohne dieses nicht verstehbar ist – H. Gese ‚Das Neue Testament an sich ist unverständlich …“ –, ist m.E. allerdings nicht durch die These zu explizieren, ‚daß man das Zeugnis des Neuen Testaments ohne das des Alten nicht angemessen verstehen kann und die Auslegung des Alten Testaments ohne Blick auf das Neue unvollständig bleibt.‘ Denn der zweite Teil dieser These widerstreitet dem Sachverhalt, daß die Bibel Israels historisch gesehen einen doppelten Ausgang hat: in Gestalt von Mischna und Talmud auf der einen und in Gestalt des Neuen Testaments auf der anderen Seite. Das aber heißt: Die Bibel Israels kennt ‚verschiedenen Weisen ihrer Weiterführung und ‚Vervollständigung‘, von denen das Neue Testament nur eine mögliche ist.‘“

176 Vgl. hierzu auch Anm. 173.

177 1 Kor 15,3 ff. (Hervorhebung vom Autor)

178 Gal 1,13: „Ihr habt doch von meinem früheren Lebenswandel im Judentum gehört und wisst, wie maßlos ich die Kirche Gottes verfolgte und zu vernichten suchte.“

179 Phil 3,5 f.: „Ich wurde am achten Tag beschnitten, bin aus Israels Geschlecht, vom Stamm Benjamin, ein Hebräer von Hebräern, nach dem Gesetz ein Pharisäer; ich verfolgte voll Eifer die Kirche und war untadelig gemessen an der Gerechtigkeit, die im Gesetz gefordert ist.“

180 Gal 1,14: „Im Judentum machte ich größere Fortschritte als die meisten Altersgenossen in meinem Volk und mit dem größten Eifer setzte ich mich für die Überlieferungen meiner Väter ein.“

181 Joh 19,19 ff. (Hervorhebungen vom Autor) Stein des Anstoßes bei dieser Inschrift war hier offenbar für den Hohepriester ein explizit staatlich-politisches Moment, nämlich dass Jesus als König der Juden bezeichnet wird. Die drei Sprachen Hebräisch, Latein und Griechisch, in denen diese Inschrift laut Bibel abgefasst war, lautet im Lateinischen IESVS NAZARENVS REX IVDÆORVM (woraus sich als Initialbuchstaben das bekannte Kürzel INRI herleitet) und auf Griechisch Ἰησοῦς ὁ Ναζωραῖος ὁ βασιλεύς τῶν Ἰουδαίων (was das weit weniger bekannte Kürzel INBI verständlich macht); der hebräische Text ist nicht ganz einfach festzustellen. Die griechische Fassung dieses Titulus crucis findet sich in den griechischen Handschriften des Neuen Testaments, wodurch sie als älteste diesbezügliche Quelle fungiert, die lateinische Version findet sich in oben erwähnter Form in der Biblia Sacra bzw. Vulgata, der für das Mittelalter maßgeblichen lateinischen Übersetzung des Hieronymus der Bibel, womit sich hiermit auch eine Quelle dazu findet. Allerdings gibt es keine bis zu dieser Zeit nachweisbare hebräische Lesart dieses Textes, weswegen hierzu lediglich Konjekturen bzw. Rekonstruktionsversuche existieren. Die bekannteste ist wohl ein aramäischer Rekonstruktionsversuch – die Sprache dieser Zeit im Raum Palästina war Aramäisch, das auch Jesus selbst gesprochen hat –, der wie folgt lautet: אכלמ דוהיד)א(אי.

182 Im Alten Testament wird darauf hingewiesen, dass etwa Gott selbst die Zehn Gebote mit seinem eigenen Finger in die Steintafeln eingegraben hat, was deren Unverbrüchlichkeit, Unveränderlichkeit herausstellt. Vgl. hierzu Ex 31,18: „Nachdem der HERR aufgehört hatte, zu Mose auf dem Berg Sinai zu sprechen, übergab er ihm die zwei Tafeln des Bundeszeugnisses, steinerne Tafeln, beschrieben vom Finger Gottes.“ („םיהלא עבצאב“)

183 Laut Befund des Neuen Testaments ist für den Sinneswandel des Paulus das sogenannte Damaskuserlebnis ausschlaggebend gewesen, nach dem Paulus, ursprünglich Christenverfolger, jetzt dann den wahren Gott erkennt und sich zum Christentum bekennt, 1 Kor 15,9: „Denn ich bin der Geringste von den Aposteln; ich bin nicht wert, Apostel genannt zu werden, weil ich die Kirche Gottes verfolgt habe." Und Apg 9,3ff.: „Unterwegs aber, als er sich bereits Damaskus näherte, geschah es, dass ihn plötzlich ein Licht vom Himmel umstrahlte. Er stürzte zu Boden und hörte, wie eine Stimme zu ihm sagte: Saul, Saul, warum verfolgst du mich? Er antwortete: Wer bist du, Herr? Dieser sagte: Ich bin Jesus, den du verfolgst. Steh auf und geh in die Stadt; dort wird dir gesagt werden, was du tun sollst! Die Männer aber, die mit ihm unterwegs waren, standen sprachlos da; sie hörten zwar die Stimme, sahen aber niemanden. Saulus erhob sich vom Boden. Obwohl seine Augen offen waren, sah er nichts. Sie nahmen ihn bei der Hand und führten ihn nach Damaskus hinein. Und er war drei Tage blind und er aß nicht und trank nicht. In Damaskus lebte ein Jünger namens Hananias. Zu ihm sagte der Herr in einer Vision: Hananias! Er antwortete: Siehe, hier bin ich, Herr. Der Herr sagte zu ihm: Steh auf und geh zu der Straße, die man Die Gerade nennt, und frag im Haus des Judas nach einem Mann namens Saulus aus Tarsus! Denn siehe, er betet und hat in einer Vision gesehen, wie ein Mann namens Hananias hereinkommt und ihm die Hände auflegt, damit er wieder sieht. Hananias antwortete: Herr, ich habe von vielen gehört, wie viel Böses dieser Mann deinen Heiligen in Jerusalem angetan hat. Auch hier hat er Vollmacht von den Hohepriestern, alle zu fesseln, die deinen Namen anrufen. Der Herr aber sprach zu ihm: Geh nur! Denn dieser Mann ist mir ein auserwähltes Werkzeug: Er soll meinen Namen vor Völker und Könige und die Söhne Israels tragen. Denn ich werde ihm zeigen, wie viel er für meinen Namen leiden muss. Da ging Hananias hin und trat in das Haus ein; er legte ihm die Hände auf und sagte: Bruder Saul, der Herr hat mich gesandt, Jesus, der dir auf dem Weg, den du gekommen bist, erschienen ist; du sollst wieder sehen und mit dem Heiligen Geist erfüllt werden. Sofort fiel es wie Schuppen von seinen Augen und er sah wieder; er stand auf und ließ sich taufen. Und nachdem er etwas gegessen hatte, kam er wieder zu Kräften."

184 Vgl. hierzu etwa Brodersen, Kai: Ich bin Spartacus. Aufstand der Sklaven gegen Rom, Darmstadt 2010.

185 Vgl. hierzu etwa Cook, John Granger: Crucifixion in the Mediterranean World, Tübingen 20192.

186 Vgl. hierzu etwa Bormann, Lukas: Der Menschensohn und die Entstehung der Christologie, in Bormann, Lukas (Hg.): Neues Testament. Zentrale Themen, Neukirchen-Vluyn 2014, S. 111-128.

187 Vgl. hierzu Thiede, Carsten P.: Der unbequeme Messias. Wer Jesus wirklich war, Gießen 2006, ebenso Moltmann, Jürgen: Der Weg Jesu Christi. Christologie in messianischen Dimensionen, Gütersloh 1989.

188 Vgl. hierzu Mt 5,43 ff. sowie Lk 6,27 f.

189 Vgl. hierzu Mt 5,38 ff. sowie Lk 6,29 ff.

190 Vgl. hierzu Lk 15,4 ff.

191 Vgl. hierzu Lk 15,11 ff.

192 Vgl. hierzu etwa Mt 6,14, Lk 6,37, Eph 4,32 pp.

193 VGl. hierzu etwa Joh 15,13.

194 Matthäus – 27,37: „Über seinem Kopf hatten sie eine Aufschrift angebracht, die seine Schuld angab: Das ist Jesus, der König der Juden." („Καὶ ἐπέθηκαν ἐπάνω τῆς κεφαλῆς αὐτοῦ τὴν αἰτίαν αὐτοῦ γεγραμμένην· οὗτός ἐστιν Ἰησοῦς ὁ βασιλεὺς τῶν Ἰουδαίων.") / Markus – 15,26: „Und eine Aufschrift gab seine Schuld an: Der König der Juden." („καὶ ἦν ἡ ἐπιγραφὴ τῆς αἰτίας αὐτοῦ ἐπιγεγραμμένη· ὁ βασιλεὺς τῶν Ἰουδαίων.") / Lukas – 23,38: „Über ihm war eine Aufschrift angebracht: Das ist der König der Juden." („ἦν δὲ καὶ ἐπιγραφὴ ἐπ' αὐτῷ· ὁ βασιλεὺς τῶν Ἰουδαίων οὗτος.") / Johannes – 19,19 f.: „Pilatus ließ auch eine Tafel anfertigen und oben am Kreuz befestigen; die Inschrift lautete: Jesus von Nazaret, der König der Juden. Diese Tafel lasen viele Juden, weil der Platz, wo Jesus gekreuzigt wurde, nahe bei der Stadt lag. Die Inschrift war hebräisch, lateinisch und griechisch abgefasst." („ἔγραψεν δὲ καὶ τίτλον ὁ Πιλᾶτος καὶ ἔθηκεν ἐπὶ τοῦ σταυροῦ· ἦν δὲ γεγραμμένον· Ἰησοῦς ὁ Ναζωραῖος ὁ βασιλεὺς τῶν Ἰουδαίων. τοῦτον οὖν τὸν τίτλον πολλοὶ ἀνέγνωσαν τῶν Ἰουδαίων, ὅτι ἐγγὺς ἦν ὁ τόπος τῆς πόλεως ὅπου ἐσταυρώθη ὁ Ἰησοῦς· καὶ ἦν γεγραμμένον Ἑβραϊστί, Ῥωμαϊστί, Ἑλληνιστί.")

195 Vgl. hierzu etwa Mt 26,57 ff.

196 Zu den Christenverfolgungen im Imperium Romanum vgl. hierzu etwa Molthagen, Joachim: Der römische Staat und die Christen im zweiten und dritten Jahrhundert, Göttingen 1975, ebenso Moreau, Jacques: Die Christenverfolgung im Römischen Reich, Berlin 1971.

197 Dass die Christen den römischen Kaiserkult verweigerten, hat zweifellos einige Gründe, ein zweifellos gewichtiger war das klare Schwurverbot, Mt 5,33 ff.: „Ihr habt gehört, dass zu den Alten gesagt worden ist: Du sollst keinen Meineid schwören, und: Du sollst halten, was du dem Herrn geschworen hast. Ich aber sage euch: Schwört überhaupt nicht, weder beim Himmel, denn er ist Gottes Thron, noch bei der Erde, denn sie ist der Schemel seiner Füße, noch bei Jerusalem, denn es ist die Stadt des großen Königs! Auch bei deinem Haupt sollst du nicht schwören; denn du kannst kein einziges Haar weiß oder schwarz machen. Eure Rede sei: Ja ja, nein nein; was darüber hinausgeht, stammt vom Bösen."

198 Tertullian: Apologie, 35,1 („Propterea igitur publici hostes Christiani, quia imperatoribus neque vanos neque mentientes neque temerarios honores dicant, quia verae religionis homines etiam solemnia eorum conscientia potius quam lascivia celebrant.").

199 Vgl. hierzu etwa Schubert, Ernst: König und Reich. Studien zur spätmittelalterlichen deutschen Verfassungsgeschichte, Göttingen 1979.

200 Zum inthronisierenden Akt der Salbung und deren biblisch-theologische Implikationen vgl. etwa Hagin, Kenneth E.: Die Salbung, Augsburg 20064, ebenso Dirkens, Alain: Krönung, Salbung und Königsherrschaft im karolingischen Staat und in den auf ihn folgenden Staaten, in: Mario Kramp (Hrsg.): Krönungen. Könige in Aachen – Geschichte und Mythos, 2 Bde., Zabern/Mainz 2000, Bd. I, S. 131-140, sowie Kutsch, Ernst: Salbung als Rechtsakt im Alten Testament und im Alten Orient, Beihefte zur Zeitschrift für die Alttestamentliche Wissenschaft, hrsg. v. Georg Fohrer, Nr. 87, Berlin 1963. Einen Blick in die größeren politischen wie theologischen Zusammenhänge der Salbungspraxis gewährt Schmid, Josef J.: Rex Christus – die Tradition der französischen Monarchie als Brücke zwischen Ost und West (5.-19. Jh.), in: Bruns, Peter/Gresser, Georg (Hrsgg.): Vom Schisma zu den Kreuzzügen – 1054-1204, Paderborn 2005, S. 205-234.

Der Salbungsakt lief im mittelalterlichen Reich dergestalt ab, dass der zu salbende König vom (zumeist) Kölner Erzbischof am Scheitel, der Brust, dem Nacken, zwischen den Schultern, am rechten Arm, am rechten Armgelenk sowie an der Innenfläche der rechten Hand mit Salbe oder Öl bzw. Chrisam gesalbt wurde. Dabei sprach der Erzbischof die Worte: „Ich salbe dich zum König im Namen des Vaters, des Sohnes und des Heiligen Geistes", was eine konzeptionelle Parallele zum christlichen Taufritus unschwer erkennen lässt.

201 Nach der engen Verbindung von Kirche und Staat im Zuge des 4. Jahrhunderts, die wesentlich mit den Namen Konstantin und Theodosius verbunden ist, war es dann v.a. die Entwicklung im Frankenreich ab etwa 800 maßgeblich für die Verbindung der mittelalterlichen Kirche mit der weltlichen Macht. Aus primär politischen Gründen etablierte Karl der Große und viele seiner Nachfolger – besonders in salischer und ottonischer Zeit – ein System von Reichskirchen, die strategisch wertvoll für die Herrschaftsausübung der Könige und Kaiser dieser Zeit waren und die bevorzugt mit einigermaßen treuen Vasallen besetzt wurden. Vgl. hierzu auch Fleckenstein, Josef/Schmid, Karl (Hrsg.): Adel und Kirche. Festschrift für Gerd Tellenbach, Freiburg 1968, ebenso Fleckenstein, Josef: Problematik und Gestalt der ottonisch-salischen Reichskirche, in: Schmid, Karl (Hrsg.): Reich und Kirche vor dem Investiturstreit, Sigmaringen 1985, S. 83-98.

202 Vgl. hierzu etwa Demandt, Alexander: Pontius Pilatus, München 2012.

203 Mt 22,15-22. Vgl. hierzu auch weiterführend etwa Stenger, Werner: Gebt dem Kaiser, was des Kaisers ist! Eine sozialgeschichtliche Untersuchung zur Besteuerung Palästinas in neutestamentlicher Zeit, Königstein 1988; ebenso Förster, Niclas: Jesus und die Steuerfrage. Die Zinsgroschenperikope auf dem religiösen und politischen Hintergrund ihrer Zeit mit einer Edition von Pseudo-Hieronymus, De haeresibus Judaeorum, Tübingen 2012.

204 Vgl. hierzu etwa sehr instruktiv Giesen, Heinz: Herrschaft Gottes – heute oder morgen? Zur Heilsbotschaft Jesu und der synoptischen Evangelien, Regensburg 1995.

205 Vgl. hierzu etwa Menke, Karl-Heinz: Stellvertretung. Schlüsselbegriff christlichen Lebens und theologische Grundkategorie, Freiburg/Breisgau 1997; ebenso Pröpper, Thomas: Erlösungsglaube und Freiheitsgeschichte. Eine Skizze zur Soteriologie, München 1985.

206 Vgl. hierzu etwa Girardet, Klaus M.: Der Kaiser und sein Gott. Das Christentum im Denken und in der Religionspolitik Konstantins des Großen, Berlin 2010.

207 Die Kennzeichnung mit Anführungszeichen bei der Nennung der Begriffe „Judentum" und „Christentum" hat ihren historischen Grund darin, dass in den Schriften des Paulus diese Trennung bzw. Zuordnung keineswegs gegeben ist, sich allenfalls in statu nascendi befindet, in späterer Zeit und bis heute sicherlich so bezeichnet werden kann, aber in der ersten Hälfte des ersten nachchristlichen Jahrhunderts diese Bestimmungen als von späterer Zeit übertragen verstanden werden müssen.

208 Vgl. hierzu etwa ebenso Rüterswörden, Udo: Das Königtum im Alten Testament, in: Rebenich, Stefan/ Wienand, Johannes (Hrsg.): Monarchische Herrschaft im Altertum, Berlin 2017 – S. 105-118, ebenso Oswald, Wolfgang: Staatstheorie im Alten Israel. Der politische Diskurs im Pentateuch und in den Geschichtsbüchern des Alten Testaments, Stuttgart 2009.

209 Vgl. hierzu beispielsweise sehr instruktiv 1. und 2. Buch der Könige sowie das Burch der Richter im Alten Testament.

210 Die Dramaturgie des Alten Testaments verläuft nicht in so einfacher, linearer Weise, dass gleich der erste von Gott erwählte König all dem entsprach, was von ihm von Gott erwartet wurde. Denn der erste gesalbte König in der Chronologie des Alten Testaments war König Saul, eine fast tragische, gebrochene Gestalt im Alten Testament, der offenbar der Bürde, von Gott auserwählt worden zu sein, nicht standhielt. Er wurde schwermütig, ungerecht, kam auf sehr unschöne Weise durch die eigene Hand aufgrund einer militärischen Niederlage ums Leben und kann damit fast als literarischer Antitypus, als konzeptionelle Negativ-Folie, auf der sich David in positiver Weise entfalten kann, verstanden werden. Vgl. hierzu etwa Adam, Klaus-Peter: Saul und David in der judäischen Geschichtsschreibung. Studien zu 1 Samuel 16 – 2 Samuel 5, Tübingen 2007.

211 1 Sam 16,13. Im größeren Zusammenhang, in dem die Idee der Herrscher-Legitimation durch göttlichen Ratschluss bzw. besondere Auszeichnung deutlich wird, heißt es hierbei in 1 Sam 16,1-13: „Der HERR sagte zu Samuel: Wie lange willst du noch um Saul trauern? Ich habe ihn doch verworfen; er soll nicht mehr als König über Israel herrschen. Fülle dein Horn mit Öl und mach dich auf den Weg! Ich schicke dich zu dem Betlehemiter Isai; denn ich habe mir einen von seinen Söhnen als König ausersehen. Samuel erwiderte: Wie kann ich da hingehen? Saul wird es erfahren und mich umbringen. Der HERR sagte: Nimm ein junges Rind mit und sag: Ich bin gekommen, um dem HERRN ein Schlachtopfer darzubringen. Lade Isai zum Opfer ein! Ich selbst werde dich dann erkennen lassen, was du tun sollst: Du sollst mir nur den salben, den ich dir nennen werde. Samuel tat, was der HERR befohlen hatte. Als er nach Betlehem kam, gingen ihm die Ältesten der Stadt zitternd entgegen und fragten: Bedeutet dein Kommen Frieden? Er antwortete: Frieden. Ich bin gekommen, um dem HERRN ein Schlachtopfer darzubringen. Heiligt euch und kommt mit mir zum Opfer! Dann heiligte er Isai und seine Söhne und lud sie zum Opfer ein. Als sie kamen und er den Eliab sah, dachte er: Gewiss steht nun vor dem HERRN sein Gesalbter. Der HERR aber sagte zu Samuel: Sieh nicht auf sein Aussehen und seine stattliche Gestalt, denn ich habe ihn verworfen; Gott sieht nämlich nicht auf das, worauf der Mensch sieht. Der Mensch sieht, was vor den Augen ist, der HERR aber sieht das Herz. Nun rief Isai den Abinadab und ließ ihn vor Samuel treten. Dieser sagte: Auch ihn hat der HERR nicht erwählt. Isai ließ Schima kommen. Samuel sagte: Auch ihn hat der HERR nicht erwählt. So ließ Isai sieben seiner Söhne vor Samuel treten, aber Samuel sagte zu Isai: Diese hat der HERR nicht erwählt. Und er fragte Isai: Sind das alle jungen Männer? Er antwortete: Der jüngste fehlt noch, aber der hütet gerade die Schafe. Samuel sagte zu Isai: Schick jemand hin und lass ihn holen; wir wollen uns nicht zum Mahl hinsetzen, bevor er hergekommen ist. Isai schickte also jemand hin und ließ ihn kommen. David war rötlich, hatte schöne Augen und eine schöne Gestalt. Da sagte der HERR: Auf, salbe ihn! Denn er ist es. Samuel nahm das Horn mit dem Öl und salbte David mitten unter seinen Brüdern. Und der Geist des HERRN war über David von diesem Tag an. Samuel aber brach auf und kehrte nach Rama zurück." Diese Passage ist deswegen so wichtig, weil in ihrer unmittelbaren Folge von Saul die Rede ist, der zwar auch ein gesalbter und damit göttlich legitimierter König ist – von dem sich aber Gott wieder zurückzieht, was dann auch verständlich machen kann, weswegen das mittelalterliche Verfahren zur Königserhebung so umständlich war, da man offenbar stark versuchte, mögliche Fehler, wie hier bei Saul, auszuschließen.

212 Vgl. hierzu Förg, Florian: Die Jahwe-König-Psalmen und die Apokalyptik, Münster 2012.

213 Vgl. hierzu etwa Beavis, Mary Ann: Jesus & Utopia: Looking for the Kingdom of God in the Roman World, Augsburg 2006.

214 Das hebräische Verb, das im Alten Testament für „salben" zumeist Verwendung findet, lautet in seiner Dreikonsonantenwurzel משח („mšḥ"), woraus sich dann auch das Nomen מָשִׁיחַ („māšîaḥ") als Titel für den „gesalbten und also (von bzw. durch Gott) legitimierten König" erklärt, dessen griechisches Pendant im Neuen Testament mit χριστός („christos") wiedergegeben wird und den „Christus" als den „Gesalbten" Gottes bzw. den „gesalbten König" im „Reich Gottes" meint, was die in dieser Angelegenheit enge Verwandtschaft zwischen dem Alten und dem Neuen Testament klar unterstreicht.

215 Dies weniger aus Gründen der historischen Authentizität, sondern vorrangig wegen der Verbindlichkeit der als absolut geglaubten Biblischen Offenbarung und deren unmittelbaren, göttlichen, das heißt wahrhaftigen, und das heißt damit dann auch in der weltlichen Wirklichkeit in ausgezeichnet guter Weise funktionierenden Praxis: Dass wohl in vielen Fällen des mittelalterlichen Lebens der Glaube, das Fürwahrhalten der Biblischen Offenbarung aus prinzipiellen Gründen eine Rolle gespielt hat, wird man nicht von der Hand weisen können (zumal vermutlich im Glaubensleben der ungebildeten Laien, zu denen ab einem bestimmten Zeitpunkt vorrangig die Bürgerschaft gerechnet werden muss) – zugleich lässt sich aber auch nicht bestreiten, dass wahrscheinlich mindestens ebenso viele Fälle „religiöser Praxis" auch aus zweckrationalen (geglaubter „Funktionalität" pp.) Überlegungen stattgefunden haben, v. a. die Angst vor der Hölle bzw. der Wunsch nach dem Himmelreich kann als entsprechend zweckrationales Movens bei der Religiosität vieler mittelalterlicher Handlungen angesehen werden.

216 Man sieht hier in nuce das seit Anfang bis heute schwierige Verhältnis von „Kirche und Staat", das naturgemäß so komplex, differenziert, ambivalent wenn nicht gar in gewisser Hinsicht paradox ist, dass darüber nicht mit ein, zwei Sätzen befunden werden kann, von den noch wesentlicher komplexeren Alttestamentlichen Implikationen diesbezüglich ganz zu schweigen. Einerseits gerät die Kirche bis zu einem gewissen Grad tatsächlich nolens volens in staatliche Belange (spätestens und dann auch sehr entscheidend ab dem 4. Jahrhundert), wird danach – Aufklärung und Säkularisation – vom Staat auch wieder geschasst: Zugleich haben immer auch kirchliche Würdenträger diese staatlich-politischen Aspekte für kirchliche wie auch für kirchenfremde Interessen instrumentalisiert, spätestens ab dem karolingischen Reichskirchensystem und den damit zusammenhängenden Dingen war es Nicht-Adligen so gut wie unmöglich, in hohe Kirchenämter (Bischöfe, Äbte, Kardinale, Äbtissinnen, Papst) vorzustoßen – zugleich waren es dann aber auch wieder in erster Linie solche hohen kirchliche Adelspersonen, die wesentliche Impulse zur Spiritualisierung der Kirche zum Tragen brachten, man denke dabei nur an die Heilige Elisabeth von Thüringen (eine ungarische Königstochter), Bernhard von Clairvaux, Thomas von Aquin pp. Man sieht – das Verhältnis von Kirche und Staat kann hier in seiner hohen Differenziertheit nur angedeutet werden.

217 Zum wichtigen Thema „Reichskrone" soll es an dieser Stelle nicht um Fragen der Datierungen, der epistemischen Grabenkämpfe oder dergleichen gehen, sondern nur um die Semantik der unschwer feststellbaren Bildwelt auf dieser Krone, die, selbst wenn es banal erscheinen mag, letztlich doch eindeutig ist, wie dies im Fließtext auch entsprechend abgehandelt wird. Vgl. hierzu auch Wolf, Gunther G.: Die Wiener Reichskrone, Wien u. a. 1995.

218 Die Stola als Herrschaftsinsignie ist bis heute im klerikal-liturgischen Kontext bekannt, vgl. hierzu auch Braun, Joseph: Die liturgische Gewandung im Occident und Orient. Nach Ursprung und Entwicklung, Verwendung und Symbolik, Freiburg 1924.

219 Vgl. hierzu Becher, Matthias: Das Kaisertum Karls des Großen zwischen Rückbesinnung und Neuerung, in: Leppin, Hartmut/Schneidmüller, Bernd/Weinfurter, Stefan (Hrsg.): Kaisertum im ersten Jahrtausend, Regensburg 2012, S. 251-270.

220 Die Altercatio wird zitiert nach Oehl, Benedikt: Die Altercatio Ecclesiae et Synagogae. Ein antijudaistischer Dialog der Spätantike, Bonn 2012 (vgl. hierzu auch https://hdl.handle.net/20.500.11811/5223).

IV. Die Besonderheit der Bamberger Ecclesia und Synagoga-Figuren gegenüber entsprechenden Darstellungen in Europa

Ein komparatistischer Blick auf die verschiedenen, hier kurz vorgestellten mittelalterlichen Kirchenportale, bei denen Skulpturen von Ecclesia und Synagoga eine Rolle spielen, stellt den nächsten logischen Schritt bei der präziseren Bestimmung der Ecclesia und Synagoga am Bamberger Fürstenportal und der Eruierung der diesbezüglichen Besonderheiten dar. Wie in mehreren Fällen deutlich wurde – so etwa in Straßburg, Trier, bis zu einem gewissen Grad auch in Magdeburg –, hat sich die mittelalterliche Originalversion der Portalgestaltung nicht immer erhalten. Das macht es natürlich sehr schwierig bzw. unmöglich, eine zutreffende Einschätzung über die authentische mittelalterliche Situation dieser Portale und damit der Einbettung von Ecclesia und Synagoga in dieselben abgeben zu können, was damit unmittelbar auch Konsequenzen für die hier angestrebte komparatistische Auswertung der Bamberger Ecclesia und Synagoga am Fürstenportal hinsichtlich oben erwähnter Vergleichsbeispiele hat. Daher bleibt den weiteren Ausführungen nichts anderes übrig, als den aktuellen und faktischen Status quo der hier relevanten Portale als Ausgangsbasis für die weiteren Überlegungen zu machen – eingedenk der Tatsache, dass man es dabei nicht immer mit dem originalen mittelalterlichen Zustand zu tun hat. Das ist in diesem Fall und der Ausrichtung vorliegender Studie vielleicht auch nicht so dramatisch, weil es ja weniger darum geht, den einzelnen Portalen so gerecht als möglich zu werden, denn vielmehr, ein möglichst profiliertes, pointiertes und v. a. zutreffendes Verständnis für das Bamberger Beispiel zu erarbeiten.

Vergegenwärtigt man sich die oben angeführten Vergleichsbeispiele von Ecclesia und Synagoga-Darstellungen an den verschiedenen europäischen Kirchenportalen – die aufgrund ihrer hohen Komplexität und damit auch ihres großen *konzeptionell-theologischen Implikationsreichtums* vielleicht die interessantesten Realisierungen des Genres von Ecclesia und Synagoga im Rahmen der mittelalterlichen Sakralkunst darstellen –[221], dann wird schnell klar, dass das Arrangement am Fürstenportal des Bamberger Doms konzeptionell-theologisch die wahrscheinlich anspruchsvollste, komplexeste und differenzierteste Umsetzung dieses Sujets überliefert. Zwar weist die Vorhalle des Freiburger Münsters eine ungleich reichere Skulpturenausstattung als das Bamberger Fürstenportal auf, wie aber oben bereits angedeutet, ist die theologisch-konzeptionelle Seite in Freiburg nicht so streng und anspruchsvoll gearbeitet, wie es in Bamberg der Fall ist – in Freiburg, so will es zumindest scheinen, war die leitende Idee offenbar die Darstellung des schier unerschöpflichen Pleroma der Heilsgeschichte, ohne dabei einen bestimmten und dominierenden konzeptionell-theologischen Akzent zu setzen. Dass dies ästhetisch ausgesprochen reizvoll und in dieser konkreten Weise seinesgleichen in der mittelalterlichen Kunstgeschichte sucht, steht außer Frage und unterstreicht damit nochmals eigens die spezifische Bamberger Ausrichtung des Fürstenportals mit Ecclesia und Synagoga in konzeptionell-theologischer Hinsicht, die, wie sich sogleich zeigen wird, dann ihrerseits ihresgleichen in der mittelalterlichen Kunstgeschichte sucht. Der vorliegende, zunächst rein faktische Befund schlägt sich erwartungsgemäß in Bezug auf die Deutung des Bamberger Skulpturenpaares von Ecclesia und Synagoga nieder.

Die konzeptionell-theologische Komplexität der Figuren am Bamberger Fürstenportal

Wie bereits erwähnt, kann man aus mehrerlei Gründen die beiden Skulpturen der Bamberger

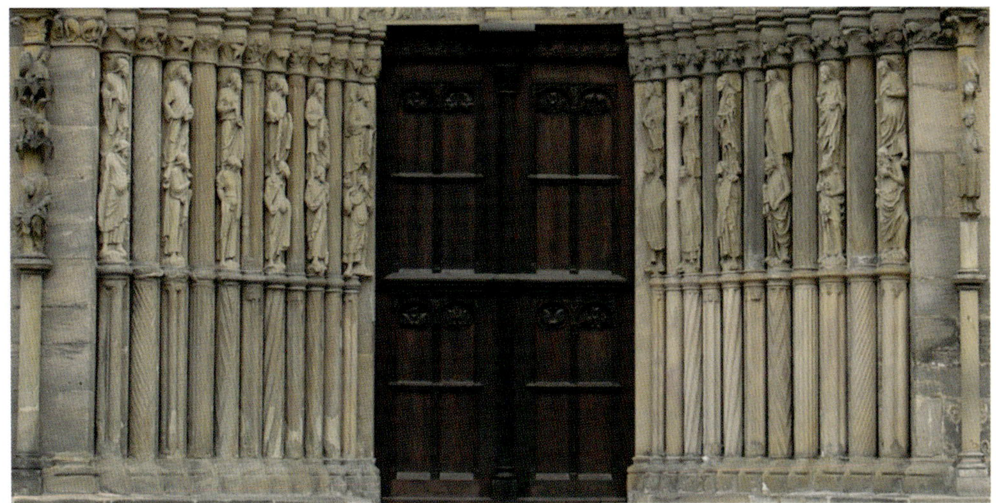

Abb. 106: Horizontale Gliederung des Fürstenportals durch die Gewändefiguren, die links und rechts der hölzernen Flügeltüren optisch die Breite des Portals realisieren.

Ecclesia und Synagoga aus ihrem Arrangement im Gesamtverbund des Fürstenportals nicht lösen, ohne dabei ihre konzeptionelle und damit auch semantische Dimension zu destruieren. Die Gewändefiguren sind hierbei ebenso unabstrahierbar wie das Tympanon und die Skulpturen an den Säulen der beiden Großskulpturen, wobei die Platzierung von Ecclesia und Synagoga auf den Säulen ihre topografische Entsprechung mit dem Tympanon und damit ihre apokalyptisch-eschatologische Dimension verdeutlicht. Oder mit anderen Worten: Das Fürstenportal kann man streng genommen (dies trifft wohl für alle hier thematisierten Vergleichsbeispiele von Ecclesia und Synagoga als Portalplastiken zu) in all seinen Aspekten nur als ein Ganzes zutreffend verstehen. Freilich lassen sich die einzelnen Momente (Tympanon, Gewändefiguren, Ecclesia und Synagoga pp.) zur besseren Analyse isoliert betrachten, will man jedoch ebendiese möglichst genau und zutreffend verstehen, kann man sie jeweils nur adäquat im Gesamtverbund des Großarrangements des gesamten Portals

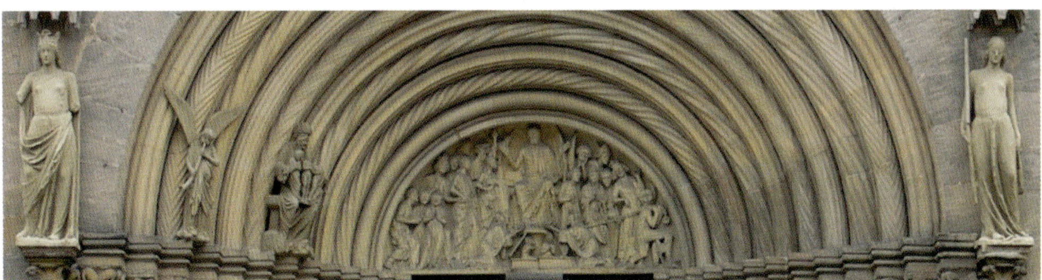

Abb. 107: Horizontale Ausrichtung von Ecclesia und Synagoga links und rechts des Tympanons als apokalyptisch-eschatologischer Heilszeit. Eine theologische Doppelaussage ist hierbei denkbar: Zuordnung der beiden Figuren zur Schar der Erlösten wie auch zur Schar der Verdammten im Tympanon, zugleich aber stehen beide Frauenfiguren auch auf einer gemeinsamen Ebene (im Unterschied zu den Gewändefiguren, wo die vertikale Anordnung immer auch ein hierarchisches Gefälle impliziert, wie dies in der Aussage des Bernhard von Chartres schon angelegt ist), womit es durchaus naheliegt, beide als endzeitliche Bräute Christi zu verstehen.

begreifen. Bedenkt man den festgestellten Sachverhalt, so zeigt sich, dass das ganze Fürstenportal, damit auch Ecclesia und Synagoga, sowohl *vertikal wie horizontal* zu verstehen bzw. lesbar ist: Die vertikale Lesart korrespondiert mit der (apokalyptisch-eschatologisch bestimmten) Zeitachse von Vergangenheit – Gegenwart – Zukunft (vgl. hierzu erneut *Augustin, Bernhard von Chartres* und *Joachim von Fiore*), die horizontale Lesart ist etwas differenzierter. Zum einen sind die Gewändefiguren horizontal in je zwei Sechsergruppen angeordnet (Abb. 106), die sich um das eigentliche Portal mit den hölzernen Flügeltüren gruppieren und somit rein optisch die horizontale Gliederung des Portals realisieren. Zum anderen, und dies ist interpretatorisch relevant, sind wie erwähnt links und rechts des Tympanons die Großplastiken von Ecclesia und Synagoga (auf ihren mit Skulpturen versehenen Säulen) auf einer (faktisch etwas missglückten, aber zweifellos intendierten) topografisch gleichen Ebene mit dem Tympanon positioniert (Abb. 107).[222]

Interpretatorisch ist zudem interessant, dass die horizontale Ausrichtung von Ecclesia und Synagoga auf der topografischen Höhe des Tympanons eine *theologische Doppelaussage* denkbar werden lässt: Die Platzierung der Ecclesia auf der rechten Seite Christi schlägt sie gewissermaßen zur Schar der Erlösten im Tympanon, während die Platzierung der Synagoga auf der linken Seite Christi sie analog gewissermaßen der Schar der Verdammten zuordnet. Man könnte vielleicht sogar noch einen Schritt weiterdenken und sich fragen, ob nicht vielleicht auf dieser endzeitlichen Ebene das Kontinuum von Altem und Neuem Bund, wie es in den Gewändefiguren von Propheten und Aposteln sichtbar wird, im Sinne von Ecclesia und Synagoga vollends auseinandergerissen ist und die horizontale Trennung beider Figuren – *Ecclesia als die Gewinnerin, Synagoga als die Verliererin der Heilsgeschichte* – ausweist, wobei das entsprechende Schiedsgericht de facto im Tympanon stattfindet?

Oder soll man in eine ganz andere Richtung denken und die gemeinsame horizontale Ebene der beiden Figuren in den Fokus nehmen, was eine nachgerade diametral entgegengesetzte als die soeben angedachte Deutung ins Spiel brächte: Denn vielleicht könnte damit zum Ausdruck gebracht sein, dass sich diese beiden Frauenfiguren auf der Zeitstufe des Apokalyptisch-Eschatologischen *auf gleicher Ebene* bewegen? Topografisch jedenfalls würde die horizontale Ausrichtung der beiden Figuren dies zulassen. Und wollte man dann wiederum in solchen Bahnen weiterdenken, käme man vielleicht auf die Idee, dass damit die *endzeitlich erhöhten*[223], *apokalyptisch-eschatologisch gleichrangigen* (vgl. Abb. 108 und die entsprechende Glasmalerei von St. Denis samt den hierbei ausgeführten Erläuterungen) Personifikationen von Judentum und Christentum möglicherweise tatsächlich als die beiden *endzeitlichen Bräute Christi* verstanden werden können (vgl. hierzu auch oben S. 93). Dass *Ecclesia* im christlichen Verständnis als *Braut Christi* eine Rolle spielt, ist bereits biblisch belegt – jedenfalls hat man im Mittelalter Offb. 21,2 meist in diese Richtung verstanden[224] –, später dann hat v. a. *Bernhard von Clairvaux* in seinem großen Kommentar *Super Cantica Canticorum* die Idee im Sinne der Allegorese breit ausgebaut,[225] und somit kann man diesen Gedanken für die Zeit ab 1200 als geistiges abendländisches Allgemeingut verstehen (Abb. 109).

Dass hingegen die Synagoga als solche nicht im Sinne einer Braut Christi im Neuen Testament in Erscheinung tritt, ist naheliegend, dass sie aber auch und zumindest unterschwellig sowie kryptoikonografisch in verwandelter Form im Genre der *Klugen und Törichten Jungfrauen*, eben im Sinne der *Törichten Jungfrauen* erscheint, lässt sich für das Mittelalter einwandfrei belegen (vgl. hierzu v. a. die Ausführungen weiter oben zu den Domen zu *Magdeburg* und *Erfurt;* siehe S. 55, 56, 60).

Deswegen wäre es denkbar, dass jenes Motiv der beiden endzeitlichen Bräute Christi auch im Fall der Bamberger Ecclesia und Synagoga am Fürstenportal thematisch evident werden könnte. Vielleicht, das ist selbstredend reine Spekulation, könnte man die Synagoga als Braut Christi ähnlich allegorisch zu dieser deuten, als dies nachweislich für Ecclesia der Fall ist, etwa als apokalyptisch-endzeitliche Annahme auch nicht-christlicher Personen, Völker bzw. Nationen,[226] die, wenn sie den Messias Jesus Christus erkennen und anerkennen und ein „Schleier gelüftet wird" (siehe S. 127), am Heilsgeschehen Gottes am Ende aller Zeit teil-

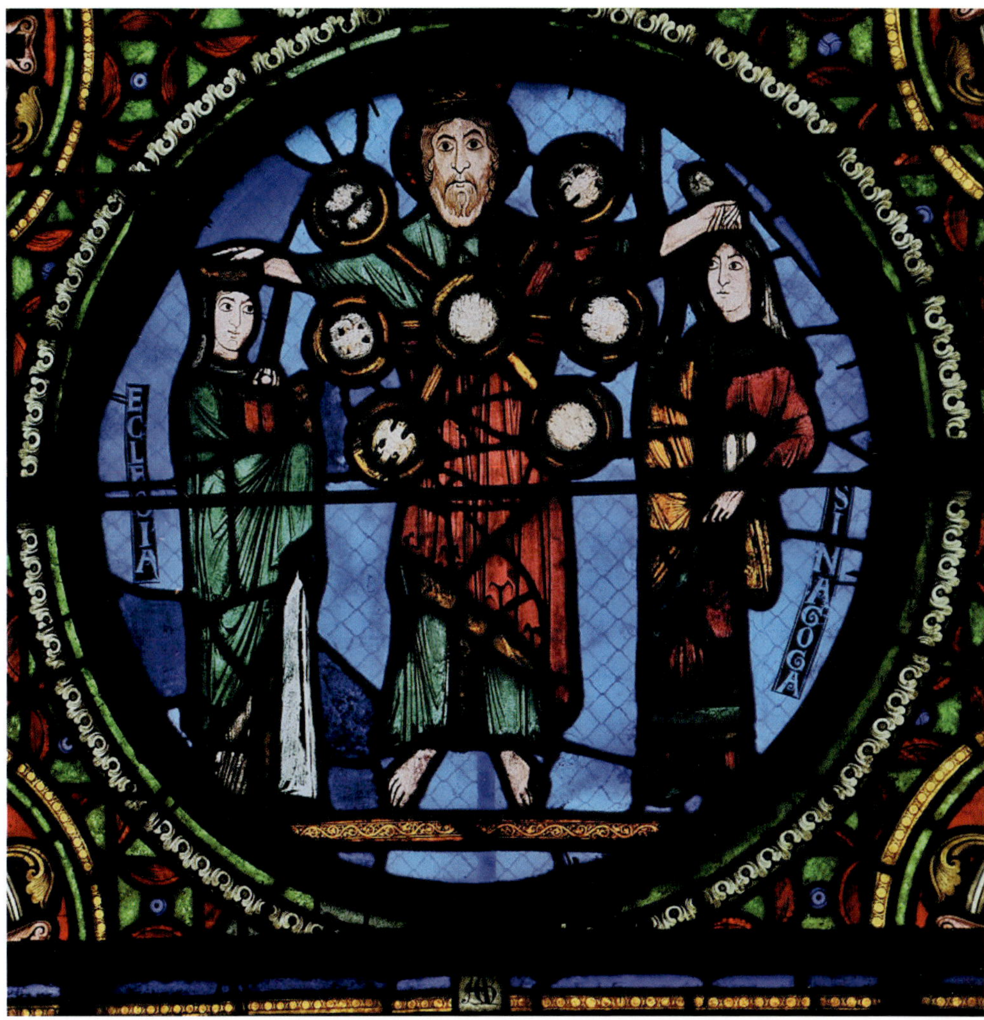

Abb. 108: Farbglasfenster in St. Denis, dem Geburtsort der Gotik, 12. Jahrhundert, wohl noch auf Abt Suger zurückgehend. Zu sehen ist Christus zwischen den namentlich benannten Figuren von Ecclesia (links) und Synagoga (rechts), wobei es den Anschein hat, als würde Christus den Schleier der Synagoga lüften, er zieht ihr etwas vom Kopf. Dies kann als mustergültige Veranschaulichung der Positivität und des Optimismus der Gotik gesehen werden, die in ihrer charakteristischen apokalyptisch-eschatologischen Sichtweise, die sie maßgeblich dem 21. Kapitel der Offenbarung entnommen hat, Ecclesia und Synagoga im endzeitlichen Sinne de facto als gleichwertige, gleichrangige Bräute Christi darstellt. Eine vergleichbare Positivität lässt sich auch an den Bamberger Beispielen von Ecclesia und Synagoga feststellen, die in ihrer expliziten apokalyptisch-eschatologischen Ausrichtung (Joachim von Fiore) eine vergleichbare Anmutung zu diesem Farbglasfenster von St. Denis aufweisen.

haben können. Außer Frage steht, dass damit über diese allegorische Verbreiterung sicherlich ebenso und in erster Linie das Judentum selbst gemeint ist – das Verhältnis von Juden und Christen, Altem und Neuem Bund stellt eine immanente Herausforderung und Aufgabe letztlich für beide Seiten dar, auch wenn die initiale theologische Herausforderung und Aufgabe diesbezüglich auf der Seite

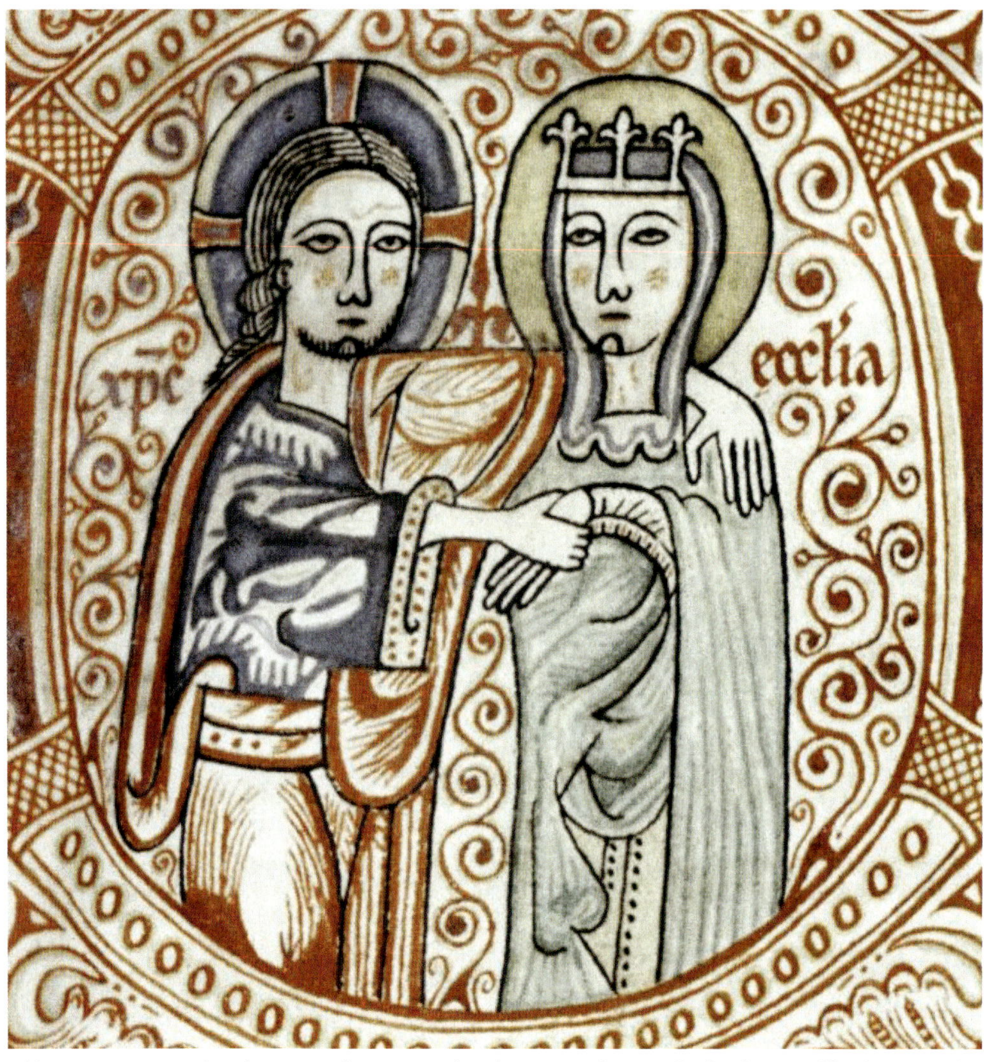

Abb. 109: Die „Kirche als Braut Christi", Buchmalerei aus Kloster Eberbach, 2. Hälfte des 12. Jahrhunderts. Illumination zu einem Hoheliedkommentar, vermutlich von einem namentlich bekannten Mönch namens Thomas aus besagtem Kloster. Zuordnung durch die Inschriften eindeutig, links Abbreviation von „Christos" in griechischen Kleinbuchstaben („xpc" – Χριστός), rechts geringfügige Abbreviation von „Ecclesia" in lateinischen Kleinbuchstaben.

des Neuen Bundes und dem Desiderat der legitim transformierenden Nachfolge aus dem Alten Bund steht.

Die soeben angestellten Überlegungen verstehen sich nur als gedankliche Anregungen, Gedankenspiele und Hypothesen oder Spekulationen etc. hinsichtlich des Bamberger Ecclesia und Synagoga-Paares, denn die spezifisch ästhetisch-künstlerische Dimension dieser Skulpturen verweigert sich augenscheinlich einer eindeutigen, simplen und polarisierenden Auslegung, da hierbei auf mehreren Ebenen immer eine bemerkenswerte Polyvalenz mitschwingt, was wissenschaftlich vielleicht ein wenig unbefriedigend sein kann, ästhetisch aber ein Qualitätsmerkmal darstellt. Wollte man diese Lesart weiterverfolgen, käme man schnell auf das Motiv eines großen, allumfassenden Heils für alle Menschen, was ja in der Tat mit dem griechischen Wort *katholisch* angezeigt ist, denn καθολικός bedeutet „allumfassend."[227] Gemeint ist damit zunächst Anspruch und Umfang der Lehre, des Lehramtes und der kirchlichen Institution, die „katholisch" im Sinne von „allumfassend" Wahrheit, Heilsweg, Ordnung usw. kennt und vermittelt. Eschatologisch gewendet wird die Hoffnung zum Ausdruck gebracht, dass das endzeitliche Heil allumfassend, gänzlich, universell sein möge. Dass damit nicht die Position der *Apokatastasis* verbunden ist,[228] wird einzig dadurch klar, dass die Kirche als katholische zwar diesen Anspruch, diese Aufgabe (und philosophisch gesagt dieses Ideal) vertreten, anstreben und idealiter praktizieren kann – dass aber die Erfüllung, die Realisierung dieser Hoffnung bei Gott alleine liegt und damit menschlichem wie kirchlichem Handeln entzogen ist: Wenn im Neuen Testament mehrfach (bei *Matthäus*[229] und *Lukas*[230] unter der Bezeichnung eines Ortes, wo „Heulen und Zähneklappern" herrscht, mit Vorläufern im *Alten Testament*[231]) die Rede von einer *Hölle*[232] ist, in der die Verdammten ihre Sünden büßen werden,[233] kann man zumindest vom biblischen Befund her eine Apokatastasis schwerlich aufrechterhalten.

Doch zurück zum Thema der horizontalen Anlage des Fürstenportals, in specie derjenigen von Ecclesia und Synagoga: Es ist bekannt und man sieht es auch ohne größere Unternehmungen der Bauforschung, dass die beiden Skulpturen von Ecclesia und Synagoga sowie die sie tragenden Säulen in ihrer heutigen Realisierung erst nachträglich an das Fürstenportal angesetzt wurden.[234] Somit entspricht die jetzige optische Wahrnehmung des Fürstenportals in dieser Hinsicht nicht dem ursprünglichen Konzept desselben. Durch die nachträgliche Anfügung der beiden Elemente bzw. einer entsprechenden Modifizierung sind optisch die beiden Großskulpturen auf der Horizontalen ein Stück über die Gewändefiguren nach links und rechts hinaus gesetzt, was man zu guter Letzt noch interpretatorisch fruchtbar machen könnte, indem man auf eine *Erweiterung* oder *Verbreiterung* des normalen Verhältnisses von Altem und Neuem Bund (mit Einbeziehung der vertikalen Ausrichtung der Gesamtanlage) auf der Ebene der Endzeit hinweisen könnte. Doch dies ist zugestandenermaßen eine etwas gewollte Deutung, wenn sie auch rein optisch und theoretisch möglich wäre. Der universelle Heilsanspruch, der sich möglicherweise in den Bamberger Skulpturen von Ecclesia und Synagoga niederschlägt, ist nicht nur christlich fundiert, sondern kennt eine vergleichbare Parallele in der alttestamentlichen Idee der „Völkerwallfahrt" bei Jes 2,1 ff.

Aufs Ganze gesehen wird man festhalten können, dass das Fürstenportal in seiner heilsgeschichtlichen Konzeption und Semantik *primär vertikal* im Sinne der differenzierten und sehr spezifischen Zeit-Thematik gelesen werden kann, vielleicht sogar als innere Folge und logisches Resultat dieses linear-vertikalen Zeitverständnisses auch eine *sekundäre horizontale* Lesart des Arrangements anbietet. Die *Einbeziehung des Betrachters* in das Bildwerk wurde bereits zutreffend von Robert Suckale in Bezug auf die Bamberger Domskulpturen angesprochen –[235] was möglicherweise und in modifizierter Form auch an dieser Stelle der Lesbarkeit des Fürstenportals zum Tragen kommt, jedenfalls fängt das Fürstenportal tatsächlich erst mit uns zu „reden" an, wenn man versucht, es im Sinne seiner „Lesbarkeit" zu verstehen. Und diese mutmaßliche Lesbarkeit geht über die vertikale Zeitebene hin zur Transzendenz der heilsgeschichtlichen Endzeit, um dort eine Transformation ins Horizontale zu erfahren. Das Ende aller Zeit im „Reich des Heiligen Geistes" ist keine Sukzession und Abfolge von Geschehnissen, sondern das „ewige Nun", die Ruhe und Vollkommenheit bei und in Gott, bei dem es in diesem Sinne keine Unterschiede mehr gibt: „Es gibt nicht mehr Juden und Griechen, nicht Sklaven und Freie, nicht männlich und weiblich; denn ihr alle seid einer in Christus Jesus. Wenn ihr aber Christus gehört, dann seid ihr Abrahams Nachkommen, Erben gemäß der Verheißung."[236] Und wenn man, will man diese Bibelstelle in diesem Kontext gleichsam pars pro toto nehmen, sich hierbei die Bamberger Konstellation nochmals vor Augen führt, dann stellt der *Christus als Weltenrichter* in der *Mitte des Tympanons* (und damit als *symmetrische Mitte* der *horizontalen Anlage* der Tympanon-Zone) in der Tat den *eschatologischen Synthesepunkt* von Ecclesia und Synagoga in dieser Manier der hori-

zontalen Veranschaulichung einer möglicherweise damit implizierten Einheit, eines so gedachten soteriologischen Eins-Seins der Erlösten dar.
Von allen bekannten Ecclesia und Synagoga-Darstellungen an mittelalterlichen Portalgestaltungen scheint wohl das Bamberger Beispiel *als einziges* direkt mit dem *Tympanon* und also mit dem *Jüngsten Gericht* zu korrespondieren, was folglich die beiden Figuren dezidiert als *Endzeitfiguren* mit explizit *apokalyptischer*, *eschatologischer* und (Jüngstes Gericht) *soteriologischer* Ausrichtung ausweist, woran jede Interpretation der Bamberger Ecclesia und Synagoga sich messen lassen muss. Wie dies in concreto ausbuchstabiert werden kann, soll oder darf, lässt sich aus diesem Befund nicht linear ableiten; aber dass es der interpretatorische Bezugspunkt aller Deutungsversuche dieses Paares sein muss, steht außer Frage.
Konzeptionell wie ästhetisch bemerkenswert gelungen scheint hierbei das Wechselverhältnis von vertikaler und horizontaler Lesart des Fürstenportals und damit auch der konkreten Realisierung von Ecclesia und Synagoga am Fürstenportal: Ohne die vertikale Lesart würde die gesamte Zeit-Dimension der Gesamtanlage und damit des Bezugsrahmens von Ecclesia und Synagoga nicht bewusst – ohne die horizontale Lesart erschlösse sich (auf Basis der vertikalen) nicht die endzeitliche, apokalyptisch-eschatologische wie soteriologische Dimension als genuiner Akzent von Ecclesia und Synagoga im Gesamtensemble des Fürstenportals.[237] Und ohne den Betrachter würde dieses komplexe und nicht-triviale Arrangement des Fürstenportals weder theologisch noch ästhetisch zur Geltung kommen können, weswegen man davon ausgehen kann, dass die Realisierung des Fürstenportals wohl tatsächlich mit Hinblick auf einen Adressaten geschaffen wurde – ob einem menschlichen oder göttlichem oder beiden in eins spielt hierbei letztlich keine Rolle. Suckales diesbezügliche Feststellung trifft nicht nur auf die konkrete Kontaktaufnahme von Skulptur und Betrachter auf Basis der Mimik der Skulpturen zu, die durchlässig auf ein bestimmtes emotionales Innenleben ist, auch die Gesamtanlage des Fürstenportals reproduziert (nicht nur) ikonografische Standards dieser Zeit, sondern fordert den Betrachter zum genauen Hinsehen heraus, womit eine lebendige Wechselwirkung zwischen Kunstwerk und Betrachter entsteht, die in derartiger Form als in qualitativem Sinne außergewöhnlich bezeichnet werden kann.

Die Darstellung von Zeit als Heilszeit

Mit den obigen Ausführungen (siehe S. 124 ff.) ist eigentlich das Entscheidende zu diesem Kapitel schon gesagt, es lässt sich aber doch noch ein wenig weiter differenzieren und präzisieren, was hier geschehen soll. Anders als in Musik oder Literatur bringt die Darstellung von Zeit die bildenden, darstellenden Künste ihrer eigenen Anlage nach in manche Verlegenheit. Die bildliche Umsetzung als solche kann faktisch nur einen *Augenblick des Darzustellenden* umsetzen, gleichsam eine *Momentaufnahme* desselben. Dass damit bereits die Dimension der Zeit konstitutiv investiert ist, versteht sich von selbst, aber der Modus der darstellenden Kunst kann Zeit als Zeit im Sinne des zeitlichen Verlaufs als Bewegung und Veränderung (im Unterschied zu anderen Kunstgattungen) nicht umsetzen.
Schon früh begann man daher in der bildenden Kunst, wie in einer Art Bildergeschichte, mehrere relevante Ereignisse, die hier speziell von Interesse sein sollen, nebeneinander in ein Gemälde zu vereinigen, oder man reihte sukzessiv die wichtigen Ereignisse in ikonografischer Deutlichkeit aneinander. Im Laufe der Kunstgeschichte haben die darstellenden Künstler ausgesprochen elegante und anspruchsvolle Modi entwickelt, um die Dimension der Zeit im Bild zu veranschaulichen.
Am Bamberger Fürstenportal bedient man sich bei der Thematisierung von Zeit – nebenbei gesagt möglicherweise eines der ersten Beispiele der christlich-abendländischen Kunstgeschichte, bei dem die Idee einer Darstellung von Zeit in der *Plastik*, *Bildhauerkunst* explizit zum Thema wird – auch der Umsetzung einer *diskreten und sukzessiven Abfolge* des darzustellenden Inhalts: Unten Alter Bund, mittig Neuer Bund, oben Jüngstes Gericht. Bemerkenswert ist dabei allerdings, dass diese Zeitstufen in einem Modus der *Abstraktion*, *Allegorie*, *Symbolik* pp. umgesetzt sind, der anders als konkrete Piktogramme oder Ähnliches beim

Betrachter zunächst gar nicht automatisch die Idee aufkommen lässt, hierbei handele es sich um eine Darstellung zeitlicher Abfolge.[238] Denn die plastischen Bildwerke müssen als solche *erst semantisch erschlossen* (*Propheten und Apostel*, wozu man letztlich das Diktum *Bernhards von Chartres* präsent haben muss, woraufhin sich dann auch das Jüngste Gericht im Tympanon in diese Zeitabfolge organisch einfügt) und danach muss vom Betrachter der *Transfer* in Richtung „Zeitdarstellung" *geleistet werden* (indem man durch eigene geistige Leistung die Propheten als abstrakte Allegorien für die *Vergangenheit*, die Apostel als solche für die *Gegenwart* und das Jüngste Gericht als Symbolisierung der *Zukunft* dechiffriert). Die Darstellungen am Fürstenportal sind so voraussetzungsreich, dass die Einsicht, dass hier eine Zeitdarstellung investiert bzw. realisiert ist, keineswegs unmittelbar ins Bewusstsein gelangt; vielmehr eine Einlassung auf dieses Kunstwerk und die Möglichkeit bzw. Fähigkeit voraussetzt, die an dem Portal investierten Darstellungen als solche zu verstehen, womit sich dann schließlich in einem zweiten Verständnisschritt die Dimension der Zeit an diesem Portal erschließt.

Dies verstanden zu haben ist denn auch nur der erste Schritt, um auf Grundlage einer entsprechenden Bildung weitergehend erfassen zu können, dass hier möglicherweise Ideen von *Augustin*, *Bernhard von Chartres* und vielleicht sogar von *Joachim von Fiore* eingeflossen sein könnten. Und wenn diese Dechiffrierung des Abstrakten, Allegorischen, Symbolischen usw. gelungen ist, fügen sich die einzelnen Elemente relativ gut ineinander und eröffnen die Sicht auf eine ästhetisch gekonnte und geistig anspruchsvolle Umsetzung dieser komplexen und in sich sehr differenzierten Zeitdarstellung.

Visualisierte biblische Heilsgeschichte

Die Visualisierung von heilsgeschichtlich relevanten Belangen ist letztlich vielleicht das Grundthema bzw. Grundanliegen darstellender Kunst bzw. Ikonografie mittelalterlicher Sakralkunst schlechthin. In sehr anschaulicher Form begegnet dies etwa als sog. „Biblia pauperum"[239] oder auch „Steinerne Bibel", wie man sie beispielsweise an der *Pfarrkirche Schöngrabern*/Niederösterreich auch im Rahmen der Architektur findet (Abb. 110).[240] Im Unterschied zu solch gängigen Visualisierungen von Heilsgeschichte gilt auch hier für das Bamberger Fürstenportal und damit auch für die Darstellung von Ecclesia und Synagoga die oben betonte Abstraktheit und Allegorisierung, Symbolisierung und somit letztendlich auch Chiffrierung des Dargestellten. Der Betrachter muss nicht nur die Bibel kennen und in der Lage sein, die Darstellungen mit den entsprechenden Biblischen Erzählungen in Verbindung zu bringen – er muss eine nennenswerte geistige, intellektuelle Leistung aufbringen, will er das Gesamtarrangement tatsächlich verstehen. Diese geistige Leistung beim Verständnis des Fürstenportals bezieht sich in erster Linie auf den Bildungshorizont des Betrachters, was bei der mutmaßlichen Umsetzung der *Drei-Reiche-Lehre des Joachim* am deutlichsten wird.

Wie gesagt lässt es sich nicht förmlich beweisen, dass der Auftraggeber bzw. die Bildhauer bei der Konzipierung der Gesamtanlage des Fürstenportals Joachims Texte bzw. Lehre als ausdrückliche Vorlage und Matrix benutzt haben. Die Durchlässigkeit der vertikalen Gestaltung des Fürstenportals auf die Ideen Joachims allerdings ist so hoch, dass ein Zufall an dieser Stelle zwar möglich, aber doch ausgesprochen unwahrscheinlich wäre. Wie dem auch sei, sofern man Joachims Ideen in der Gestaltung der Gesamtanlage des Fürstenportals wiederfindet, würde dies in besonders deutlicher Weise das Gesagte unterstreichen: Die ausgeprägte intellektuell-konzeptionelle Gestaltung des Fürstenportals mit theologischen Lehren. Das aber fordert vom Betrachter eine ebensolche theologische Bildung, will er das Gesamtkonzept des Fürstenportals und damit den Status von Ecclesia und Synagoga zutreffend verstehen. Dass nämlich Ecclesia und Synagoga unzweifelhaft Endzeitfiguren sind, wird allein durch ihre topografische Platzierung auf Höhe des Tympanons mit dem Jüngsten Gericht klar – und durch den Umstand nochmals eigens betont und spezifiziert, dass hierbei eine sehr elaborierte Konzeption von Zeit und bzw. als Heilsgeschichte mit im Spiel ist, die im Denken und der Lehre des Joachim kulminiert. Damit ist

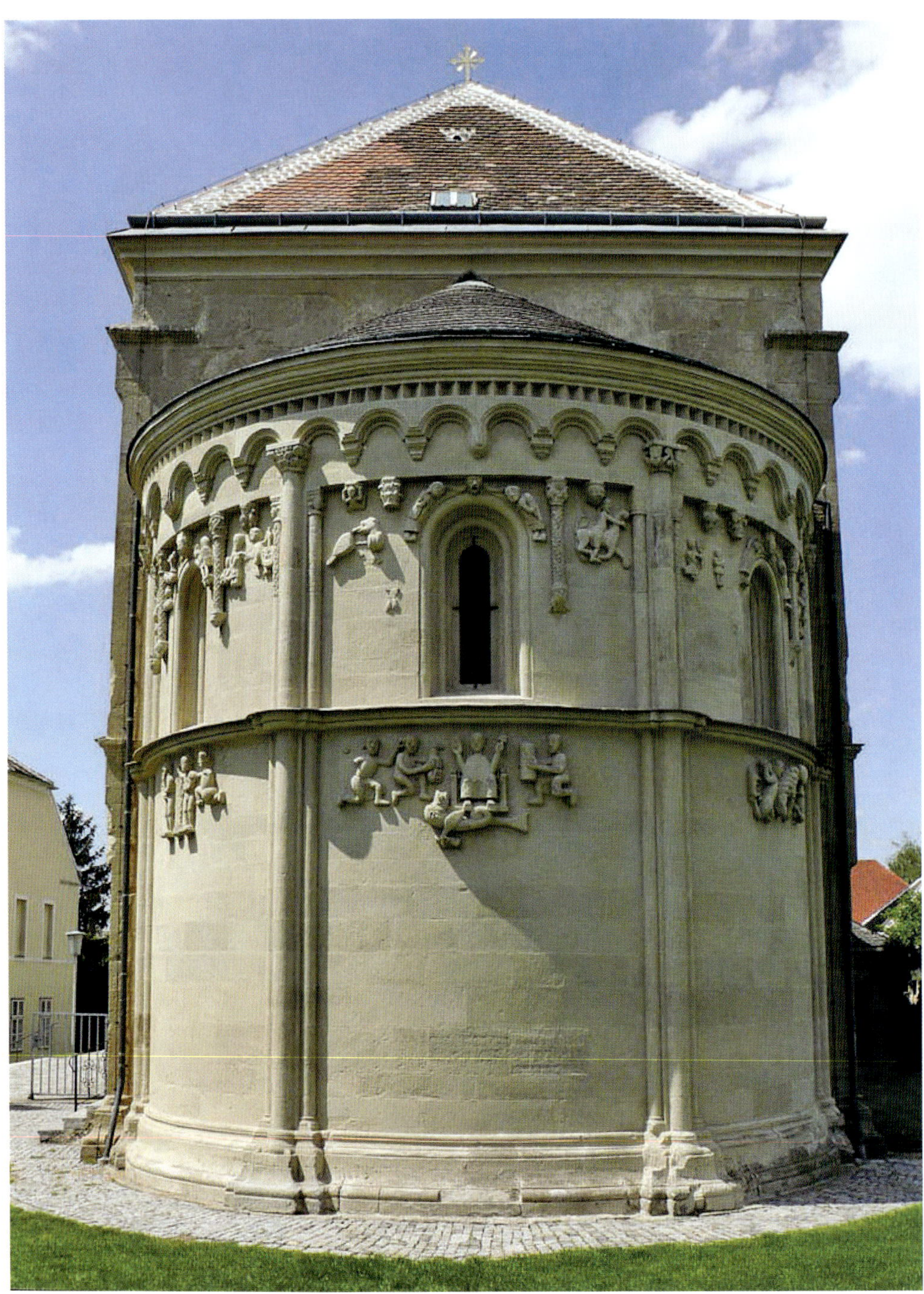

Abb. 110: Ostapsis der Pfarrkirche Schöngrabern mit einem Ausschnitt der „Steinernen Bibel“ als Variante der „Biblia pauperum“. Gut erkennbar die große Anzahl von Reliefs, die Biblische Episoden versinnbildlichen. Mittig unter dem Fenster ist das Opfer von Kain und Abel zu sehen: Rechts Kain mit dem Bündel Feldfrüchte, links Abel mit einem Lamm als Opfergabe. In der Mitte Gott auf einem Thron, unter ihm ein einen Menschen versschlingender Drache.

nicht nur für das rechte Verständnis der Bamberger Ecclesia und Synagoga eine nennenswert hohe Bildung und Intellektualität zu veranschlagen, die Ecclesia und Synagoga als Endzeitfiguren ausweist und offenbar ein Alleinstellungsmerkmal des Bamberger Beispiels im Vergleich zu den anderen Portalanlagen mit Ecclesia und Synagoga der Zeit um 1200-1400 darstellt.

In dieser spezifisch apokalyptisch-soteriologischen Lesart der Heilsgeschichte kann von einer verstoßenen Synagoga keine Rede sein; sie ist in einer tief durchdachten und anspruchsvollen christlich-theologischen Verständnisweise eine der beiden endzeitlichen Bräute Christi, die Darstellung einer in dieser Weise endzeitlichen Transformation alles Alten ins „Neue" des Reichs des Heiligen Geistes.

Die Spezifizierung von Ecclesia und Synagoga als genau genommen *apokalyptisch-soteriologische Endzeitfiguren* ist der eigentliche Bezugsrahmen, der die konzeptionelle Grundlage für jede Deutung der beiden Figuren darstellt, an dem sich jeder Deutungsversuch dieses Bamberger Paares messen lassen muss.

Die meisten der hier herausgearbeiteten Spezifika der Bamberger Ecclesia und Synagoga sind *konzeptionell-theologischer* Natur. Dies manifestiert sich wie gesehen in der hohen Gelehrsamkeit, die sich in der Gesamtanlage des Fürstenportals findet und erwähnte geschichtsmetaphysische, heilsgeschichtliche Dimension aufweist, es ist aber auch (und dies liegt sachlich dem geschichtsmetaphysischen wie insgesamt konzeptionell-theologischen Aspekt des Fürstenportals in all seinen Elementen zugrunde) eine *bestimmte Lesart der Bibel*. Es klang schon mehrfach an, dass für die Gotik und damit auch für die Bamberger Ecclesia und Synagoga besonders das 21. Kapitel der Offenbarung eine maßgebliche Rolle spielt. In gewisser Hinsicht kann man fast sagen, dass zentrale Ideen der Gotik (in Kunst, Theologie und Philosophie) diesem Kapitel entlehnt sind – und es ist vielleicht kein Zufall, dass die oben bereits angeführte Stelle aus diesem Kapitel „Seht, ich mache alles neu" (Off 21,5; „ecce nova facio omnia") so gut mit der Selbstbezeichnung der Gotik als „ars nova", *Neue Kunst* korrespondiert, zumal in diesem Kapitel auch noch explizit von einem „neuen Himmel und einer neuen Erde" (Off. 21,1; „caelum novum et terra nova"), ebenso von dem „neuen Jerusalem" (Off. 21,2; „Hierusalem nova") die Rede ist.

Die Frage erhebt sich: Als was kann man denn in diesem Zusammenhang, rekurrierend auf die Quellen, *„das Neue"* im Rahmen des Offenbarungs-Textes verstehen? „Neu" ist in diesem Zusammenhang zunächst eine neue Qualität der *Selbst-Offenbarung Gottes*: Nicht dass er erstmals oder besonders bemerkenswert eine unmittelbare Offenbarung freigibt – davon ist das Alte Testament ein reiches Zeugnis –: Diese *neue Selbstoffenbarung Gottes* in *Bezug auf den Menschen* ist der *neue Bezug Gottes zu den Menschen* als *Offenbarung von Personalität*, genauer gesagt *Interpersonalität*, die, genuin christlich gedacht, in der *innergöttlichen Relationalität der drei Personen* zueinander besteht und die *Identität des Differenten* als *Aufgabe* für die *menschliche Praxis* (als religiös-moralische) formuliert, in diesem Kontext immer als Abbild oder Analogie, Ebenbild oder Aufgabe, als unverbrüchliche *Gottebenbildlichkeit* des Menschen verstanden wird.

Möglicherweise fangen einige Theologen und Philosophen sehr grob gesagt ab der Zeit um 1200 – Joachim von Fiore, Bernhard von Clairvaux, Albertus Magnus, Abaelard, Bonaventura pp. kann man in diesem Kontext ebenfalls erwähnen – damit an, dieses „Neue" im Sinne der Offenbarung als verheißenes „gutes Ende aller Dinge" insofern ernst zu nehmen, als sie diese in Aussicht gestellte Zukunft symbolisch, liturgisch, durch die eigene Praxis bzw. das in dieser Weise gelebte Leben (Mönche, Spirituale) oder auch den inneren Glauben schon im Hier und Jetzt realisieren. Das ist etwas anderes als das in Anlehnung an Kant und besonders von Vaihinger propagierte „Als-Ob"[241], welches in erster Linie ein theoretisch-experimentelles Konzept darstellt, um die Unerreichbarkeit des Ideals hierdurch zu manifestieren. Das Andere, das das „Neue" der gotischen Praxis, des gotischen Lebens, Denkens und Glaubens ist, lässt sich vermutlich vorrangig in den bestimmten Gleichnissen erblicken, mit denen das Neue Testament versucht, die Lehre vom *Reich Gottes* (Βασιλεία του Θεού)[242] in den Predigten Jesu für die damalige Gegenwart umzusetzen. Auch wenn das Reich Gottes in seiner Tatsächlichkeit bzw. Vollkommenheit aussteht und nur von Gott selbst bewerkstelligt werden kann, so ist es doch de facto schon samenhaft in Jesu Leben, Wirken und Sterben in der Welt: Das *Gleichnis vom Senfkorn* mag in dieser Hinsicht besonders anschaulich sein.[243] Denn ein winzig kleines Samenkorn[244], das schon hier und jetzt sichtbar und Wirklichkeit ist, wird, wenn es sich entfaltet und sich sein Wachstum ungestört vollzieht, zu einem der größten Gewächse im Mittelmeerraum dieser Zeit. So gesehen ist das mittelalterlich-gotische Denken und Handeln etwas völlig anderes als das theoretische „Als-Ob", denn es ist durch das Tun des Menschen der praktische Anfang von etwas, das Gott gemäß seiner Offenbarung selbst in all seiner Größe vollenden wird.

Wie es sich ausnimmt, lebt, denkt, glaubt und handelt die Gotik bzw. ihre Vertreter, zumindest in vielen gut benennbaren und belegten Fällen, in und aus diesem Geist. Damit ist, und die Kunst der Gotik kann in der Tat als anschauliches Beispiel hierfür gesehen werden, für jene Zeit eine grundlegend *positive Gestimmtheit*, ein *Optimismus*, wie er zuvor im Mittelalter sicherlich so nicht greifbar war, zu konstatieren, eine Positivität und ein Optimismus, die sich vorrangig aus der apokalyptisch-eschatologischen, sprich heilsgeschichtlichen Ausrichtung, die das *gute Ende aller Dinge* (deren Anfangen und Beginn bereits hier und jetzt Realität im Sinne der Jesuanischen Gleichnisse ist) in die Gegenwart hinein antizipiert, speist. In diesem Kontext steht auch das Bamberger Paar von Ecclesia und Synagoga, wie sicherlich auch die Straßburger und möglicherweise ebenso Trierer Beispiele. Im Kontext der vertikalen Anlage des Fürstenportals und deren Transparenz auf das Denken des Joachim von Fiore konnten die Bamberger Ecclesia und Synagoga als Endzeitfiguren mit spezifisch apokalyptisch-soteriologischer Ausrichtung qualifiziert werden. Aber über diese Dimension des Zeitlich-Heilsgeschichtlichen hinaus wird es interessant sein, die erwähnte positive, optimistische Grundstimmung dieser historischen Zeit bei der Unter-

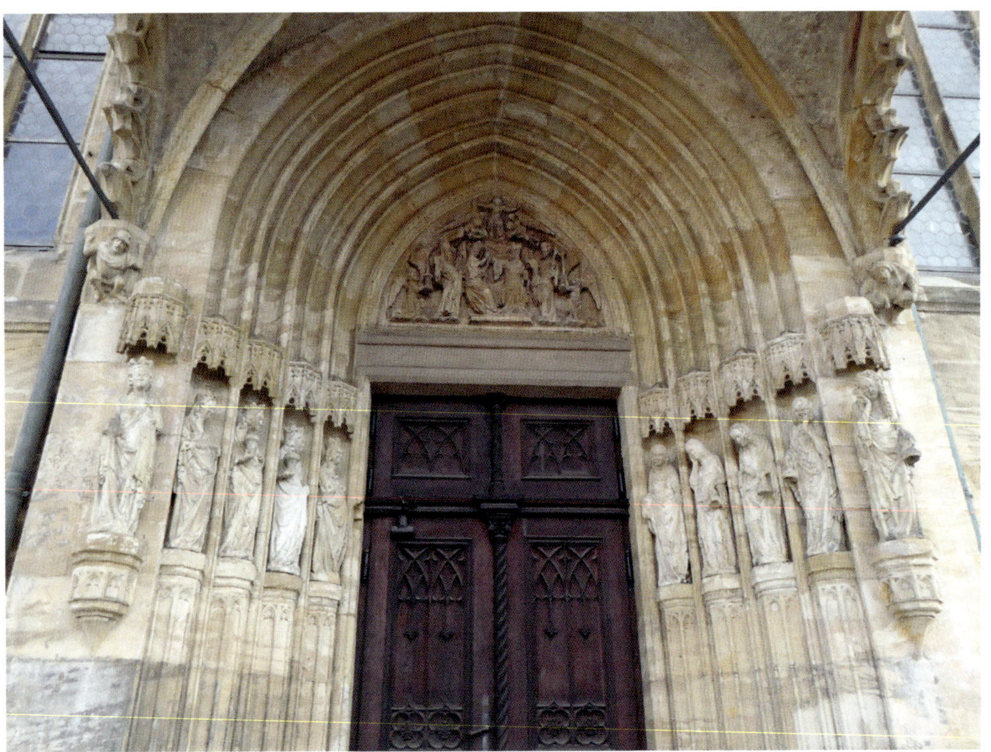

Abb. 111: Brautpforte der Bamberger Oberen Pfarre, etwa von 1380/1390. Gesamtansicht des Portals mit Klugen und Törichten Jungfrauen.

suchung von Ecclesia und Synagoga ebenfalls in Betracht zu ziehen.

Womöglich, es wird im nächsten Kapitel explizit die Sprache darauf kommen, ist dies auch der Hintergrund für das bemerkenswerte Lächeln der Bamberger Synagoga, was man als zumindest ungewöhnlich bezeichnen kann. Und ebenso ist es denkbar, dass in diesem Zusammenhang die beiden Endzeitfiguren auch als die beiden Bräute Christi verstanden werden können, was ein zweifellos positiver Blick auf die beiden Damen ist. Sachlich gehört hierher auch die Einbettung des Ecclesia und Synagoga-Themas in die Biblische Erzählung der *Klugen und Törichten Jungfrauen*, wie es bereits bei den Plastiken von Freiburg und Magdeburg ansichtig wurde. Auf den ersten Blick sucht man in Bamberg vergeblich nach Klugen und Törichten Jungfrauen im Umkreis des Fürstenportals – aber bei einer Kirche weiter südlich des Bamberger Doms wird man fündig: An der *Brautpforte der Oberen Pfarre* sind die *Bamberger Klugen und Törichten Jungfrauen* zu sehen (Abb. 111 und Abb. 112 und Abb. 113). Da die Brautpforte an dieser Kirche genau wie das Fürstenportal am Dom an der nördlichen Langseite des Gebäudes angebracht ist, beide Portale als eigener Anbau realisiert und mit einem eigenen Dach bekrönt wurden, die Obere Pfarre fast exakt achsenparallel südlich des Doms (etwa 250 Meter entfernt) steht und somit diese beiden Kirchen bzw. ihre nördlichen Seitenportale klare Parallelen aufweisen, wird es von Interesse sein, beide Portale miteinander in Beziehung zu setzen und sachlich-thematisch zu vergleichen. Auch komplementiert die Thematik der Klugen und Törichten Jungfrauen das Thema von Ecclesia und Synagoga, wie bereits ersichtlich wurde, und vielleicht kann man die Brautpforte der Oberen Pfarre in dieser Hinsicht in Verbindung zum Fürstenportal des Doms setzen.

Jedenfalls würde diese ikonografische Parallelisierung das Motiv der beiden endzeitlichen Bräute Christi, als die man Ecclesia und Synagoga sehen kann, durch die Einbeziehung der Brautpforte unterstreichen und damit erneut den ausgeprägt *visionären*[245], apokalyptisch-eschatologischen Charakter dieser gotischen Plastiken verdeutlichen. Somit zeigt sich eine Reihe von konzeptionellen, theologischen Spezifika der Bamberger Ecclesia und Synagoga, die den Rang, die Qualität und die Bedeutung dieser Kunstwerke und ihrer Aussage als einer im Sinne der Gotik positiven, optimistischen in anschaulicher Weise zur Geltung bringen (Abb. 114).

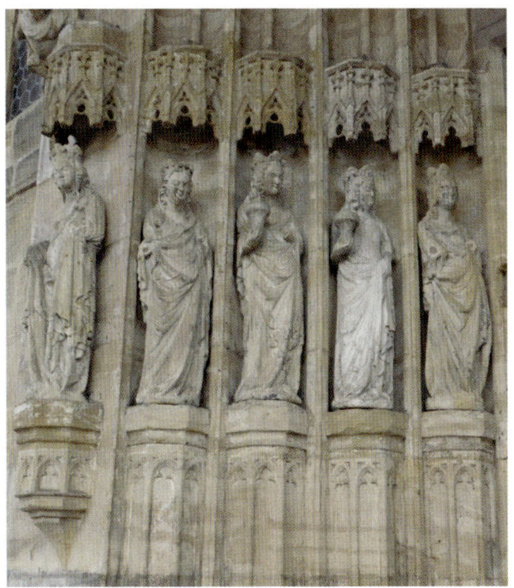

Abb. 112: Brautpforte der Bamberger Oberen Pfarre, etwa von 1380/1390. Die Klugen Jungfrauen im linken Gewände des Portals.

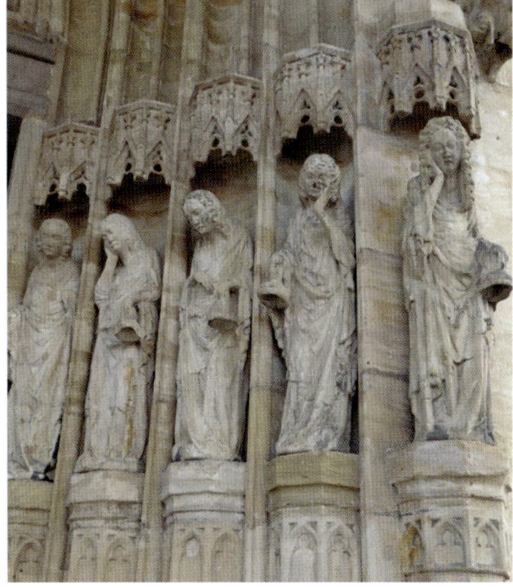

Abb. 113: Brautpforte der Bamberger Oberen Pfarre, etwa von 1380/1390. Die Törichten Jungfrauen im rechten Gewände des Portals.

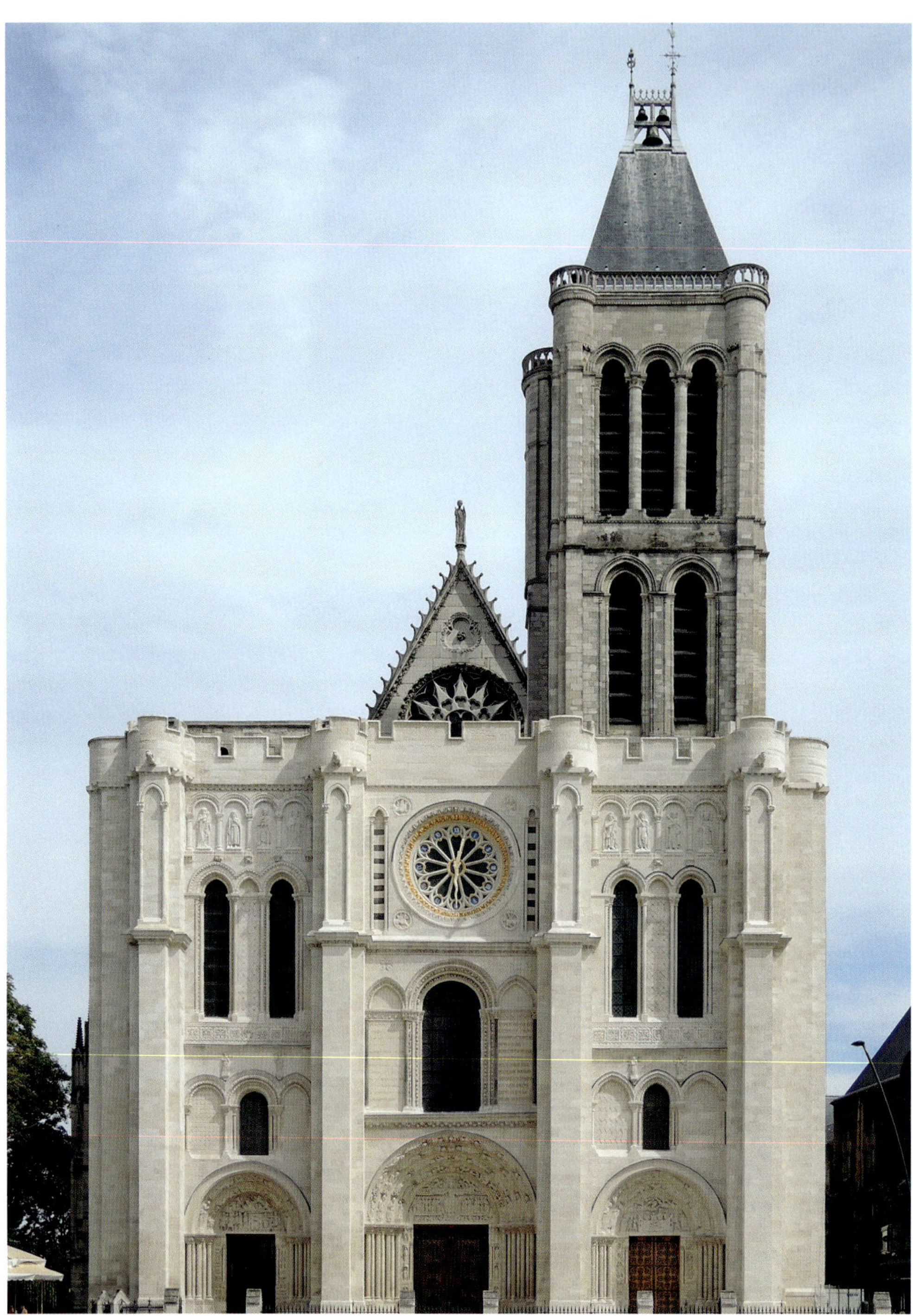

Abb. 114: Westfassade der Kirche von St. Denis, der Ursprungsort der Gotik und auch der Interessensetzung dieser Zeit auf das apokalyptisch-eschatologische Moment in Glaube, Kunst und Leben. Maßgeblich beeinflusst hat diese Entwicklung Pseudo-Dionysius Areopagita, dessen Schriften in der Übersetzung des Eriugena in St. Denis aufbewahrt wurden und deren Kenner der damalige Abt Suger gewesen war.

221 Glasfenster, Schnitzereien an Chorgestühlen, Buchmalereien oder sonstige malerische Umsetzungen des Themas sind allein aufgrund des geringeren Platzes, der für diese Darstellungsweise zur Verfügung steht, naturgemäß weniger komplex, ausführlich und differenziert. Deshalb sind vermutlich die Beispiele, bei denen Ecclesia und Synagoga an Kirchenportalen realisiert werden, wissenschaftlich – theologisch wie kunsthistorisch – als auch hinsichtlich der Beurteilung von Judenfeindlichkeit in diesen Kunstwerken am ergiebigsten, weil in diesem Zusammenhang schlicht die meisten Bezüge, Ideen, Nuancen usw. zum Tragen kommen.

222 Dass die beiden Großskulpturen nicht ganz exakt auf der Höhe des oberen Abschlusses der Gewändefiguren liegen (Abb. 103), versteht sich daher, dass (dies gilt in baugeschichtlicher Hinsicht in ähnlicher Weise auch für die Adamspforte) offenbar nach Ankunft der Jüngeren Bildhauerwerkstatt um ca. 1220 das ursprüngliche Skulpturenprogramm nochmals wesentlich verändert wurde. Der Baubefund zeigt deutlich, dass Ecclesia und Synagoga in der heutigen Form erst nachträglich in das ursprüngliche Konzept bzw. Skulpturenprogramm des Fürstenportals eingefügt wurden. Ob daraus folgt, dass die beiden Figuren der Ecclesia und Synagoga erst mit dem Auftreten der Jüngeren Bildhauerwerkstatt thematisch wurden, oder ob die Jüngere Bildhauerwerkstatt ein bereits bestehendes Programm in dieser Weise neu strukturiert bzw. umgestaltet hat, lässt sich vermutlich nicht mehr abschließend entscheiden. Dass Modifikationen durch die Jüngere Bildhauerwerkstatt stattgefunden haben, steht außer Frage; wie konkret und in welchem Ausmaß dies vonstattenging, muss wohl eine offene Frage bleiben. Vgl. hierzu Schuller, Manfred: Das Fürstenportal des Bamberger Domes, Bamberg 1993, S. 77-83.

223 Die endzeitliche Erhöhung, von der man in dieser Lesart sprechen kann, bei der beide Figuren horizontal gleichrangig angeordnet sind, erwächst aus einer Verschränkung der horizontalen mit der vertikalen Leserichtung des Fürstenportals: Denn wenn an den Säulen von Ecclesia und Synagoga und somit auf der vertikalen Zeitstufe von Vergangenheit bzw. Zukunft die vier Evangelistensymbole resp. ein (von einem Dämon geblendeter) konkreter Jude (mit Spitzhut) dargestellt ist, dann kann man im Sinne Joachims die zukünftige Zeitstufe als eine Art der Transzendenz bzw. Transzendierung des Alten (Vergangenheit und Zukunft) verstehen, womit dann die horizontal auf gleicher Ebene situierten Endzeitfiguren von Ecclesia und Synagoga in der Tat etwas ganz Neues darstellen würden, das dem Alten grundsätzlich enthoben ist.

224 Vgl. hierzu etwa auch Konrad, Robert: Das himmlische und das irdische Jerusalem im mittelalterlichen Denken, in: Bauer, Clemens/Boehm, Laetitia/Müller, Max (Hrsgg.): Speculum Historiale. Geschichte im Spiegel von Geschichtsschreibung und Geschichtsdeutung, Freiburg u. a. 1965, S. 523-540. Der Bibeltext Offb 21,2 lautet folgendermaßen: „Ich sah die heilige Stadt, das neue Jerusalem, von Gott her aus dem Himmel herabkommen; sie war bereit wie eine Braut, die sich für ihren Mann geschmückt hat." Da man zu dieser Zeit den Kirchenbau wie auch die theologische Dimension von „Kirche" meist in Anlehnung an die Offenbarung des Johannes in der Regel als das „Himmlische Jerusalem" gesehen hat, liegt es dann auch in der Tat nahe, das „Himmlische Jerusalem" als „Braut" (in Bernhardscher Tradition auch gerne als „Braut Christi") aufzufassen.

225 Vgl. hierzu erneut Bernhard von Clairvaux, Sämtliche Werke, lateinisch/deutsch, hrsg. v. Gerhard B. Winkler, Band V, Innsbruck 1994, S. 110-120.

226 Vgl. hierzu etwa die bereits alttestamentliche Idee der Völkerwallfahrt bei Jesaja (Jes 2,1 ff.).

227 Etymologisch ist καθολικός ein Kompositum aus der griechischen Vorsilbe „κατά" (bzw. in diesem Fall aus morphologischen Gründen „καθ'"), was „gemäß", „entsprechend" bedeutet, sowie „ὅλος", zu Deutsch „ganz", „vollständig", „umfassend", womit das hieraus korrekt mit Genitiv gebildete Wort „καθόλου" zum Adjektiv καθολικός („katholisch") wird und damit so viel wie „gemäß des Ganzen", „allumfassend", „auf alles bezogen" usw. bedeutet.

228 Zur Apokatastasis vgl. Balthasar, Hans Urs von: Apokatastasis, Freiburg/Breisgau 1999; ebenso Laak, Werner von: Allversöhnung. Die Lehre von der Apokatastasis. Ihre Grundlegung durch Origenes und ihre Bewertung in der gegenwärtigen Theologie bei Karl Barth und Hans Urs von Balthasar, Sinzig 1990; ebenso Schneider, Michael: Apokatastasis. Zur neueren dogmatischen Diskussion um die Lehre von der Allversöhnung, Köln 2003.

229 Mt 8,12, 13,42, 13,50, 22,13, 24,51, 25,30.

230 Lk 13,28.

231 Vgl. hierzu etwa Jes 66,24: „Und sie werden hinausgehen und schauen die Leichname derer, die von mir abtrünnig waren; denn ihr Wurm wird nicht sterben, und ihr Feuer wird nicht verlöschen, und sie werden allem Fleisch ein Gräuel sein."

232 Was unter „Hölle" genauer zu verstehen ist, entzieht sich selbstredend einer klaren Definition ist theologisch immer wieder sehr umstritten und meint primär offenbar so viel wie die maximale und unwiderrufliche Gottesferne mit all dem Leid, das mit einer solchen Situation für den Menschen verbunden ist. Vgl. hierzu etwa Greshake, Gisbert (Hrsg.): Ungewisses Jenseits. Himmel, Hölle, Fegefeuer, Düsseldorf 1986; ebenso Balthasar, Hans Urs von: Was dürfen wir hoffen?, Einsiedeln 1989.

233 So etwa Mt 13,41 ff.: „Der Menschensohn wird seine Engel aussenden und sie werden aus seinem Reich alle zusammenholen, die andere verführt und Gesetzloses getan haben, und werden sie in den Feuerofen werfen. Dort wird Heulen und Zähneknirschen sein. Dann werden die Gerechten im Reich ihres Vaters wie die Sonne leuchten. Wer Ohren hat, der höre!"

234 Zu dem sehr komplexen und gut dokumentierten Befund die Baugeschichte des Fürstenportals anbelangend vgl. erneut Schuller, Manfred: Das Fürstenportal des Bamberger Domes, Bamberg 1993, besonders S. 19-134.

235 Vgl. hierzu erneut Suckale, Robert: Die Bamberger Domskulpturen. Technik, Blockbehandlung, Ansichtigkeit und die Einbeziehung des Betrachters, in: Münchner Jahrbuch der Bildenden Kunst, Band 38 (1987).

236 Gal 3,28 f. („οὐκ ἔνι Ἰουδαῖος οὐδὲ Ἕλλην, οὐκ ἔνι δοῦλος οὐδὲ ἐλεύθερος, οὐκ ἔνι ἄρσεν καὶ θῆλυ· πάντες γὰρ ὑμεῖς εἷς ἐστε ἐν Χριστῷ Ἰησοῦ. εἰ δὲ ὑμεῖς Χριστοῦ, ἄρα τοῦ Ἀβραὰμ σπέρμα ἐστέ, κατ' ἐπαγγελίαν κληρονόμοι.")

237 Und ohne – um den Gedanken des Wechsels an dieser Stelle zu komplettieren – die horizontale Lesart würde die vertikale Lesart als Darstellung der zeitlich verlaufenden Heilsgeschichte niemals einsichtig, denn nur durch den horizontalen Endpunkt wird diese teleologische Zeitvorstellung zuallererst transparent. Ohne vertikale Lesart keine horizontale und ohne horizontale Lesart keine vertikale, beide verweisen und konstituieren sich gegenseitig, was einen bemerkenswerten Qualitätsaspekt geistig-konzeptioneller Natur des Fürstenportals darstellt.

238 Der gängige Modus, Zeit in der darstellenden Kunst zu realisieren, ist der einer Wiederholung derselben Personen, die bei aufeinanderfolgenden, unterschiedlichen Handlungen dargestellt werden, was den zeitlichen Ablauf in solchen Fällen deutlich machen soll. Beim Bamberger Fürstenportal verhält sich dies augenscheinlich anders.

239 Vgl. hierzu etwa Schmidt, Gerhard: Die Armenbibeln des XIV. Jahrhunderts, Graz 1959.

240 Vgl. hierzu etwa Hofmann, Werner/Andraschek-Holzer, Ralph/Cerveny, Wilhelm: Die Steinerne Bibel. Die Rätsel von Schöngrabern. Ein Fragment, Weitra 2017.

241 Vgl. hierzu etwa Neuber, Matthias (Hrsg.): Fiktion und Fiktionalismus. Beiträge zu Hans Vaihingers „Philosophie des Als Ob", Würzburg 2014.

242 Vgl. hierzu etwa Merklein, Helmut: Jesu Botschaft von der Gottesherrschaft, Stuttgart 19892; ebenso Zager, Werner: Bergpredigt und Reich Gottes, Neukirchen-Vluyn 2002.

243 Vgl. hierzu Mt 13,31 ff., Lk 13,18 ff sowie Mk 4,30 ff.

244 Offenbar dieses Gleichnis philosophisch-theologisch assoziierend spricht der frühe Christ Justin der Märtyrer vom λόγος σπερματικός, vom „samenhaften Logos", wobei hier mit dem Begriff des „Logos" sowohl die griechisch-philosophische – „logisch", „rational-denkend", „argumentativ" – wie auch die christlich-johanneische Sphäre – „Wort Gottes", „Sohn Gottes", „Geist Gottes" – gewollt mitschwingt und sich miteinander vermischt. Gemeint ist damit, wie im Senfkorngleichnis, dass der universale „Logos" überall, auch bei den heidnischen Philosophen, den anderen Religionen, vielleicht auch Agnostikern usw. ganz klein angelegt ist und sich bei günstigen Bedingungen zu einem großen Gewächs entfalten kann und wird, was die allumfassende Realität und Bedeutung des Logos anschaulich verdeutlicht. Vgl. hierzu etwa Nyström, David E.: The apology of Justin Martyr : Literary Strategies and the Defence of Christianity, Tübingen 2018.

245 Möglicherweise trifft das Moment des Visionären die Gotik in all ihren verschiedenen Aspekten am besten, insofern, als das „Seherische" hierbei auf die maßgebliche Referenzschrift – die Offenbarung des Johannes, der dort im Wesentlichen als Seher in Erscheinung tritt – der Gotik Bezug nimmt, ebenso kommt hiermit der Inhalt der Offenbarung – die visionäre apokalyptisch-soteriologische Zukunft als neue und gute Endzeit aller Dinge – in den Blick, auch der Akt des Seherischen selbst spielt hierbei eine Rolle, und wenn man sich vergegenwärtigt, dass Abt Suger, der Begründer der Gotik, durch eine „Vision" seines Neubaus von St. Denis zu diesem motiviert wurde, ergibt sich diesbezüglich ein klares und rundes, zusammenhängendes und in sich schlüssiges Bild. Das Moment des Visionären kann vielleicht tatsächlich als einer der Kernaspekte der Gotik gesehen werden. Zu Sugers „Vision" vgl. Abt Suger von Saint-Denis: Ausgewählte Schriften. Ordinatio. De consecratione. De administratione, hrsg. v. Andreas Speer u. Günther Binding, Darmstadt 2005, S. 345: „(224) Als daher mich einmal aus Liebe zum Schmuck des Gotteshauses die vielfarbige Schönheit der Steine von den äußeren Sorgen ablenkte und würdiges Nachsinnen mich veranlaßte, im Übertragen ihrer verschiedenen heiligen Eigenschaften von materiellen Dingen zu immateriellen zu verharren, da glaubte ich mich zu sehen, wie ich in irgendeiner Region außerhalb des Erdkreises, die nicht ganz im Schmutz der Erde, nicht ganz in der Reinheit des Himmels lag, mich aufhielt, und <glaubte>, daß ich, wenn Gott es mir gewährt, auch von dieser unteren <Region> zu jener höheren in anagogischer Weise hinübergetragen werden könne."

246 Vgl. hierzu etwa Hubel, Achim: Die jüngere Bildhauerwerkstatt des Bamberger Doms. Überlegungen zur Erzählform und zur Deutung der Skulpturen, in: Grasser, Stephan (Hrsg.): Architektur und Monumentalskulptur des 12.-14. Jahrhunderts. Produktion und Rezeption. Festschrift für Peter Kurmann zum 65. Geburtstag, Bern, 2006, S. 475-528.

247 Vgl. hierzu Ulrich, Wolfgang: Uta von Naumburg. Eine deutsche Ikone, Berlin 2005.

248 V. a. Achim Hubel und Manfred Schuller haben seit 2008 Stephan von Ungarn wieder verstärkt ins Gespräch gebracht, vgl. hierzu https://www.welt.de/wams_print/article2291737/Bamberger-Reiter-war-Koenig-von-Ungarn.html.

249 Vgl. hierzu etwa Möhring, Hannes: König der Könige. Der Bamberger Reiter in neuer Interpretation, Königstein im Taunus 2004.

250 Vgl. hierzu im Besonderen Möhring, Hannes: König der Könige. Der Bamberger Reiter in neuer Interpretation, Königstein 2004.

251 Vgl. hierzu Offb 19,16: „Auf seinem Gewand und auf seiner Hüfte trägt er den Namen geschrieben: König der Könige und Herr der Herren."

252 Vgl. hierzu Horsley, Richard A.: Jesus and Empire: The Kingdom of God and the New World Disorder, Augsburg/US 2002 sowie Mills, Watson E.: Jesus' Teachings on the Kingdom. Bibliographies on the life and teachings of Jesus, Lewiston 2002.

253 Offb 19,11 ff. (Hervorhebungen vom Autor)

254 Joh 1,1 ff. „Im Anfang war das Wort und das Wort war bei Gott und das Wort war Gott. Dieses war im Anfang bei Gott. Alles ist durch das Wort geworden und ohne es wurde nichts, was geworden ist. In ihm war Leben und das Leben war das Licht der Menschen. Und das Licht leuchtet in der Finsternis und die Finsternis hat es nicht erfasst. Ein Mensch trat auf, von Gott gesandt; sein Name war Johannes. Er kam als Zeuge, um Zeugnis abzulegen für das Licht, damit alle durch ihn zum Glauben kommen. Er war nicht selbst das Licht, er sollte nur Zeugnis ablegen für das Licht. Das wahre Licht, das jeden Menschen erleuchtet, kam in die Welt. Er war in der Welt und die Welt ist durch ihn geworden, aber die Welt erkannte ihn nicht. Er kam in sein Eigentum, aber die Seinen nahmen ihn nicht auf. Allen aber, die ihn aufnahmen, gab er Macht, Kinder Gottes zu werden, allen, die an seinen Namen glauben, die nicht aus dem Blut, nicht aus dem Willen des Fleisches, nicht aus dem Willen des Mannes, sondern aus Gott geboren sind. Und das Wort ist Fleisch geworden und hat unter uns gewohnt und wir haben seine Herrlichkeit geschaut, die Herrlichkeit des einzigen Sohnes vom Vater, voll Gnade und Wahrheit. Johannes legt Zeugnis für ihn ab und ruft: Dieser war es, über den ich gesagt habe: Er, der nach mir kommt, ist mir voraus, weil er vor mir war. Aus seiner Fülle haben wir alle empfangen, Gnade über Gnade. Denn das Gesetz wurde durch Mose gegeben, die Gnade und die Wahrheit kamen durch Jesus Christus. Niemand hat Gott je gesehen. Der Einzige, der Gott ist und am Herzen des Vaters ruht, er hat Kunde gebracht." (Hervorhebungen vom Autor)

V. Die Ästhetik der Jüngeren Bildhauerwerkstatt bei den Bamberger Ecclesia und Synagoga-Figuren

Der vielleicht wichtigste Aspekt im Rahmen der Spezifika von Ecclesia und Synagoga am Fürstenportal des Bamberger Doms und damit vermutlich auch das diesbezüglich entscheidende Alleinstellungsmerkmal ist bemerkenswerterweise kein theologischer, historischer oder staatsrechtlich-politischer – sondern ein *ästhetischer bzw. kunsthistorischer*. Dieser Aspekt beschränkt sich nicht allein auf das Paar von Ecclesia und Synagoga, sondern weist auf einen Umstand hin, der für so gut wie alle Werke der *Jüngeren Bildhauerwerkstatt*[246] in unterschiedlicher Weise und Intensität zutrifft: Eine eigentümliche, mutmaßlich intendierte, bewusst gestaltete *Vieldeutigkeit* der Skulpturen, Reliefs und sonstigen Kunstwerke jener Bildhauer am Bamberger Dom. Dieses Thema ist von so grundsätzlicher (ästhetisch-kunsthistorischer) Natur und Relevanz für Verständnis und Qualität der Bamberger Domskulpturen erwähnter Jüngerer Bildhauerwerkstatt in toto.

Die Vieldeutigkeit – man kann es auch als Unklarheit der Zuordnung, teilweise als subversive Provokation, mitunter als humoristischen Akzent oder Ähnliches verstehen – der meisten bedeutenden Skulpturen der Jüngeren Bildhauerwerkstatt lässt sich schnell veranschaulichen. Der *Bamberger Reiter*, die bekannteste Plastik des Bamberger Doms und sicherlich (zusammen mit der *Naumburger Uta*[247], Abb. 115) eines der berühmtesten Kunstwerke des deutschsprachigen Mittelalters überhaupt, ist bis heute in seiner Identität letztlich gänzlich *unklar*. Favorisiert werden in diesem Kontext die Deutungen des *heiligen Ungarnkönigs Stephan I.*[248] oder auch der Biblischen Figur des *Königs der Könige*.[249] Für beide Interpretationen gibt es einige sehr gute und nachvollziehbare Gründe – aber im Ganzen gesehen ist weder die eine noch die andere Deutung aufrechtzuerhalten. Kurz gesagt: Sollte der Reiter Stephan I. von Ungarn sein, also faktisch ein historischer König, so

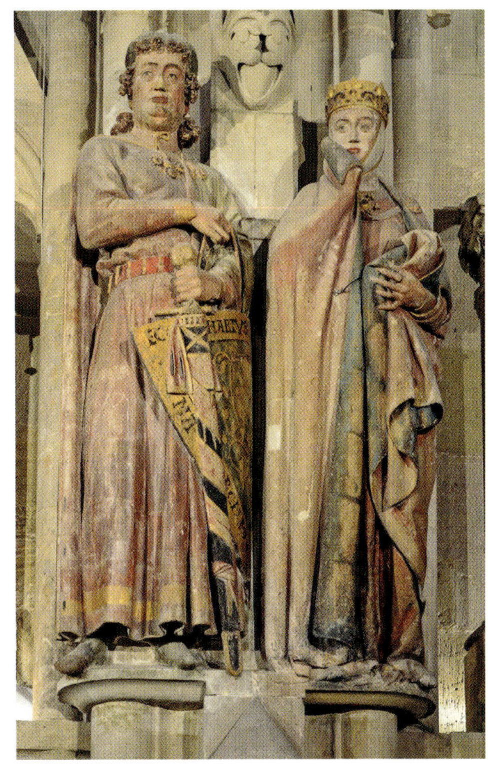

Abb. 115: Skulptur der Uta zusammen mit Ekkehard II. von Meißen als Stifterfiguren aus dem Naumburger Dom, etwa Mitte des 13. Jahrhunderts.

lässt sich nur schwer erklären, weswegen er hier in Bamberg – in anderen Abbildungen mit ihm aus der Zeit des Mittelalters verhält sich dies anders (Abb. 116) – ohne seine als historischer König eigentlich zwingend notwendigen Herrschaftsattribute, ohne Legitimationssymbole seiner königlichen Macht und Würde dargestellt wird. Der Bamberger Reiter hat kein Zepter, keinen Reichsapfel, kein Schwert oder dergleichen. Die Krone, obzwar ein mittelalterliches Herrschaftssymbol, reicht aber in ihrer diesbezüglichen Vereinzelung

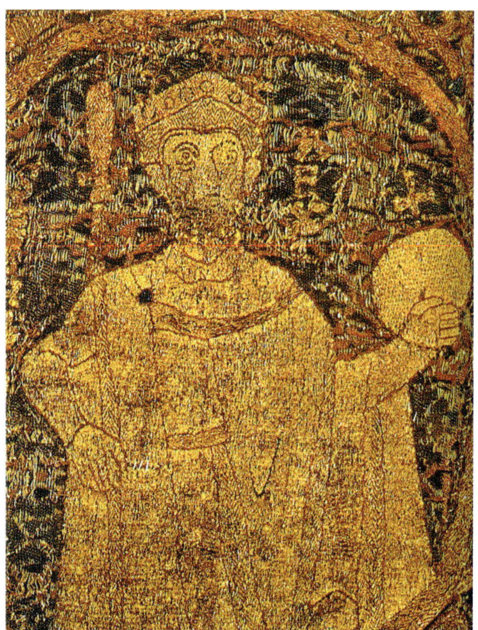

Abb. 116: Der heilige Ungarnkönig Stephan I., möglicherweise eine der ältesten Darstellungen dieses Königs von ca. 1030 auf seinem Krönungsmantel. Gut erkennbar: Reichsapfel mit Kreuz in der Linken sowie eine Art langes Zepter in der Rechten, die gängigen wie auch letztlich unentbehrlichen Reichs- und Herrschaftsinsignien eines mittelalterlichen Regenten. Da der Bamberger Reiter keinerlei dieser Herrschaftsinsignien aufweist, ist die Deutung des Reiters als eines historischen Königs problematisch.

sachlich gesehen nicht aus, um über das Fehlen der anderen Herrschaftsattribute hinwegtäuschen zu können.

Will man den Reiter als *König der Könige*[250] (*βασιλεύς βασιλέων*)[251] verstehen, eine Bezeichnung, die in der *Offenbarung des Johannes* maßgeblich mit der Idee des Heraufziehens des *„Reichs Gottes“* (*βασιλεία τοῦ Θεοῦ*)[252] verknüpft ist, wofür der „König der Könige“ nachgerade als eine Art „Vorreiter“ aufgefasst werden kann, so lassen sich dafür durchaus diskutable Gründe in der Bibel finden, wenn nämlich Christus nach einer ersten (endzeitlichen) Überwindung des Satan als Sieger über das Tier thematisiert wird: „Dann sah ich den Himmel offen und siehe, da war ein weißes Pferd und der, der auf ihm saß, heißt: Der Treue und Wahrhaftige; gerecht richtet er und führt er Krieg. Seine Augen waren wie Feuerflammen und auf dem Haupt trug er viele Diademe; und auf ihm stand ein Name geschrieben, den er allein kennt. Bekleidet war er mit einem blutgetränkten Gewand; und sein Name heißt: *Das Wort Gottes*. Die Heere des Himmels folgten ihm auf weißen Pferden; sie waren in reines, weißes Leinen gekleidet. Aus seinem Mund kam ein scharfes Schwert; mit ihm wird er die Völker schlagen. Und er weidet sie mit eisernem Zepter und er tritt die Kelter des Weines, des rächenden Zornes Gottes, des Herrschers über die ganze Schöpfung. Auf seinem Gewand und auf seiner Hüfte trägt er den Namen geschrieben: König der Könige und Herr der Herren.“[253] Mit „König der Könige“ ist *Jesus Christus* gemeint.[254]

Auch wenn diese biblischen Befunde sehr stark und überzeugend sind, um den Bamberger Reiter als den „König der Könige“ zu deuten – zumindest die *ursprüngliche Farbgebung* des Reiters, mittlerweile weitgehend verblasst, aber sehr gut rekonstruierbar,[255] entspricht mehr oder weniger komplett der biblischen Beschreibung des Königs der Könige: *weißes Pferd* und *rotes Gewand* –, so wird man kaum leugnen können, dass der Bamberger Reiter zweifellos keine Darstellung Jesu Christi wenigstens in geläufiger Weise ist, zumal auch das in der Offenbarungs-Passage erwähnte Schwert nirgendwo bei dieser Plastik auffindbar ist.

Es wird, soweit der aktuelle Forschungsstand ausreicht und als in diesem Punkt zutreffend verstanden werden kann,[256] damit festzuhalten bleiben, dass die Deutung, die Identität des Bamberger Reiters offen ist und vermutlich wohl auch offenbleiben wird. Doch ist der Reiter bei Weitem nicht die einzige Skulptur der Jüngeren Bildhauerwerkstatt, die offene Fragen, Fragezeichen oder Unklarheiten in bestimmten Hinsichten hinterlässt. Zwei Beispiele, die aufgrund ihres weitgehend faktischen Charakters, also nicht wie beim Reiter eine Frage der Interpretation, sehr aussagekräftig sind, lassen sich am *Fürstenportal* sowie am *Papstgrab* ersehen.

(A) Im Tympanon des Fürstenportals findet sich ein diesbezüglich aufschlussreiches Detail, das ein faktischer Hinweis auf eine offenbar intendierte, programmatische Mehrdeutigkeit dieser Bildhauerwerkstatt darstellt: Die Mandorla Christi ist nämlich zugleich Christusmandorla wie auch Teil des linken Flügels der neben Christus befindlichen Engelsfigur (Abb. 117). Die Figur direkt rechts von Christus im Tympanon erweist sich durch seine beiden, sich hoch und schlank hinter dem Rücken erhebenden Flügel eindeutig als Engel, wobei bei genauerem Hinsehen der linke Flügel des Engels mit der rechten Seite der Christusmandorla verschmilzt und eine untrennbare Einheit bildet. In ein faktisches Objekt werden hier also durch die Bildhauer zwei semantische Momente gelegt, die zwar klar voneinander differenzierbar, optisch aber als Element des Bildwerks völlig identisch sind und eine Einheit darstellen.

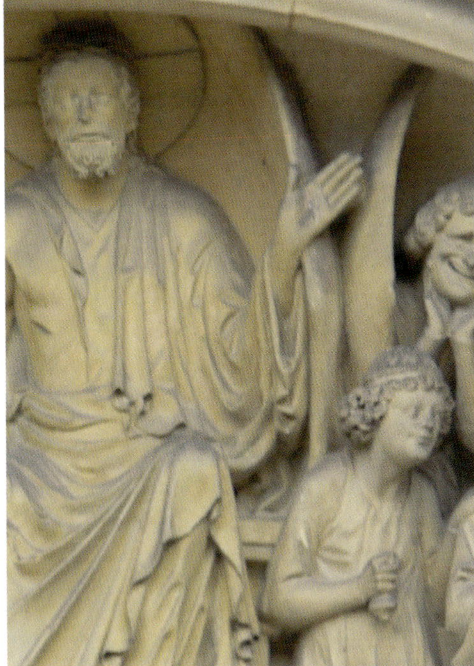

Abb. 117: Detail im Tympanon des Fürstenportals: Der rechte Teil der Christusmandorla ist zugleich linker Engelsflügel, dieses Objekt hat somit eine faktische Doppelfunktion bzw. doppelte Semantik: Christusmandorla wie zugleich Engelsflügel. Dass es sich hierbei tatsächlich um Engelsflügel handelt, zeigt dieses Bild deutlich: Hinter dem Rücken dieser Figur erwächst ein hohes schlankes Flügelpaar, wobei der linke Flügel eben zugleich auch Teil der Christusmandorla ist. Das Objekt ist damit faktisch doppeldeutig und ein gutes Beispiel für diesen Aspekt der Jüngeren Bildhauerwerkstatt und ihre immer wieder anzutreffende Polyvalenz der Darstellungen, die offenbar weder Zufall noch Ungeschick, sondern, wie es scheint, intendiertes Programm sind.

(B) Am Papstgrab Clemens II. im Westchor des Bamberger Doms findet sich ein weiteres Beispiel für die hier interessierenden polyvalenten Arbeiten der Jüngeren Bildhauerwerkstatt, und zwar an dem Relief an der Westseite der Tumba (Abb. 118). Hier ist eine Sitzfigur zu sehen, die sich in ihrer Ikonografie nicht eindeutig auflösen lässt, sondern offenbar zwei verschiedene Personen in einer Darstellung synthetisiert. Zum einen verweist sie mit der frontalen Gesichtsdarstellung und dem Schwert in der rechten Hand auf *Jesus Christus als Weltenrichter*, zum anderen erscheint der Nimbus mit dem Lamm Gottes als Attribut für *Johannes den Täufer*. Die Ikonografie lässt sich nicht exklusiv einer distinkten Person – Christus oder Johannes Baptista – zuordnen, beide Personen werden hier offenbar in eins dargestellt.

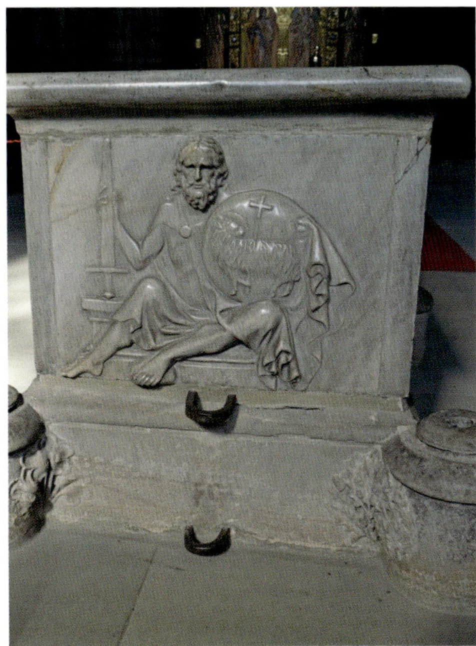

Abb. 118: Westseite des Papstgrabs im Westchor des Bamberger Doms.

(C) Somit kann man festhalten, dass die Jüngere Bildhauerwerkstatt ihren Werken offenbar immer wieder eine *Mehrdeutigkeit* einschrieb. Die Modi, in denen diese Polyvalenzen stattfinden, sind sehr variantenreich, können über solch rein faktische Belange, wie den beiden hier kurz vorgestellten im Tympanon und am Papstgrab, interpretatorische bis hin zu fast provokatorischen, subversiven Elementen reichen. Die Polyvalenzen weisen (in der Regel) eine tiefere theologische, konzeptionelle Dimension auf, die ihre eigentliche Qualität zur Geltung bringt. Hier soll es primär um den Nachweis gehen, dass viele Bamberger Domskulpturen der Jüngeren Bildhauer jene offenbar intendierte, programmatische Polyvalenz haben. Letzteres erweist sich für Verständnis und Deutung der Bamberger Ecclesia und Synagoga von einiger Relevanz, denn die Mehrdeutigkeit, die sich auch bei Ecclesia und Synagoga wiederfindet, weist eine simple, eindeutige, lineare usw. Verständnis- und Deutungsweise dieses Paares als sachlich unzutreffend aus.

(D) Die Relevanz solcher Überlegungen im Sinne bestimmter Mehrdeutigkeiten bzw. Unstimmigkeiten hinsichtlich des Figurenpaares von Ecclesia und Synagoga in Bezug auf die beiden konkreten Skulpturen ist nicht so unmittelbar und ostentativ augenfällig, wie dies bei den soeben angeführten Beispielen der Fall war, unbeschadet der Tatsache, dass sie sich auch hier präzise nachweisen lassen. Beginnen wir zunächst mit diesbezüglichen Untersuchungen der *Synagoga*. Ihre *Augenbinde* (Abb. 119), die *gebrochene Lanze* (Abb. 120) sowie die ihr aus der Hand gleitenden *Gesetzestafeln*

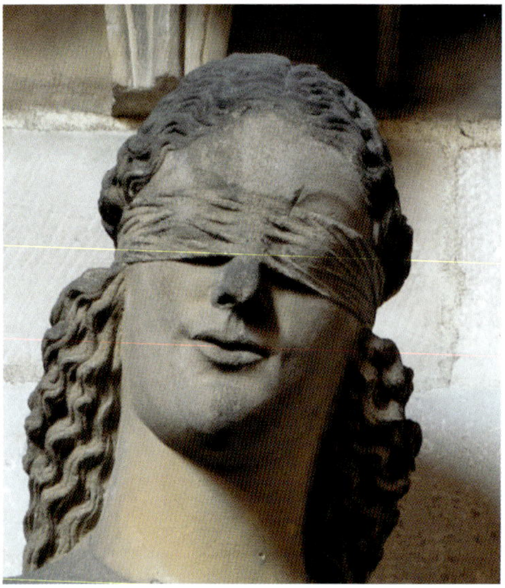

Abb. 119: Bamberger Synagoga, Original an den südlichen Ostchorschranken. Augenbinde als Symbol der Verblendung der Synagoga.

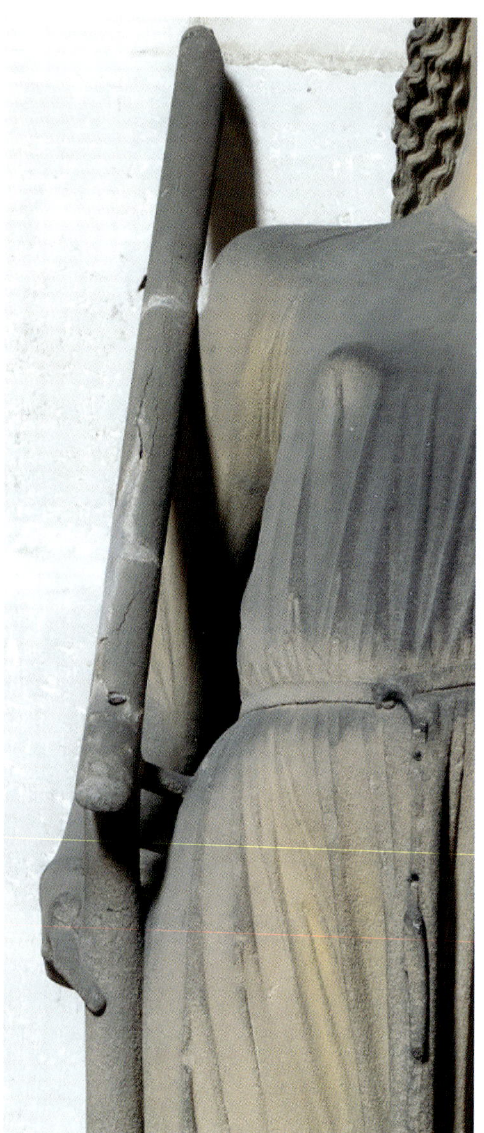

Abb. 120: Bamberger Synagoga, Original an den südlichen Ostchorschranken. Die gebrochene Lanze in der rechten Hand der Synagoga.

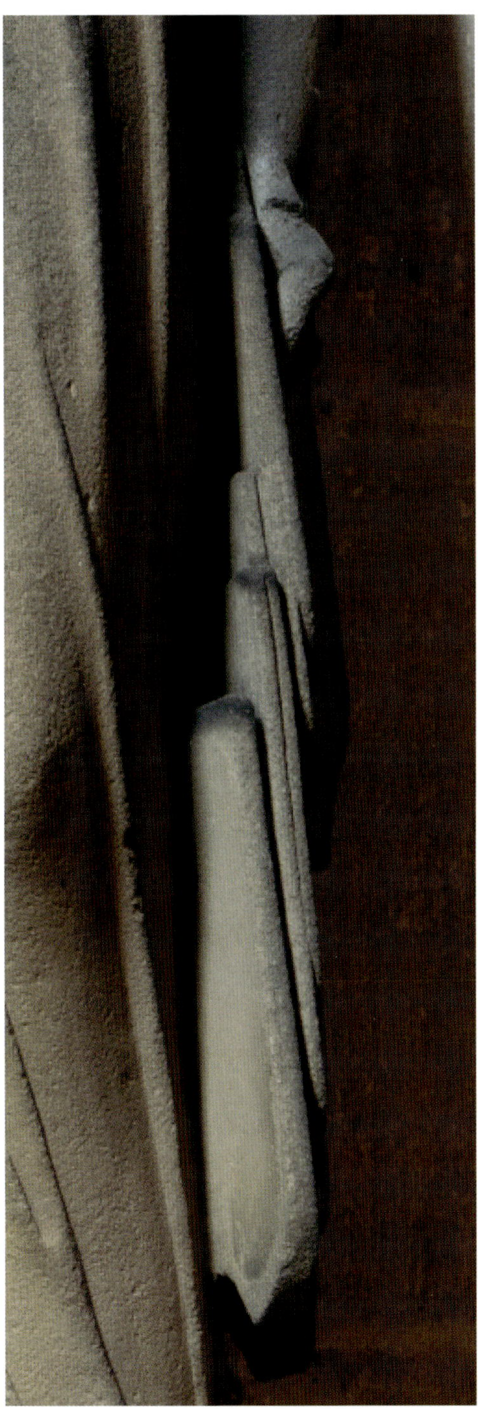

Abb. 121: Bamberger Synagoga, Original an den südlichen Ostchorschranken. Die Tafeln mit dem Mosaischen Gesetz gleiten der Synagoga aus der Hand.

(Abb. 121) waren zu dieser Zeit um 1220/1230 standardisierte Attribute der Abwertung des jüdischen Glaubens. Ein ebenfalls weitgehend standardisiertes Motiv dieses Genres, wenngleich die negative Sichtweise der Synagoga-Darstellungen als Skulpturen an den Portalen konterkarierend, findet sich in dem Umstand wieder, dass nicht nur in Bamberg, sondern auch in Freiburg, Worms, Trier, Straßburg, Magdeburg usw. über den Häupten von gleichermaßen Ecclesia wie Synagoga ein *Baldachin* angebracht ist (siehe S.6). In der mittelalterlichen Symbolsprache steht der Baldachin im Rahmen der Sakralkunst für die Darstellung des *Himmlischen Jerusalem*, des Paradieses, womit die Figuren, über deren Kopf ein Baldachin angebracht ist, als ein *Bewohner des Himmlischen Jerusalem* und damit als ein *Heiliger* ausgewiesen werden.[257] Möglicherweise kann man angesichts solcher Umstände (vgl. hierzu auch die mit Baldachin bekrönten Stifterfiguren des Naumburger Doms, Abb. 122) die Bedeutung des Baldachins bei mittelalterlichen, insbesondere bei Skulpturen des frühen/mittleren 13. Jahrhunderts hinsichtlich ihrer kanonischen Bedeutung des Himmlischen Jerusalem und somit der Anzeige einer Heiligen Person unter dem Baldachin überdenken, da es sich zwar beim überwiegenden Großteil der Figuren mit Baldachin um Heilige handelt, es hier aber dennoch zu Ausnahmen kommt, die faktisch keine kanonisierten Heiligen zeigen.

(E) Betrachten wir im Folgenden die Skulptur v. a. der Synagoga unter der hier leitenden Frage einer Mehrdeutigkeit bzw. Unklarheit in der bildhauerischen Umsetzung konkreter. Es wird seit Langem und vmtl. auch zu Recht immer wieder darauf hingewiesen, dass die gotischen Plastiken ab etwa 1200 einen auffälligen Zug in diejenige Richtung haben, die man mit heutigen Begriffen wie „psychisch“ bzw. „psychologisch“ bezeichnet. Anlässlich der Großskulpturen am *Königsportal von Chartres* hat bereits um 1860 *Violet-le-Duc* den Ausdruck dieser Skulpturen in einer *psychologischen* Weise gedeutet,[258] was dann für die Skulpturen der Kathedrale von Reims mittlerweile fast als Gemeinplatz verstanden werden kann.[259] Gleiches trifft auf die Bildwerke der Jüngeren Werkstatt für Bamberg zu[260] und schlägt sich auch im Paar von Ecclesia und Synagoga nieder.

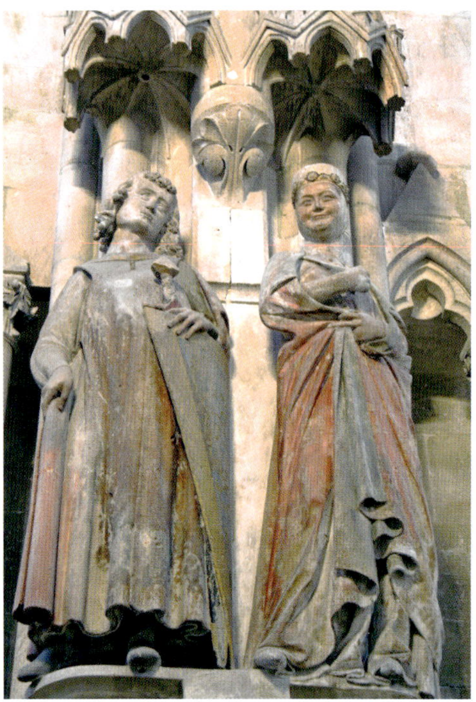

Abb. 122: Naumburger Dom, Stifterfiguren Hermann von Meißen und Reglindis, etwa Mitte des 13. Jahrhunderts. Obwohl alle zwölf Stifterfiguren des Naumburger Doms keine Heiligen im Sinne einer offiziellen, von der katholischen Kirche vollzogenen Kanonisierung heiliggesprochene Personen sind, sind alle mit einem Baldachin versehen. Möglicherweise, so kann man vielleicht spekulieren, soll damit eine zukünftige Kanonisierung forciert werden, indem die Bildwerke die Dargestellten zeigen, als ob sie bereits Heilige wären. Ein reine Schmuck- oder Zierform kann man in diesen Fällen hinsichtlich des Baldachins letztlich ausschließen, dafür ist die Semantik dieses ikonografischen Elements zu distinkt bestimmt.

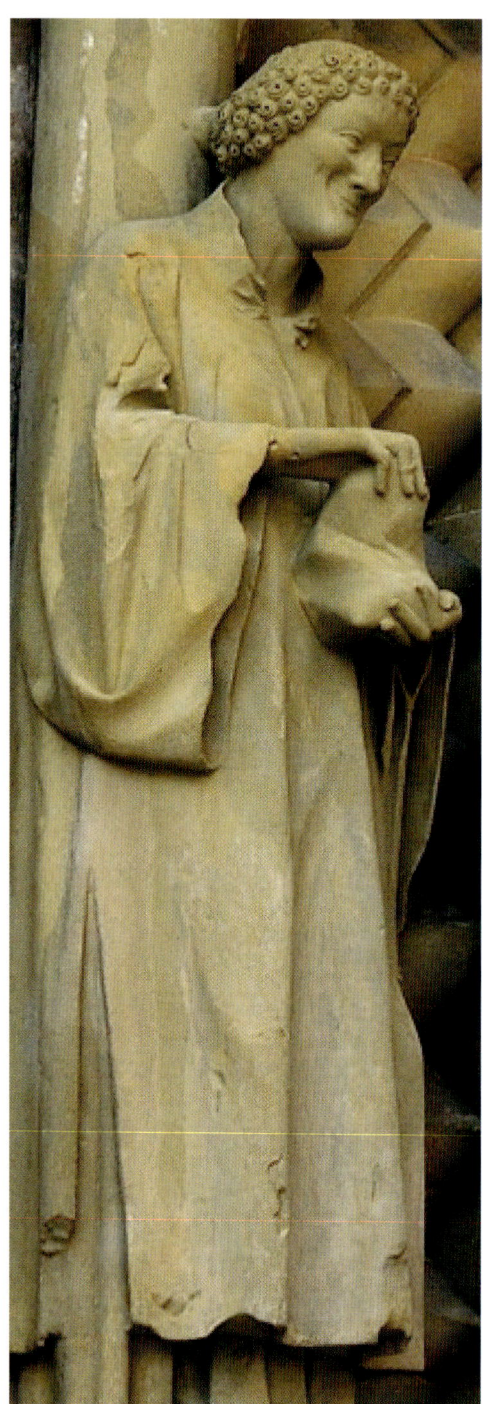

Abb. 123: Kopie des Heiligen Stephanus an der Adamspforte des Bamberger Doms, Original von etwa 1220/1230. Gut erkennbar: Das „Bamberger Lächeln", das hier deutlich zum Ausdruck kommt.

Dies gilt gerade für die Bamberger Synagoga, denn aus bestimmten Blickwinkeln betrachtet, zeigt sich, dass sie *lächelt*. Zwar anders als *Stephanus an der Adamspforte* (Abb. 123), *Temperantia am Papstgrab* (Abb. 124), die *Seligen im Tympanon* (Abb. 125) pp., aber dennoch so signifikant und aussagekräftig, dass es eigens Erwähnung verdient. Das *Lächeln der Synagoga* (Abb. 126) ist sehr zurückgenommen, zunächst kaum

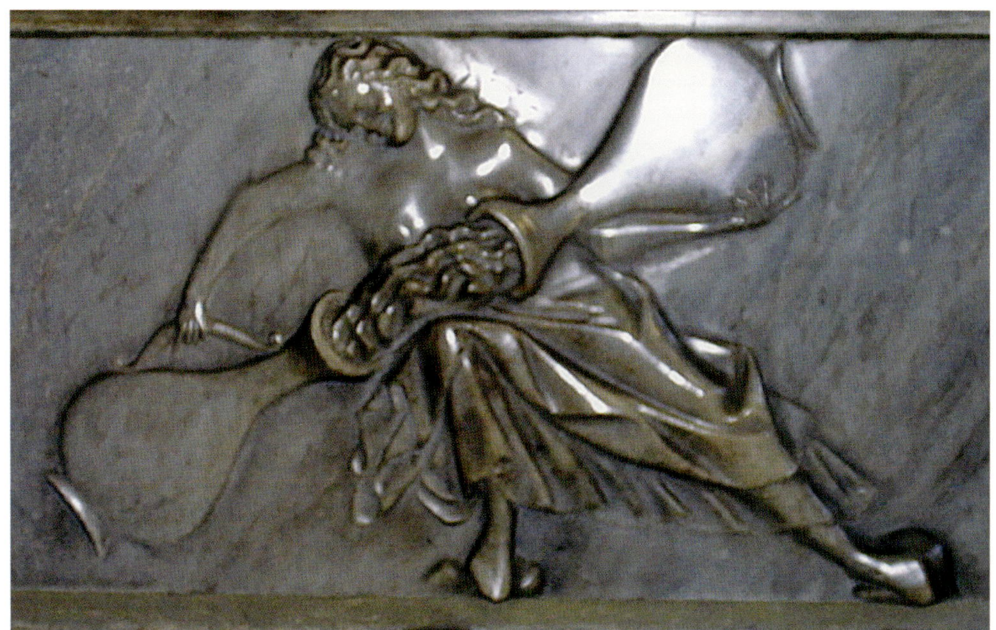

Abb. 124: Tugend der Temperantia am Papstgrab im Westchor des Bamberger Doms, um 1220/1230. Auch hier ist das „Bamberger Lächeln“ deutlich erkennbar.

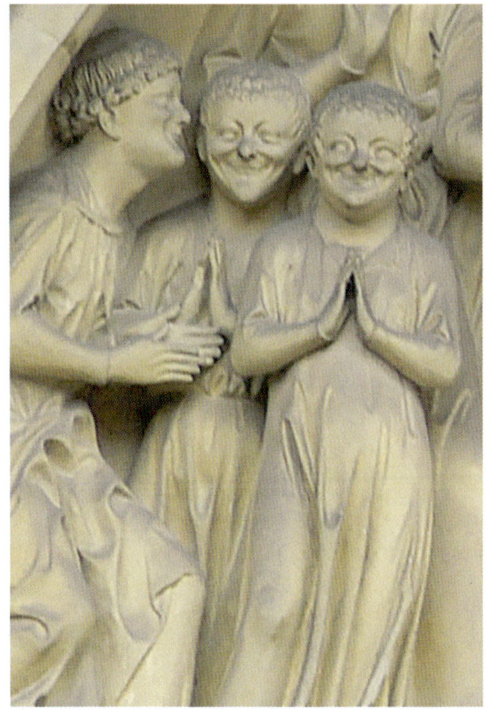

Abb. 125: Selige mit „Bamberger Lächeln“ im Tympanon des Fürstenportals, um 1220/1230.

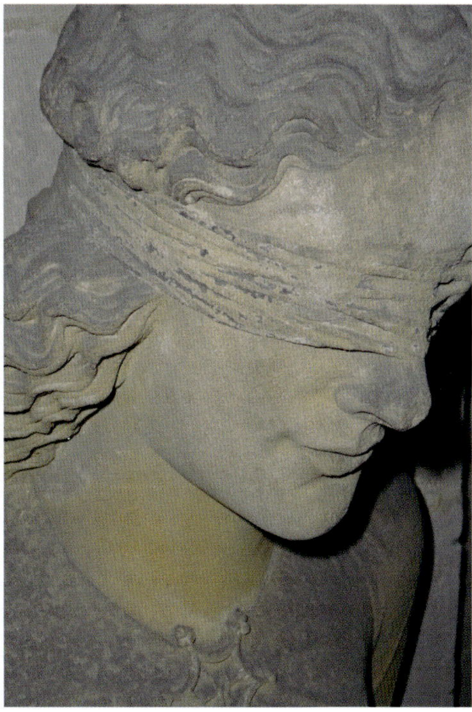

Abb. 126: Detailaufnahme der Bamberger Synagoga mit feinem Lächeln.

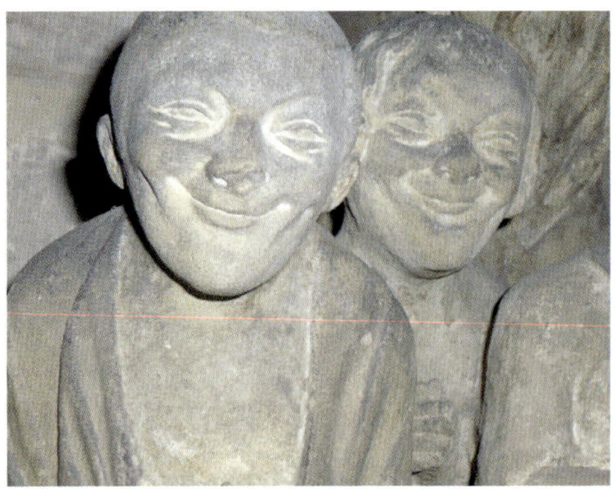

Abb. 127: Selige in Abrahams Schoß mit ausgeprägten Lach-Grübchen an den Mundwinkeln bzw. Wangen sowie die deutlich nach oben gezogenen Mundwinkel. Bei diesen Beispielen kann man fast sagen, dass die ausgesprochen ausgeprägten Grübchen die nach oben gezogenen Mundwinkel erzeugen und somit die Grübchen als das primäre Moment des Lachens in Erscheinung tritt.

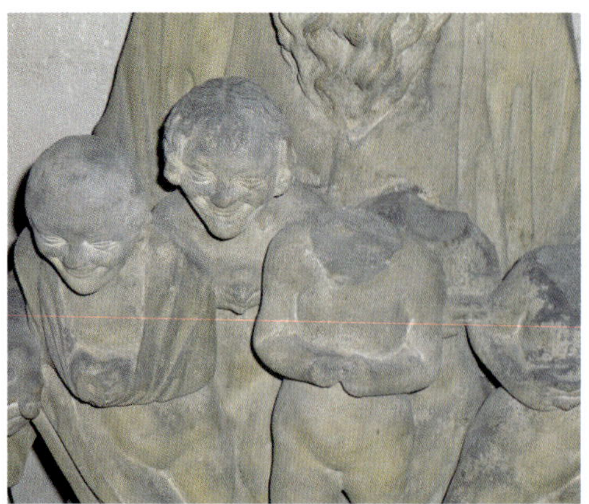

Abb. 128: Selige in Abrahams Schoß mit ausgeprägter Grübchenbildung an den Mundwinkeln bzw. Wangen. Bei nur zwei von den insgesamt fünf Seligen sind die Köpfe erhalten, man wird allerdings mutmaßen dürfen, dass die fehlenden drei Gesichter ähnlich wie die erhaltenen gestaltet waren.

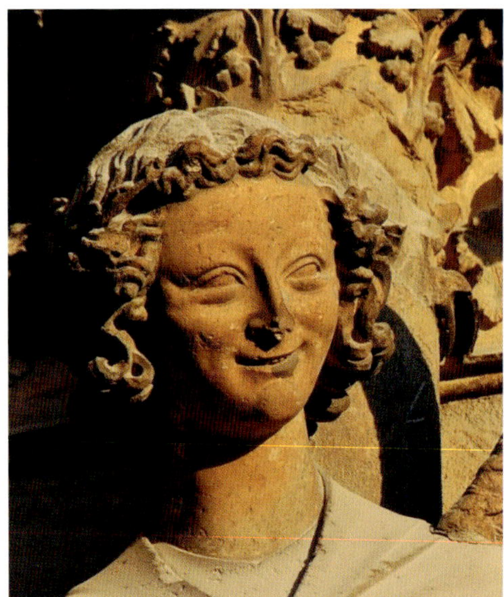

Abb. 129: Beim Verkündigungsengel an der Westfassade der Kathedrale von Reims ist aus dieser Perspektive gut die erwähnte Grübchenbildung um die Mundwinkel erkennbar, die das charakteristische, etwas künstliche vielleicht, aber als solches gut zuorden- und kognitiv erkennbare Lachen bzw. Lächeln der Kathedralskulpturen erzeugt. Auch die Mundwinkel sind hier klar nach oben gezogen.

wahrnehmbar in der feinen, subtilen Ausprägung und eröffnet ein großes und schillerndes Spektrum an Deutungsmöglichkeiten, die sich in einem vorzugsweise *psychologischen Rahmen* bewegen.

Deutlich wird das Lächeln der Synagoga im Speziellen an zwei Merkmalen: erstens die für das „Bamberger Lächeln" typische *Grübchenbildung* an den Wangen auf Höhe der Mundwinkel und zweitens an den leicht *nach oben gezogenen Mundwinkeln*. Besonders ausgeprägt und entsprechend gut erkennbar ist Letzteres beispielsweise an den „Seligen in Abrahams Schoß" (Abb. 127 und Abb. 128), bei denen die Lach-Grübchen und die nach oben gezogenen Mundwinkel fast das gesamte Gesicht dominieren. Aufgrund dieser Merkmale lässt sich deutlich erkennen, dass die Bamberger Synagoga ein leichtes Lächeln aufweist. Allerdings ist ihr Lächeln in der Tat so weit zurückgenommen, dass man es nicht aus jedem Blickwinkel gleich gut wahrnehmen kann, doch bei eingehenderer Betrachtung ihres Gesichtes bleibt kein Zweifel, dass der Bamberger Synagoga ein leichtes Lächeln den Mund umspielt.

Dieses für die Charakteristik des *Bamberger Lächelns* ausschlaggebende Moment erwähnter *Grübchenbildung* und *nach oben gezogener*

Mundwinkel findet sich, leicht abgewandelt zwar in der konkreten Umsetzung, aber der Sache nach unverkennbar in nennenswerter Vergleichbarkeit auch bei den beiden *Lächelnden Engeln* am Westportal der Kathedrale von Reims, was den engen inneren Zusammenhang auf technisch-ästhetischer Ebene hinsichtlich der Skulpturkunst dieser beiden Kathedralkirchen im frühen 13. Jahrhundert auch von dieser Seite aus unterstreicht. Sowohl der „Verkündigungsengel" (Abb. 129) wie auch der „Lächelnde Engel" (Abb. 130) der Kathedrale von Reims weist eine wohl reduzierter ausgebildete Modalität von Lach- oder Lächelgrübchen auf als die etwas intensivere, forciertere Umsetzungsweise der meisten entsprechenden Beispiele in Bamberg, die nach oben gezogenen Mundwinkel aber sind allemal klar erkennbar. Die bildhauerische, künstlerische Gestaltung scheint von der Idee, ihrem Realisierungsmodus her so parallel, dass die einzig relevante Differenz hierbei die erwähnte Intensität zu sein scheint. In Reims ist die Grübchenbildung beim Lachen der Figuren wahrnehmbar aber nicht dominant, in Bamberg fällt dem Betrachter vielleicht sogar die Grübchenbildung zuallererst ins Auge (Abb. 131).

Um das leichte Lächeln der Bamberger Synagoga nicht nur im Vergleich zu Reims, sondern auch und besonders mit Bamberger Beispielen zu profilieren: Das konzeptionelle Pendant der Bamberger Synagoga, die *Bamberger Ecclesia*, besitzt in der Tat keinerlei Spuren oder Hinweise eines Lachens oder Lächelns (Abb. 132). Zwar lässt sich an der Originalskulptur eine Grübchenbildung um die Mundwinkel erkennen, aber die Mundwinkel werden nicht nach oben gezogen, sondern der ganze Mund bleibt auf einer Ebene, was keinen Eindruck

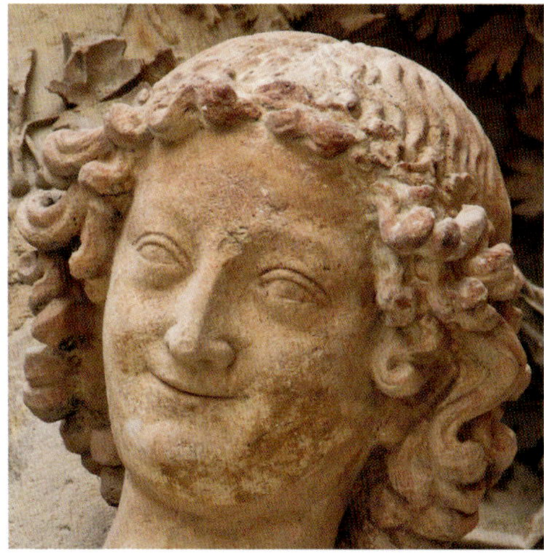

Abb. 130: Der berühmte „lächelnde Engel", „L'Ange au Sourire" wie er in Frankreich genannt wird, ebenfalls Westfassade der Kathedrale von Reims: Etwas zurückgenommener als beim „Verkündigungsengel", aber nichtsdestotrotz erkennbar das Lächeln dieses Engels, das sich in einer leichten Grübchenbildung um den geschlossenen Mund dieser Figur manifestiert. Deutlich der halbmondförmige Mund, der durch die nach oben gezogenen Mundwinkel diese Formung erhält. Eine schöne Parallele zum verhaltenen, dezenten und unaufdringlichen, leichten Lächeln der Bamberger Synagoga.

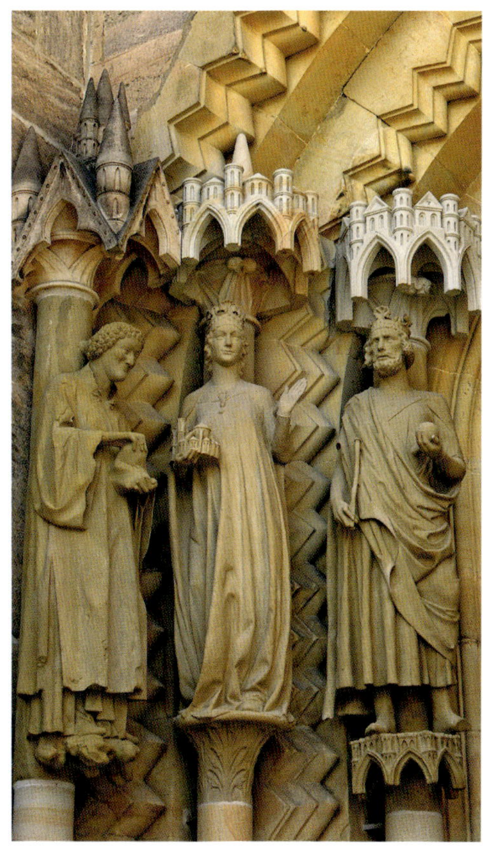

Abb. 131: Kopie des Heiligen Stephanus am Adamsportal des Bamberger Doms.

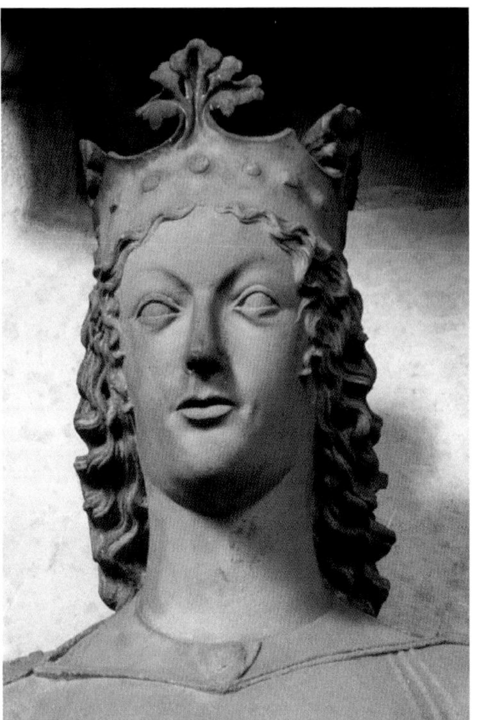

Abb. 132: Bamberger Ecclesia, hier mit einer leichten Grübchenbildung am rechten Mundwinkel, da aber die Mundwinkel nicht nach oben gezogen sind, sondern der Mund letztlich auf einer Ebene bleibt, entsteht kein Eindruck des Lachens oder Lächelns, vielmehr wirkt dieser Gesichtsausdruck um die Mundpartie der Ecclesia eher streng und gefasst, Heiterkeit lässt sich hier nicht wahrnehmen.

von Heiterkeit, Lachen/Lächeln oder dergleichen hervorruft, sondern eher streng und offiziell wirkt. Somit kann Ecclesia als Folie dienen, um die mit ihr korrespondierende Synagoga und deren Lächeln zu verdeutlichen.

Es lässt sich festhalten, dass die Bamberger Synagoga im Unterschied zur Bamberger Ecclesia ein leichtes, sehr schönes, etwas änigmatisches und zugleich im kunsthistorischen Vergleich bemerkenswert seltenes Lächeln zeigt. Damit erweist sich Synagoga in dieser unmittelbaren Gegenüberstellung mit ihrem komplementären Pendant der Ecclesia sicherlich als die interessantere, lebendigere, einladendere, also attraktivere Figur, die zwar recht subtil und unaufdringlich, aber just durch ihr Lächeln sowie die auffällige Körpergestaltung –was eine zunächst rätselhafte, die Aufmerksamkeit weckende Wirkung entfaltet – eine direkte Kontaktaufnahme zum Betrachter evoziert, wie es Suckale bereits hinsichtlich anderer Bamberger Skulpturen festgestellt hat.[261] Eine derartige Kontaktaufnahme des in dieser Figur personifizierten Judentums mit dem im Regelfall christlichen Betrachter (zumindest in der Zeit des Mittelalters) ruft damit auch *eine Art Dialog* hervor; es muss sich dabei nicht spezifisch um ein Religionsgespräch handeln (obgleich es in der mittelalterlichen und bereits antiken Literatur mehrere Beispiele von christlicher Seite hierfür gibt)[262], vielleicht ist es zunächst einfach ein durch die in dieser Weise sehr attraktiv gestaltete Plastik stimuliertes Interesse, eine Neugier seitens des Betrachters, mit wem man es hier denn eigentlich zu tun hat, was zu einem genaueren und vertieften Betrachten und Nachdenken einlädt. Da es nicht zuletzt der Betrachter und nicht ihr Pendant der Ecclesia ist, auf den sich die Kontaktaufnahme dieser Figur der Synagoga bezieht, kann man vermutlich eine Art der Neuauflage von theologischem Streitgespräch, wie es in der *Altercatio* der Fall ist, an dieser Stelle ausschließen. Es ist wohl vorrangig das Wecken von Neugier und Interesse, das als emotionale Wirkung auf den Betrachter ausgeübt wird, wie sich das dann auch immer im Einzelnen bei ihm manifestieren mag.

Womit ein Punkt berührt wird, der immer wieder zu Recht im Zusammenhang mit der Bamberger Synagoga namhaft gemacht wird: Die auffällige Körperlichkeit der Synagoga mit ihrem stark betonten, nach vorne geschobenen Becken und dem signifikanten Hüftschwung, der durch den ausgeprägten Kontrapost entsteht. Die Gewandung der Figur, die ihre Weiblichkeit fast mehr zur Schau trägt als verhüllt (Abb. 133), ihr offenes Haar und die insgesamt nicht von der Hand zu weisende erotische Anmutung der Skulptur weist sie letztlich als *Dirne*, als eine *Prostituierte* aus, was so gesehen einer großen Schmähung der Synagoga und damit des Judentums gleichkommt.[263] Es ist wichtig, über diesen Aspekt der Bamberger Synagoga vertieft und ernsthaft nachzudenken, denn das Moment ist bei ihr nicht zu leugnen und im

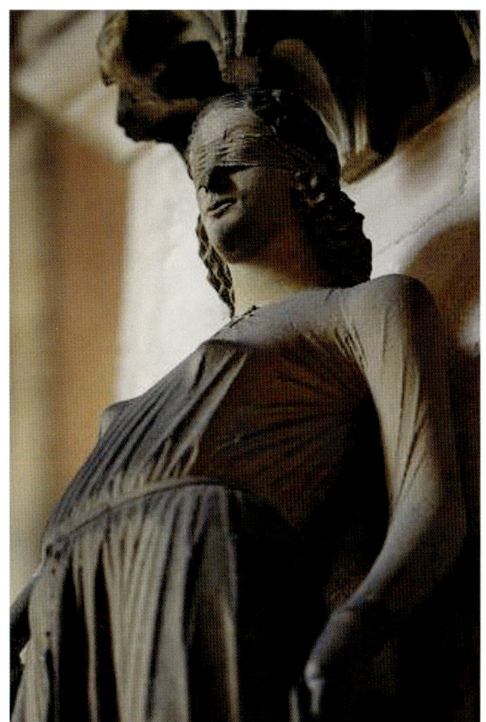

Abb. 133: Detailansicht der Originalskulptur der Bamberger Synagoga. Deutlich erkennbar das nach vorne geschobene Becken und der Hüftschwung dieser Figur, was eine sehr expressive Körperlichkeit darstellt, die kaum verkennbar eine weibliche Erotik zur Geltung bringt. Dies ist zwar handwerklich-bildhauerisch ausgesprochen gelungen, kann aber nicht darüber hinwegtäuschen, dass es in der Zeit des Mittelalters nicht nur positive Assoziationen beim Betrachter weckte.

Vergleich mit den anderen hier thematisierten Synagoga-Darstellungen möglicherweise am deutlichsten ausgearbeitet. Verglichen mit der Wormser Synagoga-Plastik (Abb. 140), der Freiburger Glasmalerei,[264] Lebenden Kreuzen usw., ist die Bamberger Synagoga, dies haben die obigen Ausführungen herauszuarbeiten versucht, allerdings konzeptionell, programmatisch mehrdeutig und changierend gestaltet. Dass die Bamberger Synagoga einige klar abwertende Aspekte aufweist – vielleicht ist ihre laszive Erotik sogar der massivste in diesem Kontext –, steht außer Frage und wurde wohl auch nie ernsthaft bestritten. Dass aber die signifikante Polyvalenz der Skulpturen der Jüngeren Bildhauerwerkstatt, die sich auch bei Synagoga niederschlägt, wie gesehen eine eindimensionale Sicht und Deutung dieser Kunstwerke nur schwer möglich macht, erweist sich als ebenso zutreffend. Es ist aus genannten Gründen darauf zu verweisen, dass die Bamberger Synagoga in ihrer nennenswerten und nicht polar auflösbaren Mehrdeutigkeit als eine changierend-polyvalente Skulptur verbleibt, sie lässt sich nicht eindeutig zuordnen und interpretieren, was zum einen ihre große ästhetische Qualität verbürgt, zum anderen eine sehr differenzierte theologische Sichtweise und Programmatik hinsichtlich dieser Plastik zum Ausdruck bringt.[265]

Es wäre damit eine verkürzte und womöglich auch unzutreffende Deutung, wollte man die Bamberger Synagoga als eine mittelalterliche Prostituierte in jener Ausschließlichkeit verstehen. Es kann nicht ausgeschlossen werden, dass die mittelalterlichen Bildhauer, vielleicht hierbei auch einem gewissen Zeitgeist folgend, der Skulptur Züge, Merkmale, Attribute einer Prostituierten zugeeignet haben, allerdings sperrt sich die feine und geistreiche Mehrdeutigkeit der Figur selbstredend gegenüber jeder monovalenten, einseitigen Interpretation. Denn es fällt auch dem heutigen Betrachter (dem mittelalterlichen aufgrund der zeitgenössischen Sehgewohnheiten wohl noch verstärkt) auf, dass die Synagoga sich nicht in eine einfache Lesart auflösen lässt.

Die Hintergründe für diese vermutlich programmatische Polyvalenz der Plastiken der Jüngeren Bildhauerwerkstatt können hier nicht eingehend diskutiert werden, da sie ein Thema für sich darstellen; es sei hier aber wenigstens darauf hingewiesen, dass die oftmals sich zeigende Mehrdeutigkeit der Bamberger Domskulpturen sowohl in *theologischer*, *psychologischer* wie vielleicht auch *humoristischer* Weise verstanden werden könnte. Für die Polyvalenz der Bamberger Synagoga mag vielleicht ein theologischer Hintergrund sprechen (Mehrdeutigkeit des Alten Testaments selbst, Mehrdeutigkeit der Christen im Umgang mit den Juden, Mehrdeutigkeit des Status von Altem Testament und Judentum in christlicher Deutung pp.), aber unter Umständen sogar noch eher ein psychologischer. Man könnte hierbei durchaus in die Richtung den-

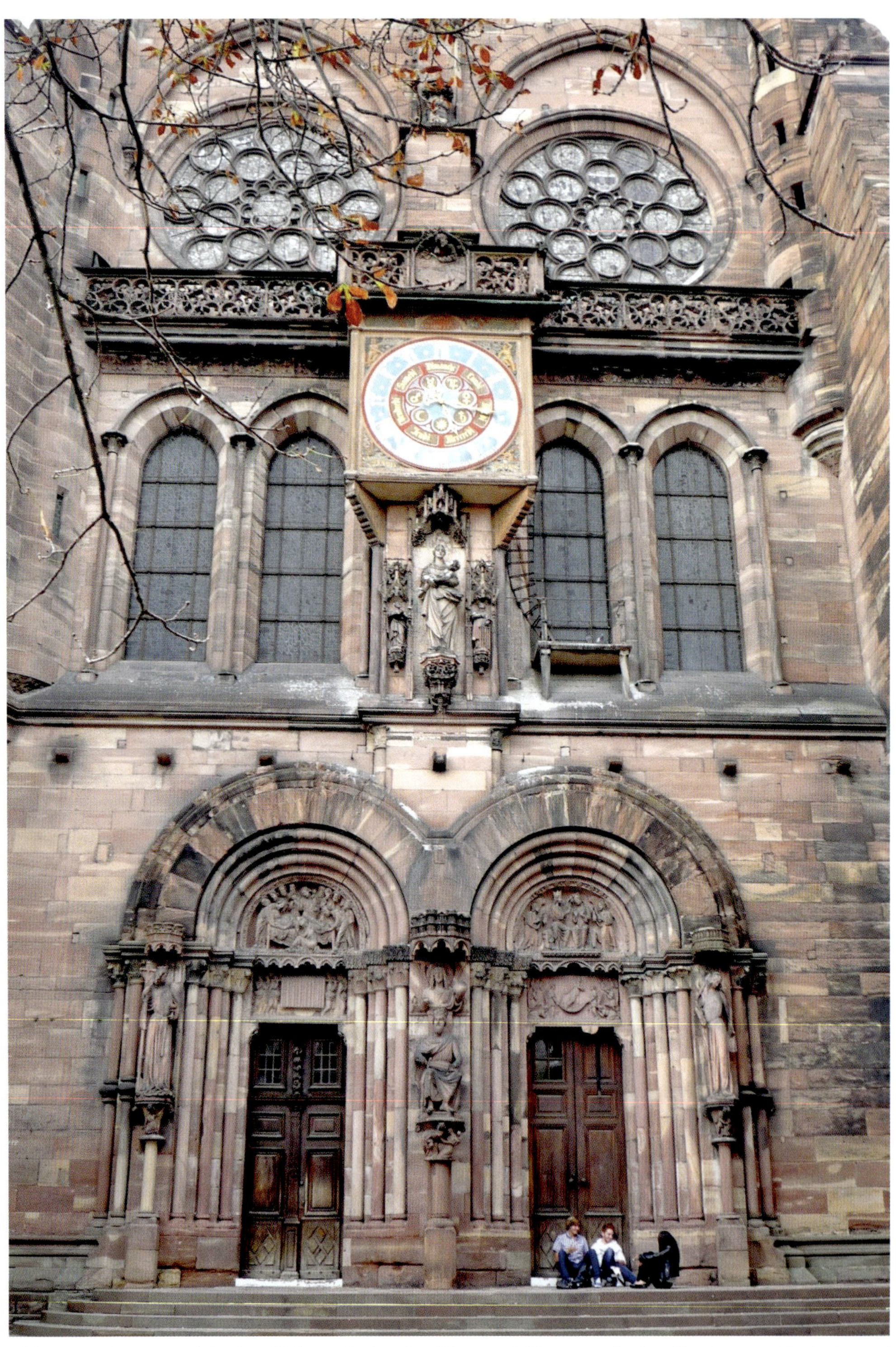

Abb. 134: Gesamtansicht des Südportals des Straßburger Münsters mit den Kopien von Ecclesia und Synagoga links und rechts außen.

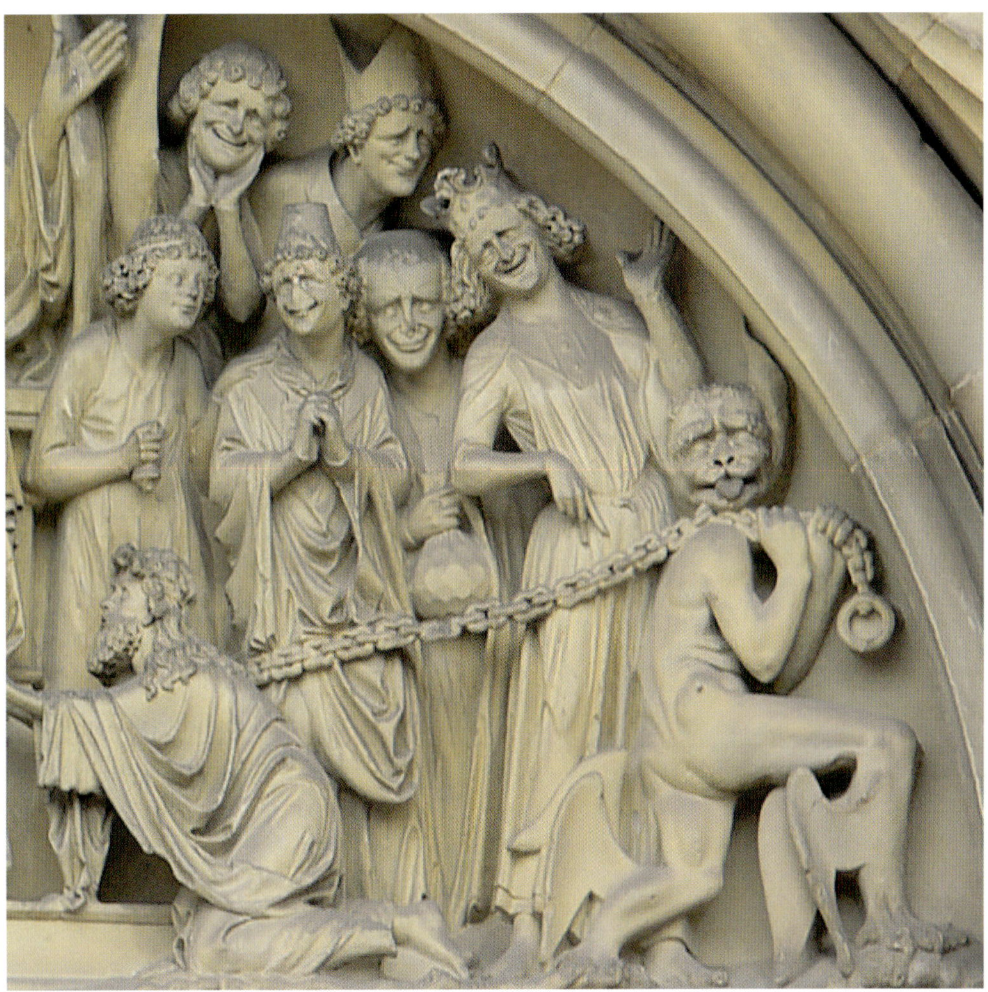

Abb. 135: Die Verdammten im Tympanon des Bamberger Fürstenportals und ihre berühmt gewordene, charakteristische Mimik, die aufgrund ihrer hohen, mitunter vielleicht auch etwas übersteigerten Expressivität fast schon als ein bisschen karikaturhaft, vielleicht auch als ein bisschen humoristisch verstanden werden kann. Auch diese bemerkenswert ausdrucksstarke Mimik der Verdammten im Tympanon hat ihrer Qualität nach den Charakter der Kontaktaufnahme des Kunstwerkes mit dem Betrachter: Die Intensität der stark emotional gestalteten, leicht überzeichneten Gesichter fällt dem Betrachter mehr oder weniger unmittelbar ins Auge, womit er sich auch in der Regel recht unmittelbar in ein Verhältnis zu dieser Darstellung setzt, da das grimassenhafte Lachen nicht nur ins Auge fällt, sondern auch eine Reaktion beim Betrachter evoziert, da dieser sich durch dieses massive Mienenspiel in emotionaler Hinsicht adressiert fühlt.

ken, dass jede menschliche Person kein eindimensionales, quasi-mechanisches Wesen ist, sondern aufgrund von Freiheit, Empfindungsvermögen und Gefühlen, Geist und Intellekt sowie, spezifisch im christlichen Kontext gesagt, Gottesebenbildlichkeit schlechterdings nicht abschließend definierbar und kategorisierbar ist. Dass die Bamberger Bildhauer so etwas tatsächlich immer wieder in Anschlag brachten, verdeutlichen v. a. die Verdammten im Tympanon des Fürstenportals (Abb. 135).

Nicht nur, dass jeder verdammte Sünder offenbar eine ganz eigene, nahezu persönliche, individuelle Reaktion auf die Verdammnis zeigt – der *König* scheint uns als Betrachter wie ein Betrunkener zu *grüßen*, signalisiert mit seiner rechten Hand in Gürtelhöhe, dass er wegen Meineids in die Hölle muss, der *Wucherer* präsentiert angesichts der ewigen Verdammnis seinen prall gefüllten Geldsack und schaut mit fast kühlem Blick den Betrachter an, der *Papst* scheint auf schön Wetter zu machen und will sich vielleicht mit gefalteten Händen und einem demütigen Habitus beim (Gerichts?)Engel links von ihm einschmeicheln usw. Nicht allein, dass jeder der hier gezeigten Verdammten seine eigene, bis zu einem gewissen Grad tatsächlich persönliche und individuelle Reaktion auf die Verdammnis demonstriert – wodurch eine nennenswerte Polyvalenz und Vielschichtigkeit der emotionalen Reaktion veranschaulicht wird –, auch ihre eigene Reaktion ist in sich wiederum polyvalent und keineswegs linear und in einfacher Weise eindeutig, denn trotz aller Verzweiflung, die sich bei den Verdammten zu erkennen gibt, weisen sie alle auch eine Brechung auf, die fast nicht anders als „psychologisch" verstehbar ist: *Die Verdammten lachen*, jeder etwas anders in Konkretion und Intensität, aber alle weisen einen nach oben gezogenen Mundwinkel auf, was zumindest ein Lächeln anzeigt, während ihre deutlich herausgearbeiteten Augenbrauen von der Nasenwurzel aus nach links und rechts deutlich abfallen, womit ein mimisches Merkmal von Trauer anklingt, wie es auftritt, wenn eine Person weint.[266] Die humoristische Komponente hierbei, dass Verdammte trotz ihrer Verdammnis in dieser Weise lachen, ist so grotesk und entfernt von einer diesem Umstand angemessenen Reaktion, dass man als Betrachter fast unwillkürlich mitlachen muss, da dies jede Erwartung und

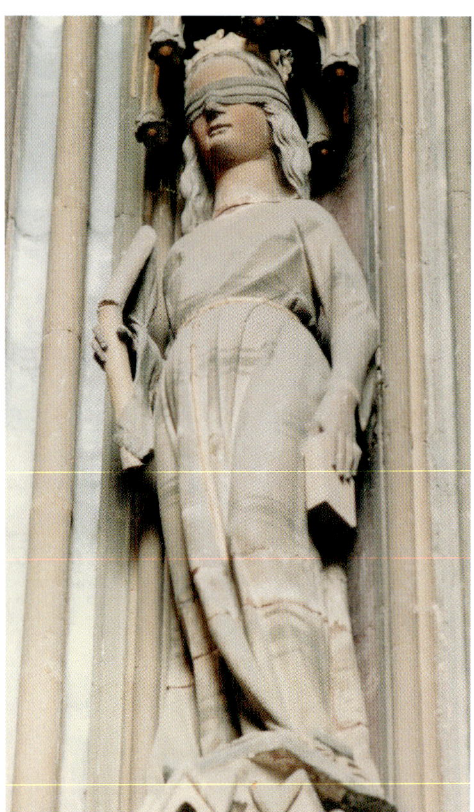

Abb. 136: Synagoga in der Vorhalle des Freiburger Münsters vor der polychromen Restaurierung.

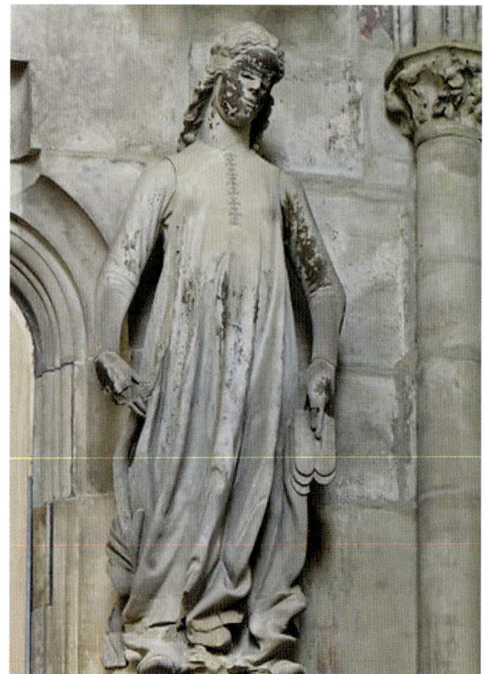

Abb. 137: Magdeburger Synagoga mit nur leicht geneigtem Haupt. Hier auch gut erkennbar: Trotz der großen Nähe der Magdeburger Skulpturen zu den Bildwerken in Bamberg ist hier im Unterschied zur Bamberger Synagoga kein Anzeichen eines Lächelns oder dergleichen zu sehen.

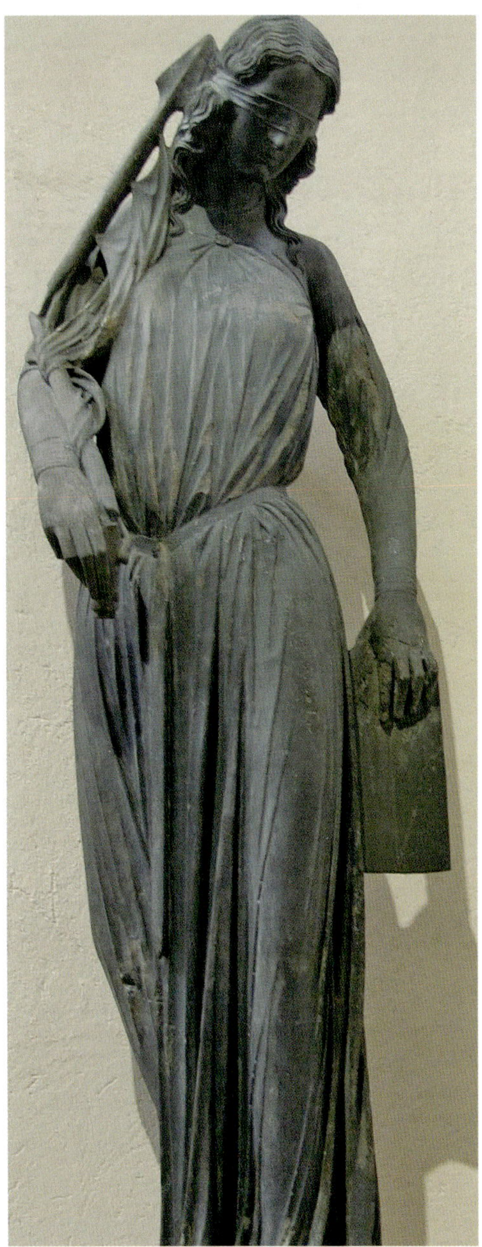

Abb. 138: Originalskulptur der Synagoga vom Straßburger Münster, mittlerweile aufbewahrt im Museum und am Portal durch Repliken ersetzt. Der stark nach hinten und seitlich geneigte Oberkörper der Figur lässt damit auch das Haupt der Synagoga als geneigt erscheinen, was durch die leichte, aber zweifelsfrei erkennbare Kopfdrehung dieser Skulptur ebenfalls nach hinten und zur Seite optisch unterstützt wird.

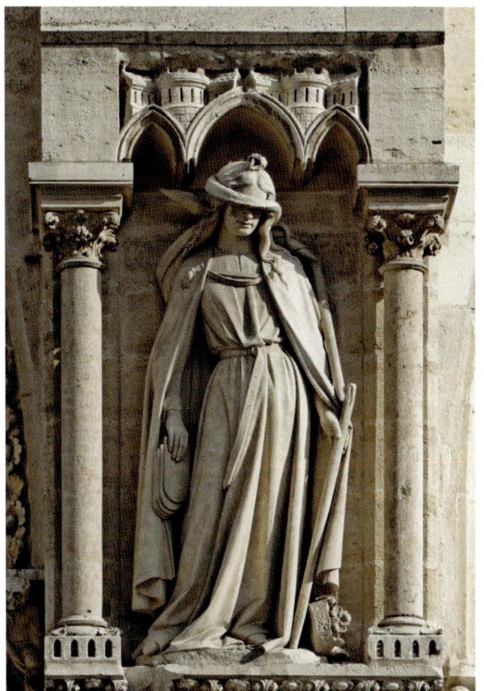

Abb. 139: Kopie der Synagoga an der Westfassade der Kirche Notre-Dame de Paris. Ähnlich wie in Straßburg sieht man auch hier den Kopf der Figur, der sowohl nach vorne wie zur Seite geneigt ist, zwar nicht übermäßig stark, aber zweifelsfrei erkennbar.

ein „normales menschliches Gefühlsleben“ völlig durchkreuzt.

Da sich also zeigen lässt, dass die Bamberger Bildhauer mit solchen polyvalenten, nicht simpel und schlicht auflösbaren psychischen, emotionalen Zuständen von menschlichen Personen in ihrer Darstellung spielen, wird man diese grundlegende menschliche Vielschichtigkeit, Unausdeutbarkeit auch bei der Plastik der Synagoga sehen können, was eine ihrer Attraktionen, ihrer Reize und Schönheit ausmacht. Dies in Verbindung mit der Kontaktaufnahme und Einbeziehung des Betrachters durch das emotional transparent gestaltete Bildwerk macht vermutlich die spezifische Qualität der Bamberger Synagoga aus, die sich unter den genannten Aspekten von so gut wie allen anderen Vergleichsbeispielen von Ecclesia und Synagoga als Portalplastik zu dieser Zeit abhebt.

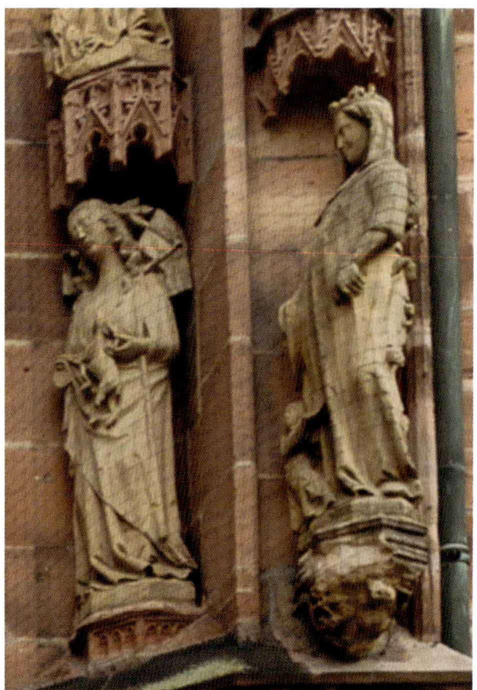

Abb. 140: Synagoga (links) vom Südportal des Wormser Doms mit deutlich zur Seite gefallenem Haupt, von dem in diesem Augenblick die Krone nach links unten fällt, und mit einem Ziegenbock vor der Brust. Rechts die „Dame Welt", eine Variante des „Verführers" bzw. „Fürst der Welt", eine in Verbindung mit Synagoga gesetzte Figur, die nicht weniger als positiv zu verstehen ist, denn am Rücken der Dame Welt, der prima vacie schönen und erhabenen Herrin, wimmeln und wuchern Schlangen, Gewürm, Geschmeiss und sonstiges widerwärtiges, deutlich als unrein und negatv konnotiertes Getier.

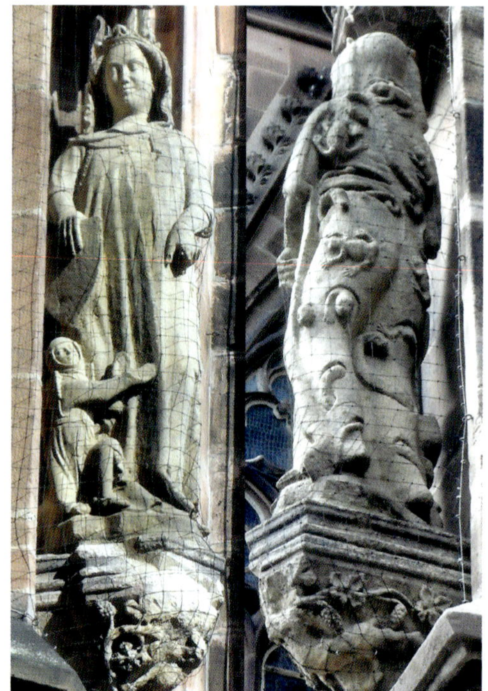

Abb. 141: „Die Dame Welt" am Südportal des Wormser Doms – Vorder- und Rückansicht mit deutlichen Unterschieden der qualitativen Attribute.

(F) Das *erhobene Haupt* der Bamberger Synagoga markiert ebenfalls weitgehend eine kunsthistorische Besonderheit im Rahmen dieses Genres, hat aber aufs Ganze gesehen nicht die Relevanz und Aussagekraft wie der vorhergehende Aspekt, dennoch soll er hier wenigstens noch kurz abschließend erwähnt werden. Zwar haben auch in *Freiburg* (Abb. 136) oder *Magdeburg* (Abb. 137) die Synagoga-Darstellungen keinen hängenden Kopf, aber in so gut wie allen anderen Fällen von Synagoga als Portalplastik fällt ein zur Seite geneigtes, den Umstand der Niederlage betonendes Haupt der Synagoga auf, wie etwa in *Straßburg* (Abb. 134), bei der zwar auch das Haupt, aber insgesamt der ganze Oberkörper so weit zur Seite geneigt ist, dass damit auch ihr Kopf in eine deutliche Schieflage versetzt wird. V. a. seitlich betrachtet, bemerkt man, dass der Kopf der Synagoga auch deutlich nach vorne fällt (Abb. 138), ebenso in *Paris* (Abb. 139), in *Worms* (Abb. 140/141), *Trier* (Abb. 142) usw., alles Beispiele, bei denen man durchgängig einen Knick in der Halswirbelsäule der Synagoga erkennen kann, was zusammen mit der meist auch instabilen Körperhaltung der jeweiligen Plastik den Eindruck eines geknickten Synagoga-Hauptes bestärkt.

Im direkten Vergleich mit den soeben angeführten Beispielen sieht man bei der Bamberger Synagoga deutlich, dass sie zwar merklich durch ihren ausgeprägten und dadurch im Körper insgesamt Labilität erzeugenden Kontrapost wie wankend oder in sich zusammensackend dargestellt ist, dass aber

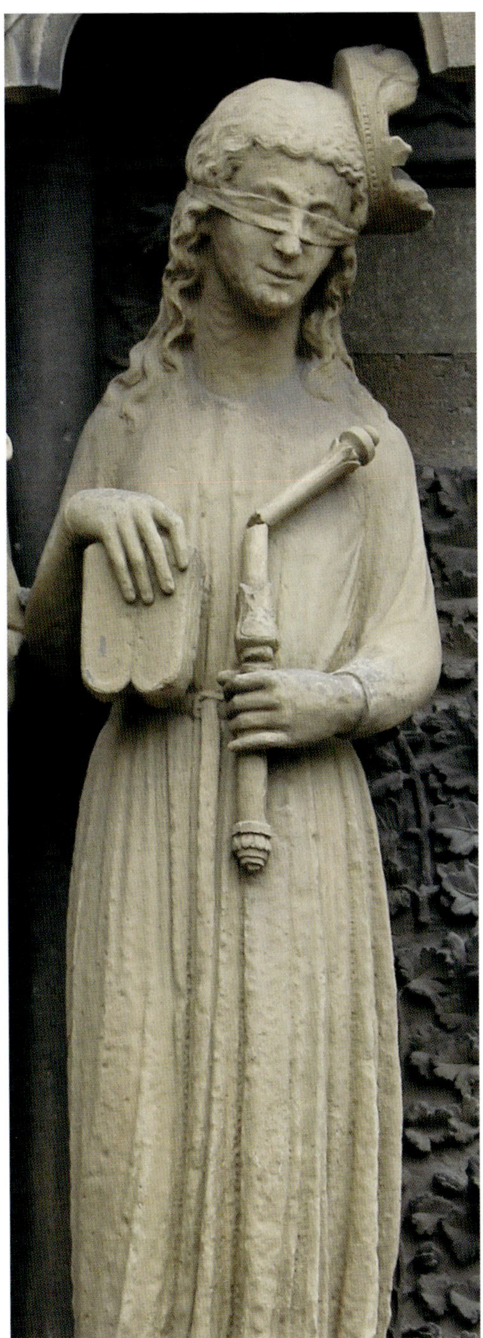

Abb. 142: Synagoga an der Trierer Liebfrauenkirche mit geneigtem Haupt, von dem aufgrund der Neigung gerade die Krone der Synagoga im Begriff ist, herabzufallen, was ein Symbol ihres Falls wie ihrer Entmachtung ist, womit die Neigung des Hauptes in diesem Beispiel deutlich die Abwertung, Depotenzierung der Synagoga unterstreicht.

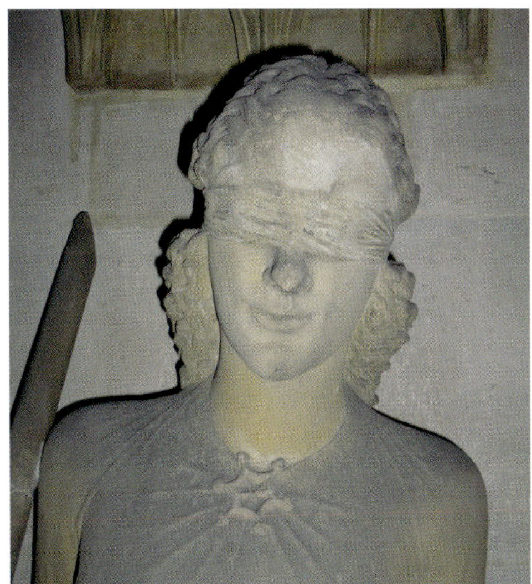

Abb. 143: Mehr oder weniger aufrechtes Haupt der Bamberger Synagoga. Durch die schräge Körperhaltung hat auch ihr Kopf eine entsprechende Inklination nach rechts, aber man erkennt, dass ihr Hals in einer geraden Linie vom Oberkörper hoch zum Kopf führt, womit eine geknickte Halswirbelsäule nicht festgestellt werden kann. Man kann dies als eine Besonderheit bei der Umsetzung der mittelalterlichen Synagoga-Darstellungen an den großen Kirchenportalen bezeichnen.

ihr Haupt demgegenüber fast senkrecht nach oben weist (Abb. 143), jedenfalls lässt sich kein Knick, keine Brechung der Figur im Bereich der Halswirbelsäule nachweisen, weder seitlich noch nach vorne (Abb. 144). So gesehen kann man bis zu einem gewissen Grad tatsächlich von einem *erhobenen Haupt* der Bamberger Synagoga sprechen; ob dies nun eine dezidierte Aufwertung der Synagoga darstellt, darf bezweifelt werden; dass es aber zumindest ein erneuter Hinweis auf die Unkonventionalität und Eigenständigkeit der Jüngeren Bildhauerwerkstatt am Bamberger Dom ist – womit eine sehr charakteristische künstlerische Handschrift einhergeht, in deren Gefolge den Skulpturen wie gesehen eine immer wieder feststellbare Uneindeutigkeit, Polyvalenz, ein Changieren und Oszillieren eingemeißelt wurde, die sich gegen eine eindimensionale und schlichte Interpretation sperrt –, scheint kaum bestreitbar.

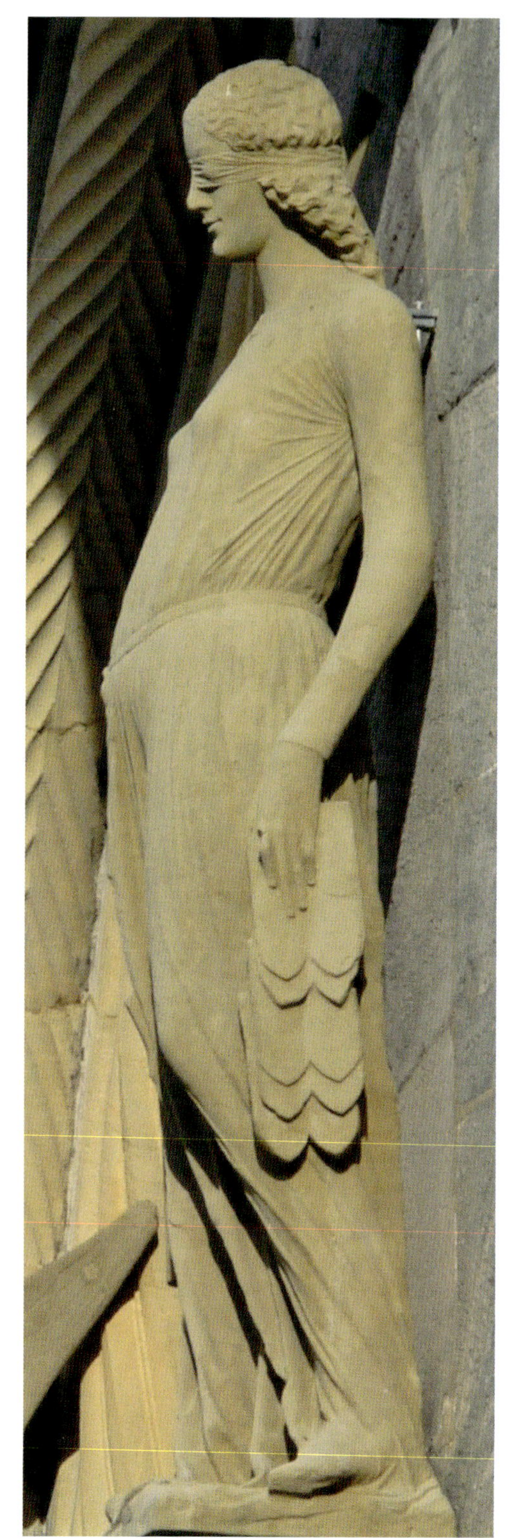

Abb. 144: Seitenansicht der Bamberger Synagoga (Kopie). Gut erkennbar, dass – etwa im Gegensatz zu Straßburg – der Kopf der Synagoga auch nicht nach vorne fällt. Damit weist die anatomische Linie von ihrem Oberkörper über den Hals bis zum Kopf von allen verschiedenen Blickwinkeln aus eine letztlich gerade, ungebrochene Linie auf, was die Anmutung eines erhobenen Hauptes dieser Figur betont. Auch hier bei genauerem Hinsehen gut erkennbar: das feine, sehr dezente, zurückgenommene Lächeln um die Mundwinkel der Synagoga.

255 Vgl. hierzu Hartleitner, Walter: Zur Polychromie der Bamberger Domskulptur, Bamberg 2011, S. 68-89.

256 Die Forschung und de entsprechenden Kontroversen zum Bamberger Reiter und in specie hinsichtlich seiner Identität sind ein Thema für sich, das hier nur angedeutet werden kann. Ein kurzer Überblick über einen Teil der verschiedenen Deutungsversuche findet sich bei https://blog.singulart.com/de/2021/02/01/das-raetsel-um-den-bamberger-reiter/.

257 Vgl. hierzu etwa Kurmann, Peter: Zur Vorstellung des Himmlischen Jerusalem und zu den eschatologischen Perspektiven in der Kunst des Mittelalters, in: Ende und Vollendung. Eschatologische Perspektiven im Mittelalter, hrsg. v. Jan A. Aertsen u. Martin Pickavé, Berlin/New York 2002, S. 296 f.: „Warum, so muß man fragen, werden seit der Zeit kurz nach der Mitte des 13. Jahrhunderts bis zum Ende des Mittelalters sehr häufig einzelne Figuren und Szenen der Heilsgeschichte von baldachinartigen Architekturkompositionen eingefaßt, die der zeichnerischen Darstellung von einzelnen Bauteilen großer gotischer, ‚kathedralhafter' Kirchen ähnlich sind […]? Die Antwort liegt auf der Hand. Im Sinne einer Redundanz fängt die gotische Kirche an, sich als Chiffre für das Himmlische Jerusalem in ihren Bildern selber darzustellen. Dazu reicht der Baldachin, meist von einem Wimperg und Fialen, beziehungsweise von Türmchen bekrönt, als einzelnes, aber typisches Element der späteren hochgotischen Architektur, des sogenannten ‚style rayonnant', völlig aus. Der halb realistisch, halb illusionistisch dargestellte Baldachin legt in der Tat eine eschatologische Interpretation nahe."

258 Vgl. hierzu etwa Sauerländer, Willibald: Das Königsportal von Chartres. Heilsgeschichte und Lebenswirklichkeit, Frankfurt am Main 1984, S. 5-12.

259 Vgl. hierzu etwa Harlaut, Yann: Naissance d'un mythe. L'Ange au Sourire de Reims, Langres 2008.

260 Vgl. hierzu etwa erneut Hubel, Achim: Die jüngere Bildhauerwerkstatt des Bamberger Doms. Überlegungen zur Erzählform und zur Deutung der Skulpturen, in: Grasser, Stephan (Hg.): Architektur und Monumentalskulptur des 12.-14. Jahrhunderts. Produktion und Rezeption. Festschrift für Peter Kurmann zum 65. Geburtstag, Bern, 2006, S. 475-528.

261 Suckale, Robert: Die Bamberger Domskulptur. Technik, Blockbehandlung, Ansichtigkeit und die Einbeziehung des Betrachters, in: Münchner Jahrbuch der Bildenden Kunst, Band 38 (1987), 3, S. 27-82.

262 Vgl. hierzu etwa Justins Werk Dialog mit dem Juden Tryphon (ca. 160), Abaelards Gespräch eines Philosophen, eines Juden und eines Christen (12. Jhd.), Ramón Lulls Schrift Das Buch vom Heiden und den drei Weisen (um 1300) oder auch Cusanus Der Friede im Glauben (Mitte des 15. Jahrhunderts), was dann im späten 18. Jahrhundert in Lessings Nathan der Weise (1779) seinen bislang letzten großen Niederschlag gefunden hat.

263 Vgl. hierzu erneut Toman, Rolf: Die Kunst der Gotik. Architektur – Skulptur – Malerei, Köln 1998, S. 340: „Ganz anders dagegen und in überaus sinnlicher Gestalt die Synagoge […], deren verbundene Augen ihre Blindheit deutlich machen. Während sie in der Rechten die gebrochene Lanze hält entgleiten ihr aus der linken Moses' göttliche Gesetzestafeln. Was sie trägt ist nichts als ein Kleid von beinahe durchsichtiger Stofflichkeit, das, in der Hüfte gegürtet ihren Leib wie nasse Seide enthüllt. Der Unterleib wölbt sich vor und macht diese allegorische Frauenfigur zu dem, was ihr von der zeitgenössischen Theologie zugeschrieben war, ‚die erste Braut Gottes' gewesen zu sein, ‚die, untreu geworden und zur Dirne herabgesunken, am Ende der Zeiten wieder zu ihm zurückkehren wird', wie Helga Sciurie veranschaulicht. Das bestätigt sich obendrein in der Rückansicht, denn die Skulptur ist, in dieser Weise vielleicht erstmalig nach der Antike, als vollrunde Freifigur gestaltet."

264 Vgl. hierzu https://www.lkm.uni-konstanz.de/otg/projekte/05_muenster_fr/bilder/5027-3.jpg.

265 Will man diesen Gedanken ein Stück weiterdenken, so erhebt sich organisch die Frage, auf wen denn, sofern das Gesagte stimmig ist, jene Mehrdeutigkeit in ästhetischer und theologischer Hinsicht zurückgeht? Unmittelbar fraglos auf die Bildhauer, die vielleicht, das ist aber reine Spekulation, einen entsprechenden Auftrag von Domkapitel und/oder Bischof erhalten und in ihrer Manier umgesetzt haben; da sich aber diese spezifische Mehrdeutigkeit der Plastiken aus der Werkstatt der Jüngeren Bildhauer sich über so viele Beispiele am Bamberger Dom ersttreckt, liegt es vielleicht näher, dies als genuine künstlerisch-ästhetische Handschrift der Skulpteure zu verstehen. Ein abschließendes Urteil diesbezüglich wird aber letztlich kaum möglich sein.

266 Dass sich bis heute die Zeichnungen in Comics ganz gezielt und eingehend mit der Darstellung der Augenbrauen bzw. der Augenformung beschäftigen, um Emotionen usw. auszudrücken, mag vielleicht erstmalig (mit antiken Vorläufern) bei den mittelalterlichen Bildhauern in dieser Weise ausgearbeitet worden sein. Übrigens unterscheiden sich die Verdammten im Tympanon gerade durch die starke und betonte Anfertigung der Augenbrauen, was man unmittelbar erkennt, wenn mal alle Nicht-Verdammten, ob Selige, Engel oder Christus betrachtet, die allesamt sozusagen „normale" Augenbrauen aufweisen, die sich harmonisch in die Gesamtdarstellung des Gesichtes fügen.

VI. Die psychologischen Aspekte der Bamberger Portalplastiken

Wie bereits in der Einleitung angesprochen, soll in obigem Verständnis die Dimension des Psychologischen an dieser Stelle zu Sprache kommen. Im Zusammenhang mit den spezifischen Polyvalenzen, die sich an den Bamberger Domskulpturen der Jüngeren Bildhauerwerkstatt ausmachen lassen, tauchten ja immer wieder psychologische Aspekte auf, die sich in diesem Kontext vornehmlich auf das Moment der Rezeptionsästhetik und davon ausgehend denkbarer psychologischer Momente bezogen, was selbstredend reine Spekulation resp. Konjektur ist. Da die betreffenden Skulpturen aber im Gefolge der Werke von Reims den Betrachter unbestritten emotional und damit in gewisser Hinsicht auch transparent auf psychologische Aspekte ansprechen, sollte dies oben wenigstens angedeutet werden, eingedenk dessen, dass sich diese Belange niemals empirisch erhärten lassen.

In vorliegendem Kapitel bezieht sich das Psychologische weniger auf die konkreten Kunstwerke, sondern in erster Linie auf die Bibel sowie die historischen Personen, die damit in welcher Weise auch immer zu tun hatten. Was damit genauer gemeint ist, sollen folgende Ausführungen verdeutlichen.

Psychologie und Kunstverständnis

Es wurde bereits in der Einleitung darauf hingewiesen, dass das Feld der Psychologie zwar für die Interpretation und das Verständnis von Kunst und sonstiger geistiger Leistungen des Menschen ein geeignetes Mittel sein kann, aber auch und im selben Atemzug einen problematischen, (gewollt oder ungewollt) destruktiven Zug haben kann. Wie das zu verstehen ist, soll hier vorab kurz erläutert werden.

(A) Dass das Menschenwesen unter intrinsischen Bedingungen steht, die es unfrei machen, es mitunter vielleicht sogar zu bestimmten Handlungen, Auffassungen nötigen, gehört zu den Phänomenen und wird in der Regel mithilfe von psychologischen Erklärungsmodellen zu verstehen versucht. Aus dieser Warte heraus kann die Beschäftigung mit der Psychologie Vertreter dieser Auffassung auch dazu verleiten, den Modus der Beschäftigung mit dem Menschen zum alleinigen zu machen. Ein bekanntes und auch nachvollziehbares Phänomen, denn jeder Monismus[267] (und zu nichts anderem wird die Psychologie in solchen Fällen ihrer Handhabung) hat der Idee nach ein unerhört hohes Erklärungspotential. Da in der jüngeren Geschichte seitens der Psychologie immer wieder solche monistischen Ansprüche – man denke nur an Nietzche, Freud oder auch Skinner – bekannt wurden, ist es nicht selbstverständlich, das Feld des Psychologischen in konstruktiver Weise für ein besseres Verständnis religiöser Kunst, hier Ecclesia und Synagoga am Fürstenportal des Bamberger Doms, betreten zu wollen. Bedenken gegenüber einem solchem Unternehmen sind durchaus berechtigt und stichhaltig und können nicht geleugnet werden – wie ebenso nicht geleugnet werden kann, dass die Autoren der Bibel bei aller denkbaren Inspiration dennoch unbestreitbar Menschen gewesen sind und als Menschen für sie eo ispo psychologische Parameter eine Rolle spielten.

(B) Es wurde in der Einleitung darauf hingewiesen, dass psychologische Momente, die eigene, aber auch die andere Person betreffend, eine Art *Black Box* darstellen, die nur sehr begrenzt – wenn überhaupt – zutreffende, belastbare Aussagen auf dieser Ebene zulassen. Bestenfalls die Selbstbeobachtung und dann die Übertragung etwaiger Erkenntnisse aus ebendieser Introspektion auf andere Personen kann der Modus sein, inwiefern wir Menschen über psychologische Momente auch in Bezug auf andere Menschen sprechen können. Ob zu Recht oder nicht, muss hier nicht entschieden werden, es soll hier nur darum zu tun sein, die möglichen Modalitäten psychologischen Denkens und Sprechens an dieser Stelle zu erwähnen und als denkbar zu diskutieren.

Um nun erneut die *Altercatio* zu bemühen, soll aus derselben eine Passage angeführt werden, die deutlich zeigt, wie diese Art psychologischer (ante litteram) Denk- und Zugangsweise auf die Umwelt offenbar bereits in der Zeit um 400 im christlichen Imperium Romanum geläufig war – zumal, wenn sie dazu taugt, wie man hofft, den Gegner damit in Misskredit zu bringen: „Denn ich führe den Beweis, daß dieselben, die Diener meines Bräutigams, die Wegbereiter Christi, die Träger der Schriften, die Überbringer der Aufträge, von dir aus Neid umgebracht worden sind. Wären sie zu dir unterwegs gewesen, hätte dann einer von ihnen von dir getötet werden können? Nein, weil sie zu mir kamen, hast du aus Eifersucht meine Leute mit dem Schwert und mit Knüppeln getötet mit der Folge, daß du im Gegenzug das Gleiche ertragen mußtest.“[268] (Abb. 145)

„Neid“ – „invidia“[269] und *„Eifersucht“ – „zelus“*[270], die beiden Begrifflichkeiten, um die es in diesem Zusammenhang geht, sind Bezeichnungen von Gefühlslagen, die eine deutliche Affinität zu dem Bereich haben, den wir heute als *psychisch-psychologisch* bezeichnen; sie bringen eine Befindlichkeit zum Ausdruck, die eine (starke) negative emotionale Bestimmtheit der betreffenden bzw. betroffenen Person in Bezug auf andere Personen vermittelt. Solche negativen menschlichen Gefühlslagen, die hier in der Altercatio angeführt werden, wirft bezeichnenderweise Ecclesia Synagoga vor, weil damit das oben Gesagte (vgl. hierzu S. 116) eine anschauliche Bestätigung erfährt: Erwachsen aus einer *Selbstbeobachtung*, die in bestimmten Situationen offenbar derartige Gefühlsstimmungen wie „Neid“ und „Eifersucht“ kennt, wird dies aus der eigenen (psychisch-psychologischen) Selbstanschauung *übertragen* auf eine *andere Person*. Und somit kann man *in diesem Sinne* zweifelsfrei und sachlich begründet davon sprechen, dass in Antike und Mittelalter (wie vermutlich ohnehin zu jeder Zeit und in jeder Kultur) *diese Art, diese Dimension des „Psychischen“*, wenn freilich auch nicht unter demselben Namen firmierend, der Sache nach klar nachweisbar ist, wie es die Altercatio selbst klar und unmissverständlich zeigt. Ein Blick in andere antike oder mittelalterliche Texte (Homer, Ovid, Meister Eckhart pp.) würde den Befund erhärten und eine Legitimation dafür bereitstellen, dass man in dem hier bezeichneten Sinne sachlich zutreffend und berechtigtermaßen von „psychologisch ante litteram“ auch im Kontext der Heiligen Schriften der Menschheit reden kann, in gegenwärtigem Fall bezieht sich diese Dimension des Psychisch-Psychologischen auf die Bibel.

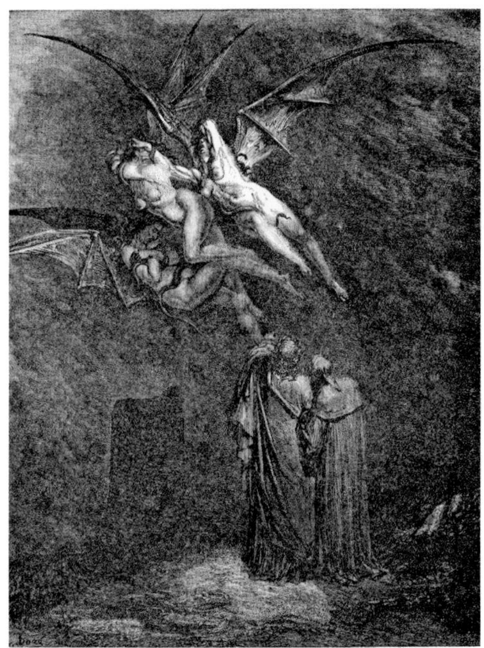

Abb. 145: Gustave Doré: Die Erinnyen. Darstellung von Rache und Vergeltung in symbolischer Form.

Gewaltdarstellungen in der Bibel

Das ab initio schwierige, historisch immer wieder grausame Gewaltverhältnis zwischen Juden- und Christentum ist ein Problem, das neben den bereits erläuterten Belangen sehr viel mit dem zu tun hat, was man heutzutage als *Psychologie* bezeichnet. Da diese Thematik komplex, implikationsreich und nicht immer einfach zu verstehen ist, sollen, hierbei eine grobe Vereinfachung vorschlagend, mit der man sich aber vielleicht dem Thema „Gewalt zwischen Juden- und Christen“ nähern könnte, besonders gewalttätige Passagen aus der Bibel betrachtet und zu verstehen versucht werden, warum diese Schilderungen überhaupt in ihrer Drastik vorkommen.

Die meisten, plastischsten, elaboriertesten und fast mit Homerischer Anschaulichkeit konkurrierenden Gewaltpassagen im Rahmen der monotheistischen Religionen finden sich im Alten Testament. Dabei handelt es sich (im Unterschied zu Passagen von Gewaltformulierungen im Koran, die zwar nicht durchgängig, aber doch nennenswert häufig als präsentische Appelle ad hominem vorgebracht werden) ausschließlich um *Schilderungen, narrative Textgestaltungen* (*vermeintlich*) *historischer Begebenheiten,* die meist von Siegen des Auserwählten Volkes über seine Feinde oder über das blutige Schicksal von Apostaten pp. handeln.
(A) 4 Mose, 31,1 ff. etwa liest: „Der HERR sprach zu Mose: Nimm für die Israeliten Rache an den Midianitern! […] Da redete Mose zum Volk und sagte: Rüstet einen Teil eurer Männer für das Heer! Sie sollen über Midian herfallen, um die Rache des HERRN an Midian zu vollziehen. […] Sie zogen gegen Midian zu Feld, wie der HERR es Mose geboten hatte, und brachten alle männlichen Personen um. Neben den anderen, die sie erschlugen, brachten sie auch die Könige von Midian um: Ewi, Rekem, Zur, Hur und Reba, die fünf Könige von Midian. Auch Bileam, den Sohn Beors, brachten sie mit dem Schwert um. Die Frauen von Midian und deren kleine Kinder nahmen die Israeliten als Gefangene mit. All ihr Vieh und ihr Besitz und ihre

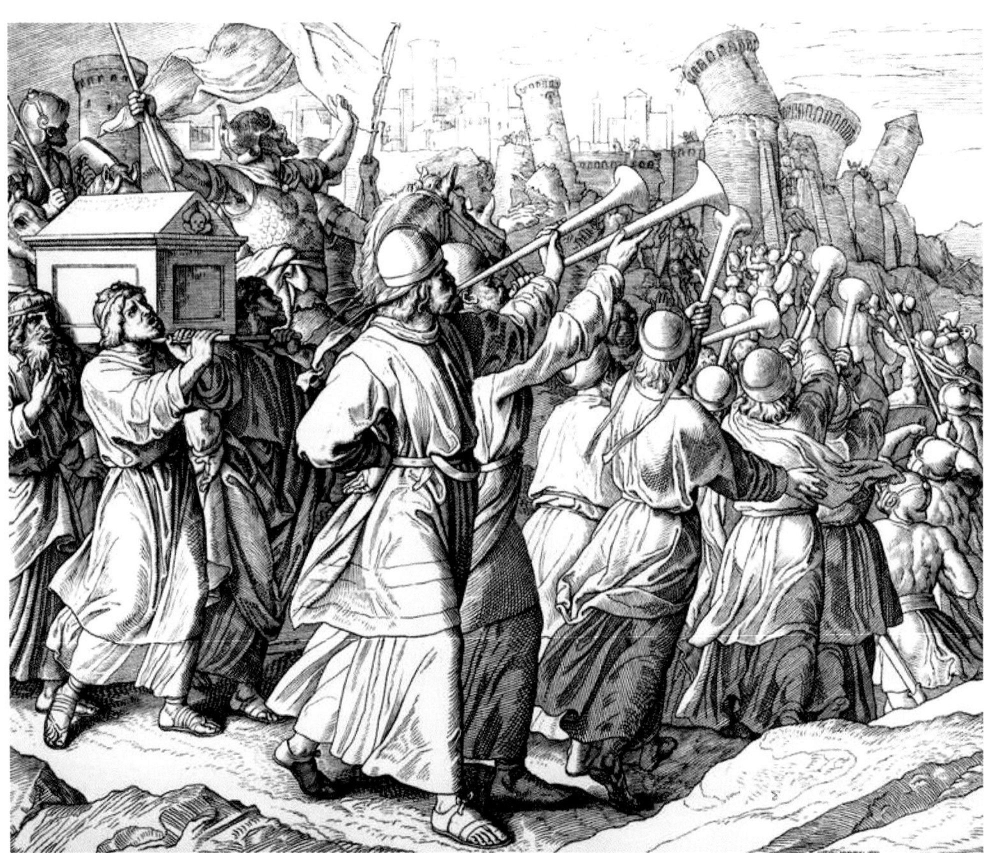

Abb. 146: Julius Schnorr von Carolsfeld: Die Schlacht um Jericho, 19. Jahrhundert. Eine der kriegerischen Episoden, die im Kontext der Landnahme in der Bibel beschrieben werden und wozu obige Passage ebenfalls gehört. Man erkennt hier gut, wie die Israeliten die Stadt umrunden, mit sieben Posaunen gegen die Mauern anblasen, die soeben im Begriff sind, einzustürzen. Die Bundeslade wird hierbei, wie dies in der Bibel beschrieben wird (Jos 6,4-20), mitgetragen, und möglicherweise stellt der berittene und geharnischte Krieger hinter der Bundeslade den Heerführer Josua dar.

Habe plünderten sie. Alle Städte im Siedlungsgebiet der Midianiter und ihre Zeltdörfer brannten sie nieder. Alle Menschen und das ganze Vieh, das sie erbeutet und geraubt hatten, nahmen sie mit. Sie brachten die Gefangenen, das Geraubte und die Beute zu Mose, zum Priester Eleasar und zur Gemeinde der Israeliten in das Lager in den Steppen von Moab am Jordan bei Jericho. Als Mose, der Priester Eleasar und alle Anführer der Gemeinde ihnen aus dem Lager heraus entgegengingen, geriet Mose in Zorn über die Befehlshaber des Heeres, die Hauptleute der Tausendschaften und die Hauptleute der Hundertschaften, die von dem Kriegszug zurückkamen. Und Mose sagte zu ihnen: Warum habt ihr alle Frauen am Leben gelassen? Siehe, sie haben in der Sache mit Pegor auf den Rat Bileams den Israeliten Anlass gegeben, dem HERRN untreu zu werden, sodass die Plage über die Gemeinde des HERRN kam. Nun bringt alle kleinen Knaben um und tötet ebenso alle Frauen, die schon mit einem Mann geschlafen haben! Aber alle Mädchen, die noch nicht mit einem Mann geschlafen haben, lasst für euch am Leben! Schlagt aber für sieben Tage eure Zelte außerhalb des Lagers auf! Jeder von euch, der einen Menschen umgebracht hat, und jeder, der einen Erschlagenen berührt hat, muss sich am dritten und am siebten Tag der Entsündigung unterziehen, ihr selbst wie eure Gefangenen. […] Mose und der Priester Eleasar nahmen das Gold von den Hauptleuten der Tausendschaften und von den Hauptleuten der Hundertschaften entgegen und brachten es in das Offenbarungszelt, als Erinnerungszeichen für die Israeliten vor dem HERRN."

(B) Weitere Passagen aus dem Alten Testament, in denen man diese Art der gesteigerten Gewalt findet, sind etwa *5 Mose 20*, *Josua* (Abb. 146) *11,22 ff.*, *Richter 4,17-24* (Geschichte von Jaël) sowie *2 Könige 9,22-37* (Geschichte von Isebel, Abb. 147).

(C) Aber um nicht nur solch blutrünstige Beispiele aus dem Alten Testament für gegenwärtiges Kapitel anzuführen, und aufs Ganze gesehen wahrscheinlich auch etwas aufschlussreicher und bezeichnender als diese, sind die Ereignisse, die das Alte Testament von dem bereits erwähnten babylonischen *König Nebukadnezar* zu berichten weiß. Neben seinen militärisch erfolgreichen Kriegszügen gegen Jerusalem und die daran anschließende Deportation der hebräischen Oberschicht (Babylonisches Exil), wird Nebukadnezar immer wieder im Alten Testament thematisiert, wie im Buch Daniel, wo Nebukadnezar eines Tages wahnsinnig wird und wie ein Tier im Wald herumläuft[271] oder auch aus Wut über die Weigerung dreier hebräischer Männer, ein Götzenbild anzubeten, dieselben in einen Feuerofen wirft, was aber keinen Schaden an den Hebräern anrichtet, sondern stattdessen kommen einige Babylonier ums Leben, woraufhin Nebukadnezar beginnt, ernsthaft über den israelitischen Gott nachzudenken.[272] Letzteres

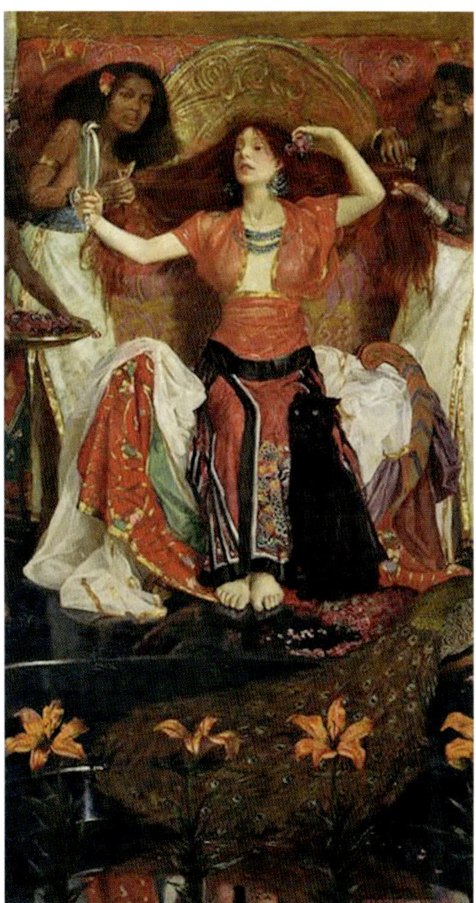

Abb. 147: John Liston Byam Shaw: Jezebel (Isebel), 1896. Die sündig-schöne Isebel und ihre Dienerinnen, die ihr beim Schminken helfen, möglicherweise in Anlehnung an die oben zitierte Bibelstelle.

war übrigens auch der Fall, als dem König nach der Wahnsinns-Episode der Verstand wiedergegeben wurde.

(D) Das Bemerkenswerte, das zu gegenwärtigem Thema vermutlich auch weiterführt, ist der Umstand, dass diese Passagen aus dem Alten Testament, die von der Eroberung der Städte Kanaans durch die Israeliten berichten – voll von physischer Gewalt, teilweise auch mit einer auffallenden Liebe zum Detail geschildert –, mit an Sicherheit grenzender Wahrscheinlichkeit historisch nicht stattgefunden haben, sondern nach aktuellem Wissenstand der Forschung *literarische Fiktion* sind: Es gibt keine belastbaren außerbiblischen Hinweise darauf, dass jene Ereignisse so, wie sie in den zitierten Texten zum Ausdruck kommen, tatsächlich passiert sind. Keine Chroniken, Inschriften oder sonstige schriftliche Zeugnisse der Ägypter, Babylonier, Assyrer als Nachbarvölker geben Hinweise auf derartige Kriegsunternehmungen der *Landnahme*. Die archäologische Forschung kann zwar Städte wie Jericho, Lachisch, möglicherweise auch Libna usw. gut bis sehr gut belegen, auch lassen sich dort mitunter (massive) Zerstörungen nachweisen – aber laut den archäologischen Datierungen haben die genannten Städte zur veranschlagten Zeit in den Schilderungen des Alten Testaments noch gar nicht existiert.[273] Somit gibt es tatsächlich keine außerbiblischen Hinweise auf diese Kriegszüge und die damit einhergehende Gewalt.

Allerdings finden sich andere in der Bibel geschilderte Kriege sehr wohl und auch sehr gut außerbiblisch belegt: die Eroberung Jerusalems etwa durch den babylonischen König *Nebukadnezar* und das hieran anschließende *Exil*[274] oder auch die Belagerung Jerusalems durch den assyrischen König *Sanherib*[275] (die jedoch erfolglos blieb); die Eroberung der Stadt *Lachisch*[276] gehört ebenso hierher wie die *seleukidische Besetzung*[277]. Es ist auffallend, dass bei fast allen historisch belegten Kriegen im Alten Testament, in die die Israeliten involviert waren, dieselben letztlich immer in der Defensive oder auf der Verliererseite waren. Anscheinend war der erste Krieg, von dem das Alte Testament berichtet und bei dem die Israeliten beteiligt sowie siegreich waren, der *Makkabäeraufstand*.[278] Die historisch greifbaren und somit als faktisch real stattgefunden habend anzusehenden Kriege, von denen das Alte Testament berichtet, waren oftmals sehr grausam und brachten großes Leid über die Bevölkerung. Wenn sich solche Ereignisse immer aufs Neue wiederholen und man als Geschädigter zum einen durch die Niederlagen gedemütigt und zum anderen auch Zeuge extrem blutiger Schreckensszenarien geworden war, was auf den Großteil der historischen Kriege im Alten Testament hinsichtlich der Israeliten zutrifft, dann versteht es sich von selbst, dass dies etwas mit den Menschen macht, die über Generationen hinweg immer wieder in diese Situation versetzt wurden (Abb. 148).

Bei den beiden Textbeispielen von Jaël und Isebel lässt sich kaum etwas Definitives über die Historizität der Geschichten aussagen. Da die Intention der Texte jeweils klar ist – Gott bestraft auf diese Weise Götzendiener und die Feinde Israels –, kann man vermuten, dass auch sie als literarische Fiktion gelten dürfen, gewissermaßen als abschreckende Beispiele für Götzendiener und Apostasie bzw. um den inneren Zusammenhalt der gottesfürchtigen Israeliten und deren Identitätsgefühl zu stärken. Allerdings ist in beiden Fällen die Detailgenauigkeit bemerkenswert, mit der die Gewalttaten geschildert werden.

Die Berichte über Nebukadnezar, wie sie sich im Buch Daniel finden, gehen hierbei in eine andere Richtung, können aber nichtsdestotrotz ebenfalls als literarische Fiktion angesprochen werden – in diesem Fall auch schneller und leichter ersichtlich als die zuvor genannten Beispiele. Es lassen sich nämlich aus diesen Passagen recht klar bestimmte Tendenzen, Absichten der Autoren erschließen: die Unterlegenheit des babylonischen Königs Nebukadnezars gegenüber dem Gott der Israeliten, dem Gott YWHW – denn ebendies ist in beiden oben angeführten Erzählungen der jeweils eigentliche Plot und klimaktische Endpunkt derselben. Letzteres folgt gewissermaßen so klar allen Regeln der schriftstellerischen Kunst und ist als echtes historisches Faktum so abwegig, dass man schließlich unmittelbar erkennt, dass es sich bei den erwähnten Daniel-Überlieferungen um ein redaktionelles Schaffen der Verfasser der Bibel handelt. Zumal die jeweiligen Resultate aus den beiden hier vorgestellten Passagen, dass nämlich Nebukadnezar nicht nur die Hoheit und Überlegenheit des israe-

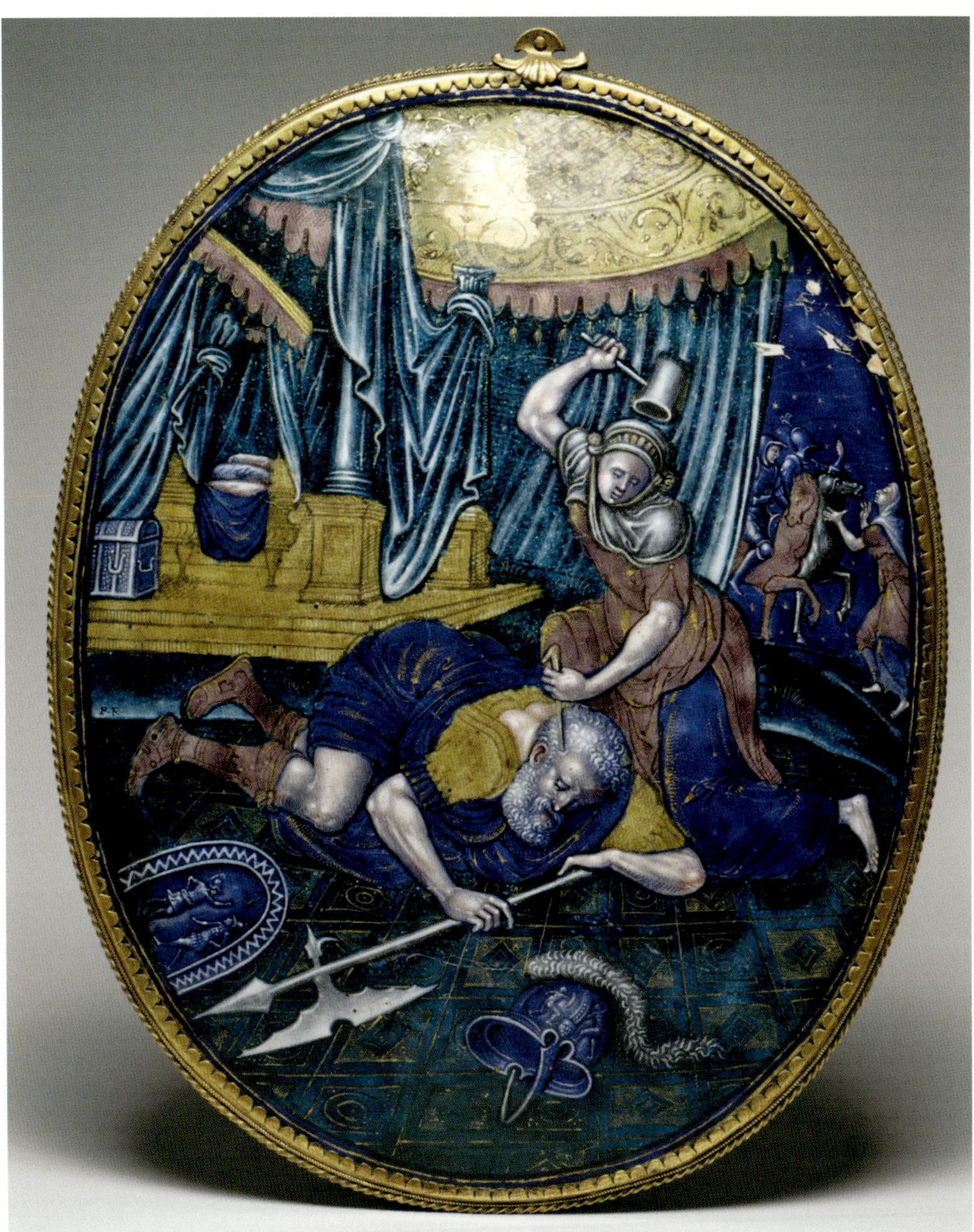

Abb. 148: Pierre Reymond: Jaël tötet Sisera, ca. 1560. Hier zeigt der Künstler die Szene, in der Jaël dem schlafenden Sisera einen Pflock mit einem Hammer durch die Schläfe treibt. Im Hintergrund Reiter, die den martialischen Gesamtzusammenhang unterstreichen.

litischen Gottes anerkennt, sondern dass er auch, wie es die Texte nahelegen, selbst den Gott Israels zu verehren begann, historisch so gut wie absurd sind – der siegreiche König nimmt den Glauben an den besiegten Gott an – und somit ganz deutlich eine bestimmte Aussageabsicht der Verfasser der Texte angezeigt wird, die sogleich zur Sprache kommen soll.

Religion, Moral und Psychologie

Vielleicht ist dies auch ein Hinweis, warum man im Alten Testament viele Passagen findet, die einerseits das Auserwählte Volk als militärischen Sieger gegen seine Feinde darstellen und die wie gesehen andererseits mit teilweise sehr drastischen Gewaltdarstellungen versehen sind. Die oben angeführten Gewaltsequenzen aus dem Alten Testament gehören vmtl. in den Bereich literarischer Fiktion, und aufgrund der hier skizzierten Zusammenhänge und Hintergründe ist es gut möglich, dass die Verfasser solcher Texte des Alten Testaments durch ihr eigenes Erleben eine klare Anschauung davon hatten, welche Grausamkeiten und Gewalttaten im Zuge der Kriege in jener Zeit vor sich gingen. An dieser Stelle fragt man sich, weswegen wohl die Autoren der hier interessierenden Texte im Rahmen des Alten Testaments diese Art elaborierter literarischer Fiktion niedergeschrieben haben. Der vermutlich einzig plausible und nachvollziehbare Grund, weswegen im Alten Testament eine Reihe von triumphalen militärischen Siegen über die Feinde des

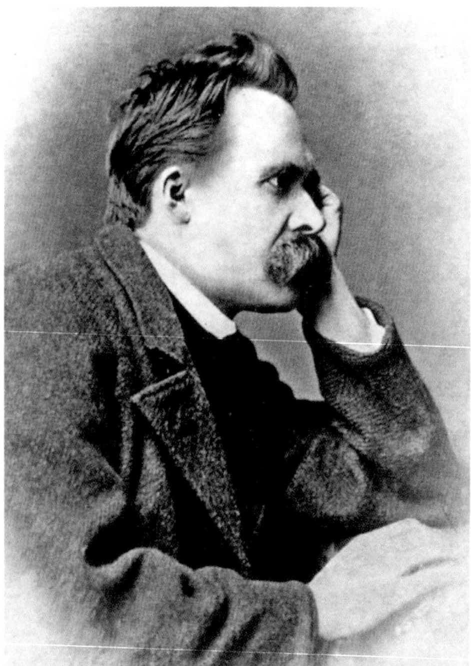

Abb. 149: Der Philosoph Friedrich Nietzsche in Denkerpose.

Auserwählten Volkes als literarische Fiktion verfasst wurden, lässt sich wahrscheinlich in einem Umstand finden, der uns Menschen gut bekannt ist, auf den *Friedrich Nietzsche*[279] aufmerksam gemacht hat und welcher seitdem unter dem Namen *Ressentiment* firmiert (Abb. 149).

Damit sind in der *Psychologie* bekannte Zustände des menschlichen Seelenlebens gemeint, wie *Neid*, *Eifersucht*, vielleicht auch als *Unterlegenheits-* sowie *Rachegefühl*, die von der betroffenen Person als bohrende negative Befindlichkeit wahrgenommen wird.[280] Als durchaus bezeichnend kann es dabei gelten, dass in der oben erwähnten Passage der *Altercatio* mit „invidia" und „zelus" exakt diese Gefühlszustände von „Neid" und „Eifersucht" erwähnt wurden, was letzten Endes vielleicht mehr als nur eine kontingente Übereinstimmung ist. Möglicherweise unterstellt die Altercatio der Synagoga durch den Mund der Ecclesia eine Art von Ressentiment – natürlich immer ante litteram, wie das für alle hier verwendeten psychologischen Begriffe der Fall ist –, was eventuell dafür sprechen könnte, dass qua (Selbst)Anschauung solche emotionalen Befindlichkeiten schon lange vor Auftreten der Psychologie im eigentlichen Sinne und den entsprechenden Namensgebungen im Leben und Erleben der Menschen ihren Platz hatten und als implizites Wissen verstanden werden kann. Dies mag man als einen weiteren Hinweis auf eine Berechtigung dafür verstehen, die Dimension des Psychologischen in die Debatte um Ecclesia und Synagoga miteinzubeziehen – bei gegenwärtigen Debatten spielt es ohnehin eine Rolle, aber möglicherweise ist man in einem gewissen Umfang und bis zu einem gewissen Grad berechtigt, jenes psychologische Moment auch historisch (mit Bedacht) zu applizieren. Jedenfalls scheint die Altercatio hierfür wie gesehen einen Hinweis zu geben. Sehen wir uns die Gedanken, die diese psychisch-psychologische Dimension in den Blick nehmen, in Nietzsches Texten etwas genauer an. Maßgeblich dafür ist Nietzsches Schrift *Zur Genealogie der Moral* (1887).

(A) 1. „Der Sklavenaufstand in der Moral beginnt damit, dass das Ressentiment selbst schöpferisch wird und Werthe gebiert: das Ressentiment solcher Wesen, denen die eigentliche Reaktion, die der That versagt ist, die sich nur durch eine imaginäre Rache schadlos halten. Während alle vornehme Moral aus einem triumphirenden Ja-sagen zu sich selber herauswächst, sagt die Sklaven-Moral von vornherein Nein zu einem ‚Ausserhalb', zu einem ‚Anders', zu einem ‚Nicht-selbst': und dies Nein ist ihre schöpferische That. Diese Umkehrung des werthesetzenden Blicks – diese nothwendige Richtung nach Aussen statt zurück auf sich selber – gehört eben zum Ressentiment: die Sklaven-Moral bedarf, um zu entstehn, immer zuerst einer Gegen- und Aussenwelt, sie bedarf, physiologisch gesprochen, äusserer Reize, um überhaupt zu agiren, – ihre Aktion ist von Grund aus Reaktion."[281]

2. „Die ‚Wohlgeborenen' fühlten sich eben als die ‚Glücklichen'; sie hatten ihr Glück nicht erst durch einen Blick auf ihre Feinde künstlich zu construiren, unter Umständen einzureden, einzulügen (wie es alle Menschen des Ressentiment zu thun pflegen); und ebenfalls wussten sie, als volle, mit Kraft überladene, folglich nothwendig aktive Menschen, von dem Glück das Handeln nicht abzutrennen, – das Thätigsein wird bei ihnen mit Nothwendigkeit in's Glück hineingerechnet (woher εὖ πράττειν seine Herkunft nimmt) – Alles sehr im Gegensatz zu dem ‚Glück' auf der Stufe der Ohnmächtigen, Gedrückten, an giftigen und feindseligen Gefühlen Schwärenden, bei denen es wesentlich als Narcose, Betäubung, Ruhe, Frieden, ‚Sabbat', Gemüths-Ausspannung und Gliederstrecken, kurz passivisch auftritt. Während der vornehme Mensch vor sich selbst mit Vertrauen und Offenheit lebt (γενναῖος ‚edelbürtig' unterstreicht die nuance ‚aufrichtig' und auch wohl ‚naiv'), so ist der Mensch des Ressentiment weder aufrichtig, noch naiv, noch mit sich selber ehrlich und geradezu. Seine Seele schielt; sein Geist liebt Schlupfwinkel, Schleichwege und Hinterthüren, alles Versteckte muthet ihn an als seine Welt, seine Sicherheit, sein Labsal; er versteht sich auf das Schweigen, das Nicht-Vergessen, das Warten, das vorläufige Sich-verkleinern, Sich-demüthigen."[282]

3. „Dagegen stelle man sich ‚den Feind' vor, wie ihn der Mensch des Ressentiment concipirt – und hier gerade ist seine That, seine Schöpfung: er hat ‚den bösen Feind' concipirt, ‚den Bösen', und zwar als Grundbegriff, von dem aus er sich als Nachbild und Gegenstück nun auch noch einen ‚Guten' ausdenkt – sich selbst! …"[283]

4. „Aber es ist nicht derselbe Begriff ‚gut': vielmehr frage man sich doch, wer eigentlich ‚böse' ist, im Sinne der Moral des Ressentiment. In aller Strenge geantwortet: eben der ‚Gute' der andren Moral, eben der Vornehme, der Mächtige, der Herrschende, nur umgefärbt, nur umgedeutet, nur umgesehn durch das Giftauge des Ressentiment. Hier wollen wir Eins am wenigsten leugnen: wer jene ‚Guten' nur als Feinde kennen lernte, lernte auch nichts als böse Feinde kennen, und dieselben Menschen, welche so streng durch Sitte, Verehrung, Brauch, Dankbarkeit, noch mehr durch gegenseitige Bewachung, durch Eifersucht inter pares in Schranken gehalten sind, die andrerseits im Verhalten zu einander so erfinderisch in Rücksicht, Selbstbeherrschung, Zartsinn, Treue, Stolz und Freundschaft sich beweisen, – sie sind nach Aussen hin, dort wo das Fremde, die Fremde beginnt, nicht viel besser als losgelassne Raubthiere. Sie geniessen da die Freiheit von allem socialen Zwang, sie halten sich in der Wildniss schadlos für die Spannung, welche eine lange Einschliessung und Einfriedigung in den Frieden der Gemeinschaft giebt, sie treten in die Unschuld des Raubthier-Gewissens zurück, als frohlockende Ungeheuer, welche vielleicht von einer scheusslichen Abfolge von Mord, Niederbrennung, Schändung, Folterung mit einem Übermuthe und seelischen Gleichgewichte davongehen, wie als ob nur ein Studentenstreich vollbracht sei, überzeugt davon, dass die Dichter für lange nun wieder Etwas zu singen und zu rühmen haben."[284]

(B) Diese Überlegungen Nietzsches über das Ressentiment sind in mehrerlei Hinsicht ambivalent: Zum einen hat er mit ihnen zweifellos etwas in der menschlichen Psyche gesehen und benannt, das man schwerlich leugnen kann – zum anderen bleibt er aber bei seiner Diagnose auf einer rein faktischen Ebene stehen und fragt nicht weiter, wieso die menschliche Seele anlässlich bestimmter (negativer) Erlebnisse zu solchen emotionalen Tendenzen der Ressentimentbildung neigt. Auch differenziert er überraschenderweise nicht zwischen verschiedenen Nuancen in Ausprägung, Herkunft und Dauer des Ressentiments; Ressentiments können sehr subtil, brachial, halbherzig, teilweise humoristisch gebrochen usw. auftreten, sie können auf Ehrverletzung, infantile Unzuläng-

lichkeit, körperliche oder seelische Gewalt, narzisstische Kränkung usw. zurückgehen und aufhören, wenn eine adäquate Genugtuung eingetreten ist, sich verselbstständigen und bis zum Tod der betroffenen Person anhalten, verdrängt, sublimiert, transformiert, befriedet oder aggressiv ausagiert werden. Dies sind nennenswert unterschiedliche Modi von Ressentiment, die es letztlich verbieten, den Begriff in so holzschnittartiger, generalisierender Weise zu handhaben, wie es Nietzsche in seinen Schriften tut.
Was auch nicht weiter verwundert, wenn man bedenkt, welche Intention Nietzsche bei seiner Diagnose und Interpretation des menschlichen Ressentiments geleitet hat: Aus den obigen Textpassagen wird schnell klar, dass es Nietzsche bei der Thematisierung des Ressentiments nicht um eine primär wissenschaftliche, ergebnisoffene Beschäftigung ging – er nutzt die an sich zutreffende Entdeckung des Ressentiments zu einer fast etwas derben und nicht besonders feingeistigen Abrechnung mit den beiden ideellen Hauptgegnern seines Lebens: Moral und Religion.[285] Er setzt voraus, dass er mit der Aufdeckung dieser verborgenen Triebe und Motivationen des menschlichen Seelenlebens im Sinne des Ressentiments Moral und Religion als eine Art Lebenslüge, Verschleierung und Beschönigung des finsteren und niederträchtigen Innenlebens der zu kurz Gekommenen enttarnt und damit sozusagen erledigt. Das stellt den Hintergrund dar, weswegen Nietzsche in obigen Zitaten immer wieder von „Sklavenmoral“ spricht: Moral, die er seinem Verständnis gemäß in erster Linie im Kontext der Jüdisch-Christlichen, Biblischen Religion verortet. Die Rache der „Untermenschen“ an den dominierenden „Herrenmenschen“ (Hegels bekannte Dialektik des Herr-Knecht-Verhältnisses scheint hier einen psychologischen Nachhall zu finden)[286], die in Nietzsches Verständnis dann bedauerlicherweise irgendwann einmal in der Geschichte die Oberhand gewann. Damit geht in Nietzsches Denken ein kontinuierlicher Niedergang des Vitalen, Mächtigen, Aristokratischen, Überlegenen usw. in Geschichte und Dasein des Menschengeschlechts einher, welches in seiner unaufhaltsamen inneren Tendenz zur Dekadenz die eigentliche Ordnung der Dinge pervertiert und den Triumph des Kranken, Minderwertigen Unschönen vorantreibt. Solches lehnt Nietzsche im Kern völlig ab und hält es für das denkbar größte Übel allen Lebens, weswegen er Moral und Religion als Nährboden und Ausbreitungsmöglichkeit par excellence dieser lebensfeindlichen Pestilenz bekämpft.
Dass immer wieder Menschen aus einem Ressentiment heraus dazu neigen, Moral und Religion als elegantes Vehikel zur Ventilierung eigener unterdrückter, nicht-ausagierter negativer Emotionen zu nutzen, kann schwerlich bestritten werden. Dass aber selbstredend Moral und Religion nicht in solchen psychisch-psychologischen Konstellationen oder Rachegelüsten aufgelöst werden können, lässt sich schnell aufzeigen: Denn jeder Mensch, der die existenzielle Drastik von Schuld und möglicher Verzeihung bzw. Versöhnung kennt, kann die Psychologisierung derartiger Belange im Sinne Nietzsches kaum mehr ernst nehmen: Gegenwärtiges Thema von Ecclesia und Synagoga, abstrahiert von der theologischen und ästhetischen Dimension und fokussiert auf die historischen Ereignisse im Verhältnis von Juden- und Christentum bzw. auf die Katastrophe der europäischen Juden im 20. Jahrhundert, ist im negativen Sinn eines der drastischsten und entsetzlichsten Beispiele der Menschheitsgeschichte, an dem klar wird, dass Nietzsches Idee einer Auflösung echter moralischer und religiöser Relevanzen in bloße Psychologie versagt. Man kann es bestenfalls als zynisch, angemessener wohl als menschenverachtend verstehen, wenn man versuchen wollte, den Holocaust in irgendeiner Weise zu psychologisieren. Ohne dies damit relativieren zu wollen, könnte man auch noch weitere und ähnliche Beispiele wie Stalin, Mao, Pol Pot pp. anführen, um unmittelbar klar zu machen, dass diese Arten menschlicher Bestialität maßgeblich auf einer Relativierung von Moral und Religion basieren, die Nietzsche so niemals gutgeheißen hätte, er sich aber dennoch den Vorwurf gefallen lassen muss, dass er (neben anderen) mit seinen hier kurz dargelegten Gedanken zur Desavouierung von Moral und Religion das ideologische Rüstzeug zu solchen Exzessen bereitgestellt hat, da seiner psychologischen Korrodierung von Moral und Religion zumal die Dimension des *Gewissens* zum Opfer gefallen ist.
(C) Die Folgen, die Nietzsches Überlegungen zu Moral und Religion gezeitigt haben, wurden

in ihren drastischsten Konsequenzen soeben angerissen.[287] Es handelt sich um Extreme, die, das muss man der wissenschaftlichen Seriosität halber immer wieder betonen, zweifellos nicht in der Intention Nietzsches lagen, wie es aus vielen seiner Äußerungen klar hervorgeht.[288] Dennoch ist sein Erbe in Bezug auf Moral und Religion, unabhängig erwähnter historischer Ereignisse, in mancherlei Hinsicht schwierig, und in diesen Fällen zweifellos intendiertermaßen. Dass er nämlich Moral und Religion aus dem menschlichen Leben, dem menschlichen Denken tilgen wollte, und zwar nachhaltig, steht außer Frage. Die Überzeugung, einen bestimmten geistigen Inhalt, den man nicht mag und stark kritisieren möchte, durch psychologische Demaskierungen zu desavouieren, ist unmittelbares Denken Nietzsches und bis heute in vielen Bereichen des kulturellen Lebens lebendig. Das ist insofern bedauerlich, als dadurch positive, konstruktive Möglichkeiten, die ein psychologischer Blick auf Religion wie auch Moral, Philosophie, Ästhetik pp., Heilige Texte und die jeweiligen Gläubigen bieten kann, oftmals nicht zum Tragen kommen. Durch Nietzsches Denken selbst, seine Epigonen und eine entsprechend bekannte Praxis in diesem Sinn stehen sich oftmals Religion, Moral und Psychologie antagonistisch gegenüber. In gegenwärtiger Arbeit, die versucht, das Feld der Psychologie in konstruktiver Weise für Religion und speziell für das Thema von Ecclesia und Synagoga fruchtbar zu machen, ist ein solcher Befund mitunter etwas entmutigend. So bleibt dem Autor nur die Hoffnung, dass der geneigte Leser anlässlich der soeben ausgeführten Überlegungen dieses Kapitel zur psychologischen Dimension und Relevanz im Kontext von Ecclesia und Synagoga (im umfassenden, also u. a. ästhetisch-kunsthistorischen, theologischen, politischen, geschichtlichen Sinn) nicht falsch versteht.

(D) So weit zu Nietzsches Überlegungen zur Thematik von Psychologie und Religion, in specie zum Ressentiment. Das Ressentiment beinhaltet von sich aus die Tendenz, sich Luft zu machen und sich in entsprechenden Handlungen zu manifestieren, die zumeist von verschiedenen Arten der Gewalt gekennzeichnet sind, wie es aus dem menschlichen Alltagsleben in Fällen von Neid, Eifersucht oder Rache bekannt ist. So gesehen könnte man die erwähnten Texte aus dem Alten Testament, die eine hohe Intensität an Gewaltbeschreibungen aufweisen und doch aller Wahrscheinlichkeit nach niemals historisch stattgefunden haben, als eine Art *literarisches Ventil* verstehen, durch das sich das möglicherweise über Generationen aufgestaute Ressentiment der Israeliten gegenüber den Babyloniern, Assyrern usw. als den tatsächlichen Kriegsgewinnern entlädt. Denkbar wäre, dass die genannten Texte aus dem Alten Testament somit eine Art der literarisch ausgeübten Rache darstellen, eine literarisch realisierte Genugtuung angesichts der großen Demütigungen, Grausamkeiten und Unterdrückungen, die das Auserwählte Volk ja auch tatsächlich ausgiebig erlitten hat.

Bemerkenswert ist hierbei auch der Umstand (womit eine Art zweiter Stufe des Ressentiments ins Spiel kommt), dass sich das Ressentiment nicht nur in dieser primär reaktiven, linearen Weise ausagiert. Gerade wenn es sich um eine funktionierende literarische Ventilierung des Ressentiments handelt, kommt der fiktionalen Dimension dabei unter Umständen eine noch entscheidendere als die bisher angedeutete Relevanz zu: Denn mithilfe der literarischen Fiktion kann sich das *Ressentiment nicht nur entladen* – es kann zu *fiktionalen Projektionen* der unterschiedlichsten Art kommen, indem das Ressentiment etwa in fantastischer Weise gesteigert und ausgemalt wird; was möglicherweise die Detailgenauigkeit der angeführten Passagen erklären könnte. Über den Modus der Projektion bekommt das Ressentiment einen problematischen Zug – den als besonders widerwärtig projizierten Gegner und Feinde in einem nächsten Schritt der Ausagierung des Ressentiments als besonders vernichtungswürdig und lebensunwert aufzubauen, ist ein Phänomen, von dem die Menschheitsgeschichte bedauerlicherweise voll ist.

Übrigens kennt die Psychologie für diesen Bereich von Ressentiment und Projektion, v. a. aus der Schule von *C. G. Jung* kommend, auch den Begriff des *Schattens*, der nach Jung sowohl *individuell* wie auch *archetypisch* (*kollektiv*) sein kann und *verdrängte Persönlichkeitsanteile* darstellt, die mit dem positiven Selbstbild unvereinbar sind.[289] (Abb. 150) Aus diesem Grund kommt es immer wieder vor, dass der individuelle oder archetypische Schatten auf Gegner, Feinde etc. projiziert

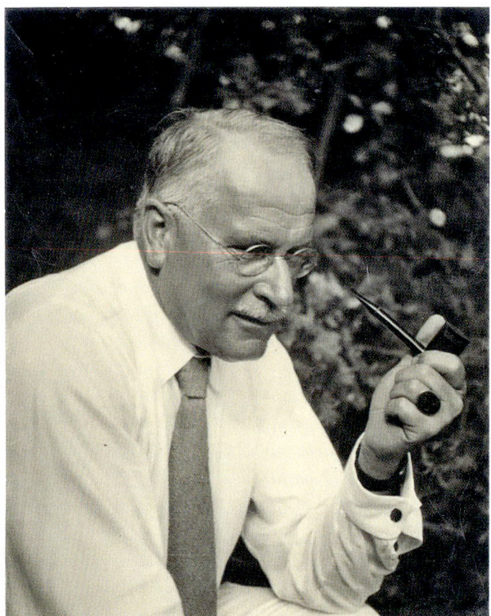

Abb. 150: Der Psychologe Carl Gustav Jung, Schüler Sigmund Freuds und Begründer der Archetypenlehre in der Psychologie.

wird, zum einen um damit die eigenen als negativ bewerteten Persönlichkeitsanteile wie in einem Sündenbock zu verobjektivieren und dadurch „loszuwerden“, zum anderen um dann in der anderen „Schatten-projizierten“ Person oder Gruppe diese eigenen negativen Persönlichkeitsanteile bekämpfen und somit unschädlich machen zu können. Es lässt sich aus dem Gesagten erahnen, welche Relevanz das alles für das Thema von Ecclesia und Synagoga hat.

Nachdem bereits im Alten Testament das Aufkommen von Ressentiment und Projektion nachweisbar ist, trägt sich dies ins Neue Testament weiter. Als gläubiger Jude und Pharisäer kämpfte Paulus zunächst mit Eifer gegen die häretische jüdische Sekte der Christen, was als eine geradezu klassische Form von projizierendem Ressentiment in theologicis gesehen werden kann. Nach seinem Damaskus-Erlebnis ändern sich seine Ansichten grundlegend und er wird glühender Befürworter des gekreuzigten Gottes und polemisiert nun, aufgrund seiner eigenen theologischen Überzeugungen und der starken Kontrastierung von *Freiheit* – womit die Erlösungstat Christi am Kreuz gemeint ist – und *Gesetz* – worunter er das Mosaische Gesetz versteht, gegen die Juden und ihre Auffassung der göttlichen Dinge sowie der menschlichen Erlösung, wobei er ihnen immer wieder Verblendung gegenüber dem in Jesus Christus geschichtlich bereits da gewesenen Messias vorhält. Wir haben es wiederum mit einem projizierenden Ressentiment des Paulus zu tun, nun allerdings mit umgekehrten Vorzeichen. Dass kein „Jota am Gesetz“ durch das Wirken Jesu Christi verändert wurde,[290] zeigt einerseits die Bedeutung des Mosaischen Gesetzes ganz fraglos auch für das Christentum, da aber

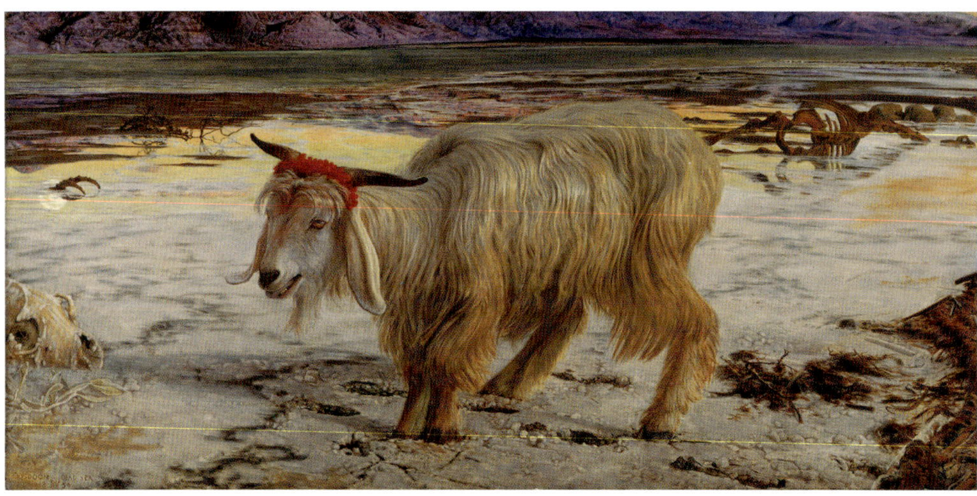

Abb. 150a: The Scapegoat – „Der Sündenbock“, Gemälde von William Holman Hunt aus dem Jahr 1854.

Paulus sein eigenes früheres Leben „unter dem Gesetz“, sprich als streng gläubiger Jude, jetzt für „Dreck“ erklärt,[291] wird damit andererseits auch die starke persönliche Befangenheit, mit der Paulus dieser Dimension der Religion gegenübersteht, verdeutlicht.

Es soll hier, anders als bei Nietzsche und seinen diversen Nachtretern, keineswegs darum gehen, die Schriften des Paulus in Psychologie aufzulösen oder gar die ganze Bibel in gleicher Manier zu psychologisieren – dafür sind die Paulinischen Ausführungen eine viel zu beeindruckende und tiefschürfende theologische Gedankenarbeit, die im Neuen Testament vermutlich singulär ist, und auch im Alten Testament finden sich analoge, bemerkenswerte genuin theologische Ausführungen,[292] weswegen ein so gearteter Zugriff eher destruktive als konstruktive Ergebnisse zeitigen würde. Nichtsdestotrotz lässt sich aber erkennen, dass eine psychologische Dimension im oben angerissenen Sinne an dieser Stelle unverkennbar ist, und zwar in specie in der Weise von *Ressentiment, Projektion und Schatten*. Paulus und die anderen Autoren der Bibel waren Menschen, und als Menschen kommen psychologische Belange immer zum Tragen, unbenommen der theologischen, geistigen Qualitäten ihrer Ideen und Werke. Die Bibel spricht davon, dass es Menschen sind, Propheten, Apostel usw., die die Heiligen Texte (qua Inspiration) als solche aufschreiben. Die Bibel ist zwar theologisch gesehen Wort Gottes, aber nicht in dem Sinn – bis auf die Ausnahme der Sinai-Offenbarung[293] –, dass Gott selbst als Urheber die Texte der Bibel verfertigte, sondern hierfür Menschen beruft. Und als Menschen sind die Autoren der Bibel auch psychische Wesen. Dies scheint wichtig zu sein, denn wenn jenes Moment der Bibel nicht ins Bewusstsein gehoben wird, können wir die oftmals betonte Gewalt im Kontext der Bibel nicht verstehen.[294]

Welche Ressentiments, Projektionen und Schattenbildungen es dann im Laufe der weiteren Geschichte zwischen Juden und Christen gegeben hat, ist bekannt und stellt zweifellos einen der Tiefpunkte menschlicher Kultur in genere dar. Und unbestreitbar reiht sich die Thematik von Ecclesia und Synagoga in dieses Schema ein, allerdings, dies gilt es zumal für das Bamberger Beispiel festzuhalten, wie gesehen in durchaus differenzierter Weise, da hier sehr viel theologische Gedankenarbeit eingeflossen ist, die eine schlichte Vulgarisierung des Sujets im Sinne von Ressentiment, Projektion und Schatten in einem nennenswerten Umfang unterbunden hat, zumindest in den glücklichen Fällen. Allerdings zeigt sich – was dann aber in viel höherem Maße ein Phänomen der (weitgehend ungebildeten) Volksfrömmigkeit bzw. der weitgehend außerkirchlichen christlichen Kultur als der sehr gelehrten und in jeder Hinsicht feinen Darstellung der Bamberger Ecclesia und Synagoga ist –, dass in Schmähungen wie etwa der „Judensau“[295] oder auch des „Lebenden Kreuzes“[296] offenbar in recht ungefilterter und banaler Weise christliche Ressentiments, Projektionen und Schattenübertragungen auf das Judentum im Bereich der darstellenden Kunst thematisiert wurden (Abb. 151).

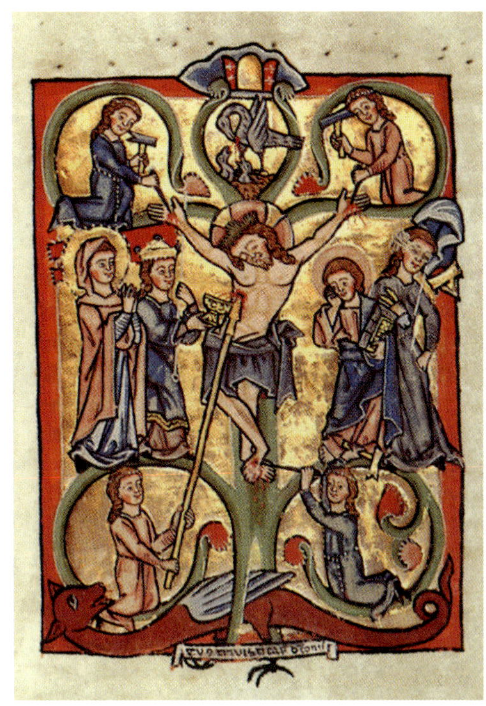
Abb. 151: Scherenberg-Psalter von etwa 1260. Kreuzigung und arbor vitae in einem dargestellt, links vom Kreuz Ecclesia mit Krone und Kelch, in dem sie das Blut Christi auffängt, rechts Synagoga mit Augenbinde, fallender Krone und Ziegenbock vor dem Körper.

267 Zum Thema des Monismus vgl. etwa Lenz, Arnher E./Mueller, Volker (Hrsg.): Darwin, Haeckel und die Folgen. Monismus in Vergangenheit und Gegenwart, Neustadt am Rübenberge 2006.

268 Altercatio Ecclesiae et Synagogae, hrsg. v. Jocelyn Nigel Hillgarth, Turnhout 1999, 34-36: „Nam probo eosdem, sponsi mei iuvenes, metatores scilicet Christi, gerulos litterarum, mandatorum etiam portitores, invidiae causa a te fuisse interfectos. Numquid si ad te venissent, a te quispiam eorum potuisset occidi? Sed quia ad me veniebant, causa zeli homines meos, ut reciprocum sustineres, gladio et fustibus adfecisti." Auch hier gelten die oben S. 116 dargelegten formalen Zitationsweisen der Altercatio.

269 Das lateinische Wort „invidia" ist etymologisch und damit auch die weitere Semantik betreffend relativ ergiebig: Zurückgehend auf das Verb „invideo", das mit „video" zusammenhängt und schlicht „sehen", „beobachten", aber auch „verstehen" bedeutet, woran das Präfix „in" geheftet ist, das in diesem Fall so viel wie „zurück" oder auch „gegnerisch", „feindselig" (vgl. „in" + Akkusativ: „gegen") meint. „invideo" bedeutet damit in etwa „feindselig, böswillig auf etwas hinsehen", „auf etwas scheel zurückblicken" usw., also „neidisch sein", „missgünstig sein" etc. Vgl. hierzu etwa Walde, Alois/Hofmann, Johann Baptist: Lateinisches etymologisches Wörterbuch, Erster Band, 19383, S. 713.

270 Das lateinische Wort „zelus" ist aus dem Griechischen entlehnt, wo es „ζῆλος" heißt (die biblische Gruppe der Zeloten sind die „Eiferer") und auf Deutsch „Eifer" bzw. „eifernd", „Eifersucht" bzw. „eifersüchtig" bedeutet.

271 Vgl. hierzu Dan 4,26-34: „Als er nämlich zwölf Monate später auf dem königlichen Palast zu Babel spazieren ging, sagte der König: Ist das nicht das großartige Babel, das ich durch meine gewaltige Macht als Königsstadt erbaut habe, zum Ruhm meiner Herrlichkeit? Noch war das Wort im Mund des Königs, da fiel eine Stimme vom Himmel: Dir, König Nebukadnezzar, wird gesagt: Die Herrschaft ist von dir gewichen. Und aus der Menschheit wird man dich ausstoßen. Du musst bei den Tieren des Feldes leben und Grünzeug wie den Stieren werden sie dir geben und sieben Zeiten werden über dich dahingehen, bis du erkennst, dass der Höchste über die Herrschaft bei den Menschen gebietet und sie verleiht, wem er will. Noch in derselben Stunde wurde das Wort an Nebukadnezzar erfüllt: Aus der Gemeinschaft der Menschen wurde er ausgestoßen und Grünzeug wie Stiere fraß er und vom Tau des Himmels wurde sein Leib benetzt, bis seine Haare so lang wie Adlerfedern waren und seine Nägel wie Vogelkrallen. Als die Zeit verstrichen war, erhob ich, Nebukadnezzar, meine Augen zum Himmel und mein Verstand kehrte zurück. Da pries ich den Höchsten; ich lobte und verherrlichte den, der ewig lebt. Ja, seine Herrschaft ist eine ewige Herrschaft; sein Reich überdauert alle Generationen. Alle Bewohner der Erde gelten vor ihm wie nichts. Er macht mit dem Heer des Himmels und mit den Bewohnern der Erde, was er will. Es gibt niemand, der seiner Hand wehren und zu ihm sagen dürfte: Was tust du da? Zu derselben Zeit kehrte mein Verstand zurück und ich erhielt zum Ruhm meines Königtums auch meine Herrlichkeit und meinen königlichen Glanz zurück. Meine Räte und Großen suchten mich auf; man setzte mich wieder in meine Herrschaft ein und meine Macht wurde noch größer Ich, Nebukadnezzar, lobe, preise und rühme nun den König des Himmels. Denn alle seine Taten sind vortrefflich und seine Wege gerecht. Die Menschen, die in stolzer Höhe dahinschreiten, kann er erniedrigen."

272 Vgl. hierzu Dan 2,3; Dan 2,4-6; Dan 2,12; Dan 2,19-23; Dan 2,46-50; Dan 2,91-96: „Dann berief König Nebukadnezzar die Satrapen, Präfekten und Statthalter ein, die Räte, Schatzmeister, Richter und Polizeiobersten und alle anderen hohen Beamten der Provinzen; sie sollten zur Einweihung des Standbildes kommen, das König Nebukadnezzar errichtet hatte. [...] Nun verkündete der Herold mit mächtiger Stimme: Ihr Männer aus allen Völkern, Nationen und Sprachen, hört den Befehl! Sobald ihr den Klang der Hörner, Pfeifen und Zithern, der Harfen, Lauten und Sackpfeifen und aller anderen Instrumente hört, sollt ihr niederfallen und das goldene Standbild verehren, das König Nebukadnezzar errichtet hat. Wer aber nicht niederfällt und es verehrt, wird noch zur selben Stunde in den glühenden Feuerofen geworfen. [...] Nun sind da einige Judäer, denen du die Verwaltung der Provinz Babel anvertraut hast: Schadrach, Meschach und Abed-Nego. Diese Männer, o König, missachten deinen Befehl: Deinen Göttern dienen sie nicht und das goldene Standbild, das du errichtet hast, verehren sie nicht. [...] Da wurde Nebukadnezzar wütend; sein Gesicht verzerrte sich vor Zorn über Schadrach, Meschach und Abed-Nego. Er ließ den Ofen siebenmal stärker heizen, als man ihn gewöhnlich heizte. Dann befahl er, einige der stärksten Männer aus seinem Heer sollten Schadrach, Meschach und Abed-Nego fesseln und in den glühenden Feuerofen werfen. Da wurden die Männer, wie sie waren – in ihren Mänteln, Röcken und Mützen und den übrigen Kleidungsstücken – gefesselt und in den glühenden Feuerofen geworfen. Nach dem strengen Befehl des Königs war aber der Ofen übermäßig geheizt worden und die herausschlagenden Flammen töteten die Männer, die Schadrach, Meschach und Abed-Nego hingebracht hatten. Die drei Männer aber, Schadrach, Meschach und Abed-Nego, fielen gefesselt in den glühenden Feuerofen. [...] Die Knechte des Königs, die die drei Männer in den Ofen geworfen hatten, hörten nicht auf, den Ofen mit Harz und Werg, Pech und Reisig zu heizen. So schlugen die Flammen bis zu neunundvierzig Ellen hoch aus dem Ofen heraus. Sie griffen um sich und verbrannten jeden Chaldäer, den sie im Umkreis des Ofens erfassen konnten. Aber der Engel des HERRN war zusammen mit Asarja und seinen Gefährten in den Ofen hinabgestiegen. Er trieb die Flammen des Feuers aus dem Ofen hinaus und machte das Innere des Ofens so, als wehte ein taufrischer Wind. Das Feuer berührte sie gar nicht; es tat ihnen nichts zuleide und belästigte sie nicht. [...] Da erschrak der König Nebukadnezzar; er sprang auf und fragte seine Räte: Haben wir nicht drei Männer gefesselt ins Feuer geworfen? Sie gaben dem König zur Antwort: Gewiss, König! Er erwiderte: Ich sehe aber vier Männer frei im Feuer umhergehen. Sie sind unversehrt und der vierte sieht aus wie ein Göttersohn. Dann ging Nebukadnezzar zu der Tür des glühenden Ofens und rief: Schadrach, Meschach und Abed-Nego, ihr Diener des höchsten Gottes, steigt heraus, kommt her! Da kamen Schadrach, Meschach und Abed-Nego aus dem Feuer heraus. Nun drängten auch die Satrapen, Präfekten, Statthalter und die königlichen Räte herbei. Sie sahen sich die Männer an und fanden, dass das Feuer keine Macht über ihren Körper gehabt hatte. Kein Haar auf ihrem Kopf war versengt. Ihre Mäntel waren unversehrt und nicht einmal Brandgeruch haftete ihnen an. Da rief Nebukadnezzar aus: Gepriesen sei der Gott Schadrachs, Meschachs und Abed-Negos. Denn er hat seinen Engel gesandt und seine Diener gerettet. Im Vertrauen auf ihn haben sie lieber den Befehl des Königs missachtet und ihr Leben dahingegeben, als dass sie irgendeinen anderen als ihren eigenen Gott verehrten und anbeteten. Darum ordne ich an: Jeder, der vom Gott des Schadrach, Meschach und Abed-Nego verächtlich spricht, zu welcher Völkerschaft, Nation oder Sprache er auch gehört, soll in Stücke gerissen und sein Haus soll in einen Trümmerhaufen verwandelt werden. Denn es gibt keinen anderen Gott, der auf diese Weise retten kann."

273 Vgl. hierzu etwa Finkelstein, Israel/Silberman, Neil Asher: Keine Posaunen vor Jericho. Die archäologische Wahrheit über die Bibel, München 2002.

274 Bibeltext: 2 Kön 24,10-16; ebenso 2 Chr 36,9; außerbiblische Quellen: WA 21946 British Museum (Babylonische Chronik, Nr. 24 [„Nebukadnezar-Chronik"]); ebenso Noth, Martin: Die Einnahme von Jerusalem im Jahre 597 v. Chr., in: Zeitschrift des Deutschen Palästina-Vereins 74/2 (1958), S. 133-157.

275 Bibeltext: Jes 37,1-38; außerbiblische Quellen: Alte Folge TUAT 1, Gütersloh 1982, S. 391 f.: „Wie ein Vogel im Käfig war Hiskija in seiner königlichen Residenz eingeschlossen. Schanzen warf ich gegen ihn auf, und das Hinausgehen aus seinem Stadttor machte ich unmöglich […] Ich trieb fort 200.150 Menschen, Pferde, Maultiere, Esel, Kamele, unzähliges großes und kleines Vieh […] Seine befestigten Städte händigte ich Mitinti von Asdod, Padi von Ekron und Zilbel von Gaza aus"; ebenso Edzard, Dietz-Otto: Geschichte Mesopotamiens, München 2004.

276 Bibeltext: 2 Kön 18,13 ff. sowie Jer 43,7; außerbiblische Quellen: Vieweger, Dieter: Archäologie der biblischen Welt, Göttingen 2003, S. 312-328, und besonders Ussishkin, David/Bachi, Gabriella/Miller, Jared L.: The Renewed Archaeological Excavations at Lachish (1973-1994), 4 Bde., Tel Aviv 2004; https://antikewelt.de/2021/11/26/die-assyrische-eroberung-von-lachisch/.

277 Bibeltext: 1 Makk 10,25-45 sowie 1 Makk 11,73-74; außerbiblische Quellen: Fischer, Thomas: Seleukiden und Makkabäer, Bochum 1980; ebenso Bickerman, Elias J.: The Jews in the Greek Age, Cambridge (Mass./USA)/London 1988; ebenso Haag, Ernst: Das hellenistische Zeitalter. Israel und die Bibel im 4. bis 1. Jahrhundert v. Chr., Stuttgart 2003.

278 Vgl. hierzu etwa Bernhardt, Johannes Christian: Die jüdische Revolution. Untersuchungen zu Ursachen, Verlauf und Folgen der hasmonäischen Erhebung, Berlin/Boston 2017.

279 Friedrich Nietzsche: Sämtliche Werke. Kritische Studienausgabe in 15 Bänden, hrsg. v. Giorgio Colli u. Mazzino Montinari, übers. v. Ragni Maria Gschwend, München 2009 (KSA), V (Jenseits von Gut und Böse sowie Zur Genealogie der Moral).

280 Vgl. hierzu etwa Hödl, Hans Gerald: Der Begriff des Ressentiments als Kategorie kulturwissenschaftlicher Analyse. Ansatzpunkte bei Nietzsche, Scheler und Freud, in: Dietzsch, Steffen/Terne Claudia (Hrsgg.): Nietzsches Perspektiven. Denken und Dichten in der Moderne, Berlin/Boston 2014, S. 272-286.

281 KSA V, S. 270 f.

282 KSA V, S. 272.

283 KSA V, S. 273 f.

284 KSA V, S. 274 f.

285 Vgl. hierzu etwa Neymeyr, Barbara/Sommer, Andreas Urs (Hrsg.): Nietzsche als Philosoph der Moderne, Heidelberg 2012; ebenso Kaufmann, Walter Arnold: Nietzsche: Philosoph – Psychologe – Antichrist, Darmstadt 1988.

286 Vgl. hierzu die entsprechenden Ausführungen in Hegels Phänomenologie des Geistes.

287 Die Folgen von Nietzsches Denken sind sehr stark, schlagen sich u.a. stark in der Psychologie nieder (Sigmund Freud, Alfred Adler, Carl Gustav Jung) und waren ein wesentliches Moment der Inspiration für die Ideologie des Nationalsozialismus. Dies kann man selbstredend Nietzsche nicht anlasten, zeigt aber in welche Richtung seine Ideen Wirkung entfalten konnten, auch wenn man sie in diesem Fall wenigstens bis zu einem gewissen Grad verballhornt hat. Nichtsdestotrotz, dies gilt es festzuhalten, weist der „Übermensch", die „blonde Bestie", die „Umwertung aller Werte" und die dies alles grundlegende Diagnose des Nihilismus in eine dezidierte Richtung.

288 Vgl. hierzu etwa KSA V, Zur Genealogie der Moral, wo er zwar die Juden nicht besonders sympathisch zeichnet, da sie mit zu den ersten Entdeckern und Kultivierern des Ressentiments zu zählen sind, aber die Deutschen kommen bei ihm in dieser Schrift noch wesentlich schlechter weg, man hat immer wieder den Eindruck, dass er eine gewisse Verachtung für die deutschen Zeitgenossen gehegt haben muss.

289 Vgl. herzu etwa Jung, Carl Gustav: Archetypen, München 1990.

290 Mt 5,18.

291 Vgl. hierzu erneut Phil 3,7-11.

292 Man denke hierbei nur an große Teile des Pentateuchs, an Hiob, Kohelet oder auch die Psalmen pp.

293 Vgl. hierzu 2 Mos 24,12; 2 Mos 31,18; 2 Mos 32,16; 2 Mos 34,1; 5 Mos 9,10.

294 Vgl. hierzu Assmann, Jan: Monotheismus und die Sprache der Gewalt, Wien 2009.

295 Vgl. hierzu etwa Bruinier, Thomas: Die „Judensau". Zu einem Symbol des Judenhasses und seiner Geschichte, in: Forum Religion, Stuttgart 1995, 4, S. 4-15.

296 Vgl. hierzu erneut Blümle, Claudia: Das Lebende Kreuz. Eine Bildgattung an der Schwelle von Souveränität und Imaginärem, in: Heiden, Anne van der (Hrsg.): Per imaginem. Bildlichkeit und Souveränität, Zürich 2005, S. 45-57.

VII. Schlussbetrachtung

Die vorausgehenden Untersuchungen sind eine komplexe, wissenschaftlich differenzierte und interdisziplinäre Herangehensweise an das Thema Ecclesia und Synagoga. Ausgehend von der kunsthistorischen Stoff- und Materialsammlung in all ihren sehr verschiedenen, zeitlich auch divergierenden Haltungen zum Verhältnis von Christentum und Judentum wurde versucht, den unmittelbaren konzeptionellen Hintergrund für die mittelalterliche Ausgestaltung des Sujets zu eruieren.

Das kunsthistorisch greifbare ikonografische Konzept, das für die konkrete Ausgestaltung ausschlaggebend war, lässt sich sehr distinkt in der Theologie und ihren diesbezüglichen Anschauungen greifen. Die Theologie ist selbstredend kein monolithischer Block, der einmal formuliert dann für immer und ewig unveränderlich in dieser konkreten Form Bestand und Geltung hätte, sondern theologische Überzeugungen werden in einem ständigen Diskurs immer wieder neu auf ihren Wahrheitsgehalt verhandelt. Die Gremien, in denen dies stattfindet, sind Konzilien, auch verschiedene Verlautbarungen aus entsprechend autorisierten kirchlichen Instanzen etc., die auf aktuelle Anforderungen der Kirche, ihre Lehre und ihr Selbstverständnis Einfluss nehmen. Die christliche Kirche befindet sich derzeit in einer Art Zwiespalt: Einerseits versteht sie sich als die Bewahrerin und Spenderin überzeitlicher, allgemeingültiger Wahrheiten, andererseits ist es für sie gerade als Bewahrerin und Spenderin überzeitlicher und allgemeingültiger Wahrheiten unabdingbar notwendig, die Menschen, die Gemeinde, die Gläubigen zu jeder aktuellen Zeit und hinsichtlich ihrer jeweils konkreten Anforderungen so gut wie möglich zu erreichen, was eine didaktische, zweifellos aber damit auch einhergehende dogmatische und insgesamt systematische Arbeit und Überarbeitung notwendig erscheinen lässt.

In der Formel „Ecclesia semper reformanda“[297] lässt sich jenes Selbstverständnis der christlichen Kirche gut nachvollziehen. Eine Kirche, die sich im Kontext und nach den Anforderungen der Zeit ohne Unterlass jeweils neu formieren und stärken soll, um in einer Welt, die nach Gottes unerforschlichem Ratschluss immerzu vor neue Aufgaben gestellt wird, den Bezug zu Gott, den Menschen und der Welt bzw. Schöpfung als ganzer *mitzugestalten*.[298] Dass sich die Kirche selbst als eine immer wieder neu zu gestaltende, in gewisser Hinsicht auch immer wieder neu auch zu gewinnende versteht, hat Grundlagen in der Bibel wie der Tradition.

Eine Kirche, die sich selbst als eine „semper reformanda“ versteht, ist eine lebendige, eine geistige und eine besonnene Kirche. Im Zuge des II. Vatikanums wurde der positive Bezug des Christentums zum Judentum verbatim formuliert, wie es sich bevorzugt in den hierzu relevanten Artikeln von *Nostra Aetate* erfassen lässt: „Sie [scil. die Kirche] bekennt, daß alle Christgläubigen als Söhne Abrahams dem Glauben nach (6) in der Berufung dieses Patriarchen [scil. Mose] eingeschlossen sind und daß in dem Auszug des erwählten Volkes aus dem Lande der Knechtschaft das Heil der Kirche geheimnisvoll vorgebildet ist. Deshalb kann die Kirche auch nicht vergessen, daß sie durch jenes Volk, mit dem Gott aus unsagbarem Erbarmen den Alten Bund geschlossen hat, die Offenbarung des Alten Testamentes empfing und genährt wird von der Wurzel des guten Ölbaums, in den die Heiden als wilde Schößlinge eingepfropft sind (7). Denn die Kirche glaubt, daß Christus, unser Friede, Juden und Heiden durch das Kreuz versöhnt und beide in sich vereinigt hat (8). Die Kirche hat auch stets die Worte des Apostels Paulus vor Augen, der von seinen Stammverwandten sagt, daß ‚ihnen die Annahme an Sohnes Statt und die Herrlichkeit, der Bund und das Gesetz, der Gottesdienst und die Verheißungen gehören wie auch die Väter und daß aus ihnen Christus dem Fleische nach stammt‘ (Röm 9,4-5), der Sohn der Jungfrau Maria.“[299]

Die weiteren Ausführungen in *Nostra Aetate* gehen entsprechend differenziert vor, indem die Prävalenz des Alten Bundes unmissverständlich klargestellt wird, ohne dabei aber das christliche

Selbstverständnis zu verlassen, was zu einer ausgewogenen und sachlich zutreffenden Verhältnisbestimmung von Altem und Neuem Bund führt. Die Gottgeliebtheit des Auserwählten Volkes trotz Nichtannahme des Evangeliums (als Heilsoption par excellence im Rahmen der biblischen Religion),[300] verbürgt die Erbengemeinschaft des Auserwählten Volkes in seinen unterschiedlichen Ausprägungen[301], verbunden mit einer vom christlichen Verständnis her versöhnlichen Handreichung[302] und der Empfehlung, an die eigenen Glaubensbrüder, an dieser Lehre der Kirche im inhaltlichen Sinne Gefallen zu finden.[303] Zwar kein förmliches Anathema, aber doch der deutliche Ausdruck der Missbilligung etwaiger Zuwiderhandlungen in Wort und/oder Tat der soeben niedergelegten Maximen bezüglich der eigenen Glaubensgemeinschaft beschließt die Ausführungen in *Nostra Aetate* in diesem Zusammenhang.[304] (Abb. 152)

Es bleibt angesichts dieser komplexen, aufgeladenen, moralisch teils zerrütteten und doch auf Hoffnung und Versöhnung angelegten Konstellation von Ecclesia und Synagoga eine vielleicht gute Option im Umgang mit dem Sujet übrig, die vor allem die oben angerissene psychologische Dimension der Thematik nochmals eigens in den Blick nimmt: Die Reflexion über die Unmittelbar-

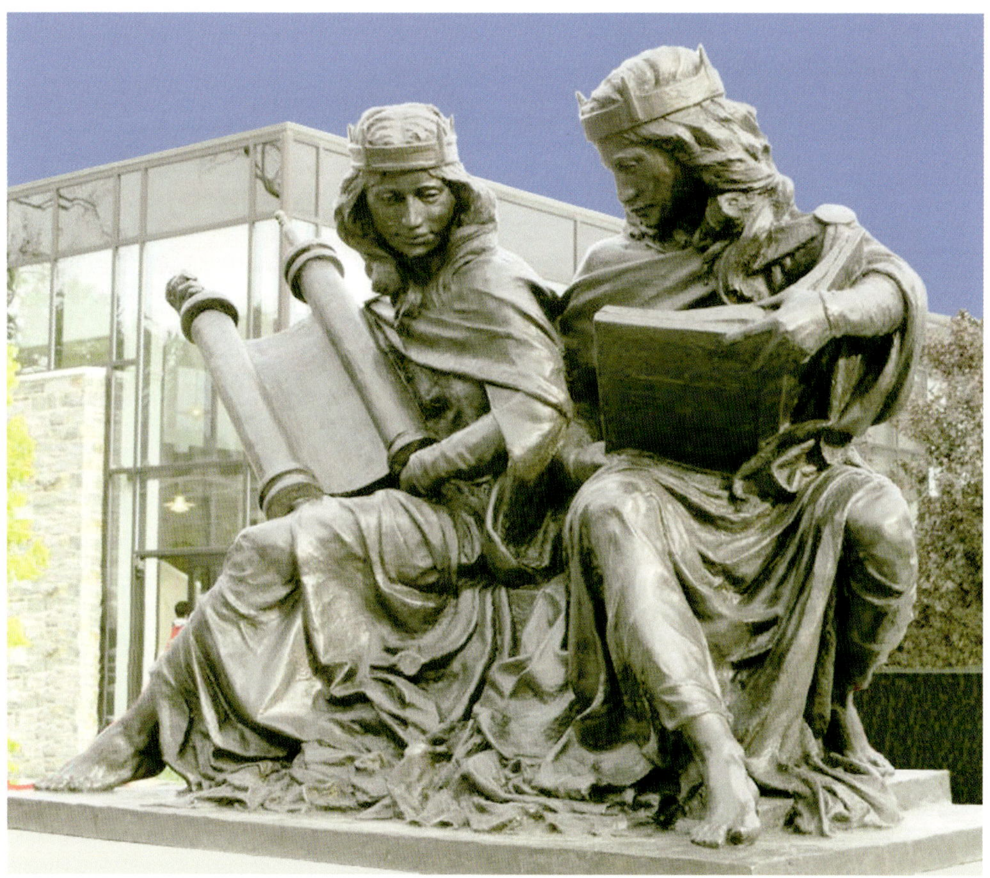

Abb. 152: Synagoga and Ecclesia in Our Time – Synagoga und Ecclesia in unserer Zeit (2015). Das Kunstwerk von Joshua Koffman wurde anlässlich des 50. Jahrestages von Nostra aetate von der Saint Joseph's University (Philadelphia/Pennsylvania) in Auftrag gegeben. Im Gegensatz zu traditionellen Darstellungen der Ecclesia und Synagoga, in denen die Synagoga als blinde, unterlegene Gestalt erscheint, werden hier Judentum und Christentum als gleichberechtigtes Paar dargestellt.

keit unserer Gefühle, (Wert-)Urteile und daraus folgenden Überlegungen können ebenso in einem *philosophischen Licht* betrachtet werden. Was ist damit gemeint?

Möglicherweise ist es aufgrund der theologischen Voraussetzungen sowie historischen Entwicklungen kaum anders möglich, als dass so gut wie alle Belange des Monotheismus eine letztlich politische, staatliche Dimension angenommen haben, was auch im Fall des typisch-anti-typischen Paares von Ecclesia und Synagoga wie gesehen virulent ist. Zur Entstehungszeit des anti-typologischen Paares von Ecclesia und Synagoga und auch noch später ist der Blickwinkel zur Herrschaftslegitimation der christlichen Könige und Kaiser des Mittelalters unverkennbar. Der politische Aspekt des Skulpturenpaares hat sich bis heute erhalten, allerdings mit umgekehrten bzw. neuen Vorzeichen, die die Darstellungen in Bamberg und auch anderswo mitunter als moralisch inakzeptabel, politisch inopportun und damit insgesamt gesellschaftlich-kulturell problematisch ausweisen.

Es steht außer Frage, dass Christen sehr vielen Juden unsagbares Leid angetan haben. Es steht ebenso außer Frage, dass es ein Belang von moralischer Verpflichtung ist, diesem Leid der Juden, das größtenteils den Charakter schlichten Verbrechens an sich hat, Genugtuung in jeder denkbaren Hinsicht zu verschaffen, sofern dies menschenmöglich ist. Und es steht schließlich ebenfalls außer Frage, dass die damit intendierte, angebotene Versöhnung angenommen werden muss, wenn man das Leid, die Schuld und das Verbrechen, das den Juden angetan wurde, sühnen und in Versöhnung bringen will.

Es besteht eine moralische Verpflichtung zu Reue, Entschuldigung und Versöhnungsangebot seitens der Täter gegenüber den Opfern, die durch diese Täter geschädigt wurden. Es gibt allerdings keine analoge moralische Verpflichtung der Opfer, den Tätern bei vorgebrachter Reue, Entschuldigung und Versöhnungsangebot – vorausgesetzt, dass es ehrlich und aufrichtig gemeint ist – entgegenkommen zu müssen: Das Opfer hat immer das moralische Recht auf Verweigerung zur Versöhnung. Letzteres in ausgeübter Form führt zwar in der Regel zu seelischen Verhärtungen pp., wird aber von den Personen, die – aus Gründen, welcher Art auch immer – eine Versöhnung ablehnen, in Kauf genommen. Warum Versöhnung trotz erwähnter Schwierigkeiten vielleicht doch das Beste ist, was man in Situationen voller Probleme und Konflikte tun kann, liegt vermutlich auf der Hand: Verwehrte Versöhnung führt zielsicher zu weiteren Spannungen und schreibt das Problem fort und fest.

Es kann in diesem Zusammenhang als bemerkenswert gelten, dass sich im Kontext der monotheistischen Religionen[305] die Idee der Versöhnung, auch wenn sie hilflos und naiv und damit fast als eine Art der Schwäche erscheinen mag und damit eine der zahlreichen scheinbaren, aber sehr hintergründigen Paradoxa der Bibel darstellt,[306] erstmalig im Alten Testament findet. In verschiedenen Psalmen, ganz explizit und mehrfach variiert bei einigen Propheten, mitunter auch im Pentateuch spielt das Motiv der Versöhnung eine bedeutsame Rolle, wobei Versöhnung im Kontext des Alten Testaments (wie später auch im Neuen Testament) sowohl gegenüber Gott (als Reaktion auf Sünde) als auch zwischen zerstrittenen Menschen thematisiert wird. Auch wenn es keine explizite hebräische Vokabel für das gibt, was wir als „Versöhnung" bezeichnen, so kennt doch das Alte Testament das Verb כִּפֶּר (*kippær*), das zwar eigentlich so viel wie „sühnen" bedeutet und damit primär in einem kultischen Umfeld seine Bedeutung gewinnt, während das deutsche Wort „Versöhnung" hauptsächlich eine moralische (oder auch juridische, rechtsphilosophische) Konnotation hat, dennoch wird das Wort כִּפֶּר in bestimmten thematischen Zusammenhängen des Alten Testaments mit „versöhnen" übersetzt. Das ist sachlich auch grundsätzlich möglich und legitim, denn das hebräische Verb כִּפֶּר geht zurück auf die Wurzel כפר, die eigentlich „auslöschen", „tilgen", „beseitigen" bedeutet, gemeint ist (im kultischen Sinne) das *Tilgen und Auslöschen von Unreinheit*, was eben zu der primären Bedeutung von „sühnen" führt. Jedoch kann man sich im übertragenen und vergeistigten Sinne hierbei auch umstandslos die *Tilgung und Auslöschung von (moralischer, juridischer) Schuld* denken, die schließlich die erwähnte Versöhnung zur Folge hat. Die semantische Polyvalenz von כפר/כִּפֶּר schlägt sich dann auch in den diversen Übersetzungen nieder: In der griechischen Septuaginta wird das betreffende Verb mit 15, in der lateinischen Vulgata

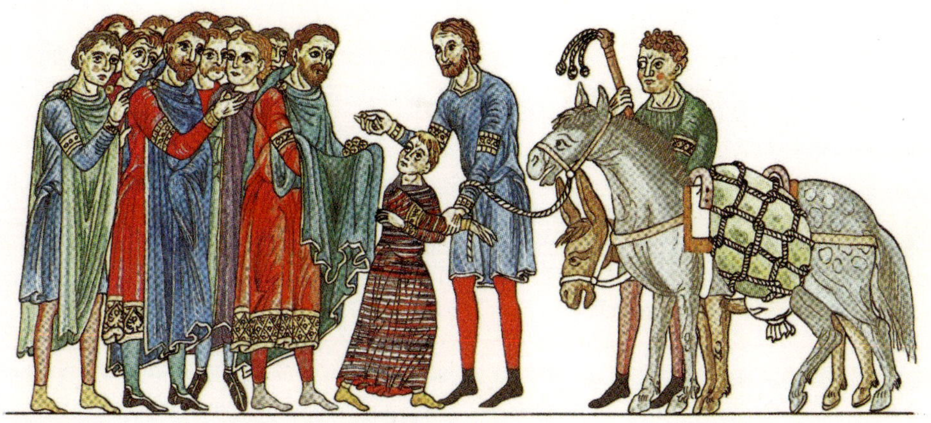

Abb. 153: Joseph wird von seinen Brüdern als Sklave nach Ägypten verkauft, Darstellung des 12. Jahrhunderts aus dem Buch Hortus Deliciarum.

mit 23 verschiedenen Begriffen wiedergegeben.[307] Dass jedenfalls der Sache nach das Thema der „Versöhnung" im Alten Testament einen nicht geringen Stellenwert hat, steht außer Zweifel. So findet sich etwa im Rahmen der *Josephsnovelle*[308] die Versöhnung zwischen ihm und seinen bösen Brüdern, die ihn einstmals aus Neid und Missgunst als Sklaven nach Ägypten verkauft und den trauernden Vater Jakob über dessen vermeintlichen Tod belogen hatten – nachdem ein versuchter Mordanschlag der Brüder gegen Joseph fehlgeschlagen war (Abb. 153).

Alles Umstände also, die Joseph keineswegs dazu geneigt machen sollten, seinen Brüdern in ihrer Notsituation – durch schlechtes Wetter und Missernten kam es in deren Heimat Kanaan zu empfindlichen Hungersnöten – beizustehen, geschweige denn, ihnen zu verzeihen und sich mit ihnen zu versöhnen. Und trotzdem tut Joseph genau dies in der Biblischen Erzählung, womit dieselbe wahrscheinlich eines der ersten Beispiele für eine echte und funktionierende zwischenmenschliche Versöhnung in der Bibel ist. Denn nachdem sich Joseph seinen Brüdern zu erkennen gab und die ganze Großfamilie aufgrund ihrer Notlage nach Ägypten zog, kam es durch die Bitte ihres Vaters Jakob zu einer erneuten Annäherung der böse gehandelt habendenden Brüder mit Joseph. Die Brüder bereuten ihre Taten, warfen sich vor Joseph nieder, er nahm ihre Entschuldigung an, und es kam zu erwähnter Versöhnung zwischen den Brüdern trotz der bösen und verwerflichen Handlungen, die bislang im Raum standen.[309]

Als vielleicht anschaulichstes Beispiel aus dem Alten Testament für ein Versöhnungsgeschehen zwischen Mensch und Gott kann man die *Ereignisse direkt nach dem Sündenfall* verstehen. Der Mensch verletzt durch seine Übertretung des göttlichen Willens klar die Gebote des Schöpfers – „Dann gebot Gott, der HERR, dem Menschen: Von allen Bäumen des Gartens darfst du essen, doch vom Baum der Erkenntnis von Gut und Böse darfst du nicht essen; denn am Tag, da du davon isst, wirst du sterben" –[310], indem er, verführt durch die Schlange, letztendlich doch handelt[311] und dadurch eine Folge von zunächst sehr negativen Konsequenzen auslöst. Das Menschenpaar wird aus dem Paradies und damit aus der freundschaftlichen Gottesnähe vertrieben, es wird, wie Gott verkündet hat, den Tod schmecken, allerdings, und hier wird gleich nochmals anzuknüpfen sein, nicht stante pede, sondern erst nach soundso viel Jahren voll Mühsal in der Gottesferne – die mit harter Arbeit, schmerzlichem Gebären und Unbilden aller denkbaren Art sowie einer Verfluchung des Teufels, der alten Schlange, verbunden ist –, wie es sehr anschaulich im Alten Testament geschildert wird.[312] (Abb. 154)

Es wäre in jeder Hinsicht falsch, wollte man diese Sequenzen aus Gen 3 als Beispiele für einen unversöhnlichen, rachsüchtigen oder gar despotischen Gott auffassen; zweifellos und letztlich auch unmissverständlich spricht der Text davon, dass Gott nicht leichtfertig seine Gebote ausspricht, deren Verletzung er jederzeit mit entsprechenden Sanktionen versieht, was einen strengen und gerechten Gott offenbart. Er sagt, wenn ihr Menschen vom Baum der *Erkenntnis von Gut und Böse* essen werdet, verfallt ihr dem Tod. Das erste Menschenpaar verstößt genau gegen dieses Gebot, und eigentlich würde man erwarten, dass die von Gott damit verbundene Strafe – der Tod – unmittelbar eintritt, so jedenfalls liest sich der Bibeltext bis zu ebendieser

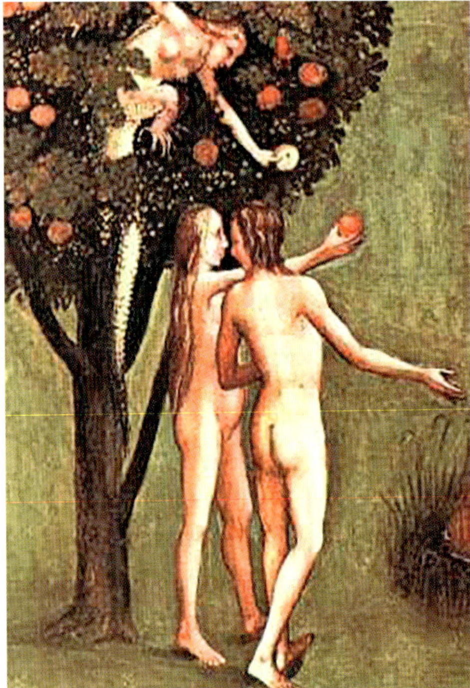

Abb. 154: Sündenfall, Detail aus dem Weltgerichtstriptychon des Hieronymus Bosch von etwa 1500; die Schlage im Baum reicht Eva die verbotene Frucht, die sie an Adam weitergibt.

Stelle – dann aber passiert etwas Unerwartetes: Das Menschenpaar wird von Gott hart gestraft, aus dem Paradies vertrieben und dem Tod anheimgestellt, allerdings erst nach einer gewissen Frist (*Sterblichkeit*), währenddessen die Menschen noch in ihrem gefallenen Status fern von Gott leben und sich bewähren können.

Ohne dies explizit zu benennen, verhält sich Gott offenbar bereits hier den Menschen in ihren Verfehlungen, Sünden und Übertretungen gegenüber *gnädig*, *versöhnlich*, er scheint zu *verzeihen*[313], ja mehr noch: Er scheint gemäß den Texten des Alten Testaments ein vitales Interesse daran zu haben, die Sünde der Menschen um ihretwillen aus der Welt zu schaffen, zu tilgen (vgl. hierzu die oben angedeuteten semantischen De- und Konnotationen von כִּפֵּר/כפר) und ein neues, wieder gutes Verhältnis mit ihnen zu gestalten. Man kann Gottes Handhabung hinsichtlich der Sanktionierung des Sündenfalls, wollte man dies mit neuzeitlichen Begrifflichkeiten zu fassen versuchen, als eine Art „Bewährungsprobe", „Zweite Chance" oder dergleichen umschreiben: Gottes Gebot steht wie sein Richterspruch unverrückbar fest, doch zeigt er Großherzigkeit und Milde und eröffnet von seiner Seite aus das Angebot zu einer erneuten Annährung zwischen Mensch und Gott, diese muss jedoch der Mensch, der nun in einer existenziellen Bringschuld ist, von sich aus leisten, indem er Gott zeigt, dass er willens und auch fähig ist, dessen Gebote (die bis zu diesem Zeitpunkt noch nicht formuliert sind, was dann in Exodus nachgeholt wird, aber natürlich bereits in Gen 3 im Sinn des Präskriptiven, Gesetzlichen, Gebotenen als Idee einer praktisch absoluten Norm greifbar wird) halten, respektieren und ehren zu wollen.

Inzwischen haben aber ihre Kinder schon wieder Schlimmes getan: Kain, der leibliche Sohn Adams und Evas, tötet aus Neid, Eifersucht seinen Bruder Abel (wo sich vielleicht auch an dieser Stelle der emotionale Beweggrund des ganz linearen, unmittelbaren Ressentiments zeigt[314], was, nebenbei gesagt, kultur- bzw. mentalitätsgeschichtlich nennenswert interessant ist, weil die Bibel hiermit einen diesbezüglich psychologischen Befund festhält, der erst viel später um 1800/1900 in solcher expliziten Weise gesehen und benannt werden wird – Abb. 155). Dieser erste Mord im Rahmen

der Bibel wird von Gott verurteilt und schwer geahndet, indem Gott folgende Strafe über Kain verhängt: „Da sprach der HERR zu Kain: Wo ist dein Bruder Abel? Er sprach: Ich weiß nicht; soll ich meines Bruders Hüter sein? Er aber sprach: Was hast du getan? Die Stimme des Blutes deines Bruders schreit zu mir von der Erde. Und nun: Verflucht seist du auf der Erde, die ihr Maul hat aufgetan und deines Bruders Blut von deinen Händen empfangen. Wenn du den Acker bebauen wirst, soll er dir hinfort seinen Ertrag nicht geben. Unstet und flüchtig sollst du sein auf Erden.“[315]
Und auch hier, was bemerkenswert ist, verhängt Gott nicht Strafen, Tod und direkte Pein über Kain ob seiner Verfehlung, sondern er gewährt ihm, wie bereits seinen sündigen Eltern, Aufschub und große Erleichterung angesichts der in Aussicht gestellten Sanktionen, wobei die konkrete Strafe für Kain eigentlich gar nicht konkret in der Bibel formuliert wird – im Gegenteil: Gott versieht ihn mit einem Zeichen, dem nominell hierauf zurückgehenden „Kainsmal“, einem sichtbaren Symbol auf der Stirn des Brudermörders Kain – das ihn *schützt* und aussagt, dass jeder, der gegen Kain, dem Brudermörder, handgreiflich werden will, unmittelbar Gottes Gerechtigkeit erfahren wird: „Kain aber sprach zu dem HERRN: Meine Strafe ist zu schwer, als dass ich sie tragen könnte. Siehe, du treibst mich heute vom Acker, und ich muss mich vor deinem Angesicht verbergen und muss unstet und flüchtig sein auf Erden. So wird mir's gehen, dass mich totschlägt, wer mich findet. Aber der HERR sprach zu ihm: Nein, sondern wer Kain totschlägt, das soll siebenfältig gerächt werden. Und der HERR machte ein Zeichen an Kain, dass ihn niemand erschlüge, der ihn fände. So ging Kain hinweg von dem Angesicht des HERRN und wohnte im Lande Nod, jenseits von Eden, gegen Osten.“[316]

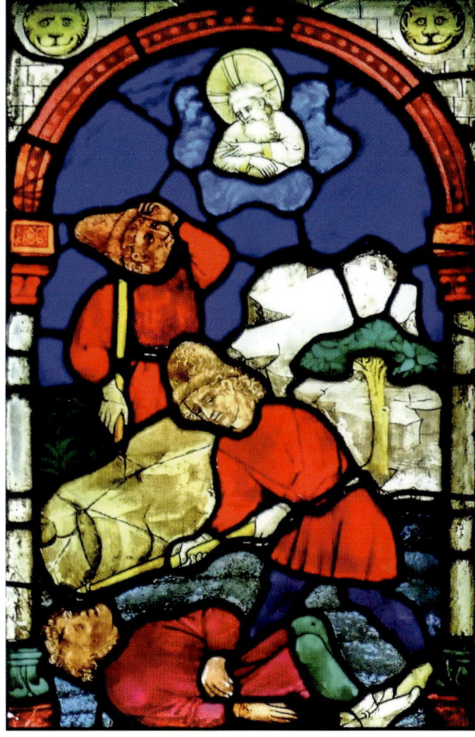

Abb. 155: Kain erschlägt seinen Bruder Abel. Glasmalerei von Hans Acker, Ulmer Münster um 1430. Gott sieht oben im Fensterbogen das Verbrechen und weist mit seinem Finger auf dasselbe hin. Die Figur direkt links unter Gott, die mit ihm offenbar in Kontakt steht, ist vermutlich Abel (hier durch eine andere Gesichtsfarbe gekennzeichnet, weil vermutlich von Gott als auserwählt erkannt, vgl. hierzu auch Ex 34,30 ff.), dessen Opfer Gott wohlgefällig angenommen hat.

Der unmittelbare und in sich sehr konsistente Erzählstrang der *Schuld-*, *Sünden-*, *Sühne-* und damit letztlich einhergehenden *Straf-* bzw. *Sanktionsthematik* geht im Alten Testament dahingehend weiter, dass trotz Gottes Zuwendung zu den sündigen Menschen in Bezug auf den Sündenfall, Brudermord zwischen Kain und Abel, die Menschen immer noch und offenbar noch massiver als je zuvor – wie es in den Erzählungen der Genesis niedergeschrieben ist –, Gottes Zorn aufgrund ihrer Schlechtigkeit hervorrufen, weswegen er die *Sintflut* schickt, die das Übel aus der Welt bringen soll: „Der HERR sah, dass auf der Erde die Bosheit des Menschen zunahm und dass alles Sinnen und Trachten seines Herzens immer nur böse war. Da reute es den HERRN, auf der Erde den Menschen gemacht zu haben, und es tat seinem Herzen weh. Der HERR sagte: Ich will den Menschen, den ich erschaffen habe, vom Erdboden vertilgen, mit ihm auch das Vieh, die Kriechtiere und die Vögel des Himmels, denn es reut mich, sie gemacht zu haben.“[317] (Abb. 156)

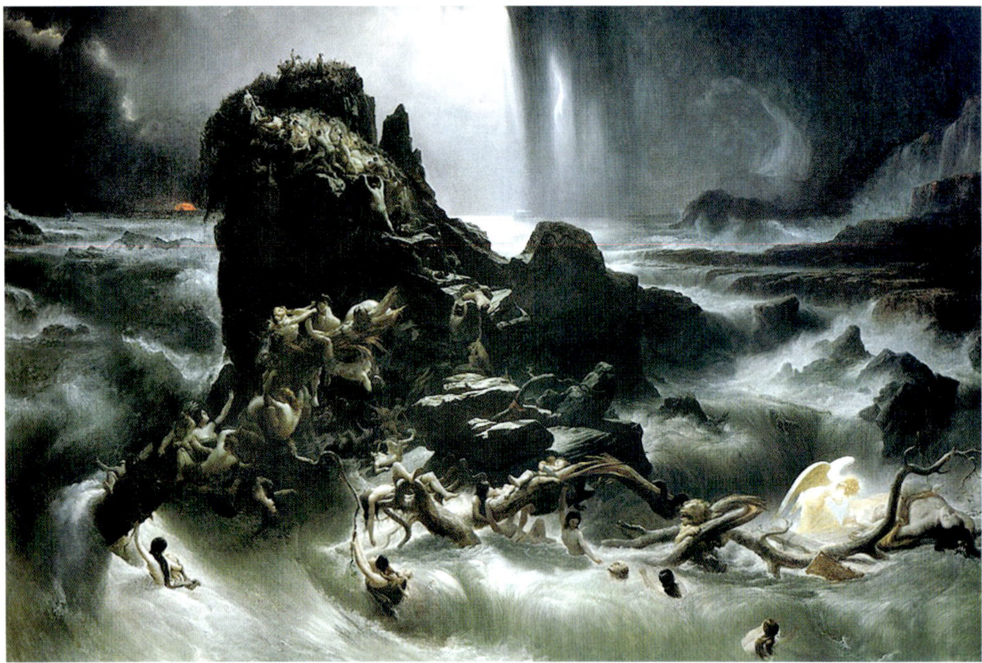

Abb. 156: Die Sintflut von Francis Danby, 1837-1839.

So reinigt die Sintflut die Welt, indem sie die Boshaftigkeit des Menschen ertränkt; auch das als Strafe Gottes zu verstehen, die aber – und hier beginnt die weitreichende Alttestamentliche Bundesidee Gestalt anzunehmen – eine überraschende Wendung nimmt und der Gott der Bibel erstmalig einen expliziten und förmlichen *Bund* mit den Menschen schließt, in diesem Fall mit Noah und seiner Familie bzw. seinen Nachkommen und implizit allen weiteren Wesen, die in der Arche die großen Wasser der Sintflut überlebt haben: Das Ende der Sintflut ist der Beginn der ausdrücklichen Bundestheologie im Rahmen der Bibel.

Nach der Sintflut und somit mehrere Generationen nach dem Sündenfall laut biblischem Befund schließt Gott äußerlich unmotiviert, aber offenbar intrinsisch doch sehr stark interessiert an den Menschen, die er auch in einer bestimmten Auswahl als sein *Bundesvolk*, das Volk *Israel*, bestimmen wird, immer neue Verbindlichkeiten. Der theologische Fachbegriff hierfür ist wie gesehen der „*Bund*" (בְּרִית/brīt) und meint eine Art tiefer, der Idee nach unauflöslicher Verbindlichkeit zwischen Mensch und Gott, wobei, dies gilt es festzuhalten, die Initiative dieses Bundes von Gott ausgeht (Abb. 157). Der Bund ist damit eine Art Versöhnung, zumindest ein Versöhnungsangebot Gottes an den Menschen bzw. in specie an sein auserwähltes Volk. Theologisch gesehen kann man die Bundesidee im Alten Testament kaum überbewerten, denn hierdurch wird (vielleicht erstmalig in der Menschheitsgeschichte) die Idee der Versöhnung zu einem in gewisser Weise heiligen, von Gott initiierten Modus im Umgang mit menschlicher Verfehlung. Dass jener Bund im Alten Testament nur eine bestimmte Gruppe von Personen betrifft – eben das auserwählte Volk Israel – tut der prinzipiellen Dimension und Reichweite der Idee keinen Abbruch, denn sie ist auch für Vertreter anderer Völker einsehbar, und es wird immer wieder im Alten Testament ebenso die Idee der „Völkerwallfahrt nach Zion" ins Spiel gebracht, womit der Gedanke ausgesprochen ist, dass sich alle Völker unter die Gesetze und damit auch grundsätzlich unter das (an dieser Stelle annähernd *universelle Bedeutung* bekommende) Versöhnungsangebot des Gottes der Bibel begeben. Für den Gedanken der Völkerwallfahrt (dessen Pendant übrigens im

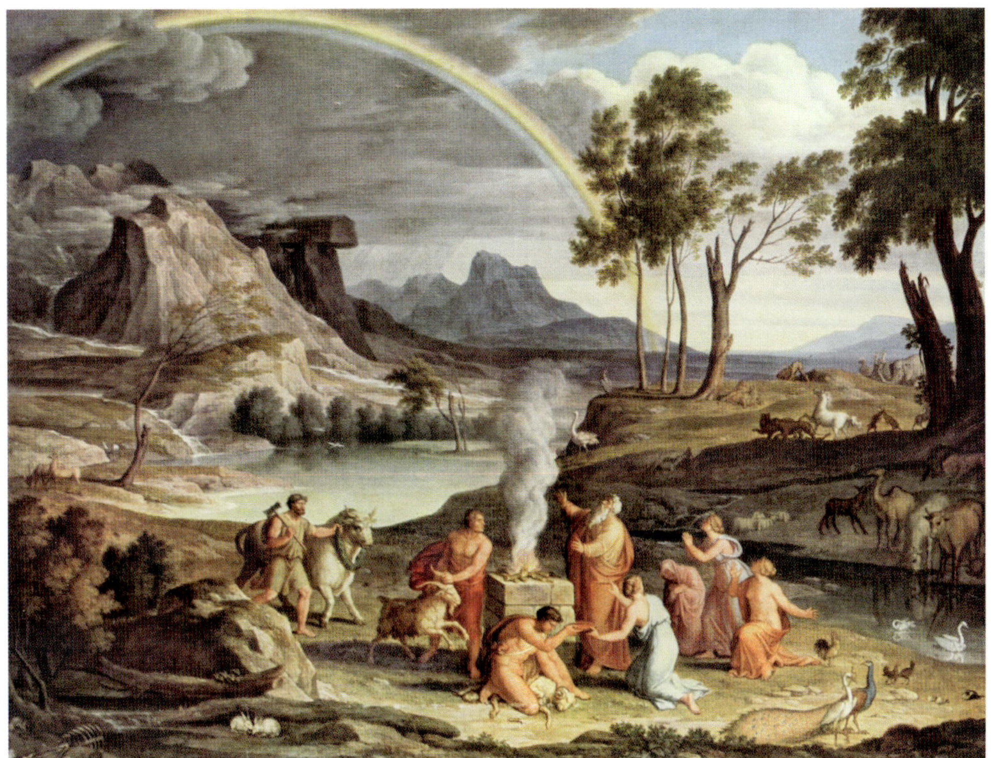

Abb. 157: Joseph Anton Koch: Landschaft mit dem Dankopfer Noahs aus dem Jahr 1803. Wie in der Bibel zu lesen ist, so gibt auch Koch in seinem Gemälde nach überstandener Sintflut den Regenbogen zu erkennen, der als Zeichen der Versöhnung zwischen Gott und dem Menschengeschlecht gilt und damit auch als Bundeszeichen von Gott aus dem Himmel zur Erde gesendet wird. Noah seinerseits errichtet einen Altar – den ersten übrigens, von dem die Bibel berichtet – und spendet Gott als Dank für die Rettung vor der Sintflut ein Rauchopfer.

„Völkerkampf" zu sehen ist, vgl. hierzu etwa Mi 4,11 ff.; Jo 4; Sach 12; Sach 14) existieren zahlreiche Stellen im Alten Testament, exemplarisch sei hier auf Jes 2,1 ff. verwiesen.[318]

Doch kommen wir noch einmal zur Bundesidee zurück. Nach Noah und der Sintflut steigert sich die göttliche Bundestheologie nun entscheidend mit der Figur des *Abraham*, dem ersten Menschen, mit dem und mit dessen Nachkommenschaft (womit der Gedanke des *auserwählten Volkes* ausdrücklich realisiert ist) der Gott der Bibel einen unauflöslichen Bund schließt, dessen Zeichen die Beschneidung darstellt (Abb. 158). Entsprechend heißt es dann auch in Genesis: „An diesem Tag schloss der Herr mit Abram folgenden Bund: Deinen Nachkommen gebe ich dieses Land vom Grenzbach Ägyptens bis zum großen Strom Eufrat, (das Land) der Keniter, der Kenasiter, der Kadmoniter, der Hetiter, der Perisiter, der Rafaiter, der Amoriter, der Kanaaniter, der Girgaschiter, der Hiwiter und der Jebusiter."[319]

Dieser wichtige Schritt in puncto Bund und damit Heilswille – womit letztlich *Versöhnungswille* gemeint ist – Gottes gegenüber seinem Volk wird wiederum (theologisch) überboten durch die Konkretisierung des Bundes zwischen Gott und seinem auserwählten Volk in der *Sinai-Offenbarung*, bei der Mose während des Auszugs aus Ägypten von Gott die Tafeln mit den zehn Geboten erhält (Abb. 159). Die Offenbarung des Gesetzes auf dem Sinai markiert eine der wahrscheinlich wichtigsten Etappen in der Konzeption eines Gottes,

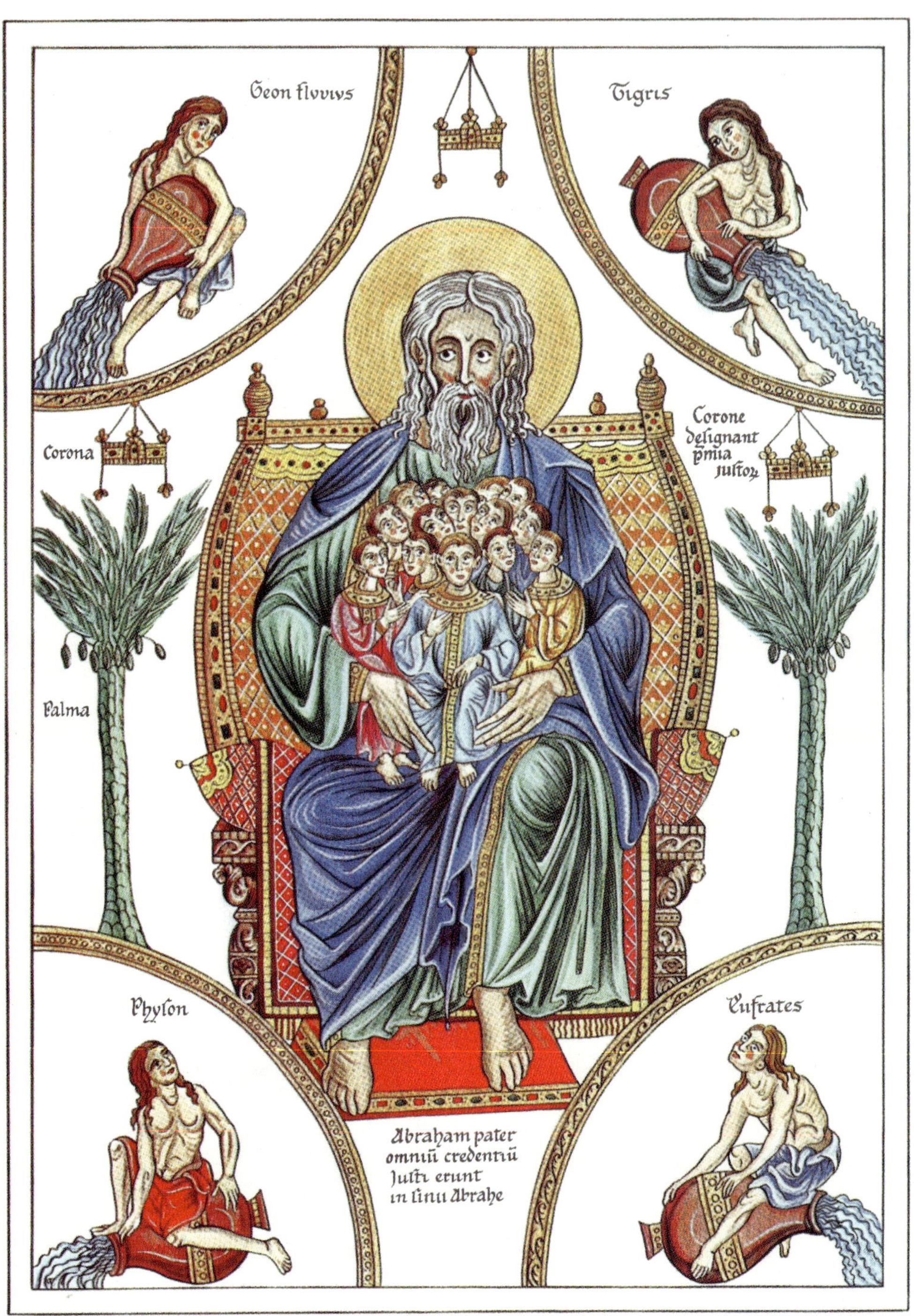

Abb. 158: Abraham und die Seligen in seinem Schoß (vgl. hierzu auch die Darstellung in den Archivolten des Bamberger Fürstenportals), Bild aus dem Buch Hortus Deliciarum, spätes 12. Jahrhundert.

der sich sukzessive immer stärker und konkreter den Menschen bzw. seinem auserwählten Volk zuwendet, wie es eine der programmatischen Großerzählungen im Rahmen der Bibel darlegt. Durch die Inkraftsetzung des Mosaischen Gesetzes wird im Zusammenhang mit dem Alten Testament der vermutlich wesentliche Schritt getan, bei dem Gott den Bund mit seinem Volk in Bezug hierauf vollendet (nach der Sinai-Offenbarung kennt das Alte Testament keine vergleichbare Steigerung mehr hinsichtlich der Bundesidee, weswegen man hier tatsächlich von einem Schlusspunkt im positiven Sinne sprechen kann) – was erneut den Versöhnungsgedanken in den Fokus rückt.[320]

Es kann diesbezüglich als bezeichnend wie aufschlussreich gelten, dass im Rahmen des expliziten Mosaischen Gesetzes ein spezieller, der höchste Feiertag im Judentum bis heute stattfindet, der als „*Versöhnungstag*“, *Jom Kippur*, bezeichnet wird. In der Zeit nach dem Babylonischen Exil hat sich jenes umfangreiche und komplexe Ritual etabliert, bei dem die Sünden und Vergehen des Volkes symbolisch in bestimmten Ritualen *gesühnt* werden. Jom Kippur, auf Hebräisch יוֹם כִּפּוּר (*iom kippur*: „Tag der Sühne“) bzw. יוֹם הכִּפּוּרִים (*iom ha-kipprim*: „Tag der Entsühnungen“) genannt, führt im Namen jene oben bereits thematisierte hebräische Vokabel כִּפֶּר/*kippær*, die meist mit „Versöhnung“ übersetzt wird (Abb. 160).

Es lassen sich im Alten Testament noch einige weitere Beispiele für das Motiv der Versöhnung finden, bei denen – dies kann als interessant in verschiedenerlei Hinsicht gelten – auf der Basis der Versöhnung zwischen Mensch und Gott, bei der Gott der eigentliche und maßgebliche Akteur ist, auch die Versöhnung zwischen den Menschen stattfindet und bis zu einem gewissen Grad auch stattfinden soll, wobei Gottes Initiative zur Versöhnung mit den Menschen bzw. dem Auserwählten Volk anlässlich bestimmter Sünden und Gebotsverletzungen als Vorbild und Ideal für die zwischenmenschliche, interpersonale Versöhnung verstanden wird.

Dass das Alte und das Neue Testament selbstredend nicht dasselbe sagen und auch nicht immer ganz bruchlos zueinanderstehen, ist letzten Endes offensichtlich, wenn man die verschiedenen Bibeltexte liest. Dass aber in diesem Punkt der Versöhnung eine wohl tatsächlich kontinuierliche und direkte Linie zwischen den beiden Testamenten besteht, lässt sich schnell ersehen, wie etwa hier in einem konkreten zwischenmenschlichen Belang: „Wenn du deine Opfergabe zum Altar bringst und dir dabei einfällt, dass dein Bruder etwas gegen dich hat, so lass deine Gabe dort vor dem Altar liegen; geh und versöhne dich zuerst mit deinem Bruder, dann komm und opfere deine Gabe!“[321] Diese Passage steht im Matthäusevangelium noch im größeren sachlich-thematischen Zusammenhang mit der *Bergpredigt* (Mt 5,1 ff., präzise gesagt der sogenannten *Antithesen*) und zeigt damit an, dass

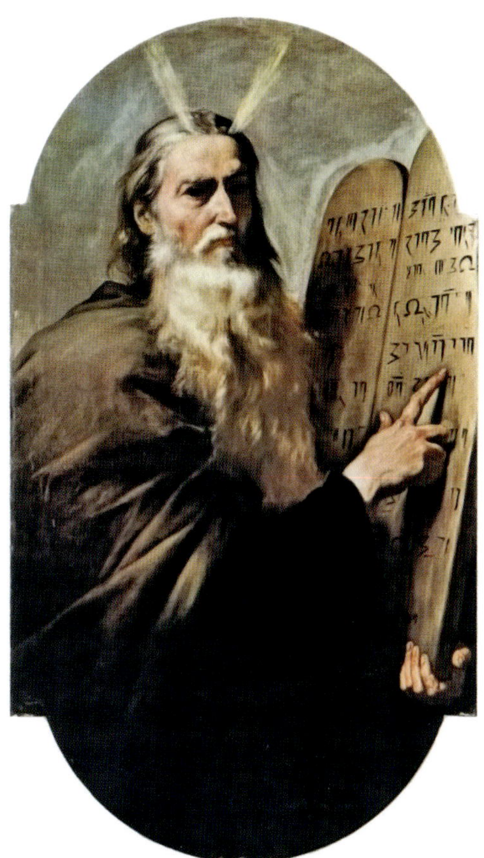

Abb. 159: Mose mit den Gesetzestafeln, die er am Sinai von Gott empfangen hat. Gemälde von José de Ribera, entstanden 1638. Diese Gesetzestafeln werden im Rahmen von Ecclesia und Synagoga-Darstellungen immer wieder in die Hände der letzteren gelegt.

es dabei um einen von Gott an den Menschen gerichteten sehr weitgehend und ernst gemeinten *praktischen Anspruch* (mit philosophischen Begrifflichkeiten könnte man an dieser Stelle vermutlich tatsächlich von einem dezidiert *moralischen Anspruch* sprechen) geht, der nicht nur die Handlung, sondern hauptsächlich die *Intention*, vereinfacht gesagt die *Gesinnung* des Menschen in den Blick nimmt und hieran die (praktische, moralische, das Religiöse über Kultus und Ritus hinaus betreffende) Qualifizierung desselben entscheidet, wie es vornehmlich den sog. *Antithesen der Bergpredigt* unmissverständlich zu entnehmen ist, zu denen wie gesehen obige Versöhnungspassage im Sinne eines konkret-praktischen Aufrufes gehört.[322]

Das biblische Denken versteht die vorausgehende Versöhnungstat Gottes mit den Menschen als Voraussetzung und (theologische) Conditio sine qua non für jede Art und Form menschlicher bzw. zwischenmenschlicher Versöhnungstat. Aus diesem Grund kann man die diesbezügliche Brücke zwischen Altem und Neuem Testament noch viel grundlegender als bisher ausgeführt schlagen: Indem man nämlich eine der wesentlichen Grundaussagen beider Testamente in einem beständigen, vielleicht auch beständig wachsendem Versöhnungsangebot, Versöhnungszuspruch und möglicherweise einer Versöhnungsaufgabe sieht. Gewiss gibt es noch eine weitere Anzahl von Erzählsträngen, die die beiden Teile der Bibel miteinander verbinden, aber zweifellos kann man sachlich auf Basis des Bibeltextes gut belegt und theologisch entsprechend gut begründbar das Motiv der Versöhnung als ein wesentliches Element der gesamten Bibel verstehen.

Das Neue Testament, zumindest in seiner soteriologischen Dimension, ist nichts anderes, als eine universelle, groß angelegte Versöhnung zwischen Gott und Mensch, die nach dem Sündenfall und seinen drastischen Folgen nötig geworden ist, jedenfalls der Idee bzw. dem Anspruch nach: Gott selbst wird Mensch in Form der zweiten trinitarischen Person als Sohn Gottes. Er lässt sich schlussendlich zur Tilgung der Sünde der Welt („qui tollis peccata mundi“) ans Kreuz schlagen, um mit diesem seinem freiwilligen Opfer- und Sühnetod (das hebräische Wort כִּפֶּר/*kippær* heißt wie gesehen ursprünglich „sühnen“/„entsühnen“), das seit dem Sündenfall merklich und nachhaltig gestörte Verhältnis zwischen Gott und Mensch wieder ins Reine zu bringen, zumindest der Idee bzw. dem Anspruch nach. So gesehen kann man das Neue Testament als eine *Großerzählung der Versöhnung* lesen, bei der Gott als Akteur alles ihm Mögliche unternimmt, um seine Geschöpfe bzw. die gesamte Schöpfung finaliter wieder zu restituieren, was in der Opfergabe seines eigenen Sohns in einem grausamen Tod am Kreuz kulminiert.

Aus dem Gesagten lässt sich zusammenfassend festhalten: Das Figurenpaar der Ecclesia und Synagoga am Bamberger Fürstenportal ist ein vielschichtiges und implikationsreiches Kunstwerk, dessen wirklich tiefgehende Eruierung letztlich noch aussteht, demzufolge es daher wert wäre, weitere Untersuchungen hierzu anzustellen. Es fließen kunsthistorische, theologische, aber auch politische und nicht zuletzt psychologische Momente in die Gesamtanlage der beiden Skulpturen ein. Grundsätzlich ist das Bamberger Paar in einem Zusammenhang von sehr ähnlichen Darstellungen von Ecclesia und Synagoga an wichtigen Kirchenportalen zu sehen (wie etwa Straßburg, Freiburg, Trier, Worms, Paris, Reims pp.), kann aber insofern eine Sonderstellung beanspruchen, als das Konzept und die Programmatik, die sich in Bamberg findet, komplexer, anspruchsvoller, implikationsreicher und intellektuell aufwändiger ist als bei allen dem Autor bekannten Vergleichsbeispielen.

Prinzipiell trifft es zu, dass die Bamberger Ecclesia und Synagoga, hierbei genretypisch, eine tendenziell negative Sichtweise auf Synagoga und Judentum offenbart – doch beweist ein genauerer und tieferer Blick, den konzeptionellen Hintergrund betreffend, dass dem nicht in so schlicht linearer, eindimensionaler Weise ist. Es kann als ein signifikantes Merkmal der in Bamberg tätigen Jüngeren Bildhauerwerkstatt gelten, ihren Werken eine vermutlich intendierte Mehrdeutigkeit, eine bewusste semantische Polyvalenz einzuschreiben, was sich schließlich auch bei dem Paar von Ecclesia und Synagoga zeigt. Bedenkt man dabei zugleich den theologischen Hintergrund, der sich wie gesagt zwar nicht faktisch beweisen lässt, sich aber doch in jeder Hinsicht sehr nahelegt und anbietet, dass

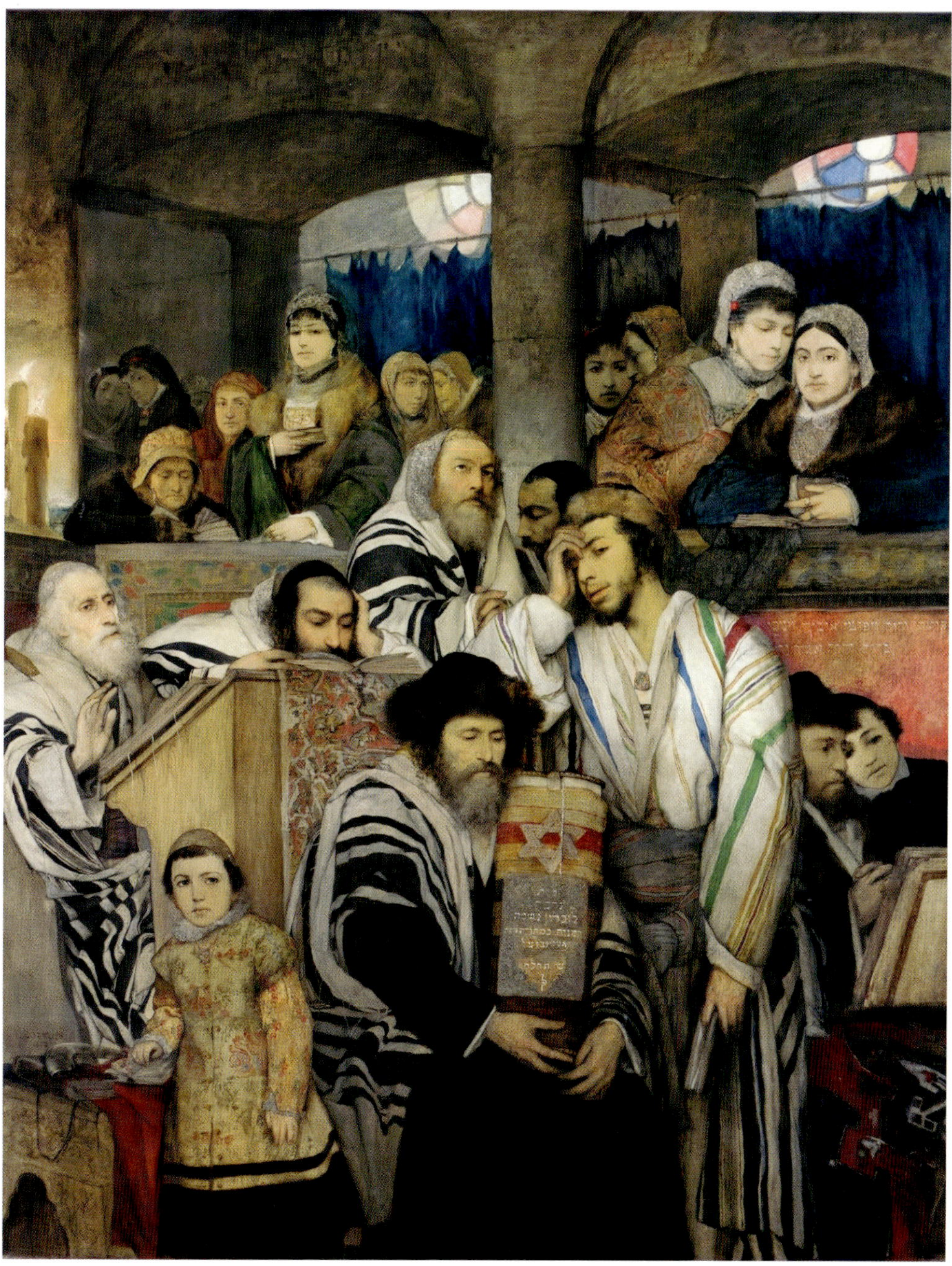

Abb. 160: Juden in der Synagoge am Jom Kippur, Festgemälde von Maurycy Gottlieb aus dem Jahr 1878.

man die vertikale Gesamtanlage des Fürstenportals als Darstellung (möglicherweise sogar erste Darstellung in der abendländischen Kunstgeschichte) der trinitarisch konzipierten Heilsgeschichtsmetaphysik des Joachim von Fiore deuten kann, dann sind Ecclesia und Synagoga bewusst als Endzeitfiguren anzusprechen, die damit ebenso Affinität zu den „beiden endzeitlichen Bräuten Christi" aufweisen. Möglicherweise schwingt diese Lesart in der polyvalenten, vielschichtigen Semantik der beiden Skulpturen durchaus mit – zumindest kann man sich hierüber Gedanken machen. Jedenfalls lässt sich eine eindimensionale, monovalente Deutung dieses Skulpturenpaares nur um den Preis einer Simplifizierung und Verkennung der hohen und komplexen ästhetisch-konzeptionellen Qualität der Kunstwerke aufrechterhalten.

Betrachtet man den Zeitkontext der beiden Kunstwerke von politischer Seite, so wird schnell deutlich, dass sowohl die mittelalterliche Kirche als auch der mittelalterliche Staat (bzw. die mittelalterliche Politik) ein von Haus aus sehr ambivalentes Verhältnis zu Judentum und Altem Bund haben mussten. Im Neuen Testament lassen sich keine herrschaftslegitimierenden Passagen oder Ideen finden – das Alte Testament demgegenüber weist eine Fülle derselben auf. Die christlichen Könige und Kaiser des Mittelalters greifen bei ihrer Herrschaftslegitimierung maßgeblich auf Elemente des Alten Testaments zurück, wie das Krönungsritual auf formelhaft-kultische und die Reichskrone auf ikonografische Weise unmissverständlich zeigen. Da man aber solche Elemente nicht direkt aus dem Alten Testament ins christliche Mittelalter und die zeitgenössische Herrschaftsthematik implantieren kann, müssen dieselben entsprechend transformiert, modifiziert und adaptiert werden, sodass es für die christlichen Herrscher, die von den hohen Würdenträgern der Kirche inthronisiert wurden, was den Kern deren Legitimität darstellt, passt und probat ist. Dass diese Transformation, Modifikation und Adaption fast unvermeidlich mit einer Abwertung des Judentums und des Alten Bundes einhergeht – deren Auserwähltheit soll auf den christlichen Herrscher und den christlichen Kleriker bzw. die christliche Kirche in toto übergehen –, eine Art der Delegitimierung, Abwertung usw. impliziert, versteht sich bedauerlicherweise fast von selbst: Die interessierende qualitas des Judentums und des Alten Bundes – ihre Auserwähltheit von Gott mit den dazugehörenden Segnungen, Heiligungen, Heilsversprechen aller Art – kann wohl nicht ohne Diffamierung der ursprünglichen Träger vonstattengehen; das muss noch nicht einmal in übler Gesinnung geschehen, sondern erfordert fast zwingend die Idee der Transformation, Modifikation und Adaption der Auserwähltheit von A auf B. Wenn die ältesten bekannten Darstellungen von Ecclesia und Synagoga in die Zeit der Karolingerherrschaft fallen, mag es ein Hinweis auf eben diese Problematik der christlich-mittelalterlichen Herrschaftslegitimierung und den damit zusammenhängenden Dingen sein. Wenn man sich die gängige Ikonografie von Ecclesia und Synagoga dahingehend betrachtet, fällt sofort auf, dass es sich auch immer um Herrschaftszeichen, Herrschaftswürde usw. dreht: das Tympanon als Herrschaft über den Erdkreis, das Vexillum, Kronen, gebrochene Stäbe etc. Kirchlicher Machtanspruch und weltlicher Machtanspruch gehen hier fast untrennbar ineinander über, das eine bedingt das andere (Kaiser und Könige als Schutzmacht von Bischöfen und Päpsten – also der Kirche insgesamt –, Bischöfe und Päpste als Königs- und Kaisermacher) – und dieses Moment von Macht, Herrschaftsausübung und Legitimitätsanspruch wird dann im Modus der Kunst u. a. im Sujet von Ecclesia und Synagoga erkennbar.

Geht man über die konkrete Darstellung noch einen Schritt hinaus und fragt sich nach Ursprung, Sinn und Verständnismöglichkeit von Judenhass (in Geschichte und Gegenwart) überhaupt, in welchem Feld wie gesehen mitunter die Gattung von Ecclesia und Synagoga auftritt, kommt man bald auf die Ebene der Psychologie. In der Bibel selbst gibt es einige Passagen, die von Ressentiment, Übertragung, „Schatten" zeugen, und diese Gefühle von Ressentiment waren und sind bedauerlicherweise eine üppig sprudelnde Quelle von Gewalt und Aggression. Das Problem besteht nun darin: Wenn man auf Gewalt, die aus einem Ressentiment geboren wurde, mit Gegengewalt reagiert, bewegt man sich aller Wahrscheinlichkeit nach in Richtung einer Gewaltspirale, und wie schwer es ist, aus einer solchen wieder herauszukommen, ist leider zur Genüge bekannt. Auch wenn es völlig abgedroschen klingt und sicherlich keine leichte Aufgabe ist: Aber um einen Dialog der Religionen, der vielleicht nicht nur dogmatische Belange thematisiert, sondern möglicherweise auch an die (eigenen) psychologischen Dimensionen rührt, kommt man nicht umhin, wenn man effektiv an einer Reduzierung religiöser Gewalt und ihren teilweise verheerenden Erscheinungsformen und

Begleiterscheinungen arbeiten will.

Als begrüßenswert ist es zu erachten, dass man sich mittlerweile dazu entschlossen hat, die Figuren von Ecclesia und Synagoga sowohl als Kopien am Fürstenportal wie auch in Form der Originale an den südlichen Chorschranken des Ostchors im Bamberger Dom zu belassen. Auch wenn eine Entfernung der Figuren in welcher Form auch immer sicherlich kein klassischer Akt von Ikonoklasmus ist, so kann man dies doch als eine Vorstufe hierzu auffassen, was wiederum neue Probleme aufwürfe und die Gefahr von Ressentimentbildung im Raum stünde.

Es gibt zweifellos Fälle von Ecclesia und Synagoga-Darstellungen, die offen judenfeindlich und antijudaistisch sind. Letzteres lässt sich aber tatsächlich nicht für das Bamberger Paar behaupten, und zumindest die Einbettung in das ikonografische Gesamtkonzept beider Figuren am Fürstenportal macht deutlich, wie differenziert und polyvalent diese Bamberger Skulpturen sind. Auch Jochum, der sich in seinem Buch nicht immer freundlich über verschiedene Beispiele von Ecclesia und Synagoga äußert, bescheinigt dem Bamberger Beispiel: „Ebenso adelig [wie das Straßburger Paar] und hoheitsvoll wirken die Figuren von Ecclesia und Synagoga des Bamberger Doms, ebenfalls um 1225-1230, wo das Jüngste Gericht dargestellt ist. In den Gewänden befinden sich die zwölf Apostelfiguren, die auch hier als Ausdruck der altkirchlichen Concordia Veteris et Novi Testamenti auf den Schultern der Propheten stehen. Mit der Vorstellung des Gerichts ist in der Monumentalkunst dieser Epoche meistens auch die Vorstellung der Ecclesia universalis verbunden. Alle Gestalten sind in dieser Sicht Sinnbilder der Heilszeit von Urbeginn der Welt bis zu ihrer Vollendung bei der Widerkunft des Herren, der Majestas Domini. Deswegen wird hier die feindselige Disputation [der Altercatio] und die sonst so phantasiereiche Diffamierung der Synagoga in den bedeutenden Werken dieser ersten Hälfte des 13. Jahrhunderts vermieden. Das Ende bedeutet für Synagoga nicht Gericht, sondern Erkennen des Messias und damit endgültige Rettung. Die Hoheit und Ebenbürtigkeit beider Figuren ist mit dem Stil der Monumentalkunst des 13. Jahrhunderts, aber auch mit der Einstellung der Staufer zu den Juden zu erklären. Bei aller Sympathie des Meisters und auch des Betrachters für die Schönheit, die edle Herkunft und die tragische Größe der Synagoga bleibt die große Differenz der beiden ‚Schwestern', die durch die objektiven Attribute in die Monumentalplastik eingetragen werden. Und dennoch sind die beiden Figuren, in dieser klassischen staufischen Vollendung auf den Boden allgemeinmenschlicher Erfahrung gestellt, sowohl rivalisierendes Paar als auch Glieder einer höheren, göttlichen Ordnung."[323]

297 Vgl. hierzu etwa Mahlmann, Theodor: „Ecclesia semper reformanda“. Eine historische Aufarbeitung, in: Johansson, Torbjörn/Kolb, Robert/Steiger, Johann Anselm (Hrsg.): Hermeneutica Sacra. Studien zur Auslegung der Heiligen Schrift im 16. und 17. Jahrhundert, Berlin 2010, S. 382-441.

298 Vgl. hierzu etwa Keppler, Cornelius/Pech, Justinus C. (Hrsg.): Zeitgenössische Kirchenverständnisse. Acht ekklesiologische Porträts, Heiligenkreuz 2014, ebenso Simonis, Walter: Die Kirche Christi. Ekklesiologie, Düsseldorf 2005.

299 https://www.vatican.va/archive/hist_councils/ii_vatican_council/documents/vat-ii_decl_19651028_nostra-aetate_ge.html.

300 Nostra Aetate: „Wie die Schrift bezeugt, hat Jerusalem die Zeit seiner Heimsuchung nicht erkannt (9), und ein großer Teil der Juden hat das Evangelium nicht angenommen, ja nicht wenige haben sich seiner Ausbreitung widersetzt (10). Nichtsdestoweniger sind die Juden nach dem Zeugnis der Apostel immer noch von Gott geliebt um der Väter willen; sind doch seine Gnadengaben und seine Berufung unwiderruflich (11). Mit den Propheten und mit demselben Apostel erwartet die Kirche den Tag, der nur Gott bekannt ist, an dem alle Völker mit einer Stimme den Herrn anrufen und ihm „Schulter an Schulter dienen“ (Soph 3,9) (12).

301 Nostra Aetate: „Da also das Christen und Juden gemeinsame geistliche Erbe so reich ist, will die Heilige Synode die gegenseitige Kenntnis und Achtung fördern, die vor allem die Frucht biblischer und theologischer Studien sowie des brüderlichen Gespräches ist.“

302 Nostra Aetate: „Obgleich die jüdischen Obrigkeiten mit ihren Anhängern auf den Tod Christi gedrungen haben (13), kann man dennoch die Ereignisse seines Leidens weder allen damals lebenden Juden ohne Unterschied noch den heutigen Juden zur Last legen.“

303 Nostra Aetate: „Gewiß ist die Kirche das neue Volk Gottes, trotzdem darf man die Juden nicht als von Gott verworfen oder verflucht darstellen, als wäre dies aus der Heiligen Schrift zu folgern. Darum sollen alle dafür Sorge tragen, daß niemand in der Katechese oder bei der Predigt des Gotteswortes etwas lehre, das mit der evangelischen Wahrheit und dem Geiste Christi nicht im Einklang steht.“

304 Nostra Aetate: „Im Bewußtsein des Erbes, das sie mit den Juden gemeinsam hat, beklagt die Kirche, die alle Verfolgungen gegen irgendwelche Menschen verwirft, nicht aus politischen Gründen, sondern auf Antrieb der religiösen Liebe des Evangeliums alle Haßausbrüche, Verfolgungen und Manifestationen des Antisemitismus, die sich zu irgendeiner Zeit und von irgend jemandem gegen die Juden gerichtet haben. Auch hat ja Christus, wie die Kirche immer gelehrt hat und lehrt, in Freiheit, um der Sünden aller Menschen willen, sein Leiden und seinen Tod aus unendlicher Liebe auf sich genommen, damit alle das Heil erlangen. So ist es die Aufgabe der Predigt der Kirche, das Kreuz Christi als Zeichen der universalen Liebe Gottes und als Quelle aller Gnaden zu verkünden.“

305 Außerhalb der monotheistischen Religionen spielt v. a. im Buddhismus das Thema der Versöhnung eine maßgebliche Rolle, vgl. hierzu etwa Reichle, Verena: Die Grundgedanken des Buddhismus, Frankfurt 2003.

306 Vgl. hierzu etwa Mt 19,30: „So werden die Letzten die Ersten sein und die Ersten die Letzten“, wie auch Lk 6,20ff.: „Selig seid ihr Armen; denn das Reich Gottes ist euer. Selig seid ihr, die ihr jetzt hungert; denn ihr sollt satt werden. Selig seid ihr, die ihr jetzt weint; denn ihr werdet lachen. […] Aber dagegen: Weh euch Reichen! Denn ihr habt euren Trost schon gehabt. Weh euch, die ihr jetzt satt seid! Denn ihr werdet hungern. Weh euch, die ihr jetzt lacht! Denn ihr werdet weinen und klagen.“

307 Vgl. hierzu etwa Yerkes, Royden Kieth: Sacrifice in Greek and Roman Religions and Early Judaism, New York 1952, S. 253.

308 Gen 37-50.

309 Vgl. hierzu Gen 50,14 ff.

310 Gen 2,16 f.

311 Gen 3,1 ff.

312 Gen 3,14 ff.: „Da sprach Gott, der HERR, zur Schlange: Weil du das getan hast, bist du verflucht unter allem Vieh und allen Tieren des Feldes. Auf dem Bauch wirst du kriechen und Staub fressen alle Tage deines Lebens. Und Feindschaft setze ich zwischen dir und der Frau, zwischen deinem Nachkommen und ihrem Nachkommen. Er trifft dich am Kopf und du triffst ihn an der Ferse. Zur Frau sprach er: Viel Mühsal bereite ich dir und häufig wirst du schwanger werden. Unter Schmerzen gebierst du Kinder. Nach deinem Mann hast du Verlangen und er wird über dich herrschen. Zum Menschen sprach er: Weil du auf die Stimme deiner Frau gehört und von dem Baum gegessen hast, von dem ich dir geboten hatte, davon nicht zu essen, ist der Erdboden deinetwegen verflucht. Unter Mühsal wirst du von ihm essen alle Tage deines Lebens. 18 Dornen und Disteln lässt er dir wachsen und die Pflanzen des Feldes wirst du essen. Im Schweiße deines Angesichts wirst du dein Brot essen, bis du zum Erdboden zurückkehrst; denn von ihm bist du genommen, Staub bist du und zum Staub kehrst du zurück. Der Mensch gab seiner Frau den Namen Eva, Leben, denn sie wurde die Mutter aller Lebendigen. Gott, der HERR, machte dem Menschen und seiner Frau Gewänder von Fell und bekleidete sie damit. Dann sprach Gott, der HERR: Siehe, der Mensch ist wie einer von uns geworden, dass er Gut und Böse erkennt. Aber jetzt soll er nicht seine Hand ausstrecken, um auch noch vom Baum des Lebens zu nehmen, davon zu essen und ewig zu leben. Da schickte Gott, der HERR, ihn aus dem Garten Eden weg, damit er den Erdboden bearbeite, von dem er genommen war. Er vertrieb den Menschen und ließ östlich vom Garten Eden die Kerubim wohnen und das lodernde Flammenschwert, damit sie den Weg zum Baum des Lebens bewachten.“

313 Dieses Verhältnis ist komplexer, als es auf den ersten Blick erscheint: Gott spricht sein Gebot samt der zu erwartenden Sanktion bei Zuwiderhandlung des Gebotes aus; die Menschen verstoßen gegen das Gebot und müssen nun Gottes Strafe verbüßen; sie fällt aber anders aus als erwartet: Der Tod, der als Strafe von Gott bei Verletzung des Gebotes verhängt ist, wird modifiziert, dergestalt, dass die Menschen nicht sofort sterben, sondern grundsätzlich sterblich werden, was sie vorher nicht waren. Insofern erweist sich Gott den Menschen gegenüber gnädig, zumal mit dieser Sterblichkeit die Option seitens Gottes verbunden ist, dass die Menschen trotzdem noch zu Gottes Nähe und Freundschaft eingeladen sind, allerdings müssen sie ihre bösen Wege dann ändern. Gott verzeiht also modal den Sündenfall, indem er die ursprüngliche Strafe in gnädiger Weise modifiziert, doch die Schuld der Ursünde bleibt über dem Menschengeschlecht, es muss, um Gottes Gnade wirklich teilhaftig zu werden, das Mosaische Gesetz halten bzw. an Jesus Christus und sein Erlösungswerk glauben und entsprechende gute Taten vollbringen. Aber grundsätzlich ist Gott gnädig und menschenfreundlich, allerdings unter der Bedingung, dass die bleibende Sünde seitens des Menschen irgendwie wieder gutgemacht werden soll, wofür das Juden- und Christentum prinzipiell ähnliche, in concreto dann aber doch unterschiedliche Heilswege empfehlen, was, sofern dies glücklich verlaufen ist, von Gott mit dann unbedingter Gnade gesühnt, versöhnt und verziehen wird.

314 Kains Neid bzw. Ressentiment bezüglich seines Bruders Abel manifestiert sich im biblischen Befund anlässlich einer Opfergabe beider Brüder an Gott יהוה, der die beiden Opfergaben sehr unterschiedlich qualifiziert: „Der Mensch erkannte Eva, seine Frau; sie wurde schwanger und gebar Kain. Da sagte sie: Ich habe einen Mann vom HERRN erworben. Sie gebar ein zweites Mal, nämlich Abel, seinen Bruder. Abel wurde Schafhirt und Kain Ackerbauer. Nach einiger Zeit brachte Kain dem HERRN eine Gabe von den Früchten des Erdbodens dar; auch Abel brachte eine dar von den Erstlingen seiner Herde und von ihrem Fett. Der HERR schaute auf Abel und seine Gabe, aber auf Kain und seine Gabe schaute er nicht. Da überlief es Kain ganz heiß und sein Blick senkte sich. Der HERR sprach zu Kain: Warum überläuft es dich heiß und warum senkt sich dein Blick? Ist es nicht so: Wenn du gut handelst, darfst du aufblicken; wenn du nicht gut handelst, lauert an der Tür die Sünde. Sie hat Verlangen nach dir, doch du sollst über sie herrschen. Da redete Kain mit Abel, seinem Bruder. Als sie auf dem Feld waren, erhob sich Kain gegen Abel, seinen Bruder, und tötete ihn.“ (Gen 4,1 ff.)

315 Gen 4,9 ff.

316 Gen 4,13 ff.

317 Gen 6,5 ff.

318 „Dies ist's, was Jesaja, der Sohn des Amoz, geschaut hat über Juda und Jerusalem: Es wird zur letzten Zeit der Berg, da des HERRN Haus ist, fest stehen, höher als alle Berge und über alle Hügel erhaben, und alle Heiden werden herzulaufen, und viele Völker werden hingehen und sagen: Kommt, lasst uns auf den Berg des HERRN gehen, zum Hause des Gottes Jakobs, dass er uns lehre seine Wege und wir wandeln auf seinen Steigen! Denn von Zion wird Weisung ausgehen und des HERRN Wort von Jerusalem. Und er wird richten unter den Heiden und zurechtweisen viele Völker. Da werden sie ihre Schwerter zu Pflugscharen und ihre Spieße zu Sicheln machen. Denn es wird kein Volk wider das andere das Schwert erheben, und sie werden hinfort nicht mehr lernen, Krieg zu führen. Kommt nun, ihr vom Hause Jakob, lasst uns wandeln im Licht des HERRN!“

319 Gen 15,18 ff.

320 Dass mit der Inkraftsetzung des Mosaischen Gesetzes zugleich auch, wie es später Paulus u. a. im Römerbrief ausführt (vgl. herzu Röm 5,12 ff.), die Sünde einen neuen und virulenten Stellenwert erhalten wird, ist in der inneren Logik der Bibel folgerichtig, aber als eine solche Folge zweifellos im Kontext der Sinai-Offenbarung nicht intendiert. Der sachliche Schwerpunkt dieser Passage liegt klar auf dem positiven Heilswillen Gottes in Bezug auf sein auserwähltes Volk, das mit dem Rüstzeug des Mosaischen Gesetzes, so zumindest die offenbare Idee hierbei im Alten Testament, den Willen Gottes erfüllen und damit seine eigene (von Gott gewollte) Gottgefälligkeit effektiv und fruchtbar befördern kann. Dass dies dann nolens volens auch ambivalente Konsequenzen im Lauf der Geschichte, wie sie die Bibel erzählt, hatte, zeigt sich bereits im Alten Testament selbst (nicht zuletzt bei den Propheten), wird aber als unfreiwilliger „Kollateralschaden“ verstanden werden dürfen, der aus sich selbst heraus das Desiderat zu einem erneuten Anlauf hinsichtlich des Heils Israels entlässt, wie es dann sehr klar etwa bei Jesaja, Jeremia, Hesekiel oder auch Amos ersichtlich wird (und woran dann später auch in verschiedener Hinsicht die Texte des Neuen Testamentes anknüpfen werden).

321 Mt 5, 23 f. („Ἐὰν οὖν προσφέρῃς τὸ δῶρόν σου ἐπὶ τὸ θυσιαστήριον κἀκεῖ μνησθῇς ὅτι ὁ ἀδελφός σου ἔχει τι κατὰ σοῦ, ἄφες ἐκεῖ τὸ δῶρόν σου ἔμπροσθεν τοῦ θυσιαστηρίου καὶ ὕπαγε πρῶτον διαλλάγηθι τῷ ἀδελφῷ σου, καὶ τότε ἐλθὼν πρόσφερε τὸ δῶρόν σου.“ Die griechische Vokabel für „versöhnen“ lautet in dieser Perikope „διαλλάσσομαι“ und bedeutet „Frieden machen“, „einen Wandel im Verhältnis zu X herbeiführen“. Es ist eine durch das Präfix „διά“ intensivierte Form des Verbs „ἀλλάσσω“, das seiner Grundbedeutung nach so viel wie „ändern“, „verändern“, „wechseln“, „(aus)tauschen“ oder auch „(um)wandeln“ bedeutet. Im Bibeltext ist damit gemeint, dass das bislang schlechte Verhältnis zum eigenen Bruder – damit ist der religiöse, der Glaubensbruder angesprochen – dann geändert und optimalerweise in sein Gegenteil verwandelt werden soll, wenn man sich auf den Weg zu einer religiösen, kultisch-rituellen Praxis befindet. Der Kontext ist insofern bezeichnend, als an dieser Stelle klar wird, dass die zwischenmenschliche Versöhnung zumal und im Besonderen im Rahmen des Religiösen statthat, in dem Rahmen also, in dem Gott bereits durch seine Vorleistung in Sachen „Versöhnung“ aktiv geworden ist und damit die faktische Realisierungsmöglichkeit zu diesem Tun bereitgestellt hat.)

322 Vgl. hierzu etwa Mt 5,27 ff.

323 Jochum, Herbert: Ecclesia und Synagoga. Das Judentum in der christlichen Kunst, Ottweiler 1993, S. 15 f.

Literaturverzeichnis

Adam, Klaus-Peter: Saul und David in der judäischen Geschichtsschreibung. Studien zu 1 Samuel 16-2 Samuel 5, Tübingen 2007.

Abt Suger von Saint-Denis: Ausgewählte Schriften. Ordinatio. De consecratione. De administratione, hrsg. v. Andreas Speer u. Günther Binding, Darmstadt 2005.

Albrecht, Stephan: Das Portal als Ort der Transformation. Ein neuer Blick auf das Bamberger Fürstenportal, in: Albrecht, Stephan (Hrsg.): Der Bamberger Dom im europäischen Kontext, Bamberg 2015, S. 243-289.

Alt, Peter-André: Sigmund Freud. Der Arzt der Moderne. Eine Biographie, München 2016.

Alte Folge TUAT 1, Gütersloh 1982.

Araujo, Saulo de Freitas: Wundt and the Philosophical Foundations of Psychology. A Reappraisal, New York 2016.

Assmann, Jan: Monotheismus und die Sprache der Gewalt, Wien 2009.

Aurelius Augustinus: Was ist Zeit? Confessiones XI/Bekenntnisse 11, latein-deutsch, hrsg. v. Norbert Fischer, Hamburg 2009.

Baby-Pabion, Marcelle: L'Art médiéval en France, Saint-Denis 2016.

Bachmann, Michael: Das Freiburger Münster und seine Juden. Historische, ikonographische und hermeneutische Beobachtungen, Regensburg 2017.

Ballauf, Friedrich: Die psychologische Grundlage von Herbarts praktischer Philosophie, Aurich 1893.

Balthasar, Hans Urs von: Apokatastasis, Freiburg/Breisgau 1999.

Balthasar, Hans Urs von: Was dürfen wir hoffen?, Einsiedeln 1989.

Barta, Winfried: Untersuchungen zur Göttlichkeit des regierenden Königs. Ritus und Sakralkönigtum in Altägypten nach Zeugnissen der Frühzeit und des Alten Reiches, München/Berlin 1975.

Beavis, Mary Ann: Jesus & Utopia: Looking for the Kingdom of God in the Roman World, Augsburg 2006.

Becher, Matthias: Das Kaisertum Karls des Großen zwischen Rückbesinnung und Neuerung, in: Leppin, Hartmut/Schneidmüller, Bernd/Weinfurter, Stefan (Hrsgg.): Kaisertum im ersten Jahrtausend, Regensburg 2012.

Begrich, Joachim Friedrich: Berit. Ein Beitrag zur Erfassung einer alttestamentlichen Denkform, in: ZAW 60, 1944.

Bellinger, Gerhard J.: Knaurs Lexikon der Mythologie, München 1999.

Berlin, Isaiah: Freiheit. Vier Versuche, Frankfurt am Main 2000.

Bernet, Claus: Gebaute Apokalypse. Die Utopie des Himmlischen Jerusalem in der Frühen Neuzeit, Mainz 2007.

Bernhardt, Johannes Christian: Die jüdische Revolution. Untersuchungen zu Ursachen, Verlauf und Folgen der hasmonäischen Erhebung, Berlin/Boston 2017.

Bernhard von Clairvaux, Sämtliche Werke, lateinisch/deutsch, hrsg. v. Gerhard B. Winkler, Band V, Innsbruck 1994.

Bickerman, Elias J.: The Jews in the Greek Age, Cambridge (Mass./USA)/London 1988.

Binding, Günther: Maßwerk, Darmstadt 1989.

Blickle, Peter: Der Bauernkrieg. Die Revolution des Gemeinen Mannes, München 2012.

Blümle, Claudia: Das Lebende Kreuz. Eine Bildgattung an der Schwelle von Souveränität und Imaginärem, in: Heiden, Anne van der (Hrsg.): Per imaginem. Bildlichkeit und Souveränität, Zürich 2005.

Bormann, Lukas: Der Menschensohn und die Entstehung der Christologie, in Bormann, Lukas (Hrsg.): Neues Testament. Zentrale Themen, Neukirchen-Vluyn 2014.

Bracht, Katharina/Toit, David S. du (Hrsgg.): Die Geschichte der Daniel-Auslegung in Judentum, Christentum und Islam. Studien zur Kommentierung des Danielbuches in Literatur und Kunst, Berlin 2007.

Brandl, Heiko: Die Paradiesvorhalle am Magdeburger Dom. Baugeschichte und Restaurierung (Kleine Hefte zur Denkmalpflege 6), Langenweißbach 2017.

Brandl, Heiko: Die Skulpturen des 13. Jahrhunderts im Magdeburger Dom. Zu den Bildwerken der Älteren und Jüngeren Werkstatt, Halle/Saale 2009.

Braun, Joseph: Die liturgische Gewandung im Occident und Orient. Nach Ursprung und Entwicklung, Verwendung und Symbolik, Freiburg 1924.

Brodersen, Kai: Ich bin Spartacus. Aufstand der Sklaven gegen Rom, Darmstadt 2010.

Brönner, Wolfgang (Hrsg.): Das Südportal des Wormser Doms, Worms 1999.

Bruinier, Thomas: Die „Judensau". Zu einem Symbol des Judenhasses und seiner Geschichte, in: Forum Religion, Stuttgart 1995, 4.

Bußler, Wolfgang: Ecclesia und Synagoga und der Mönchengladbacher Tragaltar. Judentum und Christentum in Kunst und Kirche, Mainz 2021.

Carozzi, Claude: Weltuntergang und Seelenheil. Apokalyptische Visionen im Mittelalter, Frankfurt am Main 1996.

Cook, John Granger: Crucifixion in the Mediterranean World, Tübingen 20192.

Demandt, Alexander: Pontius Pilatus, München 2012.

Die Bekenntnisse des heiligen Augustinus, übers. u. hrsg. v. Otto F. Lachmann, Wiesbaden 2008.

Dirkens, Alain: Krönung, Salbung und Königsherrschaft im karolingischen Staat und in den auf ihn folgenden Staaten, in: Mario Kramp (Hrsg.): Krönungen. Könige in Aachen – Geschichte und Mythos, 2 Bde., Zabern/Mainz 2000, Bd. I.

Eder, Franz X.: Eros, Wollust, Sünde. Sexualität in Europa von der Antike bis in die Frühe Neuzeit, Frankfurt am Main 2018.

Edzard, Dietz-Otto: Geschichte Mesopotamiens, München 2004.

Exeler, Adolf/Mette, Norbert: Theologie des Volkes, Mainz 1978.

Feldmann, Hans-Christian: Bamberg und Reims. Die Skulpturen 1220-1250. Zur Entwicklung von Stil und Bedeutung der Skulpturen in dem unter Bischof Ekbert (1203-1237) errichteten Neubau des Bamberger Doms unter besonderer Berücksichtigung der Skulpturen an Querhaus und Westfassade der Kathedrale von Reims, Ammersbek bei Hamburg 1992.

Finkelstein, Israel/Silberman, Neil Asher: Keine Posaunen vor Jericho. Die archäologische Wahrheit über die Bibel, München 2002.

Fischer, Thomas: Seleukiden und Makkabäer, Bochum 1980.

Fleckenstein, Josef: Problematik und Gestalt der ottonisch-salischen Reichskirche, in: Schmid, Karl (Hrsg.): Reich und Kirche vor dem Investiturstreit, Sigmaringen 1985.

Fleckenstein, Josef/Schmid, Karl (Hrsg.): Adel und Kirche. Festschrift für Gerd Tellenbach, Freiburg 1968.

Förg, Florian: Die Jahwe-Königspsalmen und die Apokalyptik, Münster 2012.

Förster, Niclas: Jesus und die Steuerfrage. Die Zinsgroschenperikope auf dem religiösen und politischen Hintergrund ihrer Zeit mit einer Edition von Pseudo-Hieronymus, De haeresibus Judaeorum, Tübingen 2012.

Frede, Hermann Josef: Kirchenschriftsteller. Verzeichnis und Sigel, Freiburg 1995.

Friedenberg, Jay/Silverman, Gordon: Cognitive Science. An Introduction to the Study of Mind, Thousand Oaks 2006.

Frodl-Kraft, Eva: Die Glasmalerei. Entwicklung, Technik, Eigenart, Wien u. a. 1970.

Füssel, Marian/Weller, Thomas (Hrsg.): Ordnung und Distinktion. Praktiken sozialer Repräsentation in der ständischen Gesellschaft, Münster 2005.

Geitz, Eckhard/Vater, Christian/Zimmer-Merkle, Silke: Black Boxes. Bausteine und Werkzeuge zu ihrer Analyse. Einleitung, in: Geitz, Eckhard/Vater, Christian/Zimmer-Merkle, Silke (Hrsg.): Black Boxes – Versiegelungskontexte und Öffnungsversuche. Interdisziplinäre Perspektiven, Berlin 2020.

Giesen, Heinz: Herrschaft Gottes – heute oder morgen? Zur Heilsbotschaft Jesu und der synoptischen Evangelien, Regensburg 1995.

Girardet, Klaus M.: Der Kaiser und sein Gott. Das Christentum im Denken und in der Religionspolitik Konstantins des Großen, Berlin 2010.

Goez, Werner: Translatio Imperii. Ein Beitrag zur Geschichte des Geschichtsdenkens und der politischen Theorien im Mittelalter und in der frühen Neuzeit, Tübingen 1958.

Greshake, Gisbert (Hrsg.): Ungewisses Jenseits. Himmel, Hölle, Fegefeuer, Düsseldorf 1986.

Haag, Ernst: Das hellenistische Zeitalter. Israel und die Bibel im 4. bis 1. Jahrhundert v. Chr., Stuttgart 2003.

Hagin, Kenneth E.: Die Salbung, Augsburg 20064.

Harlaut, Yann: Naissance d'un mythe. L'Ange au Sourire de Reims, Langres 2008.

Hartleitner, Walter: Zur Polychromie der Bamberger Domskulptur, Bamberg 2011.

Hengel, Martin/Mittmann, Siegfried/Schwemer, Anna Maria (Hrsg.): La Cité de Dieu. Die Stadt Gottes, Tübingen 2000.

Hödl, Hans Gerald: Der Begriff des Ressentiments als Kategorie kulturwissenschaftlicher Analyse. Ansatzpunkte bei Nietzsche, Scheler und Freud, in: Dietzsch, Steffen/Terne Claudia (Hrsg.): Nietzsches Perspektiven. Denken und Dichten in der Moderne, Berlin/Boston 2014.

Hofmann, Werner/Andraschek-Holzer, Ralph/Cerveny, Wilhelm: Die Steinerne Bibel. Die Rätsel von Schöngrabern. Ein Fragment, Weitra 2017.

Horsley, Richard A.: Jesus and Empire: The Kingdom of God and the New World Disorder, Augsburg/US 2002.

Hubel, Achim: Die jüngere Bildhauerwerkstatt des Bamberger Doms. Überlegungen zur Erzählform und zur Deutung der Skulpturen, in: Grasser, Stephan (Hrsg.): Architektur und Monumentalskulptur des 12.-14. Jahrhunderts. Produktion und Rezeption. Festschrift für Peter Kurmann zum 65. Geburtstag, Bern 2006.

Hutton, Ronald: The Witch. A History of Fear, from Ancient Times to the Present. Yale 2018.

Janowski, Bernd: Der eine Gott der beiden Testamente. Grundfragen einer Biblischen Theologie. Peter Stuhlmacher zum 65. Geburtstag, in: ZThK 1998, 95/1.

Joachim von Fiore: Concordantia Novi ac Veteris Testamenti, hrsg. v. Alexander Patschovsky, 4 Bde., Wiesbaden 2017.

Jochum, Herbert: Ecclesia und Synagoga. Das Judentum in der christlichen Kunst, Ottweiler 1993.

Jung, Carl Gustav: Archetypen, München 1990.

Kastner, Birgit: Should the sculpture of Synagoga at Bamberg Cathedral be removed? Considerations and approaches to the problem of anti-Jewish images in a Christian church, in: Foster, Elisa/Kittler, Teresa/Marchand, Eckart/Payne, Emma (Hrsg.): Sculpture Journal, Volume 32, Liverpool 2022.

Kaufmann, Walter Arnold: Nietzsche. Philosoph – Psychologe – Antichrist, Darmstadt 1988.

Kaul, Flemming: Der Mythos von der Reise der Sonne. Darstellungen auf Bronzegegenständen der späten Bronzezeit, in: Gold und Kult der Bronzezeit, Nürnberg 2003.

Keilmann, Burkard: Bewahrung im Umbruch. Zum historischen Kontext des gotischen Portals, in: Brönner, Wolfgang (Hrsg.): Das Südportal des Wormser Doms, Worms 1999.

Keppler, Cornelius/Pech, Justinus C. (Hrsgg.): Zeitgenössische Kirchenverständnisse. Acht ekklesiologische Porträts, Heiligenkreuz 2014.

Klausnitzer, Wolfgang: Wider die Vereinfacher. Zum Figurenpaar „Synagoge" und „Ecclesia" im Dom zu Bamberg, in: KNA ÖKI 38, 15. September 2020.

Kluge, Sonja Ulrike: Kathedrale des Kosmos. Die heilige Geometrie von Chartres, Bad Honnef 20052.

Konrad, Robert: Das himmlische und das irdische Jerusalem im mittelalterlichen Denken, in: Bauer, Clemens/Boehm, Laetitia/Müller, Max (Hrsgg.): Speculum Historiale. Geschichte im Spiegel von Geschichtsschreibung und Geschichtsdeutung, Freiburg u. a. 1965.

Krummer-Schroth, Ingeborg: Geschichte und Einordnung der Skulpturen, in: Hart, Wolf: Die Skulpturen des Freiburger Münsters, Freiburg/Breisgau 19993.

Krusche, Marcel: Göttliches und irdisches Königtum in den Psalmen, Tübingen 2019.

Kutsch, Ernst: Salbung als Rechtsakt im Alten Testament und im Alten Orient, Beihefte zur Zeitschrift für die Alttestamentliche Wissenschaft, hrsg. v. Georg Fohrer, Nr. 87, Berlin 1963.

Kurmann, Peter: Zur Vorstellung des Himmlischen Jerusalem und zu den eschatologischen Perspektiven in der Kunst des Mittelalters, in: Ende und Vollendung. Eschatologische Perspektiven im Mittelalter, hrsg. v. Jan A. Aertsen u. Martin Pickavé, Berlin/New York 2002.

Laak, Werner von: Allversöhnung. Die Lehre von der Apokatastasis. Ihre Grundlegung durch Origenes und ihre Bewertung in der gegenwärtigen Theologie bei Karl Barth und Hans Urs von Balthasar, Sinzig 1990.

Labourdette, Régis: L'empreinte de la grâce dans l'Église et la Synagogue de Strasbourg, in: Bulletin de l'Association Guillaume Budé. Lettres d'humanité, n°53, décembre 1994.

Lau, Dieter: Origenes tropologische Hermeneutik und die Wahrheit des biblischen Wortes. Ein Beitrag zu den Grundlagen der altchristlichen Bibelexegese, Frankfurt am Main 2016.

Le Goff, Jacques: La Civilisation de l'Occident médiéval, Paris 1977.

Lenz, Arnher E./Mueller, Volker (Hrsg.): Darwin, Haeckel und die Folgen. Monismus in Vergangenheit und Gegenwart, Neustadt am Rübenberge 2006.

Libera, Alain de: Denken im Mittelalter, München 2003.

Liebesschütz, Hans: Synagoge und Ecclesia. Religionsgeschichtliche Studien über die Auseinandersetzung der Kirche mit dem Judentum im Hochmittelalter, Heidelberg 1983.

Llanque, Marcus: Politische Ideengeschichte – ein Gewebe politischer Diskurse. Oldenbourg, München/Wien 2008.

Lubac, Henri de: Typologie, Allegorie, geistiger Sinn – Studien zur Geschichte der christlichen Schriftauslegung, Freiburg/Breisgau 1999.

Lück, Helmut E.: Geschichte der Psychologie, Stuttgart 19962.

Mahlmann, Theodor: „Ecclesia semper reformanda". Eine historische Aufarbeitung, in: Johansson, Torbjörn/Kolb, Robert/Steiger, Johann Anselm (Hrsgg.): Hermeneutica Sacra. Studien zur Auslegung der Heiligen Schrift im 16. und 17. Jahrhundert, Berlin 2010.

Meister Eckhart: Die deutschen und lateinischen Werke, hrsg. im Auftrage der deutschen Forschungsgemeinschaft, Stuttgart 1936 ff., Deutsche Werke III.

Menke, Karl-Heinz: Stellvertretung. Schlüsselbegriff christlichen Lebens und theologische Grundkategorie, Freiburg/Breisgau 1997.

Merklein, Helmut: Jesu Botschaft von der Gottesherrschaft, Stuttgart 19892.

Mill, John Stuart: Über die Freiheit, Stuttgart 2013.

Mills, Watson E.: Jesus' Teachings on the Kingdom. Bibliographies on the life and teachings of Jesus, Lewiston 2002.

Möhring, Hannes: König der Könige. Der Bamberger Reiter in neuer Interpretation, Königstein im Taunus 2004.

Molthagen, Joachim: Der römische Staat und die Christen im zweiten und dritten Jahrhundert, Göttingen 1975.

Moltmann, Jürgen: Der Weg Jesu Christi. Christologie in messianischen Dimensionen, Gütersloh 1989.

Moreau, Jacques: Die Christenverfolgung im Römischen Reich, Berlin 1971.

Müller, Rainer: Das Chorgestühl des Erfurter Doms. Überlegungen zu seiner Ikonographie und zur Architektur des Hohen Chores, in: Das Chorgestühl des Erfurter Doms. Arbeitsheft des Thüringischen Landesamtes für Denkmalpflege, Neue Folge 20.1, Erfurt 2003.

Neuber, Matthias (Hrsg.): Fiktion und Fiktionalismus. Beiträge zu Hans Vaihingers „Philosophie des Als Ob", Würzburg 2014.

Neymeyr, Barbara/Sommer, Andreas Urs (Hrsgg.): Nietzsche als Philosoph der Moderne, Heidelberg 2012.

Nietzsche, Friedrich: Sämtliche Werke. Kritische Studienausgabe in 15 Bänden, hrsg. v. Giorgio Colli u. Mazzino Montinari, übers. v. Ragni Maria Gschwend, München 2009 (KSA).

Nigel Hillgarth, Jocelyn (Hrsg.): Altercatio Ecclesiae et Synagogae, Turnhout 1999.

Noth, Martin: Die Einnahme von Jerusalem im Jahre 597 v. Chr., in: Zeitschrift des Deutschen Palästina-Vereins 74/2 (1958).

Nyström, David E.: The apology of Justin Martyr: Literary Strategies and the Defence of Christianity, Tübingen 2018.

Oehl, Benedikt: Die Altercatio Ecclesiae et Synagogae. Ein antijudaistischer Dialog der Spätantike, Bonn 2012.

Oswald, Wolfgang: Staatstheorie im Alten Israel. Der politische Diskurs im Pentateuch und in den Geschichtsbüchern des Alten Testaments, Stuttgart 2009.

Palazzo, Éric: Le Moyen Âge des origines au XIIIe siècle. Histoire des livres liturgiques, Paris 1993.

Pröpper, Thomas: Erlösungsglaube und Freiheitsgeschichte. Eine Skizze zur Soteriologie, München 1985.

Riedl, Matthias: Joachim von Fiore. Denker der vollkommenen Menschheit, Würzburg 2004.

Riegl, Alois: Volkskunst, Hausfleiss, und Hausindustrie, Berlin 1894.

Riester, Jutta. Die Menschen Dostojewskis. Tiefenpsychologische und anthropologische Aspekte, Göttingen 2012.

Reeves, Marjorie/Hirsch-Reich, Beatrice: The Figurae of Joachim of Fiore, Oxford 1972.

Reichle, Verena: Die Grundgedanken des Buddhismus, Frankfurt 2003.

Ronig, Franz: Die Trierer Liebfrauenkirche. Architektursymbolik und Figurenzyklus, in: Ehlen, Hans Wilhelm (Hrsg.): „Die Rose neu erblühen lassen …" Festschrift zur Wiedereröffnung der Liebfrauen-Basilika zu Trier, Trier 2011.

Rostovtzeff, Michael: Vexillum and Victory, in: The Journal of Roman Studies, Vol. 32, Teile 1 und 2 (1942).

Roth, Wolfgang: C. G. Jung verstehen. Grundlagen der Analytischen Psychologie, Düsseldorf 2009.

Rowe, Nina: Synagoga Tumbles, a Rider Triumphs. Clerical Viewers and the Fürstenportal of Bamberg Cathedral, in: Gesta 45 (2006).

Rowe, Nina: The Jew, the Cathedral and the Medieval City. Synagoga and Ecclesia in the Thirteenth Century, Cambridge 2011.

Rüterswörden, Udo: Das Königtum im Alten Testament, in: Rebenich, Stefan/Wienand, Johannes (Hrsg.): Monarchische Herrschaft im Altertum, Berlin 2017.

Safranski, Rüdiger: Schopenhauer und die wilden Jahre der Philosophie, München 1987.

Sauerländer, Willibald: Das Königsportal von Chartres. Heilsgeschichte und Lebenswirklichkeit, Frankfurt am Main 1984.

Schmid, Josef J.: Rex Christus – die Tradition der französischen Monarchie als Brücke zwischen Ost und West (5.-19. Jh.), in: Bruns, Peter/Gresser, Georg (Hrsg.): Vom Schisma zu den Kreuzzügen – 1054-1204, Paderborn 2005.

Schmid, Konrad/Schröter, Jens: Die Entstehung der Bibel. Von den ersten Texten zu den heiligen Schriften, München 2019.

Schmidt, Gerhard: Die Armenbibeln des XIV. Jahrhunderts, Graz 1959.

Schnabel, Eckhard: Inspiration und Offenbarung. Die Lehre vom Ursprung und Wesen der Bibel, Wuppertal 1997.

Schneider, Michael: Apokatastasis. Zur neueren dogmatischen Diskussion um die Lehre von der Allversöhnung, Köln 2003.

Schönpflug, Wolfgang: Geschichte und Systematik der Psychologie, Weinheim 20042.

Schreckenberg, Heinz: Die christlichen Adversus-Judaeos-Texte und ihr literarisches und historisches Umfeld (1.-11. Jh.), Frankfurt am Main 1982.

Schreckenberg, Heinz: Die Juden in der Kunst Europas. Ein historischer Bildatlas, Göttingen 1996.

Schubert, Ernst: König und Reich. Studien zur spätmittelalterlichen deutschen Verfassungsgeschichte, Göttingen 1979.

Schuller, Manfred: Das Fürstenportal des Bamberger Domes, Bamberg 1993.

Sebald, Eduard: Das gotische Südportal, in: Brönner, Wolfgang (Hrsg.): Das Südportal des Wormser Doms, Worms 1999.

Sebald, Eduard: Gotisch und romanisch? Das Hauptportal auf der Südseite des Wormser Doms, in: Kohlgraf, Peter/Schäfer, Tobias/Janson, Felicitas (Hrsgg.): Der Dom zu Worms. Krone der Stadt. Festschrift zum 1000-jährigen Weihejubiläum des Doms, Regensburg 2018.

Sedlmeyr, Hans: Die Entstehung der Kathedrale, Graz 1988.

Simonis, Walter: Die Kirche Christi. Ekklesiologie, Düsseldorf 2005.

Sprung, Lothar/Sprung, Helga: Eine kurze Geschichte der Psychologie und ihrer Methoden, München 2010.

Stenger, Werner: Gebt dem Kaiser, was des Kaisers ist! Eine sozialgeschichtliche Untersuchung zur Besteuerung Palästinas in neutestamentlicher Zeit, Königstein 1988.

Studer, Basil: Augustinus. De Trinitate. Eine Einführung, Paderborn 2006.

Suckale, Robert: Die Bamberger Domskulpturen. Technik, Blockbehandlung, Ansichtigkeit und die Einbeziehung des Betrachters, in: Münchner Jahrbuch der Bildenden Kunst, Band 38 (1987).

Taylor, Charles: Negative Freiheit? Zur Kritik des neuzeitlichen Individualismus, Frankfurt am Main 1999.

Thiede, Carsten P.: Der unbequeme Messias. Wer Jesus wirklich war, Gießen 2006.

Toman, Rolf: Die Kunst der Gotik. Architektur – Skulptur – Malerei, Köln 1998.

Ulrich, Wolfgang: Uta von Naumburg. Eine deutsche Ikone, Berlin 2005.

Ussishkin, David/Bachi, Gabriella/Miller, Jared L.: The Renewed Archaeological Excavations at Lachish (1973-1994), 4 Bde., Tel Aviv 2004.

VanDenBossche, Benoit: Straßburg. Das Münster, Regensburg 2001.

Vieweger, Dieter: Archäologie der biblischen Welt, Göttingen 2003.

WA 21946 British Museum (Babylonische Chronik, Nr. 24 [„Nebukadnezar-Chronik“]).

Walde, Alois/Hofmann, Johann Baptist: Lateinisches etymologisches Wörterbuch, Erster Band, 19383.

Weber, Paul: Geistliches Schauspiel und kirchliche Kunst in ihrem Verhältnis erläutert an einer Ikonographie der Kirche und Synagoge. Eine kunsthistorische Studie. Mit 10 Abbildungen in Lichtdruck und 18 Text-Bildern, Stuttgart 1894.

Wolf, Gunther G.: Die Wiener Reichskrone, Wien u. a. 1995.

Yerkes, Royden Kieth: Sacrifice in Greek and Roman Religions and Early Judaism, New York 1952.

Zager, Werner: Bergpredigt und Reich Gottes, Neukirchen-Vluyn 2002.

Zenger, Erich: Einleitung in das Alte Testament, Stuttgart 20045.

Internet-Links

Stand Februar 2023

https://www.digitale-sammlungen.de/de/view/bsb00107516?page=2

https://bistum-regensburg.de/news/zwei-braeute-in-der-kunst-prof-dittscheid-sprach-ueber-die-darstellung-von-christen-und-juden-in-regensburg-7048

https://hdl.handle.net/20.500.11811/5223

https://www.welt.de/wams_print/article2291737/Bamberger-Reiter-war-Koenig-von-Ungarn.html

https://blog.singulart.com/de/2021/02/01/das-raetsel-um-den-bamberger-reiter/

https://www.lkm.uni-konstanz.de/otg/projekte/05_muenster_fr/bilder/5027-3.jpg

https://antikewelt.de/2021/11/26/die-assyrische-eroberung-von-lachisch/

https://www.vatican.va/archive/hist_councils/ii_vatican_council/documents/vat-ii_decl_19651028_nostra-aetate_ge.html

Abbildungsnachweise

Grußwort Dr. Ludwig Schick: Archiv

Abb. 1: Original der Bamberger Ecclesia an den südlichen Schranken des Ostchors im Inneren des Bamberger Doms. Bildnachweis: Diözesanmuseum Bamberg, Foto: Ludmila Kvapilová-Klüsener.

Abb. 2: Original der Bamberger Synagoga an den südlichen Schranken des Ostchors im Inneren des Bamberger Doms. Bildnachweis: Diözesanmuseum Bamberg, Foto: Ludmila Kvapilová-Klüsener.

Abb. 3: Judensau an der Wittenberger Stadtkirche, ca. 1290. Bildnachweis: https://upload.wikimedia.org/wikipedia/commons/6/6e/Judensau_Wittenberg.jpg

Abb. 4: Gedenkplatte von Wieland Schmiedel zur Wittenberger Judensau, 1988. Bildnachweis: https://upload.wikimedia.org/wikipedia/commons/c/c2/Judenmahnmal-Wittenberg.jpg

Abb. 5: Ausschnitt aus dem sogenannten „Zweidlerplan" von 1602, in dem der Bamberger Dom innerhalb einer großen, umfassenden Domburg mit Wehrmauern und Wehrtürmen erkennbar ist. Das Fürstenportal und die Skulpturen von Ecclesia und Synagoga sind auf der vom Betrachter nicht erkennbaren, „hinteren" Seite des Doms Richtung Alte Hofhaltung zu verorten. Bildnachweis: Staatsbibliothek Bamberg, V-B-22, https://www.staatsbibliothek-bamberg.de/article/mit-dem-zweidler-plan-quer-durch-bamberg-online-vortrag/#group-c2014

Abb. 6: Gesamtansicht des Fürstenportals am Bamberger Dom mit den beiden Skulpturen von Ecclesia und Synagoga als Kopie an den Flanken des Tympanos. Bildnachweis: https://upload.wikimedia.org/wikipedia/commons/6/67/Bamberg_Dom_F%C3%BCrstenportal_1.jpg

Abb. 7: Der Philosoph Arthur Schopenhauer in seinem 67. Lebensjahr, frühe Fotografie von Johann Schäfer. Bildnachweis: https://upload.wikimedia.org/wikipedia/commons/b/bc/Arthur_Schopenhauer_by_J_Sch%C3%A4fer%2C_1859b.jpg

Abb. 7a: Dostojewski, Porträt von Wassili Perow aus dem Jahr 1872. Bildnachweis: https://upload.wikimedia.org/wikipedia/commons/9/97/William_Holman_Hunt_-_The_Scapegoat.jpg

Abb. 8: Große O-Initiale des Drogo-Sakramentars mit szenischer Darstellung einer Kreuzigung samt Prophet und Personifizierung der Kirche, der Ecclesia. Bildnachweis: https://upload.wikimedia.org/wikipedia/commons/4/47/Christ_en_croix%2C_sacramentaire_de_Drogon.jpg?uselang=fr

Abb. 9: Lorscher Sakramentar um das Jahr 1000 mit Kreuzigungsdarstellung und Abbildungen von Sonne (links) und Mond (rechts). Bildnachweis: https://upload.wikimedia.org/wikipedia/commons/2/23/Sacramentaire_de_Lorsch_-_Biblioth%C3%A8que_Cond%C3%A9_Ms40_f4_-_Crucifixion.jpg

Abb. 10: Römische Goldmünze mit Kaiser Traian, der einen mit Bändern zusammengehaltenen Lorbeerkranz trägt. Bildnachweis: https://upload.wikimedia.org/wikipedia/commons/b/b7/Traianus_Aureus_90010149.jpg

Abb. 11: Detail im Tympanon des Bamberger Fürstenportals: Deesis-Gruppe mit Auferstehenden und Maria sowie Johannes Baptista zu Füßen Christi als Weltenrichter. Bildnachweis: https://upload.wikimedia.org/wikipedia/commons/7/70/Bamberg_Dom_F%C3%BCrstenportal_Tympanon.jpg

Abb. 12: Moderne Rekonstruktion eines römischen Vexillums. Gut erkennbar die mit einer metallenen Speerspitze versehene hölzerne Lanze, an deren oberem Ende ein Banner angebracht ist, das mit Lorbeerkränzen und der geflügelten Siegesgöttin Victoria/Νίκη (Nike) versehen die Attribute von Sieg und Triumph unterstreicht. Bildnachweis: https://upload.wikimedia.org/wikipedia/commons/1/1a/Museum_Petronell_-_Vexillum_Ala_I.jpg

Abb. 13: Ausschnitt aus dem Genter Altar des Jan van Eyck. In der Mitte das Lamm Gottes auf einem Altar stehend, das mit seinem Opferblut die Sünde der Welt tilgt. Einige der Engel, die um den Altar mit dem Lamm stehen, tragen Leidenswerkzeuge Christi (arma Christi), womit auf den Opfertod am Kreuz verwiesen wird, der die unmittelbare Ursache für die Sündenvergebung darstellt. Bildnachweis: https://upload.wikimedia.org/wikipedia/commons/1/18/Ghent_Altarpiece_D_-_Adoration_of_the_Lamb_2.jpg

Abb. 14: Kybele mit dem Tympanon als Handtrommel, Terracotta-Figurine um 350. v. Chr., möglicherweise aus Attika. Bildnachweis: https://upload.wikimedia.org/wikipedia/commons/f/fa/Kybele_tympanon_Louvre_CA1797.jpg

Abb. 15: Weibliche Terrakotta-Figurine aus Tel Shikmona ein Tympanon spielend, vermutlich 8. vorchristliches Jahrhundert, Nationales israelisches maritimes Museum. Bildnachweis: https://upload.wikimedia.org/wikipedia/commons/c/cd/Israeli_National_Maritime_Museum-_Fgurine_Iron_Age_IIb.jpg

Abb. 16: Deesis-Gruppe in der Hagia Sofia, fragmentarisches Mosaik aus dem 13. Jahrhundert. Bildnachweis: https://upload.wikimedia.org/wikipedia/commons/7/7e/Deesis_mosaic_Hagia_Sophia.jpg

Abb. 17: Deesis-Gruppe am Retabel des Ersten Wandlungsbildes des Isenheimer Altars, Matthias Grünewald, 1512/1516. Interessant hierbei ist der Umstand, dass nicht nur Maria Muttergottes und Johannes Baptista an den beiden Flanken des Kreuzes stehen, sondern hier, vielleicht eine alte Tradition der Kreuzigungsdarstellungen modifizierend aufgreifend, auch Johannes Evangelista dargestellt ist (vgl. hierzu etwa das gegenwärtig thematisierte Drogo-Sakramentar), in dessen Arme die niedersinkende Maria Muttergottes fällt. Kniend an der linken unteren Kreuzseite Maria Magdalena. Bildnachweis: https://upload.wikimedia.org/wikipedia/commons/5/5f/Grunewald_Isenheim1.jpg

Abb. 18: Evangeliar Kaiser Heinrich II., ehemals Bamberg, mittlerweile im Besitz der Staatsbibliothek München. Die hochrechteckige Elfenbeinplatte in der Mitte der sehr aufwändig gestalteten Vorderseite dieses Buches zeigt in Schnitzarbeit in der oberen Hälfte eine komplexe Darstellung von Ecclesia und Synagoga, möglicherweise eine der ältesten erhaltenen Beispiele in diesem Darstellungsmodus. Bildnachweis: https://daten.digitale-sammlungen.de/0008/bsb00087481/images/index.html?fip=193.174.98.30&id=00087481&seite=1

Abb. 19: Ausgabe der Altercatio aus dem Jahr 1537, erschienen in Köln bei Melchior Neuss. Es ist dies zwar nicht das Titelbild der klassischen „Altercatio Ecclesiae et Synagogae“, sondern der einer Adaption dieses Werkes aus dem 16. Jahrhundert, was bereits der leicht modifizierte Titel „Altercatio Synagogae et Ecclesiae“ andeutet. Dadurch aber um so interessanter ist, da in dieser Schrift das Streitgespräch bzw. der interreligiöse Dialog nicht zwischen den eigentlich im Titel genannten Damen stattfindet, sondern zunächst zwischen dem Apostel Paulus und seinem (mutmaßlichen) Lehrer Gamaliel, was dann in abstrakterer Weise seine Fortsetzung in einem Gespräch zwischen einem Lehrer (magister) und Schüler (discipulus) findet. Bildnachweis: ARTFINDING Katrin & Tilo Hofmann GbR.

Abb. 20: Detail der Elfenbeinplatte des Evangeliars Heinrichs II., auf dem die Doppelszene von Ecclesia unter dem Kreuz sowie Ecclesia und Synagoga vor dem stilisierten Jerusalemer Tempel erkennbar ist. Gut zu sehen: Synagoga, die mit Krone versehen und vermutlich auf einem Thron sitzend das Tympanon hält und fest an sich drückt, denn die Ecclesia offenbar gerade im Begriff ist, nun ihrerseits an sich zu nehmen. Bildnachweis: https://daten.digitale-sammlungen.de/0008/bsb00087481/images/index.html?fip=193.174.98.30&id=00087481&seite=1

Abb. 21: Vordertafel des Nicasius-Diptychons aus dem Kathedralschatz von Tournai, Elfenbeinplatte um 900. Gut erkennbar links unter dem Kreuz Ecclesia mit der (abbreviierten) Inschrift „Sancta Ecclesia“ („Heilige Ecclesia/Kirche“), rechts unter dem Kreuz eine Vorform bzw. Variante der Synagoga mit der (ebenfalls abbreviierten) Inschrift „Hierusalem“ („Jerusalem“). In den Zwickeln oberhalb des Kreuzbalken – wo wieder (ähnlich dem Drogo-Sakramentar) Sonne und Mond zu sehen sind – liest man folgende (abbreviierte) Inschrift: „Hic est Iesus Nazarenus, rex Iudeorum“ („Hier ist Jesus von Nazareth, der König der Juden“). Die beiden Personifizierungen von Judentum und Christentum lassen auf dieser Elfenbeintafel kein hierarchisches Gefälle erkennen. Bildnachweis: Dia-Archiv des Kunstgeschichtlichen Seminars der Universität Hamburg.

Abb. 22: Elfenbeintafel, Unteritalien, vermutlich 11. Jahrhundert. Gut erkennbar auf der linken Seite Ecclesia in herrschaftlicher Gewandung und Krone, die von einem Engel vertraulich mit einem Arm umfangen wird, wohingegen Synagoga auf der rechten Seite von einem Engel, offenbar protestierend, aus dem Bildrahmen geschoben wird. Synagoga ist im Unterschied zu Ecclesia ärmlich gekleidet und wirkt ihrem Äußeren nach etwas verwahrlost. Bildnachweis: Berlin, Staatliche Museen, Preußischer Kulturbesitz, Skulpturengalerie Berlin-Dahlem. Vgl. auch Jochum, Herbert: Ecclesia und Synagoga. Das Judentum in der christlichen Kunst, Ottweiler 1993, S. 48 f.

Abb. 23: Großskulpturen am mittleren Westportal der Kathedrale von Chartres, auch „Königsportal“ genannt, entstanden etwa um 1200 oder etwas früher. Vermutlich hier zu sehen: Ezechiel oder Samuel, David, die Königin von Saba und Salomon. Bildnachweis: https://upload.wikimedia.org/wikipedia/commons/5/5f/Chartres2006_076.jpg

Abb. 24: Die neue ästhetische und technisch-handwerkliche Maßstäbe setzenden, überlebensgroßen Skulpturen an der Westfassade der Kathedrale von Reims, ca. 1210/1220. Links eine Verkündigungs-, rechts eine Heimsuchungsgruppe am nördlichen Westportal. Bildnachweis: https://upload.wikimedia.org/wikipedia/commons/1/1f/Reims_Cathedral_-_Central_doorway.JPG

Abb. 25: Wahrscheinlich die berühmteste, bekannteste Plastik des Bamberger Doms, der Bamberger Reiter, um 1220/1230. Identität des abgebildeten Königs bis heute fraglich. Bildnachweis: Diözesanmuseum Bamberg, Foto: Ludmila Kvapilová-Klüsener.

Abb. 26: Der abgegangene Mainzer Lettner, mittlerweile im Diözesanmuseum Mainz, etwa 1240, die Erlösten am Jüngsten Gericht. Bildnachweis: https://upload.wikimedia.org/wikipedia/commons/c/c9/Die_Seligen.jpg

Abb. 27: Der abgegangene Mainzer Lettner, mittlerweile im Diözesanmuseum Mainz, etwa 1240, die in Ketten gelegten Verdammten am Jüngsten Gericht. Bildnachweis: https://upload.wikimedia.org/wikipedia/commons/e/e4/Die_Verdammten.jpg

Abb. 28: Stifterpaar aus dem Naumburger Dom: Herrmann und Reglindis, etwa von 1240/1250. Bildnachweis: https://upload.wikimedia.org/wikipedia/commons/d/d3/Hermann_von_Mei%C3%9Fen_und_Reglindis.jpg

Abb. 29: Auswahl der Klugen Jungfrauen im „Paradies“ des Magdeburger Doms, wo auch, wie weiter unten zu sehen sein wird, eine Ecclesia- und Synagoga-Darstellung angebracht ist, entstanden wohl um 1240/1250. Bildnachweis: https://upload.wikimedia.org/wikipedia/commons/0/0b/ThreeWiseVirginsMagdeburg.jpg

Abb. 30: Abbildung des „Neuen Jerusalems“ aus der Bamberger Apokalypse, Folio 55 recto, um das Jahr 1000 entstanden, Staatsbibliothek Bamberg MS A. II. 42. Gut zu erkennen der Seher Johannes, der vom Engel an der Hand genommen und auf einen Berg gebracht wird, von wo aus er das Neue Jerusalem in einer Vision erkennt, in dessen Mitte das Lamm Gottes positioniert ist. Wie im Text der Offenbarung sind hier an allen vier Himmelsrichtungen des Neuen Jerusalems jeweils drei Tore angebracht. Bildnachweis: https://upload.wikimedia.org/wikipedia/commons/b/bb/BambergApocalypseFolio055rNew_Jerusalem.JPG

Abb. 31: Westfassade des Straßburger Münsters, etwa ab 1275. Gut erkennbar das feine Maßwerk, mit dem die Fassade überzogen ist, was ihr auch den Namen einer „Harfe aus Stein“ eingebracht hat. Bildnachweis: https://upload.wikimedia.org/wikipedia/commons/7/7e/Strasbourg_Cathedral_Exterior_-_Diliff.jpg?uselang=fr

Abb. 32: Ecclesia und Synagoga am Südportal des Straßburger Münsters, möglicherweise die bekannteste aller plastischen Darstellungen dieses Sujets. Bildnachweis: https://upload.wikimedia.org/wikipedia/commons/b/b1/Strasbourg_Cath%C3%A9drale_Notre_Dame_portail_sud.jpg?uselang=fr

Abb. 33: Replik der Ecclesia am südlichen Querhaus des Straßburger Münsters. Bildnachweis: https://upload.wikimedia.org/wikipedia/commons/0/0f/Statue_cathedrale_de_Strasbourg_-_Eglise.jpg

Abb. 34: Replik der Synagoga am südlichen Querhaus des Straßburger Münsters. Bildnachweis: https://upload.wikimedia.org/wikipedia/commons/0/06/Statue_cathedrale_de_Strasbourg_-_Synagogue.jpg

Abb. 35: Westportal der Trierer Liebfrauenkirche mit Repliken der ursprünglichen und horizontal angeordneten Gewändefiguren. Links von innen nach außen: Adam, Petrus und Ecclesia; rechts von innen nach außen: Eva, Johannes Evangelista und Synagoga. Originale etwa um 1250. Bildnachweis: https://upload.wikimedia.org/wikipedia/commons/d/dd/Trier_Liebfrauen_BW_2012-03-26_16-18-47.jpg

Abb. 36: Gemälde von Friedrich Anton Wyttenbach, das die Westseite der Trierer Liebfrauenkirche in ihrem Zustand im Jahr 1835 zeigt. Ecclesia und Synagoga sind als jeweils äußerste Figuren gut erkennbar, ebenso Johannes auf der rechten Seite. Die heutigen Plastiken von Adam und Eva sowie Petrus, die in ihrer Ikonografie reine Mutmaßungen in Form von Neuschöpfungen sind, kamen erst im späten 20. Jahrhundert hinzu. Was ursprünglich als lebensgroße Gewändefiguren im Westportal stand, entzieht sich der Kenntnis. Bildnachweis: https://upload.wikimedia.org/wikipedia/commons/f/f5/Wyttenbach_Portal_Portal_Liebfrauenkirche.jpg

Abb. 37: Westgiebel der Trierer Liebfrauenkirche mit einer Kreuzigungsdarstellung – der Gekreuzigte sowie Maria und Johannes Evangelista –, was man bei einer historisch authentischen Interpretation des Skulpturenprogramms der Westfassade sowie des Westportals mit Ecclesia und Synagoga mit einbeziehen müsste, aber durch die verlorenen mittelalterlichen Plastiken in den Gewänden des Westportals so gesehen bedauerlicherweise obsolet geworden ist. Bildnachweis: https://upload.wikimedia.org/wikipedia/commons/9/95/ Trier_Innenstadt3.jpg

Abb. 38: Nördliche Flanke des Westportals der Trierer Liebfrauenkirche mit den Repliken der Originalskulpturen. Bildnachweis: https://upload.wikimedia.org/wikipedia/commons/0/0b/Trier%2C_Liebfrauen_-_Portal_li_Ecclesia%2C_Petrus%2C_Adam.JPG

Abb. 39: Südliche Flanke des Westportals der Trierer Liebfrauenkirche. Bildnachweis: © Foto W. Geiger/www.juedischegeschichte.de

Abb. 40: Tympanon und Archivolten der Westfassade von Liebfrauen in Trier, etwa 1250 oder etwas später. Gut erkennbar das Programm des Tympanons: Mittig Maria als Madonna mit dem Christuskind, links und rechts davon Abbildungen der Biblischen Erzählungen um dieses Thema, etwa die vom Engel gerufenen Hirten mit ihren Schafen, die Heiligen Drei Könige, die Darstellung Jesu im Tempel usw. In den Archivolten sind in fünf Bahnen von innen nach außen Engel, Äbte, Kirchenfürsten, Könige sowie die Klugen und Törichten Jungfrauen zu sehen. Bildnachweis. https://upload.wikimedia.org/wikipedia/commons/2/20/Trier%2C_Liebfrauen_-_Westportal_%282012-10-09%29.JPG

Abb. 41: Johannes mit Geschlängel in seinem Kelch, möglicherweise ein Hinweis auf das durch Christi Blut gebannte und unschädlich gemachte Böse, möglicherweise aber auch eine moderne Darstellung der Konterkarierung der traditionellen Erlösungslehre. Eine abschließende Deutung hierzu muss vmtl. offenbleiben. Bildnachweis: https://upload.wikimedia.org/wikipedia/commons/0/04/ Trier%2C_Liebfrauen_-_Portal_re.JPG

Abb. 42: Der Wormser Dom St. Peter mit Blick auf den Ostabschluss, Vierungsturm und den nördlichen Querarm des Gebäudes im Vordergrund. Bildnachweis: https://upload.wikimedia.org/wikipedia/commons/f/fa/Kaiserdom_Worms_IMG4594b.jpg?uselang=ru

Abb. 43: Ecclesia im Wimperg des Südportal des Wormser Doms, hier reitend auf dem Tetramorph dargestellt. Bildnachweis: https://upload.wikimedia.org/wikipedia/commons/9/96/%D0%93%D0%BB%D0%B0%D0%B2%D0%BD%D1%8B%D0%B9_%D0%B2%D1%85%D0%BE%D0%B4_%D0%B2_%D1%81%D0%BE%D0%B1%D0%BE%D1%80_%D1%81%D0%B2._%D0%9F%D0%B5-%D1%82%D1%80%D0%B0.JPG

Abb. 44: Synagoga am Südportal des Wormser Doms. Bildnachweis: © Foto W. Geiger/www.juedischegeschichte.de.

Abb. 45: Südportal des Wormser Doms mit reichem Skulpturenschmuck, am rechten Strebepfeiler unten links ist Synagoga dargestellt, hinter ihr die „Dame Welt". Bildnachweis: https://upload.wikimedia.org/wikipedia/commons/9/96/%D0%93%D0%BB%D0%B0%D0%B2%D0%BD%D1%8B%D0%B9_%D0%B2%D1%85%D0%BE%D0%B4_%D0%B2_%D1%81%D0%BE%D0%B1%D0%BE%D1%80_%D1%81%D0%B2._%D0%9F%D0%B5%D1%82%D1%80%D0%B0.JPG

Abb. 46: Detail des rechten Strebepfeilers am Südportal des Wormser Doms mit Synagoga und „Dame Welt". Bildnachweis: https://upload.wikimedia.org/wikipedia/commons/9/96/%D0%93%D0%BB%D0%B0%D0%B2%D0%BD%D1%8B%D0%B9_%D0%B2%D1%85%D0%BE%D0%B4_%D0%B2_%D1%81%D0%BE%D0%B1%D0%BE%D1%80_%D1%81%D0%B2._%D0%9F%D0%B5-%D1%82%D1%80%D0%B0.JPG

Abb. 47: Portalvorhalle des Freiburger Münsters mit guter Sicht auf das große und reich mit Bildhauerarbeiten verzierte Tympanon über dem hölzernen Portal, an dessen Trumeau eine Madonnenfigur angebracht ist. Links und rechts der Madonna einer der Heiligen Drei Könige sowie der Verkündigungsengel. Bildnachweis: https://upload.wikimedia.org/wikipedia/commons/9/93/Freiburg_2009_IMG_4347.jpg

Abb. 48: Nahaufnahme des Freiburger Tympanons. Auf drei vertikal übereinander gestaffelten Ebenen sind Szenen der Biblischen Heilsgeschichte erkennbar: Ganz unten auf der linken Hälfte etwa der sich erhängt habende Judas, der schwertschwingende Petrus im Garten Gethsemane, der Judaskuss, Geißelung Christi; auf der rechten unteren Seite etwa die Verkündigung der Geburt Christi an die Hirten, die Geburt im Stall von Bethlehem mit Ochs und Esel; unmittelbar darüber die Auferstehung der Toten aus ihren Särgen, wo zugleich der Gerichtsengel mit Seelenwage zur Stelle ist. Auf der mittleren Bildebene direkt hieran anknüpfend das Jüngste Gericht mit den Erlösten links und Verdammten rechts, zentral der Gekreuzigte mit Maria und Johannes links, sowie den beiden römischen Soldaten Longinus und Stepaton rechts; hierüber wie auf Wolken schwebend die zwölf Apostel. Im obersten Bilddrittel der himmlische Christus als Weltenrichter mit einer Deesis-Gruppe, Posaunenengeln und Engeln mit verschiedenen arma Christi. Bildnachweis: https://upload.wikimedia.org/wikipedia/commons/4/46/Freiburg_Tym.jpg

Abb. 49: Südwand der Portalvorhalle des Freiburger Münsters. Links im Bild Synagoga sowie die Verkündigungsgruppe. Die linke Fünfergruppe der Skulpturen sind die, mit ihrem nach unten gewendetem Lämpchen, Törichten Jungfrauen, parallel dazu auf der gegenüberliegenden Seite die fünf klugen Jungfrauen. Die weiteren Figuren an dieser Wandfläche zeigen u. a. die mittelalterlichen Artes liberales. Da an der Nordwand eine parallele Gestaltung vorliegt, kann man einen Eindruck gewinnen, wie überaus reich der Skulpturenschmuck dieser Vorhalle ist und in welchem größeren Kontext hierbei Ecclesia und Synagoga eingebettet sind – wenn man das Tympanon und die Archivolten mit dazu nimmt und bedenkt, dass in den meisten Fällen die Konsolen auch skulptural gestaltet sind. Bildnachweis: https://upload.wikimedia.org/wikipedia/commons/3/3f/S%C3%BCdwand_in_der_Portalhalle_des_Freiburger_M%C3%BCnsters.jpg

Abb. 50: Westfassade mit Portal und Tympanon der Nürnberger Lorenzkirche, das eine gewisse Ähnlichkeit mit dem Freiburger Tympanon hat, hier die szenische Darstellung der Biblischen Heilsgeschichte von Leben, Sterben und finalem Heilswirken Christi aufweist. Bildnachweis: https://upload.wikimedia.org/wikipedia/commons/0/02/Eingangsportal-Lorenzkirche-2012.jpg

Abb. 51: Ecclesia in der Vorhalle des Freiburger Münsters vor der polychromen Restaurierung. Bildnachweis: https://upload.wikimedia.org/wikipedia/commons/a/a0/Germany_Freiburg_M%C3%BCnster_Church.jpg

Abb. 52: Synagoga in der Vorhalle des Freiburger Münsters vor der polychromen Restaurierung. Bildnachweis: https://upload.wikimedia.org/wikipedia/commons/7/74/Germany_Freiburg_M%C3%BCnster_Synagogue.jpg

Abb. 53: Die fünf Klugen Jungfrauen in der Paradiesvorhalle des Magdeburger Doms, etwa 1240/1250. Bildnachweis: Michael Sußmann/Magdeburg.

Abb. 54: Die fünf Törichten Jungfrauen in der Paradiesvorhalle des Magdeburger Doms, etwa 1240/1250. Bildnachweis: Michael Sußmann/Magdeburg.

Abb. 55: Skulptur der Magdeburger Ecclesia in der Paradiesvorhalle des Magdeburger Doms, etwa 1240/1250. Bildnachweis: Michael Sußmann/Magdeburg.

Abb. 56: Skulptur der Magdeburger Synagoga in der Paradiesvorhalle des Magdeburger Doms, etwa 1240/1250. Bildnachweis: Michael Sußmann/Magdeburg.

Abb. 57: Blick auf die gesamte Breite des Dreiecksportals mit Ecclesia und Synagoga sowie den Klugen und Törichten Jungfrauen. Bildnachweis: https://upload.wikimedia.org/wikipedia/commons/8/8b/Erfurter_Dom_noerdlicher_Seiteneingang.jpg

Abb. 58: Dreiecksportal des Erfurter Doms – Ecclesia mit Klugen Jungfrauen, um 1330/1340. Bildnachweis: https://upload.wikimedia.org/wikipedia/commons/c/c2/Erfurt-Dom-Jungfrauenportal-Detail-Weise_Jungfrauen-20100714.jpg

Abb. 59: Dreiecksportal des Erfurter Doms – Synagoga mit Törichten Jungfrauen, um 1330/1340. Bildnachweis: https://upload.wikimedia.org/wikipedia/commons/c/c2/Erfurt-Dom-rechtehaelfte-Seiteneingang.jpg

Abb. 60: Gesamtansicht der Fassade des Südquerhauses der Kathedrale von Reims. Auf Höhe des Rosengeschosses sind verschiedenen lebensgroße Monumentalskulpturen angebracht, direkt links und rechts der Rose in den Nischen zu den Strebepfeilern finden sich Ecclesia und Synagoga. Bildnachweis: https://upload.wikimedia.org/wikipedia/commons/f/f1/Cath%C3%A9drale_ND_de_Reims_-_transept_sud_%2803%29.JPG?uselang=fr

Abb. 61: Großaufnahme des Rosengeschosses an der Südquerhausfassade der Kathedrale von Reims mit Ecclesia und Synagoa. Links der Ecclesia, eingestellt in die säulenumrahmte Fiale des Strebepfeilers der sogenannte König „Philipp Auguste“. Bildnachweis: https://upload.wikimedia.org/wikipedia/commons/e/e3/Cath%C3%A9drale_ND_de_Reims_-_transept_sud_%2805%29.JPG?uselang=fr

Abb. 62: Ecclesia der Kathedrale von Reims, etwa aus der Zeit 1215/1220 und ursprünglich am Südquerhaus, dem Gerichtsportal angebracht, heute im Tau-Palast. Bildnachweis: https://upload.wikimedia.org/wikipedia/commons/e/e6/Palais_du_Tau_-_Ecclesia.jpg

Abb. 63: Synagoga der Kathedrale von Reims, heute im Tau-Palast. Bildnachweis: https://upload.wikimedia.org/wikipedia/commons/b/be/Palais_du_Tau_-_Synagoga.jpg

Abb. 64: Detailansicht des Bamberger Reiters, um 1220/1230. Bildnachweis: Diözesanmuseum Bamberg, Foto: Ludmila Kvapilová-Klüsener.

Abb. 65: Skulpturenzone des Bamberger Fürstenportals mit Gewändefiguren, Tympanon und Archivoltenfiguren. Bildnachweis: https://upload.wikimedia.org/wikipedia/commons/6/67/Bamberg_Dom_F%C3%BCrstenportal_1.jpg

Abb. 66: Skulpturierte Säule unterhalb der Ecclesia am Fürstenportal. Erkennbar die vier Evangelistensymbole jeweils als Zweiergruppe arrangiert sowie ein Prophet aus dem Alten Testament (wahrscheinlich Ezechiel oder Daniel). Bildnachweis: Andreas Reuß/Bamberg.

Abb. 67: Fischblasenmaßwerk an der südwestlichen Wange des Chorgestühls im Westchor des Bamberger Doms. Gut erkennbar: Das Schrumpfverhalten der separat gearbeiteten und eingelegten hölzernen Maßwerkfläche zum umgebenden Rahmen. Bildnachweis: Andreas Reuß/Bamberg.

Abb. 68: Maßwerk mit sphärischen Dreiecken (und kleinen Fischblasen) an der nordwestlichen Wange des Chorgestühls im Westchor des Bamberger Doms. Gut erkennbar: Das Schrumpfverhalten der separat gearbeiteten und eingelegten hölzernen Maßwerkfläche zum umgebenden Rahmen. Bildnachweis: Andreas Reuß/Bamberg.

Abb. 69: Mutmaßliche Synagoga an der südwestlichen Wange des Chorgestühls im Westchor des Bamberger Doms. Bildnachweis: Andreas Reuß/Bamberg.

Abb. 70: Detailaufnahme der mutmaßlichen Synagoga am Chorgestühl im Westchor des Bamberger Doms. Hinweis auf die Identität dieser Figur ist der kleine jüdische Spitzhut, der hier gut erkennbar ist. Bildnachweis: Andreas Reuß/Bamberg.

Abb. 71: Mutmaßliche Ecclesia an der nordwestlichen Wange des Chorgestühls im Westchor des Bamberger Doms. Bildnachweis: Andreas Reuß/Bamberg.

Abb. 72: Verkündigungsgruppe über mutmaßlicher Synagoga an der südwestlichen Wange des Chorgestühls im Westchor des Bamberger Doms. Bildnachweis: Andreas Reuß/Bamberg.

Abb. 73: Madonnendarstellung über mutmaßlicher Ecclesia an der nordwestlichen Wange des Chorgestühls im Westchor des Bamberger Doms. Bildnachweis: Andreas Reuß/Bamberg.

Abb. 74: Gesamtansicht der südwestlichen Wange des Chorgestühls im Westchor des Bamberger Doms. Bildnachweis: Andreas Reuß/Bamberg.

Abb. 75: Gesamtansicht der nordwestlichen Wange des Chorgestühls im Westchor des Bamberger Doms. Bildnachweis: Andreas Reuß/Bamberg.

Abb. 76: „Lebendes Kreuz“ von Benvenuto Tisi Garofalo, etwa um 1530, heute in der Eremitage/Sankt Petersburg. Gut erkennbar – daher auch der Name „Lebendes Kreuz“ –, wie aus dem Kreuz selbst Arme erwachsen, die bestimmte Handlungen vollführen, u. a. die rechts auf einem Esel reitende Synagoga mit einem Speer traktierend. Synagoga ist mit üblichen Attributen wie gebrochenem Stab und stürzender Krone im Damensitz und zeitgenössischer Tracht auf dem Reittier dargestellt. Links dazu Ecclesia mit Tiara (N.B.!), dem kreuzbekrönten Weltenglobus und den Evangelistensymbolen; aus dem Lebenden Kreuz strömt aus der Seitenwunde Christi Blut auf sie hernieder, das von ihr – eine Versinnbildlichung der kirchlichen Sakramentengewalt – an die Objekte des Messopfers weitergegeben wird. Bildnachweis: https://upload.wikimedia.org/wikipedia/commons/7/7f/Garofalo_Hermitage_-_Allegoria_Bible_29907.jpg

Abb. 77: Kathedrale von Chartres, Farbglasfenster des südlichen Querhauses mit Fensterrose und darunter fünf Fensterbahnen, von denen die mittlere eine Madonnendarstellung zeigt, rechts und links davon die „Zwerge auf den Schultern von Riesen“ des Bernhard von Chartres – Apostel des Neuen Bundes auf Propheten des Alten Bundes, wie aus den Namensinschriften zweifelsfrei hervorgeht. Bildnachweis: https://upload.wikimedia.org/wikipedia/commons/c/c2/Chartres_RosetteSued_122_DSC08269.jpg

Abb. 78: Detailaufnahme des Farbglasfensters des südlichen Querhauses der Kathedrale von Chartres mit den „Zwerge[n] auf den Schultern von Riesen“ Bildnachweis: https://upload.wikimedia.org/wikipedia/commons/c/c2/Chartres_RosetteSued_122_DSC08269.jpg

Abb. 79: Sandro Botticelli, Augustinus, um 1480. Bildnachweis: https://upload.wikimedia.org/wikipedia/commons/a/ac/Saint_Augustine_Portrait.jpg

Abb. 80: Mittelalterliche Abschrift von Augustins Confessiones von 1471, hier das „Incipit" mit „Magnus est" zu sehen. Basel, Universitätsbibliothek, A IV 4, f. 1r. Bildnachweis: https://upload.wikimedia.org/wikipedia/commons/c/ce/Basel%2C_Universit%C3%A4ts-bibliothek%2C_A_IV_4%2C_f._1r_%E2%80%93_Aurelius_Augustinus%2C_Confessiones.JPG

Abb. 81: Der Abt Joachim von Fiore, mittelalterliche Darstellung. Bildnachweis: https://upload.wikimedia.org/wikipedia/commons/e/ec/Joachim_of_Flora.jpg?uselang=fr

Abb. 82: Titelbild des ersten Bandes der vierbändigen lateinischen Ausgabe von Joachims „Concordia Novi ac Veteris Testamenti". Bildnachweis: Matthias Scherbaum, Bamberg.

Abb. 83: Tafel XI b aus dem „Liber Figurarum" des Joachim von Fiore. Der Liber Figurarum entstand etwa 1230, also nach dem Tod des Joachim, vermutlich von einem seiner Schüler in Sinn einer Kompilation zusammengestellt. Bemerkenswert ist hierbei, dass die dargestellten Figuren und Zeichnungen wahrscheinlich aus der Feder des Joachim selbst sind, die er noch zu Lebzeiten angefertigt hat. Hier zu sehen eine gut erkennbare schematische Darstellung seiner Drei-Weltalter-Lehre als dem systematisch-apokalyptischen Herzstück seiner Theologie. Die drei sich überschneidenden Kreise sind farblich abgesetzt und meinen mit grün den Vater, mit blau den Sohn und mit rot den Heiligen Geist. Die Überschneidungen der Kreise symbolisieren sowohl die Dynamik der innertrinitarischen Perichorese wie auch das heilsgeschichtliche Movens der gesamten Schöpfung in ihrem zeitlichen Aspekt vom Vater über den Sohn bis zum Heiligen Geist. Wenn man das hier horizontal dargestellte Schema um 90 Grad kippt, kann man das geschichtlich-heilsgeschichtliche Konzept erkennen, wie es sich möglicherweise im vertikalen Aufriss des Bamberger Fürstenportals dem Betrachter zeigt. Bildnachweis: https://upload.wikimedia.org/wikipedia/commons/e/e5/Liber_Figurarum_Libro_de_las_Figuras_Tabla_XIb_C%C3%B3dice_Reggiano%28s.XIII%29_Joaquin_de_Fiore%281135-1202%29.jpg

Abb. 84: Transkription der optisch zusammengefassten Tafeln XI a und b aus Joachims „Liber Figurarum". Bildnachweis: Matthias Scherbaum, Bamberg.

Abb. 85: Reliefdarstellung des babylonischen Königs Nebukadnezar, der mit seinen Truppen Jerusalem erobert und den Tempel zerstört hat. Bildnachweis: https://upload.wikimedia.org/wikipedia/commons/b/bb/Nebuchadnezzar_II_crop.png

Abb. 86: Michelangelo Buonarroti: Prophet Daniel auf dem Deckenfresko der Sixtinischen Kapelle. Bildnachweis: https://upload.wikimedia.org/wikipedia/commons/b/b0/Michelangelo_Buonarroti_026.jpg

Abb. 87: Englisches Richtschwert aus dem 16. Jahrhundert, vermutlich mit christlichen Symbolen verziert. Bildnachweis: https://upload.wikimedia.org/wikipedia/commons/5/56/Ep%C3%A9e_de_justice_IMG_3471.jpg

Abb. 88: Schwert des damaligen (um 1500) Frankfurter Scharfrichters, mit eingraviertem Spruch: „Wan Ich Das Schwert thue Auffheben – So Wünsche Ich Dem Sünder Das Ewige Leben", was das Moment der Legitimierung von Staatsgewalt – hier in einem religiösen, explizit christlichen Kontext – deutlich zeigt und dieses Desiderat just im Moment seiner Exekution sehr deutlich macht. Bildnachweis: https://upload.wikimedia.org/wikipedia/commons/3/32/Scharfrichterschwert-ffm001.jpg

Abb. 89: Gerichtsordnung aus der Zeit Karls V. Die Kodifizierung des Rechts in entsprechenden Schriften sowie die Regelung von Prozessen, wofür Gerichtsordnungen im Lauf der Zeit unentbehrlich wurden, sind Beispiele für Entwicklung und Ausübung von Staatsgewalt. Bildnachweis: https://upload.wikimedia.org/wikipedia/commons/3/35/Gerichtsordnung-1600-ffm002.jpg

Abb. 90: Darstellung der mittelalterlichen Ständeordnung im Sinne von Kleriker, Ritter und Bauer; aus Image du monde, Blatt 85 von 1285. Bildnachweis: https://upload.wikimedia.org/wikipedia/commons/c/cd/Cleric-Knight-Workman.jpg

Abb. 91: Mittelalterliches Ständebild aus dem 15. Jahrhundert, in dem die dreigliedrige gottgegebene Ständeordnung wiedergegeben wird: Oben Papst und Klerus, in der Mitte König bzw. Kaiser und Adel sowie Ritter und unten die Bauern. Bildnachweis: https://upload.wikimedia.org/wikipedia/commons/9/9e/Mittelalterliches_St%C3%A4ndebild_15._Jahrhundert.png

Abb. 92: Jesus Christus weist den drei Ständen ihre Aufgaben zu: „Tu supplex ora" – „Du bete demütig", sagt er zum Klerus, „Tu protege" – „Du schütze", heißt es in Richtung des Adels, und mit dem Auftrag „Tuque labora" wendet er sich an die Bauern, was bedeutet: „Du aber arbeite". Diese Darstellung aus dem Pronostacio des Johannes Lichtenberger (spätes 15. Jahrhundert) zeigt anschaulich die Gottgewirkt- und Gottgewolltheit der mittelalterlichen Ständeordnung. Bildnachweis: https://upload.wikimedia.org/wikipedia/commons/2/24/St%C3%A4ndemodell_Lichtenberger.jpg

Abb. 93: Der Meister des Hildegardis-Codex stellt hier um 1165 die mittelalterliche Kosmologie dar, indem im Mittelpunkt des Universums die Erde zu erkennen ist, darüber der Mond (weswegen als „sublunare Sphäre" das Irdische gemeint ist) und über demselben die Sonne und Fixsternsphäre als „translunare Sphäre". Dies alles ist von einem Mandorla-förmigen Feuerkreis umgeben, der damit die äußerste Grenze der körperlichen, natürlich-geschaffenen Welt markiert. Die Wurzeln dieser Anschauung lagen in der Antike, genauer gesagt bei Platon, Aristoteles und dem hellenistischen Astronomen Ptolemäus, der bei der Namensgebung dieses spezifischen Weltbildes (das man auch als „geozentrisch" bezeichnet) Pate im Sinne des „Ptolemäischen Weltbildes" stand. Bildnachweis: https://upload.wikimedia.org/wikipedia/commons/b/b9/Meister_des_Hildegardis-Codex_001.jpg

Abb. 94: Rembrandt van Rijn: Der Heilige Paulus. Bildnachweis: https://upload.wikimedia.org/wikipedia/commons/a/a9/Saint_Paul%2C_Rembrandt_van_Rijn_%28and_Workshop%3F%29%2C_c._1657.jpg

Abb. 95: Kruzifix in der Benediktinerabtei Ellwangen, bei dem die drei im Johannes-Evangelium genannten Sprachen (oben hebräisch, mittig griechisch, unten lateinisch) als Initialen auf der Tafel mit der Titulus crucis zu sehen sind. Bildnachweis: https://upload.wikimedia.org/wikipedia/commons/4/42/Ellwangen_St_Vitus_Vorhalle_Kreuzaltar_detail2.jpg

Abb. 96: Caravaggio: Der Heilige Paulus vor Damaskus. Bildnachweis: https://upload.wikimedia.org/wikipedia/commons/b/b9/Caravaggio-The_Conversion_on_the_Way_to_Damascus.jpg

Abb. 97: Eine besonders aussagekräftige und schöne bildliche Darstellung und zumal für Bamberg eindrückliches Beispiel der Idee des Gottesgnadentums findet sich im Perikopenbuch Heinrichs II., mittlerweile in der Münchner Staatsbibliothek unter der Signatur Clm 4452 verwahrt, wo auf dem Blatt Fol 2r, dem sog. „Krönungsbild", eben die Krönung Heinrichs II. und seiner Gemahlin Kunigunde zu sehen ist. Beschreibung: Oben: Heinrich II. und Kunigunde (als consors regni) von Christus gekrönt, hinter ihnen die Bamberger Patrone Petrus und Paulus. Unten: Huldigende Personen mit Gaben und die Personifizierungen der Roma, Gallia und Germania. Bildnachweis: https://daten.digitale-sammlungen.de/0008/bsb00087481/images/index.html?fip=193.174.98.30&seite=7&pdfseitex=

Abb. 98: Kopie einer Inschrift mit der Erwähnung des Pontius Pilatus in Caesarea Maritima, noch einigermaßen gut lesbar (mit entsprechenden Ergänzungen): S TIBERIEVM/PONTIVS PILATVS/PRAEFECTVS IVDAEAE (etwa zu übersetzen als: „[…] Tiberius/Pontius Pilatus/Präfekt von Judäa […]). Bildnachweis: https://de.wikipedia.org/wiki/Datei:Caesarea_maritima_BW_5.JPG

Abb. 99: „Der Zinsgroschen“ bzw. „Gebt dem Kaiser, was des Kaisers ist“, Gemälde von Peter Paul Rubens, 1612-1614. Bildnachweis: https://upload.wikimedia.org/wikipedia/commons/f/f7/Rubens_tribute_money.jpg

Abb. 100: Reichskrone, Gesamt- bzw. Vornerechts-Ansicht mit der Emailleplatte „König Salomon“. Schatzkammer Wien. Bildnachweis: https://upload.wikimedia.org/wikipedia/commons/7/7c/Weltliche_Schatzkammer_Wien_%28190%292.JPG

Abb. 101: Emailleplatte mit der Inschrift „Rex David“ – „König David“ auf der Reichskrone. Bildnachweis: https://upload.wikimedia.org/wikipedia/commons/4/42/Weltliche_Schatzkammer_Wien_%28195%29.JPG

Abb. 102: Emailleplatte mit der Inschrift „Rex Salomon“ – „König Salomon“ auf der Reichskrone. Bildnachweis: https://upload.wikimedia.org/wikipedia/commons/6/60/Weltliche_Schatzkammer_Wien_%28194%29b.JPG

Abb.103: Emailleplatte mit der Inschrift „Isaias Prophete Ezechias Rex“ – „Der Prophet Jesaja <und> König Hiskia“ auf der Reichskrone. Bildnachweis: https://upload.wikimedia.org/wikipedia/commons/5/5e/Weltliche_Schatzkammer_Wien_%28196%29.JPG

Abb. 104: Emailleplatte mit der Inschrift „Per me reges regnat“ – „Durch mich herrschen die Könige“ auf der Reichskrone. Bildnachweis: https://upload.wikimedia.org/wikipedia/commons/1/15/Weltliche_Schatzkammer_Wien_%28197%29.JPG

Abb. 105: Abbildung Karls des Großen auf der Frontseite des Karlsschreins in der Chorhalle des Aachener Doms, fertiggestellt 1215. Bildnachweis: https://upload.wikimedia.org/wikipedia/commons/4/4c/Karlsschrein_Karl_der_Gro%C3%9Fe.jpg

Abb. 106: Horizontale Gliederung des Fürstenportals durch die Gewändefiguren, die links und rechts der hölzernen Flügeltüren optisch die Breite des Portals realisieren. Bildnachweis: https://upload.wikimedia.org/wikipedia/commons/6/67/Bamberg_Dom_F%C3%BCrstenportal_1.jpg

Abb. 107: Horizontale Ausrichtung von Ecclesia und Synagoga links und rechts des Tympanons als apokalyptisch-eschatologischer Heilszeit. Eine theologische Doppelaussage ist hierbei denkbar: Zuordnung der beiden Figuren zur Schar der Erlösten wie auch zur Schar der Verdammten im Tympanon, zugleich aber stehen beide Frauenfiguren auch auf einer gemeinsamen Ebene (im Unterschied zu den Gewändefiguren, wo die vertikale Anordnung immer auch ein hierarchisches Gefälle impliziert, wie dies in der Aussage des Bernhard von Chartres schon angelegt ist), womit es durchaus naheliegt, beide als endzeitliche Bräute Christi zu verstehen. Bildnachweis: https://upload.wikimedia.org/wikipedia/commons/6/67/Bamberg_Dom_F%C3%BCrstenportal_1.jpg

Abb. 108: Farbglasfenster in St. Denis, dem Geburtsort der Gotik, 12. Jahrhundert, wohl noch auf Abt Suger zurückgehend. Zu sehen ist Christus zwischen den namentlich benannten Figuren von Ecclesia (links) und Synagoga (rechts), wobei es den Anschein hat, als würde Christus den Schleier der Synagoga lüften, er zieht ihr etwas vom Kopf. Dies kann als mustergültige Veranschaulichung der Positivität und des Optimismus der Gotik gesehen werden, die in ihrer charakteristischen apokalyptisch-eschatologischen Sichtweise, die sie maßgeblich dem 21. Kapitel der Offenbarung entnommen hat, Ecclesia und Synagoga im endzeitlichen Sinne de facto als gleichwertige, gleichrangige Bräute Christi darstellt. Eine vergleichbare Positivität lässt sich auch an den Bamberger Beispielen von Ecclesia und Synagoga feststellen, die in ihrer expliziten apokalyptisch-eschatologischen Ausrichtung (Joachim von Fiore) eine vergleichbare Anmutung zu diesem Farbglasfenster von St. Denis aufweisen. Bildnachweis: https://upload.wikimedia.org/wikipedia/commons/thumb/f/ff/Vitraux_Saint-Denis_190110_05.jpg/900px-Vitraux_Saint-Denis_190110_05.jpg?20100120143513

Abb. 109: Die „Kirche als Braut Christi“, Buchmalerei aus Kloster Eberbach, 2. Hälfte des 12. Jahrhunderts. Illumination zu einem Hoheliedkommentar, vermutlich von einem namentlich bekannten Mönch namens Thomas aus besagtem Kloster. Zuordnung durch die Inschriften eindeutig, links Abbreviation von „Christos“ in griechischen Kleinbuchstaben („xpc“ – Χριστός), rechts geringfügige Abbreviation von „Ecclesia“ in lateinischen Kleinbuchstaben. Bildnachweis: https://upload.wikimedia.org/wikipedia/commons/2/22/KlosterEberbach_Hohenlied_Christus_und_Ecclesia.jpg

Abb. 110: Ostapsis der Pfarrkirche Schöngrabern mit einem Ausschnitt der „Steinernen Bibel“ als Variante der „Biblia pauperum“. Gut erkennbar die große Anzahl von Reliefs, die Biblische Episoden versinnbildlichen. Mittig unter dem Fenster ist das Opfer von Kain und Abel zu sehen: Rechts Kain mit dem Bündel Feldfrüchte, links Abel mit einem Lamm als Opfergabe. In der Mitte Gott auf einem Thron, unter ihm ein einen Menschen versschlingender Drache. Bildnachweis: https://upload.wikimedia.org/wikipedia/commons/e/ed/Sch%C3%B6ngrabern_z04.jpg

Abb. 111: Brautpforte der Bamberger Oberen Pfarre, etwa von 1380/1390. Gesamtansicht des Portals mit Klugen und Törichten Jungfrauen. Bildnachweis: Andreas Reuß/Bamberg.

Abb. 112: Brautpforte der Bamberger Oberen Pfarre, etwa von 1380/1390. Die Klugen Jungfrauen im linken Gewände des Portals. Bildnachweis: Andreas Reuß/Bamberg.

Abb. 113: Brautpforte der Bamberger Oberen Pfarre, etwa von 1380/1390. Die Törichten Jungfrauen im rechten Gewände des Portals. Bildnachweis: Andreas Reuß/Bamberg.

Abb. 114: Westfassade der Kirche von St. Denis, der Ursprungsort der Gotik und auch der Interessensetzung dieser Zeit auf das apokalyptisch-eschatologische Moment in Glaube, Kunst und Leben. Maßgeblich beeinflusst hat diese Entwicklung Pseudo-Dionysius Areopagita, dessen Schriften in der Übersetzung des Eriugena in St. Denis aufbewahrt wurden und deren Kenner der damalige Abt Suger gewesen war. Bildnacheis: https://upload.wikimedia.org/wikipedia/commons/4/48/Saint-Denis_-_Fa%C3%A7ade.jpg

Abb. 115: Skulptur der Uta zusammen mit Ekkehard II. von Meißen als Stifterfiguren aus dem Naumburger Dom, etwa Mitte des 13. Jahrhunderts. Bildnachweis: https://upload.wikimedia.org/wikipedia/commons/c/c2/Naumburg_Dom_Stifterfiguren_Uta_und_Ekkehard_2012-04-29-17-31-47.jpg

Abb. 116: Der heilige Ungarnkönig Stephan I., möglicherweise eine der ältesten Darstellungen dieses Königs von ca. 1030 auf seinem Krönungsmantel. Gut erkennbar: Reichsapfel mit Kreuz in der Linken sowie eine Art langes Zepter in der Rechten, die gängigen wie auch letztlich unentbehrlichen Reichs- und Herrschaftsinsignien eines mittelalterlichen Regenten. Da der Bamberger Reiter keinerlei dieser Herrschaftsinsignien aufweist, ist die Deutung des Reiters als eines historischen Königs problematisch. Bildnachweis: https://upload.wikimedia.org/wikipedia/commons/8/8d/Portrayal_of_Stephen_I%2C_King_of_Hungary_on_the_coronation_pall.jpg

Abb. 117: Detail im Tympanon des Fürstenportals: Der rechte Teil der Christusmandorla ist zugleich linker Engelsflügel, dieses Objekt hat somit eine faktische Doppelfunktion bzw. doppelte Semantik: Christusmandorla wie zugleich Engelsflügel. Dass es sich hierbei tatsächlich um Engelsflügel handelt, zeigt dieses Bild deutlich: Hinter dem Rücken dieser Figur erwächst ein hohes schlankes Flügelpaar, wobei der linke Flügel eben zugleich auch Teil der Christusmandorla ist. Das Objekt ist damit faktisch doppeldeutig und ein gutes Beispiel für diesen Aspekt der Jüngeren Bildhauerwerkstatt und ihre immer wieder anzutreffende Polyvalenz der Darstellungen, die offenbar weder Zufall noch Ungeschick, sondern, wie es scheint, intendiertes Programm sind. Bildnachweis: https://upload.wikimedia.org/wikipedia/commons/7/70/Bamberg_Dom_F%C3%BCrstenportal_Tympanon.jpg

Abb. 118: Westseite des Papstgrabs im Westchor des Bamberger Doms. Bildnachweis: Andreas Reuß/Bamberg.

Abb. 119: Bamberger Synagoga, Original an den südlichen Ostchorschranken. Augenbinde als Symbol der Verblendung der Synagoga. Bildnachweis: Diözesanmuseum Bamberg, Foto: Ludmila Kvapilová-Klüsener.

Abb. 120: Bamberger Synagoga, Original an den südlichen Ostchorschranken. Die gebrochene Lanze in der rechten Hand der Synagoga. Bildnachweis: Diözesanmuseum Bamberg, Foto: Ludmila Kvapilová-Klüsener.

Abb. 121: Bamberger Synagoga, Original an den südlichen Ostchorschranken. Die Tafeln mit dem Mosaischen Gesetz gleiten der Synagoga aus der Hand. Bildnachweis: Diözesanmuseum Bamberg, Foto: Ludmila Kvapilová-Klüsener.

Abb. 122: Naumburger Dom, Stifterfiguren Hermann von Meißen und Reglindis, etwa Mitte des 13. Jahrhunderts. Obwohl alle zwölf Stifterfiguren des Naumburger Doms keine Heiligen im Sinne einer offiziellen, von der katholischen Kirche vollzogenen Kanonisierung heiliggesprochene Personen sind, sind alle mit einem Baldachin versehen. Möglicherweise, so kann man vielleicht spekulieren, soll damit eine zukünftige Kanonisierung forciert werden, indem die Bildwerke die Dargestellten zeigen, als ob sie bereits Heilige wären. Ein reine Schmuck- oder Zierform kann man in diesen Fällen hinsichtlich des Baldachins letztlich ausschließen, dafür ist die Semantik dieses ikonografischen Elements zu distinkt bestimmt. Bildnachweis: https://upload.wikimedia.org/wikipedia/commons/d/d3/Hermann_von_Mei%C3%9Fen_und_Reglindis.jpg

Abb. 123: Kopie des Heiligen Stephanus an der Adamspforte des Bamberger Doms, Original von etwa 1220/1230. Gut erkennbar: Das „Bamberger Lächeln", das hier deutlich zum Ausdruck kommt. Bildnachweis: https://upload.wikimedia.org/wikipedia/commons/2/23/BambergDom-HeinrichKunigunde.JPG

Abb. 124: Tugend der Temperantia am Papstgrab im Westchor des Bamberger Doms, um 1220/1230. Auch hier ist das „Bamberger Lächeln" deutlich erkennbar. Bildnachweis: https://upload.wikimedia.org/wikipedia/commons/b/bd/Papstgrab%2C_Temperantia.jpg

Abb. 125: Selige mit „Bamberger Lächeln" im Tympanon des Fürstenportals, um 1220/1230. Bildnachweis: https://upload.wikimedia.org/wikipedia/commons/7/70/Bamberg_Dom_F%C3%BCrstenportal_Tympanon.jpg

Abb. 126: Detailaufnahme der Bamberger Synagoga mit feinem Lächeln. Bildnachweis: Sabine Hölscher/Bamberg.

Abb. 127: Selige in Abrahams Schoß mit ausgeprägten Lach-Grübchen an den Mundwinkeln bzw. Wangen sowie die deutlich nach oben gezogenen Mundwinkel. Bei diesen Beispielen kann man fast sagen, dass die ausgesprochen ausgeprägten Grübchen die nach oben gezogenen Mundwinkel erzeugen und somit die Grübchen als das primäre Moment des Lachens in Erscheinung tritt. Bildnachweis: Sabine Hölscher/Bamberg.

Abb. 128: Selige in Abrahams Schoß mit ausgeprägter Grübchenbildung an den Mundwinkeln bzw. Wangen. Bei nur zwei von den insgesamt fünf Seligen sind die Köpfe erhalten, man wird allerdings mutmaßen dürfen, dass die fehlenden drei Gesichter ähnlich wie die erhaltenen gestaltet waren. Bildnachweis: Sabine Hölscher/Bamberg.

Abb. 129: Beim Verkündigungsengel an der Westfassade der Kathedrale von Reims ist aus dieser Perspektive gut die erwähnte Grübchenbildung um die Mundwinkel erkennbar, die das charakteristische, etwas künstliche vielleicht, aber als solches gut zuorden- und kognitiv erkennbare Lachen bzw. Lächeln der Kathedralskulpturen erzeugt. Auch die Mundwinkel sind hier klar nach oben gezogen. Bildnachweis: https://upload.wikimedia.org/wikipedia/commons/f/f9/Cath%C3%A9drale_de_Reims_en_2008.JPG?uselang=fr

Abb. 130: Der berühmte „lächelnde Engel", „L'Ange au Sourire" wie er in Frankreich genannt wird, ebenfalls Westfassade der Kathedrale von Reims: Etwas zurückgenommener als beim „Verkündigungsengel", aber nichtsdestotrotz erkennbar das Lächeln dieses Engels, das sich in einer leichten Grübchenbildung um den geschlossenen Mund dieser Figur manifestiert. Deutlich der halbmondförmige Mund, der durch die nach oben gezogenen Mundwinkel diese Formung erhält. Eine schöne Parallele zum verhaltenen, dezenten und unaufdringlichen, leichten Lächeln der Bamberger Synagoga. Bildnachweis: https://upload.wikimedia.org/wikipedia/commons/1/1f/Ange-au-sourire-reims.png

Abb. 131: Kopie des Heiligen Stephanus am Adamsportal des Bamberger Doms. Bildnachweis: https://upload.wikimedia.org/wikipedia/commons/2/23/BambergDom-HeinrichKunigunde.JPG

Abb. 132: Bamberger Ecclesia, hier mit einer leichten Grübchenbildung am rechten Mundwinkel, da aber die Mundwinkel nicht nach oben gezogen sind, sondern der Mund letztlich auf einer Ebene bleibt, entsteht kein Eindruck des Lachens oder Lächelns, vielmehr wirkt dieser Gesichtsausdruck um die Mundpartie der Ecclesia eher streng und gefasst, Heiterkeit lässt sich hier nicht wahrnehmen. Bildnachweis: Diözesanmuseum Bamberg, Foto: Ludmila Kvapilová-Klüsener.

Abb. 133: Detailansicht der Originalskulptur der Bamberger Synagoga. Deutlich erkennbar das nach vorne geschobene Becken und der Hüftschwung dieser Figur, was eine sehr expressive Körperlichkeit darstellt, die kaum verkennbar eine weibliche Erotik zur Geltung bringt. Dies ist zwar handwerklich-bildhauerisch ausgesprochen gelungen, kann aber nicht darüber hinwegtäuschen, dass es in der Zeit des Mittelalters nicht nur positive Assoziationen beim Betrachter weckte. Bildnachweis: Andreas Reuß/Bamberg.

Abb. 134: Gesamtansicht des Südportals des Straßburger Münsters mit den Kopien von Ecclesia und Synagoga links und rechts außen. Bildnachweis: https://upload.wikimedia.org/wikipedia/commons/b/b1/Strasbourg_Cath%C3%A9drale_Notre_Dame_portail_sud.jpg

Abb. 135: Die Verdammten im Tympanon des Bamberger Fürstenportals und ihre berühmt gewordene, charakteristische Mimik, die aufgrund ihrer hohen, mitunter vielleicht auch etwas übersteigerten Expressivität fast schon als ein bisschen karikaturhaft, vielleicht auch als ein bisschen humoristisch verstanden werden kann. Auch diese bemerkenswert ausdrucksstarke Mimik der Verdammten im Tympanon hat ihrer Qualität nach den Charakter der Kontaktaufnahme des Kunstwerkes mit dem Betrachter: Die Intensität der stark emotional gestalteten, leicht überzeichneten Gesichter fällt dem Betrachter mehr oder weniger unmittelbar ins Auge, womit er sich auch in der Regel recht unmittelbar in ein Verhältnis zu dieser Darstellung setzt, da das grimassenhafte Lachen nicht nur ins Auge fällt, sondern auch eine Reaktion beim Betrachter evoziert, der sich durch dieses massive Mienenspiel in emotionaler Hinsicht adressiert fühlt. Bildnachweis: https://upload.wikimedia.org/wikipedia/commons/7/70/Bamberg_Dom_F%C3%BCrstenportal_Tympanon.jpg

Abb. 136: Synagoga in der Vorhalle des Freiburger Münsters vor der polychromen Restaurierung. Bildnachweis: https://upload.wikimedia.org/wikipedia/commons/7/74/Germany_Freiburg_M%C3%BCnster_Synagogue.jpg

Abb. 137: Magdeburger Synagoga mit nur leicht geneigtem Haupt. Hier auch gut erkennbar: Trotz der großen Nähe der Magdeburger Skulpturen zu den Bildwerken in Bamberg ist hier im Unterschied zur Bamberger Synagoga kein Anzeichen eines Lächelns oder dergleichen zu sehen. Bildnachweis: Michael Sußmann/Magdeburg.

Abb. 138: Originalskulptur der Synagoga vom Straßburger Münster, mittlerweile aufbewahrt im Museum und am Portal durch Repliken ersetzt. Der stark nach hinten und seitlich geneigte Oberkörper der Figur lässt damit auch das Haupt der Synagoga als geneigt erscheinen, was durch die leichte, aber zweifelsfrei erkennbare Kopfdrehung dieser Skulptur ebenfalls nach hinten und zur Seite optisch unterstützt wird. Bildnachweis: https://upload.wikimedia.org/wikipedia/commons/2/23/Statues_%27L%27%C3%89glise%27_et_%27La_Synagogue%27_de_la_Cath%C3%A9drale_de_Strasbourg%2C_original_gothique_conserv%C3%A9_au_Mus%C3%A9e_de_l%27Oeuvre_Notre-Dame.JPG

Abb. 139: Kopie der Synagoga an der Westfassade der Kirche Notre-Dame de Paris. Ähnlich wie in Straßburg sieht man auch hier den Kopf der Figur, der sowohl nach vorne wie zur Seite geneigt ist, zwar nicht übermäßig stark, aber zweifelsfrei erkennbar. Bildnachweis: https://upload.wikimedia.org/wikipedia/commons/c/c0/Paris_-_Cath%C3%A9drale_Notre-Dame_-_Fa%C3%A7ade_ouest_-_Statue_-_PA00086250_-_005.jpg

Abb. 140: Synagoga (links) vom Südportal des Wormser Doms mit deutlich zur Seite gefallenem Haupt, von dem in diesem Augenblick die Krone nach links unten fällt, und mit einem Ziegenbock vor der Brust. Rechts die „Dame Welt", eine Variante des „Verführers" bzw. „Fürst der Welt", eine in Verbindung mit Synagoga gesetzte Figur, die nicht weniger als positiv zu verstehen ist, denn am Rücken der Dame Welt, der prima vacie schönen und erhabenen Herrin, wimmeln und wuchern Schlangen, Gewürm, Geschmeiss und sonstiges widerwärtiges, deutlich als unrein und negatv konnotiertes Getier. Bildnachweis: https://upload.wikimedia.org/wikipedia/commons/3/38/Worms_Domplatz_1_001_2016_12_30.jpg

Abb. 141: „Die Dame Welt" am Südportal des Wormser Doms – Vorder- und Rückansicht mit deutlichen Unterschieden der qualitativen Attribute. Bildnachweis: https://upload.wikimedia.org/wikipedia/commons/3/39/Frau_Welt_Wormser_Dom_von_vorne_und_hinten.jpg

Abb. 142: Synagoga an der Trierer Liebfrauenkirche mit geneigtem Haupt, von dem aufgrund der Neigung gerade die Krone der Synagoga im Begriff ist, herabzufallen, was ein Symbol ihres Falls wie ihrer Entmachtung ist, womit die Neigung des Hauptes in diesem Beispiel deutlich die Abwertung, Depotenzierung der Synagoga unterstreicht. Bildnachweis: https://upload.wikimedia.org/wikipedia/commons/0/04/Trier%2C_Liebfrauen_-_Portal_re.JPG

Abb. 143: Mehr oder weniger aufrechtes Haupt der Bamberger Synagoga. Durch die schräge Körperhaltung hat auch ihr Kopf eine entsprechende Inklination nach rechts, aber man- erkennt, dass ihr Hals in einer geraden Linie vom Oberkörper hoch zum Kopf führt, womit eine geknickte Halswirbelsäule nicht festgestellt werden kann. Man kann dies als eine Besonderheit bei der Umsetzung der mittelalterlichen Synagoga-Darstellungen an den großen Kirchenportalen bezeichnen. Bildnachweis: Sabine Hölscher/Bamberg.

Abb. 144: Seitenansicht der Bamberger Synagoga (Kopie). Gut erkennbar, dass – etwa im Gegensatz zu Straßburg – der Kopf der Synagoga auch nicht nach vorne fällt. Damit weist die anatomische Linie von ihrem Oberkörper über den Hals bis zum Kopf von allen verschiedenen Blickwinkeln aus eine letztlich gerade, ungebrochene Linie auf, was die Anmutung eines erhobenen Hauptes dieser Figur betont. Auch hier bei genauerem Hinsehen gut erkennbar: das feine, sehr dezente, zurückgenommene Lächeln um die Mundwinkel der Synagoga. Bildnachweis: https://upload.wikimedia.org/wikipedia/commons/f/fd/F%C3%BCrstenportal%2C_Ecclesia%2C_Synagoge_u._Trompetenengel_2006-04-07.jpg

Abb. 145: Gustave Doré: Die Erinnyen. Darstellung von Rache und Vergeltung in symbolischer Form. Bildnachweis: https://upload.wikimedia.org/wikipedia/commons/4/4d/DVinfernoMegaeraTisifphoneAlecto_m.jpg

Abb. 146: Julius Schnorr von Carolsfeld: Die Schlacht um Jericho, 19. Jahrhundert. Eine der kriegerischen Episoden, die im Kontext der Landnahme in der Bibel beschrieben werden und wozu obige Passage ebenfalls gehört. Man erkennt hier gut, wie die Israeliten die Stadt umrunden, mit sieben Posaunen gegen die Mauern anblasen, die soeben im Begriff sind, einzustürzen. Die Bundeslade wird hierbei, wie dies in der Bibel beschrieben wird (Jos 6,4-20), mitgetragen, und möglicherweise stellt der berittene und geharnischte Krieger hinter der Bundeslade den Heerführer Josua dar. Bildnachweis: https://upload.wikimedia.org/wikipedia/commons/1/19/JSC_the_battle_of_Jericho.png

Abb. 147: John Liston Byam Shaw: Jezebel (Isebel), 1896. Die sündig-schöne Isebel und ihre Dienerinnen, die ihr beim Schminken helfen, möglicherweise in Anlehnung an die oben zitierte Bibelstelle. Bildnachweis: https://upload.wikimedia.org/wikipedia/commons/0/03/John_Liston_Byam_Shaw_003.jpg

Abb. 148: Pierre Reymond: Jaël tötet Sisera, ca. 1560. Wie in obigem Zitat überliefert, zeigt der Künstler die Szene, in der Jaël dem schlafenden Sisera einen Pflock mit einem Hammer durch die Schläfe treibt. Im Hintergrund Reiter, die den martialischen Gesamtzusammenhang unterstreichen. Bildnachweis: https://upload.wikimedia.org/wikipedia/commons/2/2e/Pierre_Reymond_-_Plaque_with_Jael_Killing_Sisera_-_Walters_44200.jpg

Abb. 149: Der Philosoph Friedrich Nietzsche in Denkerpose. Bildnachweis: https://upload.wikimedia.org/wikipedia/commons/2/23/Nietzsche1882.jpg

Abb. 150: Der Psychologe Carl Gustav Jung, Schüler Sigmund Freuds und Begründer der Archetypenlehre in der Psychologie. Bildnachweis: https://upload.wikimedia.org/wikipedia/commons/thumb/5/5b/ETH-BIB-Jung%2C_Carl_Gustav_%281875-1961%29-Portrait-Portr_14163_%28cropped%29.tif/lossy-page1-729px-ETH-BIB-Jung%2C_Carl_Gustav_%281875-1961%29-Portrait-Portr_14163_%28cropped%29.tif.jpg

Abb. 150a: The Scapegoat – „Der Sündenbock", Gemälde von William Holman Hunt aus dem Jahr 1854. Bildnachweis: https://upload.wikimedia.org/wikipedia/commons/7/78/Vasily_Perov_-_%D0%9F%D0%BE%D1%80%D1%82%D1%80%D0%B5%D1%82_%D0%A4.%D0%9C.%D0%94%D0%BE%D1%81%D1%82%D0%BE%D0%B5%D0%B2%D1%81%D0%BA%D0%BE%D0%B3%D0%BE_-_Google_Art_Project.jpg

Abb. 151: Scherenberg-Psalter von etwa 1260. Kreuzigung und arbor vitae in einem dargestellt, links vom Kreuz Ecclesia mit Krone und Kelch, in dem sie das Blut Christi auffängt, rechts Synagoga mit Augenbinde, fallender Krone und Ziegenbock vor dem Körper. Bildnachweis: https://upload.wikimedia.org/wikipedia/commons/8/84/Cod_St_Peter_perg_139_Scherenberg-Psalter_8r.jpg?uselang=fr

Abb. 152: Synagoga and Ecclesia in Our Time – Synagoga und Ecclesia in unserer Zeit (2015). Das Kunstwerk von Joshua Koffman wurde anlässlich des 50. Jahrestages von Nostra aetate von der Saint Joseph's University (Philadelphia/Pennsylvania) in Auftrag gegeben. Im Gegensatz zu traditionellen Darstellungen der Ecclesia und Synagoga, in denen die Synagoga als blinde, unterlegene Gestalt erscheint, werden hier Judentum und Christentum als gleichberechtigtes Paar dargestellt. Bildnachweis: https://upload.wikimedia.org/wikipedia/commons/6/68/Synagoga_and_Ecclesia_in_Our_Time.jpg

Abb. 153: Joseph wird von seinen Brüdern als Sklave nach Ägypten verkauft, Darstellung des 12. Jahrhunderts aus dem Buch Hortus Deliciarum. Bildnachweis: https://upload.wikimedia.org/wikipedia/commons/8/8c/Hortus_Deliciarum%2C_Josef_wird_von_seinen_Br%C3%BCdern_nach_%C3%84gypten_verkauft.JPG

Abb. 154: Sündenfall, Detail aus dem Weltgerichtstriptychon des Hieronymus Bosch von etwa 1500; die Schlage im Baum reicht Eva die verbotene Frucht, die sie an Adam weitergibt. 198 Gen 3,14 ff. „Da sprach Gott, der HERR, zur Schlange: Weil du das getan hast, bist du verflucht unter allem Vieh und allen Tieren des Feldes. Auf dem Bauch wirst du kriechen und Staub fressen alle Tage deines Lebens. Und Feindschaft setze ich zwischen dir und der Frau, zwischen deinem Nachkommen und ihrem Nachkommen. Er trifft dich am Kopf und du triffst ihn an der Ferse. Zur Frau sprach er: Viel Mühsal bereite ich dir und häufig wirst du schwanger werden. Unter Schmerzen gebierst du Kinder. Nach deinem Mann hast du Verlangen und er wird über dich herrschen. Zum Menschen sprach er: Weil du auf die Stimme deiner Frau gehört und von dem Baum gegessen hast, von dem ich dir geboten hatte, davon nicht zu essen, ist der Erdboden deinetwegen verflucht. Unter Mühsal wirst du von ihm essen alle Tage deines Lebens. 18 Dornen und Disteln lässt er dir wachsen und die Pflanzen des Feldes wirst du essen. Im Schweiße deines Angesichts wirst du dein Brot essen, bis du zum Erdboden zurückkehrst; denn von ihm bist du genommen, Staub bist du und zum Staub kehrst du zurück. Der Mensch gab seiner Frau den Namen Eva, Leben, denn sie wurde die Mutter aller Lebendigen. Gott, der HERR, machte dem Menschen und seiner Frau Gewänder von Fell und bekleidete sie damit. Dann sprach Gott, der HERR: Siehe, der Mensch ist wie einer von uns geworden, dass er Gut und Böse erkennt. Aber jetzt soll er nicht seine Hand ausstrecken, um auch noch vom Baum des Lebens zu nehmen, davon zu essen und ewig zu leben. Da schickte Gott, der HERR, ihn aus dem Garten Eden weg, damit er den Erdboden bearbeite, von dem er genommen war. Er vertrieb den Menschen und ließ östlich vom Garten Eden die Kerubim wohnen und das lodernde Flammenschwert, damit sie den Weg zum Baum des Lebens bewachten." Bildnachweis: https://upload.wikimedia.org/wikipedia/commons/6/68/Bosch_Last_Judgement_Detail.jpg

Abb. 155: Kain erschlägt seinen Bruder Abel. Glasmalerei von Hans Acker, Ulmer Münster um 1430. Gott sieht oben im Fensterbogen das Verbrechen und weist mit seinem Finger auf dasselbe hin. Die Figur direkt links unter Gott, die mit ihm offenbar in Kontakt steht, ist vermutlich Abel (hier durch eine andere Gesichtsfarbe gekennzeichnet, weil vermutlich von Gott als auserwählt erkannt, vgl. hierzu auch Ex 34,30 ff.), dessen Opfer Gott wohlgefällig angenommen hat. Bildnachweis: https://upload.wikimedia.org/wikipedia/commons/b/be/Ulm-Muenster-BessererKapelleFenster-BruderMord.jpg

Abb. 156: Die Sintflut von Francis Danby, 1837-1839.

Abb. 157: Joseph Anton Koch: Landschaft mit dem Dankopfer Noahs aus dem Jahr 1803. Wie in der Bibel zu lesen ist, so gibt auch Koch in seinem Gemälde nach überstandener Sintflut den Regenbogen zu erkennen, der als Zeichen der Versöhnung zwischen Gott und dem Menschengeschlecht gilt und damit auch als Bundeszeichen von Gott aus dem Himmel zur Erde gesendet wird. Noah seinerseits errichtet einen Altar – den ersten übrigens, von dem die Bibel berichtet – und spendet Gott als Dank für die Rettung vor der Sintflut ein Rauchopfer. Bildnachweis: https://upload.wikimedia.org/wikipedia/commons/f/f5/Joseph_Anton_Koch_006.jpg?uselang=ru

Abb. 158: Abraham und die Seligen in seinem Schoß (vgl. hierzu auch die Darstellung in den Archivolten des Bamberger Fürstenportals), Bild aus dem Buch Hortus Deliciarum, spätes 12. Jahrhundert. Bildnachweis: https://upload.wikimedia.org/wikipedia/commons/a/a0/Hortus_Deliciarum%2C_Der_Scho%C3%9F_Abrahams.JPG

Abb. 159: Mose mit den Gesetzestafeln, die er am Sinai von Gott empfangen hat. Gemälde von José de Ribera, entstanden 1638. Diese Gesetzestafeln werden im Rahmen von Ecclesia und Synagoga-Darstellungen immer wieder in die Hände der letzteren gelegt. Bildnachweis: https://upload.wikimedia.org/wikipedia/commons/4/4c/Moses041.jpg

Abb. 160: Juden in der Synagoge am Jom Kippur, Festgemälde von Maurycy Gottlieb aus dem Jahr 1878. Bildnachweis: https://upload.wikimedia.org/wikipedia/commons/1/1e/Maurycy_Gottlieb_-_Jews_Praying_in_the_Synagogue_on_Yom_Kippur.jpg

Impressum

Lektorat: Andrea Oppelt
Abbildungsauswahl: Dr. Dr. habil. Matthias Scherbaum
Abbildungsaufbereitung: Georgine Pauli
Beratung: Dr. Erhard Schraudolph
Herstellung: ProduktionsAtelier Bamberg
Druck und Bindung: Aktiv Druck & Verlag GmbH, Ebelsbach
ISBN 978-3-89889-241-4
Printed in Germany